A PRESENÇA ÁRABE EM
Anápolis

MINISTÉRIO DA CIDADANIA E PPCULTURAL APRESENTAM

Guilherme Verano da Cruz
Ubirajara Galli

A PRESENÇA ÁRABE EM

GOIÂNIA | PPCULTURAL | 2019

REALIZAÇÃO

João Asmar e Georginho Hajjar

Notas dos autores

A presente obra não teve a pretensão de abarcar todas as famílias de descendentes na cidade de Anápolis, mesmo porque algumas delas já haviam tido suas histórias reportadas em obras também anapolinas como *"Os árabes no sertão"*, do Dr. João Asmar, e *"Dos cedros ao cerrado"*, de Amador de Arimathéa e Lindberg Cury, dentre outras. O objetivo principal é poder, através de relatos dos mais diversos, mas com incrível semelhança de situações vivenciadas, construir um memorial no qual cada um possa se identificar. De forma antecipada pedimos desculpas às famílias que, pelos mais variados motivos, indo desde a falta de receptividade ao contato até nossa impossibilidade de fazê-lo, não estão aqui presentes. Esse livro é, de forma quase personalizada, um presente da colônia árabe à mãe-terra, cidade de Anápolis, uma tentativa literária de agradecer a dádiva do acolhimento. Sobretudo, para não haver perdas memoriais nas planícies destemperadas do tempo. Anápolis, agora, tem na parede da sua história mais um retrato da contribuição árabe ao seu desenvolvimento.

Guilherme Verano e Ubirajara Galli

Agradecimentos

Determinante, para o resultado deste livro, foi a generosa acolhida ao nosso intento pelo professor João Asmar, que atuou como um verdadeiro embaixador, nos apresentando aos seus "batrícios", fornecendo imprescindíveis informações para a realização deste trabalho. Para profunda tristeza de todos que o conheceram, o Dr. João acabou nos deixando no dia 17 de março de 2020, com lucidez e memória inabaláveis mesmo aos 97 anos. Esse livro não teria acontecido se não fosse o interesse memorial do empresário anapolino, Georginho Hajjar. A exemplo do significado do seu sobrenome – "Hajjar", em árabe, que pode ser traduzido para o português como "pedra", foi ele o protagonista da iniciativa de convidar os autores da obra para assentar tijolos e contar a história da colônia árabe na cidade de Anápolis – sobre o quanto ela foi e continua sendo importante para o desenvolvimento do município e de Goiás. Georginho e professor João Asmar, agora a historiografia cultural e empreendedora da presença árabe em Goiás está mais enriquecida. Agradecemos, e muito, por esta histórica oportunidade. Agradecimento especial dedicamos a Maurício Helou pela revisão historiográfica das famílias e também ao jornalista Felipe Homsi.

*Todas as entrevistas constantes no livro, sejam de áudio ou vídeo, podem ser acompanhadas em nossa página no YouTube – Árabes do Centro-Oeste.

Sumário

Que bom que vocês vieram, 9

As Famílias, 15

17 Família Abdel Ghaffar	107 Família Cozac
21 Família Abraham	109 Família Cury
23 Família Abrão Zacarias	115 Família Daguer
25 Família Achcar	119 Famílias Dequech e Mikail Hanna
27 Família Achilles Elias	123 Família El Hadj
31 Família Alfredo Abdalla	129 Família El-Hosni
33 Família Antônio Miguel	133 Família El-Zayek
37 Família Asmar	137 Família Elias Mokdissi
45 Família Awad	139 Família Fakhouri
49 Família Aziz Cury	141 Família Falluh
55 Família Badauy	151 Família Farah
59 Família Bazi	153 Família Feres Aidar
69 Família Beze	161 Família Fayez Bazi
73 Família Caied	163 Família Gadia
77 Família Caixe	169 Família Gebrim
81 Família Calixto	171 Família Ghannan
85 Família Calixto Abdalla	175 Família Habash
87 Família Carlos Elias	177 Família Habka
91 Família Cecílio Chaibub	181 Família Hajjar
99 Família Cecílio Daher	215 Família Halum
	221 Família Hanna

225	Família Helou
235	Família Homsi
241	Família Isaac
245	Família Issa
249	Família Jabour
253	Família Jamaleddine
257	Família João Milki
261	Família José Calixto Afiune
265	Família Khalil
269	Família Miguel
273	Família Miguel Elias
277	Família Miguel João Alves
281	Família Miguel José da Silva
287	Família Mikhael
291	Família Moussa Abboud
295	Família Moussa Georges Bittar
297	Família Mustafa
301	Família Naoum
313	Família Quinan
319	Família Ramez Lutfallah Farah
329	Família Razem Elias
333	Família Sabbag
335	Família Sahium
339	Família Salomão
347	Família Skaf
353	Família Squeff
357	Família Tahan
359	Família Toufic Bittar
361	Família Tuma
363	Família Wagih Dib Tannous Nassar
365	Família Youssef Bittar
369	Família Youssef Salomão
375	Família Zac-Zac
381	Família Zacarias Elias
385	Família Zakhour
389	Família Zeke Nicolau Sabbag

Lideranças religiosas, 391

393	Padre Firas Bistati
397	Padre Rafael Javier Magul
401	Lider Islâmico Kamal Hamida

Árabes e o futebol anapolino, 405

407	Os descendentes e o futebol anapolino

Convidados Especiais, 413

415	Alex Abdallah
423	Jibram Salem Barbar
425	Luiz Rassi
435	Nabyh Salum
441	Referências

As entrevistas que compõem o livro poderão ser encontradas na íntegra, no YouTube, buscando-se por "Os árabes do centro-oeste".

Que bom que vocês vieram

Mirando a premissa de que todo prefixo nominal "Al", embutido nos sobrenomes luso-brasileiros, a exemplo de Alves, Almeida e Álvares indicam descendência árabe, podemos afirmar que a presença do Oriente Médio, em terras brasileiras, não remonta apenas às cercanias do século 1800. Podemos, sim, retroceder ainda mais na linha do tempo, para chegarmos ao ilustre navegador que inicialmente batizou as terras brasileiras de "Ilha de Santa Cruz". Exatamente ele: Pedro Álvares Cabral, pai biológico, até que se prove o contrário, ou "descobridor" do Brasil. Possivelmente, esse Álvares foi o primeiro a trazer nas veias o sangue árabe, inaugurando a travessia do Atlântico, que seria seguida por milhares de árabes, nas ondas seculares dos anos.

Passados trezentos anos da "descoberta" do Brasil, entra em cena para perpetuar na história verde-amarela o sangue árabe do imigrante libanês Antun Elias Lubbos, que abriu as portas da sua residência para acolher em, 1808, a família imperial de D. João VI – para a sorte do Brasil e de seu súbito desenvolvimento – fugitiva das garras napoleônicas. Antun, que aportuguesou seu nome para Elias Antônio Lopes, era dono de um açougue de carne de carneiro e de uma casa de secos e molhados, localizada na Ponta do Caju, cidade do Rio de Janeiro.

A residência de Antun, ocupada pela família real, foi transformada em Casa Imperial Brasileira, onde atualmente funciona o Museu da Quinta da Boa Vista, no Bairro São Cristovão.

Outra ilustríssima personalidade da história nacional, Dom Pedro II (1825-1891), neto de Dom João VI e cujo nascimento se deu na casa que pertencera a Antun Elias Lubbos, era apaixonado pela cultura oriental. Chegou a estudar o idioma árabe, para praticá-lo em suas duas viagens empreendidas ao Oriente Médio, respectivamente, ao Egito, em 1871, e ao Líbano, Síria e a Palestina, em 1876.

Dom Pedro II desembarcou em Beirute, no Líbano, acompanhado de sua esposa, a Imperatriz Tereza Cristina Maria, além de uma comitiva composta de quase duas centenas de pessoas (a maioria integrantes da corte), após a viagem a bordo do navio Aquiíla Imperial, que ostentava a bandeira brasileira no alto do mastro. Lá chegando, o casal hospedou-se no Hotel *Belle Vue*. Todas as despesas de viagem foram custeadas de seu próprio bolso, em nada utilizou o erário público para cobrir seus gastos. Montando uma égua branca, percorreu vários lugares atendendo ao propósito de sua visita de caráter turístico e científico. Sua permanência no Líbano ocorreu entre 11 a 15 de novembro de 1876.

O livro *Líbano – Guia Turístico e Cultural*, de Roberto Khatlab, narra a impressão bastante poética do Imperador por esse país, tornando público um fragmento de sua carta escrita ao amigo e embaixador da França, Joseph Gobineau: "Tudo vai bem... A partir de hoje começa um mundo novo. O Líbano ergue-se diante de mim com seus cimos nevados, seu aspecto severo, como convém a essa sentinela da Terra Santa..."

Somente após 127 anos que outro mandatário da nação brasileira pisaria novamente no Oriente Médio – o então presidente da República Luiz Inácio Lula da Silva, em visita tão somente comercial.

O livro aponta detalhadamente o roteiro da viagem de Dom Pedro II nos limites geográficos do Líbano:

> Em Beirute, D. Pedro II visitou o Colégio Protestante Sírio (fundado em 1866, e que, mais tarde, tornou-se a Universidade Americana de Beirute), o Colégio Francês dos Jesuítas (fundado em 1875 e que veio a ser a Universidade Saint Joseph) e outras instituições. Encontrou-se com grandes mestres das ciências e da literatura, dentre os quais o famoso gramático de língua árabe Ibrahim AL-Yazigi, que lhe ofereceu vários livros em árabe ornados com palavras dedicatórias (tais livros encontram-se hoje no Museu Imperial de Petrópolis-RJ); visitou o grande Professor Cornelius Van Dyck, do qual assistiu a uma aula sentada em meio aos alunos, dentre os quais estava Nemi Jafet, intelectual pioneiro da emigração para o Brasil.
> Em Bkerké, visitou o Patriarca da Igreja Maronita, Boulos Mass'ad (1854-1890).
> Em Baabda, visitou o Governador-Geral Rouston Pacha Mariani (1854-1883). Em seguida, o Imperador continuou sua viagem em direção ao Vale do Bekaa, a grande planície fértil do país, chegando à cidade de Chtaura.
> Naquela época a viagem era feita em carruagens da "Sociedade Otomana da Estrada de Beirute a Damasco", fundada em 1861. O trajeto foi efetuado com muitas paradas, principalmente em Sofar e Chtaura.
> Ao chegar ao alto da Cordilheira do Monte Líbano (Daher Al-Baida), escreveu em seu diário: "Felizmente a chuva tinha cessado, clareando o tempo de modo a gozar da vista magnífica da planície de Bekaa". A caravana era guiada pelos irmãos Antonio e Melhem Ward, libaneses maronitas de Beirute.

Neste percurso de sua comitiva, escoltado por soldados, um deles seguindo à frente portando uma longa lança com a bandeira verde e amarela, o Imperador encontrou-se com vários camponeses e a eles falou da nova terra chamada Brasil, um vasto país fértil onde já se encontrava um pequeno número de libaneses vindos da Europa e do Egito.

Atravessando o Vale de Chtaura rumo a Baalbeck, passou por várias cidades, dentre elas Zahle, chegando ao seu destino à noite, quando escreveu em seu diário: "...a entrada nas ruínas de Baalbeck, à luz de fogaréus e lanternas, atravessando por longa abóbada de grandes pedras, foi triunfal e as colunas tomavam dimensões colossais". O Imperador visitou os templos de Júpiter, de Vênus e observou tudo, mediu, tomou notas e por fim escreveu: "Saindo de Baalbeck, onde deixei meu nome com a data na parede do fundo do pequeno templo (Templo de Baco), está cheio de semelhantes inscrições, lendo-se logo depois da entrada estas palavras: "Comme le monde est bête!!!". Deixando Baalbeck, dirigiu-se para Damasco, Síria, observando: "Reparei melhor para a planície, que apesar de coberta de seixos, é aproveitada para trigo e vinhas sobretudo. Perto de Baalbeck nasce o antigo Orontes, que vai banhar a Antioquia... A noite passada, encheram-se os cabeços dos montes de neve e que belo efeito produziram, vistos do fundo do grande templo, ou por entre as seis colunas".

Dom Pedro II deixou ao povo libanês uma mensagem profética que haveria de se realizar por inteira: "Gostaria de ver o maior número de vocês no Brasil, prometo recebê-los bem e tenham certeza de que retornarão prósperos".

Certíssimo estava o Imperador. Atualmente estima-se que integrantes da colônia libanesa no Brasil somam cerca de seis milhões de pessoas, entre imigrantes, filhos e netos de libaneses nascidos no Brasil. Porquanto, os de origem libanesa nascidos no Brasil e residentes no Líbano beiram a casa dos 60 mil.

O Líbano, que fascinou Dom Pedro II e que fez parte da sua história pessoal – por ter nascido em uma casa libanesa no Brasil – remonta a sua existência a milhares de anos. Conhecido como o país dos Cedros, Pérola do Oriente, fronteiriço com o Israel, ao sul e com a Síria ao norte, o Líbano é nada menos do que a imponente e respeitadíssima Fenícia e a Canaã, bastante presente nas páginas da Bíblia.

O escritor Henrique Paulo Bahiana, no seu livro *"O Líbano Eterno"*, conta sobre a história da variação nominal do país:

O nome Líbano é encontrado em caracteres cuneiformes babilônicos e em hieróglifos egípcios que datam de 2000 anos antes de Cristo e é referido mais de sessenta vezes no Antigo Testamento. O referido nome parece provir do hebraico *Leben*, que significa 'branco' ou 'brancura'; ele foi dado às montanhas do país em virtude da neve que cobria seus cumes. Assim, Líbano significa 'Monte Branco' (...) O nome Fenícia deriva de Pheinos, que significa 'vermelho', alusão à púrpura (corante) originária do país e que os gregos ali adquiriram, ou à

cor bronzeada de seus habitantes ou à precipitação, no mar, de águas avermelhadas por terra especial [...] Aos fenícios atribuíam-se o nome de 'cananitas', o mesmo nome dos habitantes da Palestina. Canaã significava 'terra baixa'.

Os milenares habitantes das atuais terras libanesas passaram por subjugações de vários povos, como os Assírios, Babilônios, Persas, Gregos, Romanos e Turco-Otomanos. A religiosidade, antes politeísta, adoradora de deuses como El, Baal, Moloque, Adónis, viu o cristianismo chegar com o imperador romano, Constantino, o Grande (337 AC-280 AC). Por sua vez o Islamismo veio com a chegada dos árabes muçulmanos. A contemporaneidade religiosa no Líbano apresenta o seguinte percentual de seguidores: 57% islamismo (maioria de xiitas) e 43% cristãos (maioria Maronitas).

A vizinha e irmã Síria dos libaneses revela, na sua história, o fato idêntico de ter passado por diversas dominações, a exemplo da invasão do Império Otomano, a partir de 1516, e só finalizada com o término da segunda Grande Guerra, de 1914 a 1918. A derrocada do Império Otomano se deu por causa do seu apoio à Alemanha e ao Império Austro-Húngaro no conflito. Boa parte do Oriente Médio subjugada neste período ao Império Otomano se uniu aos aliados Império Britânico, França e Império Russo, com propósito de obter a sua independência, o que de fato aconteceu.

A repressão do Império Otomano controlando liberdades religiosas e econômicas, antes e pós-conflito mundial, motivou (para sorte das Américas, particularmente do Brasil), a imigração ainda tímida, em fins do século XIX, acentuada a partir das duas primeiras décadas de 1900. As viagens dos imigrantes para o Brasil obedeciam ao roteiro Beirute, Marselha, França, para desembarcarem, em sua maioria, nos portos de Santos e do Rio de Janeiro, após uma travessia atlântica que durava em média 30 dias.

Emoldurando a imigração sírio-libanesa para os limites geográficos do Brasil, para depois trazê-la para Goiás, podemos dizer que, por causa da origem dos seus passaportes e por ignorância também dos brasileiros eram os imigrantes sírios e libaneses tratados aleatoriamente de "Turcos", – com um sentido extremamente pejorativo e que, infelizmente, ainda sobrevive nos dias de hoje, se bem com menos ênfase. Calcula-se que 70% dos árabes no Brasil sejam de origem libanesa.

No início, todo e qualquer tipo de serviço era enfrentado pelo imigrante árabe para defender a sua sobrevivência pessoal e familiar. Com o tempo muitos viraram mascates, administrando e investindo dinheiro, montaram seus comércios.

A Estrada de Ferro Goyaz, nas primeiras décadas do século XX, foi a principal motivadora da travessia dos árabes para as terras colonizadas pelo Anhanguera, Filho. Seguindo a implantação das paralelas de aço, os imigrantes árabes foram assentando seus comércios e esperanças pelas cidades de Catalão, Goiandira, Ipameri, Urutaí, Pires do Rio, Orizona, Vianópolis, Silvânia, até desembarcarem na cidade de Anápolis, cuja Estação Ferroviária foi inaugurada em 7 de setembro de 1935, e que se tornou, o maior centro de convivência árabe de Goiás.

O árabe passou a ser um mensageiro das novidades e provedor das necessidades, porque ele acreditou e confiou no homem dos ermos cerrados, levava mercadoria à fazenda dele, entregava-a para receber depois e com isso estabeleceu um crédito aberto, franco, sem documento, criando uma relação informal e de amizade.

Um dos fatos que iniciaram a integração entre sírio-libaneses e brasileiros foi a gastronomia árabe. O paladar diferenciado, com especiarias exóticas e exuberantes, comidas aromáticas e combinação perfeita para carnes, legumes e vegetais, resultando em um sabor refinado e peculiar, bem diferentes da comida local, fez com que os brasileiros se interessassem em conhecer os árabes. No entanto, a história desse povo não é feita de quibe, coalhada, tabuli e esfiha. Eles são donos de uma história milenar, de intensa transformação cultural, econômica e humana. Sua presença em Goiás, particularmente em Anápolis, contribuiu decisivamente para que o município se transformasse em polo econômico no Centro-Oeste.

Os trilhos da Estrada de Ferro Goyaz davam aos sírio-libaneses o meio de transporte essencial para o recebimento e envio de mercadoria, possibilitando o crescimento e fluxo mais rápido do capital. A evolução presente na ferrovia é um marco na história de Anápolis, momento em que esta despontou como a cidade mais próspera de Goiás, em que as famílias árabes começaram a enriquecer e, as que chegaram, encontraram um território fértil para construírem seu patrimônio e criarem seus filhos. Tornaram-se proprietários de novas indústrias, dominando o mercado de certos produtos como comercialização de grãos, tecidos, roupas e calçados, podendo aplicar boa parte do dinheiro na qualidade de vida intelectual para os filhos.

Aos pioneiros sírio-libaneses assentados em Anápolis ou em qualquer canto de Goiás e do país, não lhes faltou discriminação pelo idioma praticado, religiosidade, entre tantos outros adereços da sua nativa cultura. Mas, com o passar do tempo as coisas mudaram, revelada a sua gastronomia, seu bom humor – o árabe é um exímio contador de piadas –, sua música, sua tapeçaria, seu humanismo ímpar, sua inteligência também posta à mesa, sua determinação para vencer. Vencidos os sustos de uma nova cultura, sua condição única milenar trouxe-lhes respeito, admiração e plena aceitação e a alegria de vê-los miscigenados entre os brasileiros, dividindo a sua força de trabalho, os saborosos pratos da sua culinária, seus filhos e filhas casando-se com brasileiros, enriquecendo em todos os sentidos o afro-luso sangue brasileiro. Estava, portanto, esquecida para sempre a silhueta depreciativa do "Turco" que apenas pensava em dinheiro.

Voltando nossas atenções à presença árabe em Goiás, emoldurando-a, como é propósito desse livro, na cidade de Anápolis, sem titubear, podemos afirmar o quanto a colônia foi e é importante para o pujante desenvolvimento dessa cidade. Os sírio-libaneses, maioria absoluta, fizeram com que ela se tornasse o mais importante município industrial do Centro-Oeste, com um parque de indústrias assentadas, com alto teor de diversidade produtiva. O próprio Distrito Agroindustrial de Anápolis (DAIA), erguido em 1976, teve a forte atuação dos árabes na sua edificação e sucesso de funcionamento.

A necessidade de resgatar a história da imigração, e de todo o processo de adaptação e fixação na cidade de Anápolis e em outras cidades goianas foi objetivada para a produção deste livro. O notável amor e orgulho que os sírio-libaneses e seus descendentes, têm em honrar a sua origem fez com que por onde passassem deixassem sua marca. Eles têm no sangue a vontade e a disposição de lutar do árabe, pois venceram na vida com muito trabalho e dedicação. O segmento de cada tronco sírio-libanês originou filhos importantes e descendentes que ajudam a participar não só da parte econômica, política, esportiva, como também da formação intelectual da cidade.

Os sinais da presença árabe na Europa, particularmente na Espanha, eternizaram na porta de algumas bibliotecas públicas a seguinte inscrição:

O mundo é sustentado por quatro colunas: a sabedoria dos sábios, a justiça dos fortes, a oração dos justos e o valor dos bravos.

Este é um livro sobre pessoas que diante do infortúnio, foram além do que acreditavam ser capazes, utilizando-se destas quatro colunas que formam uma estrutura de aço resistente. Tiveram a capacidade de olhar para dentro de si e operarem um milagre ao superarem o destino fadado ao fracasso que as guerras e opressões queriam impor.

Esta obra prima pelas histórias das famílias que fizeram Anápolis e algumas cidades do estado se destacarem em todos os sentidos da ação humana. Ela pretende deixa um legado para as gerações futuras, retratando épocas bem distintas, contrapondo o antigo com o moderno, nascimentos e mortes, chegadas e despedidas, derrotas, mas principalmente, vitórias e superações. Narrativas que representam o memorial árabe goiano para que o feito de cada família não se perca com o tempo.

As Famílias

Família Abdel Ghaffar

Em 1954, Abdel Ghaffar Muhd Hussein Sheikh Khalil, natural de Mazra El-Sharkieh, Palestina, desembarcou no Porto de Santos (SP). No estado de São Paulo, permaneceu alguns meses mascateando, continuando esse trabalho por vários estados, até tomar a decisão, em 1955, de sair do Rio Grande do Sul para vir assentar raízes em Anápolis (GO), depois de mascatear por várias cidades goianas. Nesta cidade montou uma loja de confecções, de nome Casa Felicidade, na rua que já foi conhecida pelos nomes de Canal de Suez, dos Turcos, e atualmente batizada de General Joaquim Inácio.

Quem conta essa história é o advogado e seu filho, Abdel Rhade Abdel Ghaffar, que na década de 1990 assumiu a direção da loja, mudando seu nome para Olímpia Esportes:

Meu pai era como milhares de outros imigrantes que vieram para o Brasil, após a segunda grande guerra mundial. O Brasil nos recebeu muito bem, graças a Deus, não só os palestinos, mas, todos os árabes, independente de suas nacionalidades. Só que antes de se estabelecer em Anápolis (GO), ele conheceu vários estados, pelos quais ficou mascateando, principalmente nas cidades que promoviam festas religiosas. Posso dizer que 95% dos árabes já vinham para o Brasil com o propósito de mascatear, porque quem sai de guerras e guerras não tem condição de estar apto a uma profissão, por causa das opressões impostas pelos dominantes. Aqui não sofremos nenhuma espécie de discriminação por causa da nossa origem. Apenas nos chamavam de Turcos, naquela época era aquela inocência. Nós chegávamos ao Brasil com passaporte turco e como as pessoas iriam saber da nossa real origem? Até hoje muitas delas não sabem, e generalizam simplesmente sem querer nos ofender.
A influência dos nossos pais em nossa criação foi primordial para a nossa existência e sobrevivência. Tenho admiração muito grande por eles. A maior desonra para eles seria a nossa não formação. Seria o fim do mundo. Hoje eu sou um profissional liberal que já saiu dos padrões, de que árabe é

Dr. Abdel Rhade Abdel Ghaffar

apenas mercantilista, comerciante. Mas essa opinião, graças a Deus, já está sendo remodelada no mundo inteiro.

Meus pais também tiveram a preocupação de nos ensinar a língua árabe. Todos nós (filhos) falamos e escrevemos o árabe fluentemente. Da mesma forma, passamos isso para nossos filhos, para preservarmos a nossa origem. Admiro meus pais, porque não é fácil você sair de uma guerra, da miséria, da pobreza, da desgraça e só com a força de Deus, lá em cima, para te acompanhar, você conseguir vencer em um país estrangeiro, onde ninguém fala sua língua, não tem seus costumes. Os filhos têm que honrar seu pai e sua mãe até o último dia de suas vidas. Tendo eles, ou não, o sucesso financeiro. Por causa das diferenças de nossos costumes, formas diferentes de comunicação e sendo meu pai uma pessoa carismática, que adora agradar as pessoas, por ter sido sempre agradado nessa terra, que ele ama tanto e da qual nunca pensou em sair, aconteceu um caso pitoresco com ele, na época em que tinha o comércio. Querendo sempre agradar a sua clientela, viu entrar na loja uma senhora muito distinta, muito bonita, que era esposa de um médico. Naturalmente, ela não tinha conhecimento dos costumes na Palestina. Cada hábito tem as suas diferenças de país para país. O que é certo lá, às vezes é errado aqui. Tentando agradar essa cliente, que sempre comprava dele, disse-lhe que a roupa que pretendia comprar daria certo, porque vestida com ela se pareceria com um veado.

Essa senhora ficou indignada com a comparação feita por meu pai; revoltada, contou para o marido dela o que se havia passado na loja, narrando o quão ofensiva foi tal comparação. Porém, em nossa terra, chamar uma mulher dessa forma (a gente chama lá de gazela) é um elogio lindo. Um elogio que deixa a mulher em seu ápice feminino. Só que no Brasil comparar alguém a um veado não é nada elogioso. Pois bem: a tentativa de elogio do meu pai trouxe

Abdel Ghaffar Muhd Hussein Sheikh Khalil, no centro da mesa, cercado por vários patrícios

uma baita confusão. O médico, marido dela, foi tomar satisfação com meu pai, saber a razão do porquê da ofensa. Depois das explicações do meu pai e de ele pedir um milhão de desculpas, o médico por ser uma pessoa culta, muito civilizada, entendeu a situação. Depois do meu pai pagar um carão enorme, ele falou:
— Puxa vida, eu só quis elogiar. Não quis de forma alguma ofender.

Para manter a unidade, princípios que regem a sobrevivência da nação palestina, Abdel Ghaffar Muhd Hussein Sheikh Khalil, no início da década de 1960, foi à Palestina e se casou com Samiha Abdel Hamid Hussein Khalil. "Meu pai voltou a sua terra natal para se casar, exatamente para que a raça palestina não possa se evaporar. Nós somos símbolos de uma luta".

Constituição familiar

Filhos do casal Abdel e Samiha, por ordem cronológica de nascimento:

1   HUDA – Reside em Pirenópolis (GO), casou-se com Ribhi Hamideh e com quem teve, os seguintes filhos por ordem cronológica de nascimento: Nader, Suhaila, Sally e Faraj.
2   ABDEL – Reside em Anápolis (GO) e casou-se com Rania Abdel Ghaffar, os seguintes filhos por ordem cronológica de nascimento: Habib e Tamer.
3   FÁTIMA – Reside na Palestina e casou-se com Mohamad Shalabi. O casal teve, os seguintes filhos por ordem cronológica de nascimento: Sumaia, Dania, Mufida e Dima.
4   NÁDIA – Reside em Dallas – USA, casou-se com Salah Aned e com quem teve os seguintes filhos por ordem cronológica de nascimento: Mariane, Ahmad e Bassim
5   AIDA – Reside nas Ilhas Canárias, arquipélago espanhol no oceano Atlântico, casou-se com Nasser Abdel Mathi e com quem teve, os seguintes filhos por ordem cronológica de nascimento: Yasmina e Nizar.
6   RANY – Reside em Primavera do Leste (MT) casou-se com Ruba Khalil com quem teve os seguintes filhos por ordem cronológica de nascimento: Yassim e Lina.

Quase todos eles se casaram com descendentes de palestinos. As exceções foram Abdel, que se casou com uma jordaniana, descendente de sírios e Aida, cujo marido também nasceu na Jordânia.

Entrevista realizada em 15 de maio de 2009

Família Abraham

Foi justamente no ano de 1965, quando o Anápolis Futebol Clube se consagrou campeão goiano, que o médico ortopedista Osvaldo Abraham, a convite do patrício e colega médico Elias Abrão, chegou a Anápolis (GO), decidido a permanecer na cidade uns três anos, motivado, principalmente, pela presença enorme de patrícios residindo no município.

A paixão pelo Anápolis Futebol Clube e pela cidade de Anápolis (GO) foi imediata e para sempre. Antes de vir para Anápolis (GO), Osvaldo Abraham, ainda no Rio de Janeiro, trabalhou como médico da Seleção Brasileira de Futebol que foi à Copa de 1966, tendo inclusive tratado do fabuloso Mané Garrincha.

A origem familiar de Osvaldo Abraham é libanesa, da aldeia de Gibrail, norte do país, perto de Trípoli. No entanto, ele nasceu na Argentina, na região da Patagônia, e aos dois anos de idade, a sua família mudou-se para o Brasil, indo residir na cidade paulista de Jardinópolis, posteriormente, firmando morada em Uberlândia (GO).

Constituição familiar

Filhos do casal Aboud Abraham Miguel e Nacime Rassi Abraham, por ordem cronológica de nascimento:

1   OSVALDO ABRAHAM
2   NÉLIDA ABRAHAM
3   IVONE ABRAHAM
4   JULIETA ABRAHAM
5   JOANA ABRAHAM

Nesta cidade postada no Triângulo Mineiro, Osvaldo Abraham permaneceu até os seus 17 anos, quando se mudou para o Rio de Janeiro, para dar sequência aos seus estudos, em Medicina, pela Faculdade de Medicina e Cirurgia. Retornou após a graduação, para exercer a profissão em Anápolis (GO).

Um ano depois da sua chegada em Anápolis (GO), em 1966, adquiriu um imóvel do Banco Mercantil do Brasil e montou uma pequena clínica médica que deu origem ao Hospital Ortopédico de Anápolis. No ano seguinte constituiu sociedade com o colega Dr. Guido Mohn. Com o passar do tempo, o hospital atingiu a sua estrutura de três andares, com 1600 metros de construção. Sobre a Medicina, na cidade de Anápolis (GO) e do Anápolis Futebol Clube, Osvaldo Abraham assim se expressou:

Dr. Osvaldo Abraham

Depois de quatro décadas exercendo a medicina em Anápolis tenho a satisfação de ter tratado várias gerações de anapolinos. Atualmente, só faço pequenas cirurgias. As grandes cirurgias não faço mais, porque cansam bastante.

Estou muito satisfeito por feito a opção de ter vindo para Anápolis (GO); a nossa colônia é muito unida, todos os domingos nos encontramos na nossa Igreja Ortodoxa.

Durante uma partida de futebol disputada entre o Anápolis e Goiânia, o árbitro que apitava o jogo, estava tendenciosamente favorecendo a equipe do Goiânia. Num certo momento, juntamente com o Haddo Hajjar, entrei em campo para reclamar com o árbitro e fui agredido por ele na testa com o seu apito. Sangrou coloquei minha camisa na testa, para estancar o sangramento, foi um escândalo. Não houve revide contra ele de minha parte. Mas o árbitro foi suspenso pela Confederação. Curioso é que depois de vinte anos, estou em Caldas Novas (GO), tomando banho de piscina, se aproxima um senhor e me diz: "Olha, eu quero pedir desculpas para o senhor. Eu sou o árbitro que há vinte anos lhe agredi". Eu disse para ele: "Esqueça isso. Isso já passou". Por décadas prestei toda assistência médica desde as categorias de base aos profissionais do Anápolis Futebol Clube.

O Dr. Osvaldo faleceu no dia 14 de junho de 2019.

De seu casamento com Lúcia Abrão, natural de Araguari (GO), nasceram:

1 LEONARDO – graduado em Medicina
2 LETÍCIA – graduada em Fisioterapia
3 OSVALDO ABRAHAM FILHO – graduado em Direito

Entrevista realizada em 11 de novembro de 2008

Família Abrão Zacarias

Nascido na Síria no ano de 1910, Abrão Felipe Zacarias veio para o Brasil ainda bem jovem, com 17 anos. Ele se estabeleceu na cidade de Jardinópolis, município do interior do estado de São Paulo que hoje faz parte da região metropolitana de Ribeirão Preto e era tradicional destino de imigrantes, destacando-se italianos, portugueses, japoneses, espanhóis e, naturalmente, sírio-libaneses. Ainda lá acabou ficando por pouco mais de uma década e se casou com a sra. Mariana José. O "porto" seguinte foi a cidade de Ituverava-SP, que dista 90 km de Jardinópolis e na qual residia outra família retratada nesta obra, a do Dr. Gibrahyl Miguel. A estada em solo paulista terminou em meados dos anos 40, quando deu-se a mudança para o estado de Goiás sendo escolhida Anápolis como residência. Na "Manchester Goiana" ele prosperou definitivamente em vários ramos de negócio, sendo um deles no mínimo curioso. Juntamente com os "patrícios" Jibran El Hadj e seu tio João Milki, Aziz Cury e Abdon Rodrigues Ramos acabou se aventurando nos garimpos. A empreitada se deu na cidade de Cristalina-GO, famosa mundialmente por ser o maior centro de extração e comercialização de pedras e cristais preciosos e semipreciosos. O município possui a maior jazida de Cristais de Rocha do planeta e o sucesso veio rapidamente. Apesar disso, visionário que era, acabou transferindo-se para a então nova capital do estado, Goiânia, em busca de novos desafios.

Constituição familiar

Abrão Felipe Zacarias casado com Mariana José Zacarias, tiveram os filhos:

1. ELIAS
2. ANTÔNIO
3. MARLENE
4. ROBERTO
5. LATIF
6. LAILA
7. OMAR
8. ABRÃO JR.
9. ELMOSA.

Família Achcar

Entrevista de Sassine Hanna Achcar ao programa "Árabes no Centro-Oeste"

Qual é a origem da família Achcar?
A nossa origem é libanesa. Primeiramente veio para o Brasil meu irmão, Latif Hanna Achcar. Eu queria viver tranquilo, folgado, e o meu outro irmão me mandava trabalhar. Eu tinha minhas fazendinhas de azeitona, dava para viver tranquilo. Mas ele queria me mandar trabalhar para comer a renda de minhas azeitonas. Eu falei para ele: "Olha, aqui não, o negócio é meu". Então, ele começou a escrever para o nosso irmão Latif, que já morava aqui, pedindo para que ele me levasse para onde estava, dizendo o seguinte: "Meu irmão, leva o Sassine daqui, pois ele vai me matar". Meu irmão começou a me escrever, me incentivando, dizendo que tínhamos umas primas bonitas aqui, fazendeiras. Então resolvi vir para o Brasil, pois se não desse certo, eu voltaria. Cheguei ao Brasil no dia 5 de outubro de 1951. Cheguei a Santos, e meu irmão foi lá e me buscou e viemos direto para Anápolis.

Quando seu irmão Latif veio para o Brasil, veio diretamente para Anápolis?
Meu irmão primeiramente foi para o Paraná, para uma cidade chamada Piraí do Sul, onde morava um primo. Não tinha serviço, pois a profissão dele era barbeiro. Meu primo sugeriu que ele viesse para Anápolis, onde tínhamos uns primos morando. e que eles poderiam dar uma ajuda para ele. Meu irmão já tinha trazido algum dinheiro. Então ele veio, os patrícios deram a dica e ele montou um salão e começou a trabalhar. Naquela época, barba e cabelo eram 15 cruzeiros. Eu cheguei aqui e fiquei trabalhando por 2 meses com meu irmão, que havia me ensinado o seu ofício e comprou para mim uma cadeira de barbeiro. Mas o que eu fazia, eu gastava tudo. O salão ficava na Rua General Joaquim Inácio. Então sugeri ao meu irmão vender o salão e mexermos com outro negócio que fosse mais rentável. Na época, o salão foi vendido por 5 mil cruzeiros. Nós fomos a São Paulo e ele me apresentou para uns atacadistas, e eu comecei a comprar e

a vender armarinhos, cintos, lenços e elástico. Após dois anos, abri minha loja. Depois de onze anos, apareceu "uma má companhia, que se chamava Samir Zac Zac", e nós começamos a jogar baralho. Eu perdi tudo, me sobraram apenas 50 mil cruzeiros, e eu tinha um estoque, na loja, que era de 5 portas, no valor de 750 mil cruzeiros. Resolvi ir ao Líbano, e lá vendi minha fazenda de azeitona por 15 mil dólares para o meu irmão. Na volta, já em São Paulo, comprei mercadorias, e em Anápolis, já vendi a metade. Fui para Brasília, e lá vendi a outra metade.

Como surgiu A Barateira Calçados?

Com o apoio, o trabalho da minha esposa Jandira Antônia Achcar. Para economizar, ela fazia almoço dentro da própria loja. Nos primeiros dez meses, já havíamos ganhado muito dinheiro. Com esse dinheiro, comprei minha casa, na Avenida Mato Grosso, onde hoje tem o Restaurante Scaffas. Minhas duas filhas e meu filho trabalhavam com a gente na loja. Posteriormente, ele resolveu ir para os Estados Unidos. Eu criei meus filhos assim: "Orgulho não leva ninguém pro céu, pra frente. O que manda é a amizade". A minha loja tinha um bom estoque. Em 1995, houve um incêndio lá e perdi 160 mil em estoque. Vendi o local da loja e a casa para o Gilson, por 60 mil reais. Na época eu tinha também as lojas Beija-Flor Calçados aqui em Anápolis e uma outra em Sete Lagoas (MG). Eu sempre fui um empresário correto e honesto. Duvido que alguém fale que eu devo para alguém e não paguei. Naquela época, havia poucas lojas em Anápolis, e a gente não dava conta de atender todos. Eu trabalhava até 2 horas da manhã. Eu tinha fama de barateiro, pois eu ia ao Rio Grande do Sul comprar o estoque diretamente da fábrica.

Filhos do casal Sassine Achcar e Jandira Antônia Achcar, por ordem cronológica de nascimento:

1. JORGE SASSINE ACHCAR
2. MICHEL SASSINE ACHCAR
3. ELIZABETH SASSINE ACHCAR ISKANDAR
4. HUGO SASSINE ACHCAR
5. FUED SASSINE ACHCAR
6. ROBERTO SASSINE ACHCAR

Sassine Achcar entrevistado por Guilherme Verano

Entrevista realizada em 17 de janeiro de 2011

Família Achilles Elias

Deixando na Síria a sua mãe e outros dois irmãos, que permaneceram no seu país de origem, Achilles Elias, em companhia do irmão mais novo, Miguel Elias vieram para Anápolis (GO), na década de 1920, para se encontrarem com os manos Carlos Elias e Razem Elias. A sua mãe que há muito era viúva, deixara com ela o seu passaporte pronto para vir também para o Brasil/Anápolis. Porém, tão logo chegaram os irmãos a Anápolis (GO), receberam a notícia que ela havia falecido.

Achilles e Miguel, a exemplo dos outros irmãos começaram mascateando pela região de Anápolis (GO), para depois formalizarem sociedade, na firma que levou o nome de Dois Irmãos (trabalhavam com tecidos), na Rua 14 de julho, esquina com a Barão de Cotegipe, local também da residência de Achilles após o casamento e onde nasceram todos seus filhos. Algum tempo

Achilles Elias e a esposa Bárbara Miguel Elias

depois Miguel resolveu separar sociedade e, com a ajuda do irmão Achilles, fez empréstimo bancário em seu nome. Miguel abriu uma máquina de beneficiar arroz, localizada na Floriano Peixoto. Com a separação da sociedade, Achilles abandonou o ramo de tecidos e passou a trabalhar com Secos e Molhados.

Quanto ao matrimônio de Achilles, ele se casou com Bárbara Miguel Abrão, nascida no Líbano, filha primogênita de Miguel Abrão. A cerimônia de casamento foi realizada na residência do mano Razem Elias, localizada na Rua 7 de Setembro.

Constituição familiar

Filhos do casal Achilles e Bárbara, por ordem cronológica de nascimento:

1 ALICE ELIAS MACEDO
2 ARMINDA ELIAS DA SILVA
3 ALEX ACHILLES ELIAS
4 AMIM ELIAS CALLUF
5 ADÉLIA ACHILLES ELIAS DUTRA
6 MARIANA ELIAS NOGUEIRA
7 ACHILLES ELIAS FILHO
8 CARLOS ACHILLES ELIAS
9 ANTÔNIO SÉRGIO ELIAS

Miguel, Razem e Achilles Elias.

Achilles Elias Calluf faleceu em 1976, com a idade presumível entre 67 e 70 anos. Seus familiares não souberam precisar a data real do seu nascimento, na Síria. Isso porque a parte dos imigrantes sírio-libaneses chegava ao Brasil sem portar o seu registro de nascimento, o que era feito em terras brasileiras. A sua esposa Bárbara faleceu em 2007, com 82 anos de idade.

Depoimento de Adélia Achilles Elias Dutra

Meus pais casaram-se aqui em Anápolis (GO). Mamãe nasceu no Líbano e veio para o Brasil com cinco anos e foi registrada em Ipameri (GO). Os irmãos dela queriam que ela se casasse com outra pessoa. Mas meu pai e minha mãe se apaixonaram e ela se casou com quatorze anos.

Mamãe era muito trabalhadora e com nove filhos era muito difícil. Papai era de um jeito seco, porém, carinhoso; os sírios são secos mesmo. Era uma pessoa que todo mundo conhecia e todo mundo gostava, inclusive, era o maior torcedor do Anápolis Futebol Clube. Papai nos dava liberdade, deixava os filhos saírem, mas tinha horário para voltar e no almoço, ele queria os nove filhos presentes à mesa. Bastava ele falar e todo mundo obedecia, naquele tempo era mais fácil criar os filhos porque havia o respeito, nem precisava falar, bastava um olhar que a pessoa já entendia.

Adélia Achilles Elias Dutra e seu esposo Francisco Dutra (Chico Gente Boa)

Meus pais conversavam em árabe, mas, não ensinaram para a gente porque achavam que a gente ia casar com brasileiro. Apenas sei algumas poucas palavras, coisas do dia a dia. Naquela época, não tinha os eletrodomésticos de hoje, e o serviço era braçal, mamãe cuidava dos nove filhos e a situação não era muito boa. Era matar o porco e todo mundo ajudava, os meninos não chegavam muito à cozinha, mas ajudavam em várias outras coisas. Mamãe fazia muita quitanda porque não havia padaria, ela fazia pão sírio, roscas e biscoitos, era excelente cozinheira.

Toda as noites papai saía para visitar os irmãos, não tinha televisão e isso colaborava com a integração das pessoas; sinto muito falta disso, nossa casa estava sempre cheia, juntava os irmãos e os parentes e virava festa. Tenho saudades da velha Anápolis, do Clube Recreativo, onde seus bailes eram um espetáculo, vinham artistas de fora, tinha a manhã dançante, a domingueira, era uma convivência sadia com os amigos.

Meu pai era ciumento, principalmente com a sua primeira filha (Alice). Ele ia buscá-la em todos os lugares, até no Recreativo e ela já era adulta. Depois todas nós casamos com brasileiros. Meu marido era mineiro e quando fui casar meu pai disse-lhe que ele estava levando o seu braço direito, o esquerdo e as pernas, porque eu o ajudava muito.

 Entrevista realizada em 9 de outubro de 2008

Família Alfredo Abdalla

Natural de Bdada, Síria, Alfredo Abdalla imigrou para o Brasil por volta da segunda metade da década de 1910, na companhia de seus irmãos Mansur, Issac e Jorge. Foi parceiro de mascateação de Abrahão Jorge Asmar, pai do professor e escritor João Asmar, que muito colaborou para a edificação desta obra. Alfredo casou-se com Francisca Dorcelina, conhecida como dona Chiquinha, nascida em Silvânia.

José Abdalla e a esposa Francisca da Silva Abdalla
Retirado do livro *O Marco do novo Goiás: 30 anos de Daia*, de Pablo Kossa

Constituição familiar

Filhos do casal Alfredo Abdalla e Francisca Dorcelina Abdalla, por ordem cronológica de nascimento:

1. ESMERALDA
2. JOSÉ ABDALLA[1] – nasceu em Bomfim (Silvânia), no ano de 1918. Casou-se com Francisca da Silva Abdalla, nascida em Jaraguá (GO). Pais de: Ruy, Reny e Rubens Abdalla. Um pouco mais sobre Ruy Abdalla - nasceu em Anápolis. Graduado em Direito. Empresário, instituiu a empresa Comercial Ipanema Calçados e Confecções,

Ruy Abdalla, destacado nome da história empresarial e classista de Anápolis.
Retirado do livro *O Marco do novo Goiás: 30 anos de Daia*, de Pablo Kossa

a Comercial G Modas, a Texana Têxtil Anápolis e a Rick Express Industrial Ltda. Líder classista, presidiu a Associação Comercial e Industrial de Anápolis, por dois mandatos, 1973 a 1975 e 1981 a 1983. Sindicato do Comércio Varejista de Anápolis de 1988 a 1994 e de 2009 a 2011. Fundador e presidente do Sindicato das Indústrias do Vestuário de Anápolis. Teve atuação importantíssima na criação e consolidação do Distrito Agroindustrial de Anápolis (DAIA). Casou-se com Irma Siqueira Abdalla. Pais de: Ricardo Abdalla, Roseana Abdalla, Rogério Abdalla.

3   LUZIA
4   ABDALLA
5   ALEX, fundador de Alexânia, cuja história está registrada no capítulo: Convidados Especiais.
6   CRISTÓVÃO
7   TEREZA

Família Antônio Miguel

Antônio Miguel, aos 18 anos, já era casado com Maria Nacruth Miguel. Quando saíram do Líbano com destino ao Brasil, tomando o rumo a Goiás, residiram em São Francisco e Jaraguá. Na década de 1910, vieram para Anápolis, onde ele abriu um comércio de tecidos, na Rua 7 de setembro, esquina com o Beco do Maia, atual Avenida Goiás.

Anos mais tarde, Antônio Miguel, cansado de trabalhar no comércio, resolveu comprar uma fazenda para explorá-la economicamente. No entanto, com a morte do seu irmão, Jorge Michel, ele passou administrar a máquina de arroz e café que lhe pertencera.

Antônio Miguel não sabia falar português e tinha dificuldades de comunicação no trabalho, o que por certo atrapalhava seus negócios. Maria Nacruth, por sua vez, a dedicada esposa, cuidava de tudo em casa; muito amorosa, soube com determinação e zelo criar seus filhos. Antônio Miguel sempre desejou que todos os seus filhos estudassem.

Constituição familiar

Filhos do casal Antônio Miguel e Maria Nacruth Miguel, por ordem cronológica de nascimento:

1. JAMILA MIGUEL
2. MIGUEL ANTÔNIO NETO
3. FRANCISCA MIGUEL
4. GABRIEL ANTÔNIO

5   BENEDITO ANTÔNIO
6   AMIM ANTÔNIO
7   CALIXTO ANTÔNIO
8   RAULA MIGUEL
9   JAMIL ANTÔNIO,
10 SANTA MIGUEL
11 EMÍLIA MIGUEL

Francisca Miguel

Francisca Miguel, destacada presença feminina na história árabe de Anápolis

Foto retirada do livro, *História da Câmara Municipal de Anápolis – Memórias de Anápolis*, de Júlio Alves.

Sua filha Francisca, nascida no dia 25 de agosto de 1917, em São Francisco de Goiás, ainda criança passou a residir em Anápolis. Conhecida por Chiquinha, foi a primeira vereadora de Anápolis, eleita em 1947, pelo PR – Partido Republicano, obtendo a terceira melhor votação. Por curto período ascendeu à presidência da Câmara Municipal. Professora da Escola Normal de Anápolis, Escola Normal Nossa Senhora Auxiliadora, dos Colégios Gama-Ginásio Arquidiocesano Municipal de Anápolis (atual São Francisco) e Couto Magalhães, entre outros, depois de educar filhos de várias gerações de anapolinos, em 1958, formou-se em Direito, pela Faculdade de Direito de Goiás, localizada na histórica Rua 20, centro, Goiânia. Seus outros irmãos Jamil e Calixto também graduaram-se em Direito. Pioneira em Brasília (1959), lá residiu até o seu falecimento em 8 de maio de 1991. Na Capital Federal, no Congresso Nacional foi assessora de destacados nomes da historiografia política de Goiás, como Henrique Santillo, Alfredo Nasser e Anapolino de Faria.

Amim Antônio

Amim Antônio estudou no tradicional Colégio Bonfim de Silvânia como aluno interno, depois fez o Curso Científico, no também tradicional Colégio Ateneu Dom Bosco, em Goiânia. Após essa etapa de estudos foi para a antiga Capital Federal, cidade do Rio de Janeiro, onde cursou Medicina, graduando-se em 1950.

De volta à Anápolis (GO), seu berço natal, tornou-se o segundo médico de origem sírio-libanesa a se graduar em medicina, sendo antecedido apenas pelo Dr. Kalil.

Portador do registro nº 214 (ano de 1958), junto ao Conselho Regional de Medicina (CRM), Amim Antônio fundou o Hospital Santo Antônio, em 1952. Pelo hospital passaram conceituados profissionais médicos, entre os quais: Dr. Antonio Trevisan, Dr. Sereno, Dr. Waltercides, Dr. Leonardo, Dr. Olavo e a Dra. Francinete, entre outros.

Dr. Amin Antônio como 2º Tenente do Exército, 1952. Sexto filho de Antônio Miguel

Dr. Amin Antônio e sua filha Paula Brill Antônio

No início do funcionamento do hospital, Dr. Amim Antônio fazia desde a cirurgia ao parto, tudo o que a estrutura da casa médica podia oferecer. Formado aos 25 anos, dedicou 58 anos ininterruptos ao exercício da medicina, trabalhando até os 82 anos. Nos últimos anos de funcionamento ele sempre teve em sua filha, Paula Brill Antônio, formada em Administração de Empresas, com Especialização em Hospitais, o apoio e a segurança para a condução da casa de saúde.

Dr. Amim Antônio[1] casou-se com Lúcia Brill Antônio, de descendência alemã, de cujo consórcio nasceram a já citada Paula Brill Antônio e Maria Lúcia Brill Antônio, falecida em acidente automobilístico juntamente com a sua mãe.

---

1 Faleceu em 26 de outubro de 2010..

Entrevista realizada em 7 de outubro 2008

Família Asmar

São 100 anos de presença famíliar em solo anapolino. Natural de Ântara, província de Al Kar, Líbano, Abrahão Jorge Asmar e sua esposa Amina Jorge Asmar (primos em 2º grau), na companhia de um filhinho de colo, de nome Miguel, chegaram ao Brasil, na costa nordestina, em 1910, onde a família ficou de quarentena, na Ilha de Itamaracá, Pernambuco. Após a quarentena a família seguiu viagem e desembarcou no porto do Rio de Janeiro, com pouco dinheiro, sem nenhuma referência de apoio amigo ou familiar. Para sobreviver, o casal utilizou sua força física. Ele, rachando lenha numa padaria. Ela, carregando latas d'água na cabeça, colhidas de um chafariz, e conduzidas às casas de famílias, além de ajudar nas tarefas domésticas da pensão que os havia acolhido.

Abrahão Jorge Asmar e a esposa Amina Asmar

Seus parentes que estavam no Brasil, encontravam-se a centenas de quilômetros da então Capital Federal, residindo em Ipameri (GO). Para a cidade vieram e Abrahão Jorge Asmar deu-se a mascatear pela região. Em terras ipamerinas, os Asmar permaneceram até 1916, ali nascendo as filhas Saída e Adélia. De lá fixaram residência em Bomfim, atual Silvânia, onde nasceu Amélia, a terceira brasileirinha. No ano de 1919, já estavam em Anápolis, onde vieram ao mundo os derradeiros rebentos: Jorge, João, José, Gabriel, Diva, Nilza e Abrão.

João Asmar

Em Anápolis, Abrahão Jorge Asmar abriu seu comércio, vindo a falecer em 1º de outubro de 1955, vitimado pela doença de Chagas, contraída em suas andanças mascateando pelos sertões goianos. A esposa Amina partiu em 12 de novembro de 1988, depois de verter a casa dos 100 anos de idade.

Dois filhos do casal, João Asmar e José Asmar, biografado pelo coautor dessa obra, Ubirajara Galli, são destaques na história cultural de Goiás. Com ênfase, sem dúvida, para, João Asmar, nome de destaque na cidade de Anápolis.

João Asmar nasceu em Anápolis, no dia 18 de junho de 1922. Graduado em Direito pela Faculdade de Direito de Goiás (1958), foi professor nos mais tradicionais estabelecimentos de ensino médio e superior do município. Ainda professor, foi vice-diretor e diretor da Faculdade de Ciências Econômicas de Anápolis. Foi orador oficial da Associação Comercial de Anápolis e seu consultor jurídico, além de vereador e consultor jurídico da Câmara Municipal de Anápolis. Foi também procurador-geral do município, fundador e presidente do Lions Club de Anápolis. Fundou diversos outros Lions pelo interior de Goiás. Jornalista e escritor, é autor de vários livros. Recebeu as mais importantes honrarias da sua cidade natal e do governo de Goiás. É o maior conhecedor da

João Asmar entrevistado por Ubirajara Galli

A presença árabe em Anápolis

história árabe na cidade de Anápolis. Religioso e de opção de vida franciscana, é impossível traduzir a sua riqueza espiritual e cultural.

Para mostrar a importância da presença árabe em todos os seguimentos anapolinos, João Asmar, em tom de brincadeira, entretanto com fundamento histórico, gosta de lembrar:

Chegou um sujeito a Anápolis, e perguntou:

— Quem é o juiz de Direito?

— Jorge Salomão.

— Han, sim!

— Quem é presidente da Associação Comercial de Anápolis?

— José Abdallah.

— Bom!

— Quem é o presidente do Lions Club?

— Jilbran El Hajj.

— Muito bom!

— Quem é o delegado?

— Moisés (...)!

— Muito bom mesmo!

— Quem é o prefeito: Jonas Duarte.

— Por que é que foram eleger esse estrangeiro?

Homenagem da revista A Cinquentenária, *edição comemorativa do Jubileu da cidade de Anápolis, 1957, prestada a João Asmar*

Abrahão Jorge Asmar, casado com Amina Jorge Asmar, tiveram os filhos:

1   MIGUEL
2   DAIDA
3   ADÉLIA
4   AMÉLIA
5   JORGE
6   JOÃO
7   JOSÉ
8   GABRIEL
9   DIVA
10 NILZA
11 ABRÃO.

Em 1962, João Asmar casou-se com Maria Lúcia Rocha Asmar (20.9.1929 – 4.8.2003). Filhos do casal, por ordem cronológica de nascimento:

1   JOSÉ RICARDO ROCHA ASMAR
2   MIRIAM ROCHA ASMAR
3   MÁRCIA ROCHA ASMAR
4   JOÃO ASMAR JÚNIOR

Seu irmão José Asmar nasceu em Anápolis, no dia 19 de fevereiro de 1924. Jornalista, foi redator-chefe do jornal *O Anápolis*. No Rio de Janeiro, no jornal *O Globo*, foi repórter e redator. Na *Rádio Globo*, repórter. Foi repórter da sucursal e diretor da Agência de Notícias *Al Press*.

Ainda no Rio, foi diretor do Escritório de Representação do Governo de Goiás. De volta a Goiás, foi diretor da *Folha de Goiaz*. Artista plástico talentoso e escritor com ênfase na pesquisa histórica, publicou diversos livros. Foi membro do Conselho de Cultura do Estado de Goiás, da Academia Goiana de Letras e do Instituto Histórico e Geográfico de Goiás. Faleceu em Goiânia, no dia 27 de maio de 2006.

Em 14 de fevereiro de 1976, José Asmar casou-se com Diana Asmar. Filha do casal:

1   RAFAELA ASMAR

José Asmar

Zaki Toufic El Asmar

Entrevista de Zaki Toufic El Asmar[1], filho de Toufic Asmar e Rachida Asmar, ao programa "Árabes no Centro-Oeste"

Fale um pouco da origem de sua família, e como veio parar aqui, na cidade de Anápolis.

Três senhores daqui, que vieram da mesma aldeia, Antara, no norte do Líbano, foram a minha casa visitar meu pai. Eu cheguei, entrei e comecei a conversar com eles. Eles foram embora e, posteriormente, foram à casa do meu tio Rachid Cury (em Anápolis), que era amigo deles também, e disseram-lhe que tinham conhecido um sobrinho dele e que me acharam muito interessante, e falaram que meu tio podia me trazer para a cidade. Inicialmente, meus pais não concordaram com a ideia, pois eu ainda era um menino. Depois de um ano acabaram concordando, já que era um pedido do meu tio. Então eu vim sob a responsabilidade do meu tio, em 1951, aos 16 anos de idade.

Eu vim de navio e a primeira parada foi no Egito, a segunda foi em Gênova, na Itália. Ficamos quatro dias em um hotel para poder trocar de navio. Depois pegamos outro navio italiano, e a comida praticamente era macarrão. Eu passei muitos anos sem comer macarrão. Acostumado com a comida árabe, comecei a passar mal. Viajava juntamente comigo uma pessoa, que era tia do Pedro Sahium. Ela me deu uma comida árabe, então, eu me recuperei. Ela disse: "Não posso dar muito para você, porque estou levando para meus parentes". Quando chegamos ao Estreito de Gibraltar – eu viajava no porão, na terceira classe – mandaram colocar salva-vidas e que cada um fosse para a sua cama e cobrisse a cabeça. A onda estava passando por cima do navio, e o navio balançava muito. Então pensei: "Seja o que Deus Quiser!". Mas, depois de algumas horas tudo deu certo. A terceira parada foi em Nápoles. E de lá, para o Rio de Janeiro, foram dez dias de céu e mar.

Cheguei ao Rio, e meu tio estava me esperando. Ficamos um dia no hotel. Pegamos um avião, DC-3 e, descemos aqui em Anápolis e fomos para a casa dele. Aqui já moravam dois primos, que tinham vindo em 1948. Então, fui trabalhar na cerealista do meu tio. Eu me entrosei bem no comércio, e o meu tio gostou de mim, dizendo que eu era bom comerciante. Fiquei 10 anos trabalhando com ele.

Um dia falei para o meu tio que iria sair da cerealista, não iria ficar a vida toda com ele, precisava tentar a minha sorte. Como eu tinha muita experiência, comecei a comprar mercadorias aqui e ia vender em Brasília, que estava ainda no começo. Comprava aqui com 30 a 45 dias e vendia lá com 15 dias. Recebia, vinha e pagava. Já no quarto ano havia juntado algum dinheiro. Então, o Elias El Zayek construiu um armazém e colocou uma máquina de

---

[1] Primo de João Asmar, faleceu em 15 de novembro de 2013.

Zaki Toufic El Asmar

arroz, e disse para mim: "Você tem um dinheirinho aí, e eu tenho a máquina, é um prédio novo, vai lá trabalhar, não vou te cobrar nada, depois a gente vê como vai ficar". E eu fui para lá e comecei a comprar arroz, beneficiar e vender. Passado um ano e pouco, ele chegou e me perguntou se eu queria ser seu sócio. Eu respondi que não tinha dinheiro, que o capital era pouco. Então, ele propôs tirar um empréstimo no Banco do Brasil. Ele, então, pegou esse empréstimo e começamos a trabalhar. Ficamos quatro anos juntos.

O senhor saiu de uma cultura diferente. Como o brasileiro trata o imigrante? O senhor sempre foi bem tratado?

Muito bem tratado. Aqui, o libanês e o brasileiro são muito fáceis de comunicar, de entrosar. Hoje, a minha pátria é o Brasil. Gosto do Líbano, pois nasci lá, mas a minha pátria é aqui. Aqui nasceram meus filhos, meus netos. Então, eu sou muito grato a todos os brasileiros, pois eu tive uma recepção e uma amizade que não tem preço que pague. Somente em 1994 fui visitar o Líbano, depois de 43 anos de Brasil.

Para encerrarmos, Anápolis seria a mesma sem a imigração árabe? Até que ponto esse povo fez diferença na história de Anápolis e do estado de Goiás?

Realmente, a colônia sírio-libanesa tem participação no crescimento de Anápolis, sem dúvida nenhuma. Só tenho a agradecer todo o tempo que vivo aqui com os brasileiros e com a colônia. São sessenta anos de Anápolis. Eu fico até emocionado. Eu tenho uma convivência muito sadia com todos, e Deus tem me dado muito mais do que eu mereço.

Constituição familiar

Entrevistas realizadas em
18 e 25 de agosto de 2008 (João Asmar)
16 de abril de 2011 (Zaki Toufic El Asmar)

A presença árabe em Anápolis

Zaki Toufic El Asmar casou-se com a mineira Selma Fernandes Asmar, em Belo Horizonte, no dia 29 de maio de 1965. Filhos do casal, por ordem cronológica de nascimento:

1. Eduardo Fernandes Asmar, casado com Maya Dahdah Asmar, pais de: Marina Dahdah Asmar, Eduardo Fernandes Asmar Filho e Gustavo Dahdah Asmar.
2. **Maurício Fernandes Asmar**, casado com Zélia Asmar, pais de: Isabella Asmar e Nathalia Asmar.
3. **Ricardo Fernandes Asmar**, casado com Daniela Asmar, pais de: Mariana Asmar.

Família Awad

Entrevista com Elias Awad ao programa "Árabes no Centro-Oeste"

O que o senhor pode falar da família Awad?
Eu moro aqui em Anápolis desde 1983. Eu morava em Ponta Grossa, no Paraná e eu vim para aqui. Esse clima aqui de Anápolis é difícil de deixar, e o povo daqui também é um povo bom. Agora, a nossa família de Ponta Grossa tem eu e Roger, que é o irmão mais velho do que eu. A nossa família é uma família pequena, mas é unida. Nós somos dez irmãos, uma parte mora aqui. Meus pais atualmente moram no Líbano. Meu pai chama-se Kalil Awad e minha mãe, Olga Cury Awad. Tem minha irmã que mora em Ponta Grossa, meu irmão Roger, que mora aqui e outros irmãos que moram na Austrália. E tinha outro irmão que morava aqui, mas foi para o Líbano. Devido à guerra civil libanesa, ele emigrou para a Austrália e lá ele se casou e está até hoje. Mas ele liga para cá direito, e quando fala com a gente, diz que vem para o Brasil. Hoje a comunicação está muito fácil. A gente sempre está se comunicando pela internet, e a gente não sente essa distância. Há 25 anos, quando houve aquela guerra civil no Líbano, era muito difícil mandar carta.

Como a família Awad colocou os pés aqui no Brasil?
Eu vou contar uma história que conto para todo mundo com muito orgulho. Eu estudei lá até os 18 anos de idade. Na época, um professor meu me perguntou por que eu tinha relaxado nos estudos. Eu respondi que estava querendo ir para o Brasil. Eu achava que esse pessoal que ia daqui para lá, passear no Líbano, sentia que eles tinham uma simplicidade, aquela amizade, diferente daquelas pessoas que iam da Austrália e do Canadá e de outros países, porque lá, na época da temporada, que é julho e agosto, a população libanesa triplica. Como a nossa aldeia, que é uma aldeia pequena, que se chama Raku. E parecia que o meu destino seria morar no Brasil.

O senhor sentia que quem estava no Brasil e ia fazer esse turismo lá, voltava com um sentimento diferente em relação a quem tinha ido para os Estados Unidos ou outro país?
Certamente. Eu sentia que eles eram mais amigos das pessoas, os outros ficavam mais isolados. O turista brasileiro que vai para o Líbano, independente do meu pensamento, é muito bem recepcionado. Independente da nacionalidade, eles adoram o povo do Brasil. Não é somente no Líbano, na Síria também, no mundo árabe. Eu acho que é por ter uma política de não se meter nas questões políticas dos outros países. E o meu professor, que lecionava História e Geografia, me perguntou se eu ia para o Brasil. Eu respondi que sim, que ia para o Brasil, isso há 34 anos. Então, ele me disse que o Brasil ainda seria uma potência mundial. Realmente, hoje, o Brasil é uma potência econômica.

Elias Awad

Com que idade o senhor chegou ao Brasil?
Com 18 anos e 5 meses. O Líbano, por ser um país pequeno, tem 210 quilômetros de comprimento por 50 de largura, então, fica muito difícil crescer economicamente, pois é muita gente para pouca terra. O libanês, desde criança, já pensa em emigrar. Lá, não tem uma família que não tenha parente que mora fora do Líbano. Não posso falar cem por cento, mas pode considerar que mais de 95 por cento das famílias libanesas tem parente fora do Líbano. Parece que é um instinto, do libanês, pensar em emigrar.

Olhando a bandeira do Líbano, está lá o cedro. Qual o grau de importância do cedro, para ele estar presente na bandeira do Líbano?
O cedro significa a força. Porque a madeira do cedro nunca murcha, e o cedro é citado na Bíblia, também. Salomão construiu o templo dele com o cedro do Líbano. Além de fazer parte da bandeira do Líbano, o cedro é uma planta sagrada. Foi Deus quem plantou o cedro que está nas montanhas do Líbano. O cedro é uma madeira que você pode jogar ela em qualquer lugar, que ela não encarruncha.

O senhor é nascido no Líbano. E como fica esse sentimento de descendência libanesa nos seus filhos brasileiros? Como o coração fica nessa hora?
Você mora aqui, quer o bem do país, aqui. Você está lá, quer o bem de lá. Você vê pela televisão aqueles noticiários ruins de lá, e é lógico que você fica sentido. O ser humano para mim é um só no mundo inteiro, para mim não tem diferença nenhuma. Meus filhos nasceram aqui, todos. Eles adoram o Líbano. Se eles ouvem qualquer noticiário no jornal a respeito da política de lá ou a respeito da segurança, meus filhos choram, e eu choro junto com eles. Eu, às vezes, ouço esses noticiários do que está acontecendo no Oriente Médio, como na Líbia,

A presença árabe em Anápolis

Iêmen, Egito, infelizmente também está acontecendo com os nossos irmãos sírios. Eu vivi quatro ou cinco anos a guerra civil libanesa, e eu sei o que é uma guerra.

Chegando ao Brasil, qual referência o senhor tinha para começar a sua vida?

Eu quis morar no Brasil e fazer aqui a minha vida. Através do estudo que eu tive lá, percebi que era um país de política neutra, e onde praticamente não existe preconceito. Eu falei para minha irmã que queria vir para o Brasil, mas ela disse que as coisas estavam difíceis. Isso foi em 1979. Ela disse que talvez fosse melhor eu ir para a Austrália ou para a Arábia Saudita. Eu tive quatro opções, mas disse que queria vir para o Brasil. Então eu vim pra cá, morei em Ponta Grossa por dois anos e depois vim para Anápolis, em 1983. Meu irmão já morava aqui, e disse que já tinha um trabalho aqui, e falou que era para eu entrar no trabalho juntamente com ele. Só que naquela época tinha muita inflação, e não deu certo da primeira vez.

Quando eu comecei, era um mercadinho na rua Sócrates Diniz. Só que não deu certo, nós éramos três irmãos, e um deles foi para a Austrália. Eu fiquei praticamente sem nada. Então, minha irmã me ligou, perguntando se eu queria voltar para o Líbano, e eu disse que não. A gente quando emigra, é porque quer ser alguém na vida. Eu disse a ela que para o Líbano eu não voltaria, pois voltar para lá, sem nada, eu não voltaria. Ela perguntou se eu queria ir para a Austrália, e que me daria a passagem. Então, respondi que sim, que queria ir para lá, onde já morava o meu irmão.

Então fui para Brasília, na embaixada da Austrália, providenciar documentos. Em Brasília encontrei um conterrâneo nosso que tinha uma lanchonete e fui trabalhar com ele. Aí, fui gostando, ele me pagava dois salários e eu fui juntando dinheiro. Em 1986, começou o Plano Cruzado e a faltar mercadorias e existia também o ágio em cima dessas mercadorias. E o pessoal de Brasília começou a me pedir mercadorias, aqui de Anápolis, como verduras e laticínios, e eu comecei a levar daqui para lá e comecei a ganhar dinheiro e desisti da viagem para a Austrália.

Nessa época começou outra fase da minha vida, foi quando comecei a namorar com minha esposa. A mãe da minha esposa, minha querida sogra, dona Adla, que é presidente da Sociedade das Mulheres Árabes Brasileira, é prima do meu pai.

Qual o nome de sua esposa?

Jorgete Sami Awad. Hoje ela é diretora da Escola municipal Antônio Constante. Infelizmente, ela não está aqui para falar com a gente. Eu comecei a namorar com ela e não tive mais coragem de sair daqui. Então eu vim de Brasília para cá, já com alguns trocados e comecei a montar um comércio, já pensando em casar. As dificuldades eram enormes, e eu casei praticamente sem nada, e meu sogro me sustentou, me oferecendo ajuda. E começou assim a nossa vida. O casamento para o árabe é uma coisa sagrada, com o casamento não se brinca. Quando a gente se casa, na nossa cerimônia de casamento, tem uma frase que diz assim: "Vocês dois se tornarão um corpo". E um corpo só, para se repartir ao meio, não dá certo.

A barreira do idioma foi complicada?

Não, porque lá eu estudei em colégio público, e em colégio público se estuda francês, e as letras em português são iguais ao francês. O libanês, de um modo geral, não fala somente um idioma, ele

47

fala dois ou três. Colégio particular se fala 3 idiomas, árabe, inglês e francês, em colégio público, árabe e francês. No horário de aulas em francês, é proibido falar em árabe. Se você fizer qualquer pergunta em árabe, o professor não responde, você tem que falar em francês. Quando você se forma e vai fazer pós-graduação ou alguma atividade relacionada ao seu estudo, você vai para a França, para a Bélgica, Estados Unidos, então, você tem que saber bem aquele idioma, para poder dar continuidade ao seu estudo.

Anápolis seria a mesma, sem a presença dos imigrantes árabes?
Eu acho que não. Não só os árabes, mas qualquer pessoa que emigra para outras regiões, lógico que eles levam outros costumes, outras mentalidades. A comunidade árabe trouxe muitos benefícios para Anápolis. O comércio evoluiu muito daquela época para cá por causa da comunidade árabe que acompanha Anápolis desde o começo. Todos os árabes que vieram para cá, vieram para trabalhar, não vieram para ficar à toa na rua. Quando você está trabalhando você está beneficiando a você, ao seu vizinho, ao seu amigo, ao seu parente, à comunidade toda. Todos os imigrantes trouxeram para o Brasil muitos benefícios. Os árabes fazem parte dessa história de Anápolis, como do Brasil também. Os fenícios são comerciantes desde aquela época. O Líbano mexe com comércio desde a época dos fenícios. Nós temos esse dom de comércio. É natural os árabes trabalharem com comércio.

Constituição familiar

Demais filhos do casal Khalil Awad e Olga Cury, pais de Elias Awad:

1. IBTIHEGE MECHEILEH AWAD
2. RAJEH AWAD
3. MARIE AWAD KAWLY
4. TALEB AWAD
5. RAGUIB AWAD
6. LORDY BITAR AWAD
7. NIDAL AWAD KALIFA
8. COCLETE AWAD HADAD
9. RANIA AWAD HYAR

Elias Awad e Jorgete Sami Awad são pais de Rafaela, Marcelo e Renata Awad.

Entrevista realizada em 19 de maio de 2011

Família Aziz Cury

Filho do casal de imigrantes libaneses João e Catharina Cury, Aziz Cury nasceu em Cuba, em 1901. No futuro país de Fidel Castro, Aziz viveu até os seus 9 anos, quando, acompanhando a sua família, foi viver até os 17 anos na terra dos seus pais, no Líbano. Filho único, órfão de pai e mãe, com o surgimento da gripe espanhola (que dizimou boa parte da população libanesa) e mundial, Aziz resolveu imigrar para Brasil. Seu destino era Anápolis (GO), onde residia seu primo Pedro Cury, um dos primeiros comerciantes árabes do município.

Foram 45 dias viajando na terceira classe de um navio, tendo como cardápio único a macarronada, até o seu desembarque no Porto de Santos (SP). Essa viagem provocou sequelas gastronômicas na vida de Aziz, que nunca mais comeu macarronada e nem permitiu que esse prato fosse feito em sua casa.

Antes de Aziz chegar a Anápolis (GO) ele preferiu se estabelecer em Tapiocanga, atual Vianópolis (GO), ponto terminal da estrada de Ferro Goyaz. O motivo de sua parada em Vianópolis (GO) tinha uma razão muito forte: reencontrara acidentalmente seu amigo e patrício, Antonio José Quinan (pai do ex-senador e governador de Goiás Onofre Quinan), que lhe deu apoio para iniciar a sua trajetória de vida no Novo Mundo. Assim, como a maioria dos seus patrícios, Aziz, também, foi mascatear pelas fazendas, distritos e cidades da região.

Em Vianópolis (GO), onde Aziz permaneceu por algum tempo, ele teria construído a primeira casa de alvenaria da localidade. O motivo da mudança para a cidade Anápolis (GO), deu-se em razão do prolongamento da Estrada de Ferro até esse município.

Sarah Hadj Cury, esposa de Aziz, era natural do Líbano, da cidade de Trípoli, e imigrou com seus pais diretamente para Anápolis (GO). Essa mudança foi um verdadeiro choque cultural para Sarah, que era formada pela Escola Americana de Trípoli. Não se adaptando com a então

Aziz Cury

Sarah Hadj Cury

pequena cidade de Anápolis (GO), ela passou a residir na cidade São Paulo (SP), lecionando árabe e inglês no Colégio Oriental. Durante as suas férias, ela vinha para Anápolis (GO) visitar seus pais. Numa dessas viagens a bordo dos vagões da maria fumaça da Estrada de Ferro Goyaz, Aziz e Sarah se conheceram. Casaram-se em 1930.

Lindberg Aziz Cury, filho primogênito do casal Aziz Cury e Sarah Hadj Cury, nasceu em Anápolis, no dia 28 de setembro de 1934. Conhecido pela comunidade anapolina como Landi, graduado em Direito pela Universidade Federal de Goiás, empresário, escritor, ex-presidente da Associação Comercial do Distrito Federal, ex-secretário da Indústria e Comércio do Distrito Federal, ex-secretário de Relações Institucionais e Cooperação entre os Poderes do Distrito Federal e ex-senador da República, prestou o seguinte depoimento:

> Meu pai estabeleceu um comércio de cereais em Anápolis (GO), de nome Armazém Globo, entreposto para compra e venda de cereais, que funcionou até 1962. Nessa época, eu morava em Anápolis (GO), havia me formado em Direito e lecionava Matemática na Escola de Comércio. Paralelamente às minhas atividades como advogado e professor, eu participava diretamente dos negócios do meu pai. Nós vendíamos gêneros alimentícios, nos canteiros de obras das construtoras de Brasília (DF) e sempre eu acompanhava o motorista do caminhão para proceder à entrega, receber a venda dos produtos e anotar novos pedidos.

Em 1959, mudei-me para Brasília (DF), para criar e administrar a empresa de Revenda Willys Overland, atual Ford, em sociedade com Jibran El Hadj e Mounir Naoum, respectivamente meu tio e meu primo. Inicialmente construída na W3 Sul, na quadra 514, depois passamos a empresa para a Asa Norte.

O ATLETA LANDI

Eu sempre pratiquei muito esporte e com maior dedicação ao futebol, iniciado na equipe do Ipiranga Atlético Clube. Depois fui aspirante da Associação Atlética Anapolina e com 17 anos, na condição de capitão da equipe, fomos campeões da cidade de Anápolis (GO) e do estado de Goiás. Posteriormente, passei para o time titular atuando com centro-médio. Certo dia apareceu um técnico de futebol chamado Abel, e me disse:

– Estou vendo você correr desesperadamente nesse meio de campo e você está jogando na mesma posição do Nêgo, ele que é jogador (da Anapolina) em nível de seleção goiana, que não fuma, não bebe, nunca se machuca e a única extravagância que faz é ir ao cinema, na sessão das oito e depois vai dormir. Se você continuar jogando nessa posição, nunca vai ser titular. Mas eu quero te dar uma oportunidade

Lindberg Aziz Cury

de jogar no time titular. Domingo tem jogo da Anapolina com o Goiânia, e o lateral esquerdo está machucado. Você vai treinar essa semana nessa posição e se você der conta do recado, vai entrar jogando contra o Goiânia.

Eu me saí bem nesta nova posição. Depois atuei também na lateral direita e até na ponta esquerda, quem joga no meio de campo, tem facilidade para jogar em qualquer posição. Embora não fosse titular da equipe, eu era um curinga. Moral da história: nós fomos vice-campeões do estado em 1960 e só perdemos para o time do Goiânia, jogando no Estádio Olímpico, em Goiânia e que na época era o melhor time do estado. Eu sou vice-campeão goiano com orgulho, nem sempre fui titular da minha equipe, mas fui sempre um bom reserva. Logo depois mudei definitivamente para Brasília (DF) e encerrei minha carreira de jogador de futebol.

A CARREIRA POLÍTICA

Minha carreira política começou em Brasília (DF), quando entrei para o sindicalismo e; depois, em 1977, houve a eleição para a renovação da diretoria da Associação Comercial do DF. Nesta época não havia eleições aqui em Brasília, e ela foi uma eleição muito aguerrida, muito disputada, por causa da representatividade forte da Associação. Seu presidente tinha a mesma importância do presidente da Câmara Distrital de Brasília. Essa eleição mobilizou Brasília inteira, foi a primeira grande eleição, ainda no vigente recesso democrático. Vencemos

essa eleição com uma boa margem de votos de frente, sobretudo com o apoio da colônia árabe; muitos patrícios se tornaram cabos eleitorais, vestindo a nossa camisa.

Quando eu estava na presidência da Associação Comercial, nosso enfoque principal foi a luta pelo direito ao voto. Lideramos essa luta aqui em Brasília (DF), num momento muito difícil, numa época em que os militares governavam. Eu tinha uma empresa que ficou na mira de ações fiscalizadoras exageradas, orquestradas por eles; não podíamos tomar empréstimos e sempre pairava sobre mim a ameaça de ser preso. A Associação Comercial do DF foi, nesse período, uma tribuna de resistência democrática. Nosso trabalho em prol da democracia, do voto livre, motivou, inclusive, a vinda do Lula a Brasília, quando ele estava à frente dos movimentos sindicais para nos apoiar.

Na política propriamente dita, disputei a primeira eleição em 1986 para o senado e fui um dos mais votados, conquistando 23% dos votos válidos. Foi uma coisa fabulosa alcançar nada menos do que 100 mil votos válidos. Mas mesmo assim, por uma questão de legenda, fiquei como primeiro suplente, esse foi meu primeiro embate político.

A sequência da minha experiência política veio no resultado da dobradinha para o senado que fiz com José Roberto Arruda, ex-governador de Brasília (DF). Na época, ele não era muito conhecido, era jovem, estava começando politicamente. Fizemos uma boa dupla que deu certo. Com o afastamento de José Roberto Arruda da titularidade do mandato de senador, em 2001, e na condição de seu primeiro suplente, assumi o mandato até 2003.

Na titularidade de senador, considero que o ato mais importante desse meu exercício parlamentar tenha sido o de relator do projeto que criou o Fundo Constitucional do Distrito Federal e a sua aprovação em plenário da fantástica verba de 8 bilhões para o GDF. Esse resultado emocionou e muito, o governador da época, Joaquim Roriz. Ao findar da votação plenária e unânime ao projeto, o governador abraçou-me emocionado, dizendo que havia presenciado uma das melhores coisas ocorridas na história a favor de Brasília.

Lindberg e a esposa Marta Bittar Cury

Constituição familiar

Filhos do casal Aziz Cury, falecido no ano de 1970, e Sarah Hadj, falecida em 1972:

1. LINDBERG AZIZ CURY, (falecido em 2 de dezembro de 2016)
2. AZIZA ÉCIA CURY MIRANDA
3. CATARINA NÉDIA CURY SOUZA
4. AZIZ CURY JÚNIOR

Filhos do casamento entre nosso entrevistado Lindberg Aziz Cury e Marta Bittar Cury: Lindberg Aziz Cury Júnior, Glenda Cury Goler, Breno Cury e Sarah Bittar.

 Entrevista realizada em 18 de dezembro de 2008

Família Badauy

Em 1922, Abdalla Badauy deixou a sua aldeia natal, de nome Cafrum, perto de Mashta Helou, na Síria, acompanhado de dois primos, para tentarem a sorte no Brasil. Depois de desembarcarem no Porto de Santos (SP), cada um deles tomou um rumo diferente. Aziz, um dos primos, ficou no estado de São Paulo, o outro, apelidado de "Periquito", foi para o interior de Minas Gerais, mesmo destino de Abdalla Badauy, porém em cidades diferentes.

Chegando a Araguari (MG), Badauy começou a trabalhar com a família Pedreiro. Como esta família tinha empreendimentos em Anápolis (GO), resolveu Badauy vir para esse município e continuar trabalhando com ela. Na cerealista dos Pedreiro, ele trabalhou como chapa. Posteriormente, ele iniciou o trabalho de mascateação na região da Estrada de Ferro.

O filho primogênito de Abdalla Badauy, José Abdalla Badauy, conhecido mais como Zezinho Badauy, prestou ao livro o seguinte depoimento:

> Meu pai comprava mercadorias e levava para vender na região da linha de ferro, ele trabalhava no lombo de burro. Como mascate trabalhou aproximadamente dez anos. Por volta de 1934, ele conheceu minha mãe, Helena Calixto, em Catalão (GO), de origem Síria, mas nascida no Brasil. O casamento de meus pais se deu em Catalão (GO), em 1936.

Abdalla Badauy

Residindo em Anápolis (GO), ele montou um pequeno negócio de secos e molhados, com o qual foi bem-sucedido. Depois de conseguir a representação de açúcar da Usina Junqueira para todo o estado de Goiás, ele cresceu economicamente chegando a uma posição até invejável.

Melhor resolvido economicamente, meu pai começou trazer os irmãos da Síria. Primeiro ele trouxe o Dib Bittar, que já veio com o sobrenome certo, porque Badauy não é o sobrenome verdadeiro da nossa família. O sobrenome da nossa família é Bittar, mas, para fugir da guerra, ele usou o apelido da família, adquirido pelo meu avô, que negociava com os beduínos do deserto, porque Badauy quer dizer beduíno. Meu pai veio com esse apelido, que acabou virando nosso sobrenome. No entanto, ele não existe na Síria; lá nós somos Bittar.

Depois do tio Dib Bittar, passados uns 8 anos, ele trouxe outros irmãos. São eles: Azet Bittar, Jarjura Bittar e Filomena Bittar, vieram os três irmãos, além da madrasta deles. Meu pai os trouxe para trabalhar com ele. Mas, posteriormente, ele abriu um comércio para cada um deles trabalhar isoladamente com a condição pagarem quando o financiamento de seus comércios – meu pai era extremamente generoso. Tio Dib estabeleceu comércio em Ceres (GO). Depois ele comprou o Empório das Sedas ali, na Barão do Rio Branco. Meu pai deixou meus tios caminharem com as suas próprias pernas.

Meu pai continuou no comércio dele. Posteriormente, ele comprou uma fábrica de manteiga em Jaraguá (GO), fechou o armazém e trabalhou com fábrica de manteiga até se aposentar. Quando meus tios chegaram de lá, moraram vários anos na casa do meu pai e era tudo por conta dele. O árabe é controlado dentro do seu comércio. Dentro da casa dele é mão aberta, não tem brasileiro que seja mais generoso e tão mão aberta quanto o árabe é em sua casa, se você chegar ele divide o pão que estiver comendo. Agora, no comércio, ele é rígido. Até hoje, quando se vai à Síria ou ao Líbano, as pessoas que te receberem em suas casas vão te agradar com comida, porque já passaram fome. O alimento é o maior luxo que elas podem te oferecer, não importa

José Abdalla Badauy – Zezinho Badauy

também se você é bilionário ou se tem menos do que eles. Nós sempre tínhamos umas duas empregadas em casa e o trabalho da minha mãe era mais cuidar do meu pai, ela olhava tudo em casa, homem naquele tempo não se metia com isso. Nós falávamos o árabe durante o café da manhã e durante as refeições. Por não saber falar corretamente o português, meu pai chamava minha mãe de "Iabem", por não saber dizer "Meu bem". Depois que meu pai morreu, fomos perdendo o contato com o idioma, também pelo fato de eu ter ido estudar fora. No entanto, quando ouço o árabe, somente algumas palavras me fogem.

Meu pai gostava muito de festas. Fazia festa quase que diariamente. Gostava de beber o Arak. Sempre fazia importação dele da Síria ou o encomendava aos amigos que vinham de lá, bem como o azeite, a azeitona e outras coisas. Naquela época a bebida vinha em garrafas de litro comum, era igual ao álcool que se comprava nas vendas e nas farmácias envasados em litro comum. Minha mãe guardava o arak do meu pai num local, onde o álcool ficava armazenado junto. O árabe nesse ponto era muito dependente da esposa, era ela que guardava, era ela que sabia onde as coisas estavam, meu pai não sabia de nada dentro de casa.

Certo dia chegou um amigo dele, Dieb Afiúne, que morava em Goiânia, para visitá-lo. Como a minha mãe estava muito ocupada, ele perguntou para ela onde estava guardado o arak. Depois de obter a resposta, foi até o local indicado e pegou a primeira garrafa que estava à sua frente, justamente a que era de álcool. De volta à sala, serviu o copo do seu amigo e o seu copo também, que servira Arak. O amigo árabe bebeu e disse:

– Muito bom. Muito bom.

Quando meu pai chegou com o copo próximo ao nariz, percebeu que era álcool, e disse ao amigo:

– Você está maluco, você tomou álcool e achou bom? Veio a resposta:

– Tomei sim. Mas estava bom.

Quando estive na Síria, em 1994, pude perceber o quanto meu pai passou para nós certos costumes da sua terra natal. Meu pai era um amante da terra dele. Por duas vezes ele visitou a Síria. Ele amava o Brasil como se fosse a sua terra. Dizia que era meio brasileiro e meio sírio. Porém, se sentia mais brasileiro porque a maior parte da sua vida fora vivida no Brasil e tudo o que tinha conquistado, tinha sido aqui.

Constituição familiar

Filhos do casal Abdalla Badauy e Helena Calixto Badauy, por ordem cronológica de nascimento:

1 JOSÉ ABDALLA BADAUY
2 CALIXTO ABDALLA BADAUY

José Abdalla Badauy (Zezinho Badauy), entre parentes, visitando Mashta Helo, Síria. (E) Maria Inês Kosak, Racha, Filomena Bittar, Salma e Izat Bittar

3   JAMIL ABDALLA BADAUY

Nosso entrevistado José Abdalla Badauy nasceu em Catalão (GO), no dia 14 de dezembro de 1942. Professor, empresário da educação, tornou-se pioneiro no Brasil ao fundar o Curso Teorema, em Brasília (DF), destinado tão somente ao ensino da matemática. Foi casado com Celina Ceccon. São pais de Fernando José Badauy.

 Entrevista realizada em 18 de outubro de 2008

Família Bazi

Sami Jamil El Bazi nasceu em 1931, na cidade de Kfar Harak, Líbano, filho de Jamil El Bazi e Hanni El Bazi. Criança e adolescente, passou por todas as dificuldades impostas pela II Grande Guerra Mundial (1939/1945), da fome à impossibilidade de estudos. Quando do término da guerra estava trabalhando no campo, ao lado do seu pai, na produção de lavouras.

No ano de 1953, entrou no exército libanês. Dois meses depois do seu ingresso no exército, seu primo Hanna Georges Bazi e seu irmão Zaki Jamil El Bazi vieram para o Brasil à procura de uma melhor condição de vida, contando com o apoio de seus familiares que aqui residiam.

Era seu desejo acompanhar os parentes na vinda para o Brasil, porém, havia assinado um contrato com o exército libanês que obrigava a sua permanência na corporação por um mínimo de três anos. Passado esse período, solicitou baixa da corporação, recebeu seus direitos e com o dinheiro apurado do acerto comprou a sua passagem rumo ao Brasil.

Depoimento de Sami Jamil El Bazi

Depois que comprei a passagem de navio para o Brasil, sobraram apenas quatro dólares. O navio fez uma escala em Portugal, onde permaneceu por quatro dias. Com os dólares que haviam sobrado comprei duas garrafas de uísque. Após onze dias de viagem de Portugal ao Brasil, desembarquei no Porto de Santos (SP), onde vendi as garrafas de uísque por oito dólares. Viajando de avião, graças a uma passagem que meu irmão me mandou, vim direto de Santos (SP) para Anápolis (GO), onde comecei a trabalhar no Gibinba bar, que era de propriedade do meu irmão Zaki Jamil El Bazi e do meu primo Husni, que ficava localizado na rua 14 de Julho. Fiquei trabalhando três meses no bar, sem saber falar absolutamente nada

de português, até que recebi o convite do patrício Marmud para trabalhar com ele. Quando fui ao seu encontro, no seu comércio, ele me disse:

– Você veio para o Brasil para trabalhar ou para ficar parado?

– Eu vim para trabalhar.

– Então vou encher duas malas de roupa para você sair trabalhando.

– Mas eu não tenho dinheiro.

– Não tem importância. Se der certo você me paga. Se não der certo, você não me paga.

Com as duas malas cheias de roupa para mascatear na região norte de Goiás e comecei a ganhar dinheiro. Algum tempo depois, Marmud sugeriu-me que deveria comprar a minha mercadoria diretamente em São Paulo (SP), porque meu faturamento seria maior. Foi o que fiz. Após dois anos mascateando consegui levantar certo capital e entrei em sociedade com meu irmão Zaki Jamil El Bazi, na Cerealista Irmãos Bazi. Depois, eu me casei, meu irmão também casou e com os nossos filhos já grandes, resolvemos separar a sociedade para que cada um de nós trabalhasse com seus próprios filhos.

Nós criamos nossos filhos de acordo com a educação no Brasil, nenhum deles fala o árabe. Aqui é do jeito que eles gostam: casam com quem quiserem. Se bem que no Líbano, atualmente, é assim também. A minha educação foi muito rigorosa. Para se ter uma ideia, meu irmão mais velho Georges Bazi morreu com sessenta e poucos anos, ainda obedecendo ao nosso pai.

Quanto aos meus negócios, há um bom tempo, os passei para meus filhos, para que o conduzirem. Cada um deles tem a sua empresa para administrar.

Nesses anos todos fui ao Líbano cinco vezes, sempre com o intuito de apenas passear e permanecer por lá, no máximo, uns 40 dias. O meu país hoje é o Brasil, ele é o melhor país do mundo para se morar. Aqui não tem guerra, você tem paz para trabalhar e constituir a sua família.

Quando cheguei aqui em Anápolis (GO), em 1957, a cidade tinha no máximo uns oito carros. A maioria deles pertencia aos nossos patrícios. A cidade cresceu muito devido à presença dos sírio-libaneses que trabalharam e continuam trabalhando pelo seu progresso.

*Sami Jamil El Bazi
e o primo
Hanna Georges Bazi*

Constituição familiar

Filhos do casal Jamil El Bazi e Hanni El Bazi, por ordem cronológica de nascimento:

1   GEORGES
2   SAMI
3   ZAKI
3   MILAD
4   AMIN
5   AZIZE

Filhos do casal Sami Bazi e Adla, por ordem cronológica de nascimento:

1   MUSSA
2   HANNI
3   JORGE
4   JORGETE

Hanna Georges Bazi, filho primogênito de Georges Bazi e Sarah Bazi, primo mais velho de Sami El Bazi, nasceu em Kfar Harak, Líbano, no dia 18 de setembro de 1932. Pastor de ovelhas, era proprietário de uma pequena gleba de terra. Ao receber a visita de um patrício que morava no Brasil, em Anápolis (GO), e ao saber por ele da boa perspectiva de trabalho neste país, entusiasmou-se em vir para o Novo Mundo em busca de melhores oportunidades.

A ideia da imigração foi incontrolável. Para tanto, fez do patrício condutor de uma carta endereçada ao seu tio João Beze que residia em Anápolis (GO), para apoiá-lo nessa empreitada migratória. Meses depois, Hanna recebeu a resposta da carta do tio, afirmando que ele poderia ir providenciando a sua documentação para viagem pretendida.

No entanto, como o segundo contato com seu tio começou a demorar, Hanna hipotecou a sua pequena propriedade e com o dinheiro apurado da hipoteca comprou a sua passagem para o Brasil, empreendendo a viagem junto com seu primo Husni. Roteiro da viagem: Beirute para o Egito, do Egito para França, de Dacar, Senegal para o Brasil, desembarcando no Porto de Santos (SP).

Na cidade de São de Paulo (SP), eles se encontraram com o parente, Nassim Beze, filho de Amim Beze, que havia comprado um ônibus que seria trazido para Anápolis (GO). Juntamente com o motorista do ônibus e o primo, eles vieram rumo ao Centro-Oeste em busca do almejado sonho.

Depoimento de Hanna Georges Bazi

Quando embarcamos no ônibus, nós não falávamos nada em português. O Nassim deu dinheiro para o motorista para, inclusive, comprar a nossa comida, porque sequer saberíamos como pedir alguma coisa para comer. Demoramos dois dias viajando. Nós não tínhamos a mínima ideia da dimensão do Brasil, da sua cultura, da sua realidade.

Ao chegar aqui em Anápolis (GO), fiquei hospedado na casa do Gino Siad. Depois de um mês, comecei a mascatear, vendendo todo tipo de roupa feita. Essa mascateação durou uns cinco meses, e com o pouco dinheiro que ganhei, aluguei um ponto comercial e abri uma lojinha de confecções, na Praça Bom Jesus.

Daí, eu fui juntando dinheiro e abri a Mercearia Bom Jesus. Depois, em sociedade com o Fayez, compramos a Panificadora Bom Jesus. No começo, nós não conhecíamos nada de panificação, trabalhamos oito anos juntos, depois separamos a sociedade. Quando acabamos a sociedade, ele ficou com a Panificadora Bom Jesus e a Fábrica de Macarrão Napolitana e eu fiquei com a Panificadora São Francisco e a Pão Bom. Quando Hanninha, meu filho, completou dezoito anos, passei a Panificadora São Francisco pra ele, embora ficasse ao seu lado ajudando. Depois, o negócio de panificação começou cair, principalmente por causa da concorrência dos supermercados, sendo que muitos deles davam pão de graça para conquistar a clientela. Daí, abandonamos o ramo da panificação.

Graças a Deus estou satisfeito com Anápolis (GO), eu vim direto para aqui, nunca saí daqui e quero morrer aqui. Vim para cá com vinte anos de idade e fiquei dezenove anos sem ir ao Líbano.

Depois que eu vim para Anápolis (GO), a minha família no Líbano aumentou, com o nascimento de mais outros dois irmãos. Quando fui ao Líbano conhecer minha irmã caçula, ela já estava casada. Meus irmãos gostam muito daqui. Mas só vêm ao Brasil para passear. Atualmente, eles têm todo conforto lá. Vivem tão bem e iguais como a gente aqui. Bem diferente da minha época, em que não havia água encanada, não tinha energia elétrica, não tinha sequer escola em nossa região. As pessoas que tinham condições de estudar iam para outros lugares, mais distantes. Para se ter uma ideia, a população da minha localidade não passava de 40 pessoas, que pertenciam apenas a três troncos familiares: os Beze, os Neder e os Said.

Logo que cheguei a Anápolis (GO), meu primo João Beze era presidente do Anápolis Futebol Clube, foi somente então que eu vim a saber o que era esse esporte, ao assistir a um jogo no Estádio Manoel Demóstenes. Naquela época a rivalidade maior era entre Anápolis e Ipiranga, pois a Associação Atlética Anapolina não tinha uma grande torcida.

UMA APOSTA

Tinha um patrício que era torcedor do Ipiranga, de nome Rodolfo Ghannan, com quem eu sempre discutia defendendo o Anápolis e ele o Ipiranga. Um dia ele me falou que eles iriam cozinhar o galo (mascote da equipe) na partida em que os dois times haveriam de se enfrentar. Eu lhe disse que nada disso iria acontecer, porque o Galo (time do Anápolis) iria ganhar a partida. Daí, resolvemos apostar em qual time venceria a partida. Eu falei que eles não iriam fazer nenhum gol e ele falou que se fosse assim, dobraria o valor da nossa aposta. Assim fizemos. Depois que ele saiu, fiquei pensando que a possibilidade do Anápolis sofrer um gol era muito real, ainda mais porque jogaria no campo do Ipiranga. A possibilidade de que eu perdesse a aposta era muito grande. Por coincidência, assim que eu saí à rua, encontrei-me com alguns jogadores do Anápolis e lhes falei da aposta que havia feito, propondo-lhes que se não deixassem o Ipiranga fazer nenhum gol, o dinheiro da aposta, tanto o meu como o do Rodolfo, seria todo deles.

No outro dia foi realizada a partida. O primeiro tempo do jogo terminou zero a zero. Na segunda etapa da partida, quando o jogo estava para terminar, aconteceu um escanteio para o time do Anápolis. O jogador que cobrou o escanteio, cujo nome não me lembro, acabou fazendo um gol olímpico e o Anápolis venceu a partida por um a zero. Conforme havia combinado, repassei o dinheiro da aposta para os jogadores do Anápolis e sobrou para o meu amigo Rodolfo Ghannan a imperdível gozação.

Constituição familiar

Filhos do casal Georges Bazi e Sarah Bazi, por ordem cronológica de nascimento:
1   HANNA
2   ASSAD
3   FUTIM
4   MITRI
5   AFIF
6   NAIM
7   KAMAL
8   HAMID
9   LEILA

Filhos do casal Hanna Georges Bazi e Marly Elias Bazi, por ordem cronológica de nascimento:

1   SARA
2   GEORGES
3   HANNA FILHO

Entrevista de Maria Eunice Bueno Bazi, esposa de Assad Georges El-Bazi, ao programa "Árabes no Centro-Oeste".

O que a senhora pode falar sobre Assad, com o qual conviveu por longos anos?

O Assad chegou a Anápolis pelas mãos do irmão dele, Hanna Georges Bazi. Chegou em 11 de setembro de 1959, vindo do Líbano, em uma viagem de navio que durou cerca de três meses, desembarcando no Rio de Janeiro, e após, veio para Anápolis. O seu irmão, Hanna, já estava em Anápolis fazia 4 anos. Assad manifestou o desejo de vir para o Brasil, e o Hanna, como irmão, trouxe ele para o Brasil.

Maria Eunice Bueno Bazi

Qual foi a primeira atividade que ele desenvolveu?

Eu costumo dizer que o Hanna não é um cunhado, ele é um pai para mim e para toda minha família. Tenho muito a agradecer a esse homem. O Assad, como era irmão dele, veio para Anápolis e ficou morando com o Hanna e trabalhando com ele. Na época o Hanna tinha um bar e o Assad morava com o Hanna, e assim foi até a gente casar. De início o Assad trabalhava com o irmão e depois ele achou por bem começar uma vida própria, foi morar uma temporada em Catalão, lá, ele tinha um armazém. Depois voltou para Anápolis, ficou aqui um tempo e começou com outras atividades. Eu conheci o Assad em 1970 e casamos em 1971, foram somente 11 meses de namoro, e o nosso casamento durou 35 anos, até o dia em que ele faleceu. São nossas filhas, por ordem de nascimento: Leila, Sara e Alessandra

Como foi a diferença do choque de culturas, a brasileira com relação à árabe?

Eu fui muito bem-recebida pela família do Assad. Não houve nenhuma resistência em torno do nosso casamento. Com relação à minha família, a minha mãe Maria Paulina Fernandes, conhecida por Dona Fia, proprietária de uma pequena pensão, na Rua Rui Barbosa, manifestou tão somente a sua preocupação com relação idade do Assad, que era mais velho do que eu 14 anos. Mas convenci minha mãe de que a idade não seria problema, uma vez que nós nos gostávamos muito e fomos muito felizes com a nossa união. Era um homem muito íntegro, honesto, leal, de caráter impecável. Ele foi, sem dúvida, o homem que pedi a Deus, em minhas

A presença árabe em Anápolis

orações. Para o início do nosso namoro, Assad foi até a minha casa pedir a minha mãe a sua autorização para iniciarmos o nosso namoro.

E a questão da alimentação, por exemplo, ele gostava da comida brasileira ou queria uma comida árabe? E como foi a sua adaptação a ela e da mesma forma a do Assad à nossa, a brasileira?

Eu é que tive que me adaptar. Pelo fato do Assad morar na casa do irmão, era a Marly, a esposa dele quem fazia a comida árabe. É claro que de vez em quando se fazia a comida brasileira, mas na maioria das vezes era a comida árabe. Mas, para a minha sorte, não desfazendo da comida brasileira, a árabe é deliciosa. Para aprender a fazer a comida árabe, tive uma excelente professora que foi a Marly. Bem no começo do nosso casamento, depois que tentei por duas vezes fazer pratos da culinária árabe que não deram certo, Assad comprou um caderno e me pediu que ficasse uns quinze dias estagiando com a minha cunhada Marly, anotando, aprendendo com ela a fazer a comida árabe. Apesar disso a minha primeira tentativa após esse "curso intensivo" foi, num prato que fiz, num almoço dominical que tinha como convidados meus cunhados Hanna e Marly, e que não deu certo. No entanto, depois tudo deu certo, aprendi a fazer a comida árabe, embora ela nunca fique exatamente a mesma que feita por alguém de origem árabe.

E com relação à cultura árabe, o senhor Assad tentou passar um pouco dela para as filhas?

Nessa parte, acredito que houve uma falha. Minhas filhas não tiveram o incentivo de aprender o idioma árabe, embora manifestassem a preocupação em aprendê-lo para se comunicarem com seus parentes árabes.

Falando, agora, a respeito da criação, o Assad era mais rígido ou era mais tranquilo? Quem dava bronca nos filhos?

O Assad não perdeu a origem dele até mesmo na criação. Ele criou as meninas à maneira do Líbano. Muitas vezes eu falava que ele estava sendo severo demais com elas. Assad confiava muito em nossas filhas. Mas não confiava no mundo fora de nossa casa. Daí, a razão de certas proibições na época, de ir ou frequentar determinado lugar. Entretanto, as nossas filhas, reconhecendo a boa educação que tiveram, comentam comigo que gostariam que os filhos delas tivessem a mesma sorte de receber a educação que eu e Assad passamos para elas.

O seu Assad tinha a atividade comercial dele, e a senhora participava do dia a dia dos negócios?

Desde o nosso casamento eu participei ativamente dos negócios do meu marido. Quando nos casamos o Assad montou um bar na Rua Rui Barbosa, perto de onde tinha a pensão. Depois ganhou a concorrência para montar um bar dentro do Estádio Jonas Duarte e nesses dois bares, sempre estive ao seu lado fazendo os salgados e ele à

frente do balcão. Foi assim, que nós sustentamos a nossa família. Mesmo depois do falecimento dele continuei no comércio e só recentemente resolvi ser apenas dona de casa, afastando-me do negócio.

Falando em Estádio, o senhor Assad era torcedor de qual time aqui em Anápolis?
Era torcedor mesmo do Galo. Assim como a maioria da colônia árabe. Era torcedor do Anápolis. Embora fosse torcedor do Galo, torcia também pelo sucesso da Anapolina. Torcia, enfim pelo futebol na cidade de Anápolis.

Para finalizarmos a entrevista gostaria que a senhora fizesse suas considerações finais.
Assad tinha um sentimento de paixão pelo Brasil muito grande. Seu coração era mais brasileiro do que o coração de muitos brasileiros. Gostaria que essa entrevista tivesse sido feita com ele. Mas, tudo o que eu disse é verdade, ele sabe disso e todas as pessoas que o conheceram sabem disso também.

Zaki Jamil
(Terceiro filho de Jamil El Bazi e Hanni El Bazi)

Libanês da cidade Kfar Harra, nascido em 06 de janeiro de 1934, veio para o Brasil e direto para Anápolis (GO), em busca de melhores oportunidades de vida, no ano de 1954, seguindo os passos de seus conterrâneos.

Em depoimento ao livro de seu filho, Camilo El Bazi, empresário em Anápolis e que considera a sua cidade natal, o melhor polo de investimento em Goiás, e de amor confesso pela equipe da Associação Atlética Anapolina, revelou:

Camilo El Bazi

Durante um bom tempo meu pai trabalhou como mascate, vendendo de porta em porta nas residências. Seu primeiro negócio próprio foi um bar, localizado na Rua Barão do Rio Branco, onde havia um vai-e-vem de moças e rapazes, e foi muito famoso na época.

Depois ele começou a trabalhar com armazém de secos e molhados porque o Líbano é originário da Fenícia, de tradição em comércio muito forte, e o árabe tem isso no sangue. Por volta de 1965 ou 1966, ele abriu um armazém, na rua Rui Barbosa, que hoje é um grande polo atacadista.

Na época ele vendia muito para Brasília (DF), primeiro com secos e molhados, posteriormente com arroz. Ele mandava o caminhão e não sabia se voltava o caminhão ou o dinheiro, pois no começo era muito arriscado comercializar com a nova capital federal.

O tempo foi passando e meu pai foi melhorando, prosperando em seus negócios. Entre 1970 a 1978, foi proprietário da cerealista Irmãos Bazi. Até 1980, Anápolis foi a cidade do arroz e meu pai vendia muito para esse Brasil afora e eu viajava com ele. Sempre fui muito ligado ao meu pai.

Por volta de 1982 nós abrimos uma açucareira de empacotamento, sendo a primeira do gênero no estado de Goiás, e com ela fomos muito bem-sucedidos na época. Meus irmãos também abriram outra açucareira em Goiânia, localizada na Avenida Anhanguera, em Campinas, perto da Rua José Hermano. Em outra época, também, trabalhamos com supermercado; meu pai fora sócio do meu tio Sami Jamil El Bazi e eu com 13 anos trabalhei lá, no açougue, na padaria, fiz de tudo um pouco. Em 1986, montamos um atacado e temos hoje indústrias, graças a Deus fomos bem-sucedidos. Meu pai até 2007 participava dos negócios, mas acabou parando contra a sua vontade, não queria ficar em casa.

Minha mãe sempre foi uma excelente dona de casa. Meu pai sucessivamente diz que ela toda a vida foi o seu esteio. Na verdade ela é o esteio de todos nós. Meu pai fez questão de construir um prédio para nele morar toda a sua família. Ele queria manter a sua família próxima. Graças a Deus, nós os irmãos somos inseparáveis, cunhadas e cunhados todos se dão muito bem. Hoje, somos mais de trinta pessoas vivendo em harmonia e isso eu considero mérito do meu pai e da minha mãe. A criação árabe é muito voltada para a família. A família sempre em primeiro lugar.

Meu pai diz que o Líbano é a sua terra natal. Mas que o Brasil é a melhor terra do mundo para se morar. Ele se considera plenamente brasileiro. É apaixonado pelo Brasil.

Constituição familiar

Filhos[1] do casal[2] Zaki Jamil El Bazi e Nouhad Bittar El Bazi[3], por ordem cronológica de nascimento:

1   JAMIL
2   EMÍLIO
3   JANETE
4   CAMILO
5   ELISABETH
6   MARGARETH

Entrevistas realizadas em
8 de janeiro de 2009 (Sami Jamil El Bazi)
8 de janeiro de 2009 (Hanna Georges Bazi)
(Maria Eunice Bueno Bazi)
5 de dezembro de 2008 (Zaki Jamil)

---

1   Nascidos em Anápolis (GO).
2   Casaram-se no dia 29 de agosto de 1959.
3   Natural de Trípoli, 31 de julho de 1938.

Família Beze

    Incentivado pelos conterrâneos libaneses que residiam em Guaranésia (que no idioma Tupi-Guarani significa Pássaro da Ilha), cidade localizada no sul de Minas Gerais, Manoel Beze e Zarria Jacob Beze, nascidos em Bint-Jabal, pais de Benjamin Beze, ali chegaram para residir em 1911. Neste município nasceram os quatro filhos do casal.

    A família também residiu em Rio das Pedras (MG), que hoje se chama Cascalho Rico. Depois retornaram a Guaranésia, onde permaneceram por cerca de dois anos. Em seguida, orientados por um amigo, que indicou Anápolis (GO) como um local promissor para assentar comércio de varejo, – o ganha pão dos "Beze" –, eles chegaram para, definitivamente, fincar raízes em terras anapolinas no ano de 1928, contando Benjamin Beze oito anos de idade.

    Estavam os "Beze" felizes com a decisão de terem vindo para Anápolis, prosperando em seus negócios. No entanto, uma tragédia abateu a família. Bena (Manoel Beze) como era carinhosamente tratado, e seu filho primogênito Abílio, foram covardemente assassinados por policiais militares assentados na antiga São Geraldo, atual Goianira (GO), em março de 1937. A causa do crime teria sido um depoimento prestado por Abílio acusando esses policiais de outro assassinato. A tragédia consternou a cidade de Anápolis (GO), principalmente a colônia árabe local.

    Mesmo com a dor da dupla perda, a família soube mirar os horizontes e lutar, dar vida aos sonhos dos seus entes queridos, sonhos bruscamente interrompidos. A

Benjamim Beze

69

João Beze e a Benjamin Beze couberam a responsabilidade de conduzir a família, depois do infausto acontecimento. A trajetória de vida de ambos foi coroada de sucesso empresarial, social e de feliz construção familiar.

Constituição familiar

Filhos do casal Manoel Beze e Zarria Jacob Beze:

1   ABÍLIO BEZE, falecido no ano de 1937
2   JOÃO BEZE, falecido no ano de 2004
3   BENJAMIM BEZE
4   ADÉLIA BEZE

Nosso entrevistado Benjamin Beze foi casado com Dulce Peixoto Beze e teve os filhos:

1   IVAN BEZE
2   REINALDO BEZE
3   WÁLTER BEZE
4   BENJAMIN BEZE JÚNIOR
5   JOÃO BEZE SOBRINHO
6   MARIA DE FÁTIMA BEZE MENEZES
7   MARCOS ANTÔNIO BEZE

Benjamin Beze Júnior

Dos filhos do casal Benjamin Beze e Dulce Peixoto Beze, Benjamin Beze Júnior, o "Bezinho" é o único, entre os irmãos, que demonstrou vocação para o exercício político.

Quando era estudante na Faculdade de Odontologia de Anápolis e ocupando a presidência do Diretório Acadêmico da instituição, eram frequentes as suas visitas reivindicatórias em busca de benefícios para a Faculdade, ao então prefeito, descendente da colônia árabe, Jamel Cecílio.

Benjamin Beze Júnior

De tanto Benjamin pedir, Jamel o chamou para disputar as eleições para a Câmara Municipal de Anápolis. Apesar de titubear na aceitação do convite, o apoio dos pais e da família deu-lhe segurança para aceitar o desafio das urnas. Resultado: aos 23 anos de idade, Bezinho foi o segundo mais bem votado do seu partido.

Na sequência foi eleito presidente da Associação Brasileira de Odontologia, Sub-Seção de Anápolis e presidente da União dos Vereadores de Goiás. Além disso, ascendeu presidência da Câmara Municipal.

Benjamin Beze Júnior traz em seu currículo importantes passagens por cargos públicos, em quatro administrações estaduais. No governo de Irapuan Costa Júnior presidiu a IQUEGO; com Henrique Santillo foi secretário de Assunto Extraordinário; com Iris Rezende Machado foi secretário de Indústria, Comércio e Turismo e no governo de Maguito Vilela foi secretário de Minas e Energia, acumulando funções com a diretoria Financeira da CELG.

Graduado também em Direito, Benjamin Beze Júnior foi presidente do Clube Sírio-Libanês, seguindo os passos do seu tio paterno João Beze, galgados de paixão e trabalho, pelo Anápolis Futebol Clube, ocupando a presidência da agremiação por mais de dez anos.

Benjamin Beze ao lado de sua esposa, Dulce Peixoto Beze, e do filho Benjamin Beze Jr. (Bezinho)

Depoimento de "Bezinho"

Tudo isso (referindo-se ao sucesso obtido em sua atuação política, como gestor público, dirigente de clube de serviço e esportivo), procurei desenvolver com muito orgulho, representando a nossa cidade de Anápolis e o seguimento sírio-libanês, que eu sempre honrei, e fiz questão sempre de frisar, por onde eu passei, que tinha essa origem no meu sangue. Ela que é a responsável por essa minha vontade, disposição de lutar, característica tão própria da colônia. Considero nossos integrantes uns desbravadores, que vieram para cá, em sua maioria, sem saber ler, escrever e falar a língua local, e venceram na vida com muito trabalho e dedicação. Busquei honrar um pouquinho essa motivação e vontade de trabalhar, através do meu pai e da minha família. Realmente galguei alguns degraus dentro da política e o fiz com muita vontade e disposição, procurando sempre honrar o nome do meu pai e da minha família, e honrar também a minha cidade de Anápolis, que eu tanto gosto.

Voltando novamente para o meio político, Benjamin Beze Júnior se tornou o primeiro suplente na chapa que elegeu o senador Jorge Kajuru, mas faleceu no dia 26 de fevereiro de 2020 em Cartagena, na Colômbia, onde passava férias com os amigos.

 Entrevista realizada em 5 de novembro de 2008

Família Caied

Imigrantes da Síria, Salim Caied[1], em companhia dos seus pais, Caied Salim (morto em São Paulo (SP), durante um tratamento de saúde, no ano de 1946) e Zarife Esper Bittar (faleceu em Anápolis, em 1961) e ainda da sua irmã Badiah, chegaram a Anápolis (GO), no ano de 1934.

O mesmo navio que trouxe Salim Caied para o Brasil, desembarcando no Porto de Santos (SP), por coincidência, foi o mesmo que ao retornar a França, trouxe a sua futura esposa (lamina Bittar), que somente viria a conhecer depois de 15 anos, pelo fato dela passar a residir com seus familiares em Ituiutaba (MG). Quando ela veio com um dos seus dez irmãos, para passear em Anápolis foi quando se conheceram, cujo matrimônio ocorreu em 1947. Todos seus filhos nasceram e foram criados em Anápolis.

Caied Salim

Sua primeira experiência de trabalho foi junto ao pai, para depois trabalhar no comércio do patrício Barbahan Helou. Demonstrando talento para o comércio, com o passar das décadas, se transformou em dos mais bem-sucedidos empresários locais.

Grande benemérito do desenvolvimento, em várias frentes, foi o doador dos terrenos onde foram construídas a Associação Comercial e Industrial de Anápolis e a Igreja Ortodoxa São Jorge (1958), cujo local pretendia construir a sua própria residência.

Salim Caied lembra que vários terrenos, em locais diferentes e distantes, foram oferecidos para a construção da Igreja. Mas ele queria um terreno que fosse no centro da cidade. Desta

---

1   Faleceu no dia 8 de junho de 2011.

Ubirajara Galli, João Asmar, emérito colaborador da obra e Salim Caied

forma, assim que surgiu um local, na rua Engenheiro Portela, de propriedade do Sr. Eurico, ele o adquiriu e doou a fim de que nele fosse erguida a Igreja Ortodoxa Antioquina São Jorge de Anápolis, cujo 1º pároco foi o padre José Homsi.

A igreja foi abençoada com a visita do Patriarca Elias IV, em 1978, e do Patriarca Ignátios IV em 1984. Em 1971, a comunidade construiu um sobrado com salão e dois apartamentos ao lado da igreja. O templo tem como destaque um maravilhoso iconostácio, trabalhado em madeira de mogno, obra artesanal do artesão Constantino Fitanides, que dá um elevado sentido espiritual e estético às igrejas ortodoxas. O atual pároco é o Padre Firas Bistati, que sucedeu o padre José Homsi em 1991.

Salim Caied foi, também, membro-fundador do Lions Club de Anápolis (1957), o primeiro a ser instalado no Brasil-Central.

Ao lado de João Asmar, Salim Caied (direita na foto) foi um dos árabes que mais sofreu com a perseguição fiscal empreendida pelo Estado contra ele e seus patrícios comerciantes. Para livrarem-se da injusta guerra fiscal, os árabes se uniram e constituíram como advogado o professor e escritor João Asmar, que habilmente resolveu a contenda dos exageros praticados pelo estado de Goiás. Houve, inclusive, uma demanda com duração de 32 anos entre o Salim Caied e o Estado, que "expropriou" dois lotes que ele tinha, onde hoje está construído o Estádio Serra Dourada. No final da contenda, ele acabou recebendo a indenização devida.

Depoimento de Salim Caied

No começo da imigração árabe, nossos patrícios vieram com o propósito de se estabelecerem no município de Pirenópolis (GO). Não sendo bem recebidos ali, vieram para Anápolis, que na época era uma Vila e pertencia à comarca de lá.

Nós os árabes somos muito unidos. Meu pai veio para Anápolis, porque aqui ele tinha muitos parentes, entre os quais Carlos Elias e Miguel João. Se ele tivesse algum parente em São Paulo (SP), provavelmente, iria para lá. O fluxo de maior intensidade árabe para Anápolis durou até a década de 1950, depois foi arrefecendo.

Nós nos misturamos muito bem aos brasileiros. Dos meus três filhos, um deles é casado com uma brasileira. O preconceito que havia em relação a nós acabou todo. Agora, é o contrário. Os pais dos brasileiros até insistem para que seus filhos se casem com os descendentes árabes. Sabem que nós somos gente boa.

Constituição familiar

Filhos do casal Salim Caied, falecido em 8 de junho de 2011, e Iamina Bittar Caied:

1. CAIED SALIM
2. JORGE SALIM CAIED
3. SALIM CAIED JÚNIOR

Salim Caied e a esposa Iamina Bittar Caied

 Entrevista realizada em 8 de setembro de 2008

Família Caixe

Ésper Caixe, nascido em Machta Helou, veio para o Brasil, em 1934, da mesma forma que milhares de seus conterrâneos, em busca do *eldorado* do Novo Mundo para melhorar de vida. Com seus 23 anos, desembarcou no Porto de Santos (SP), dirigindo-se para a, cidade paulista de Ribeirão Preto, onde morava seu tio, o médico Abrão Caixe, que o aguardava no seu desembarque.

O médico Abrão Caixe, que faz parte da história médica de Ribeirão Preto (SP) é, inclusive, homenageado com nome de rua na cidade. Foi ele quem deu todo apoio para seu sobrinho Ésper Caixe iniciar a luta pelo *eldorado*. Quem conta essa história é o empresário, advogado e economista Munir Caixe, segundo filho do casal Ésper Caixe e Maria Zacarias Abrão Caixe, primeiro Presidente do Rotary Club de Anápolis Oeste por 12 anos, foi presidente do CRA – Clube Recreativo Anapolino. Munir também era *titularíssimo,* da lateral esquerda da equipe de futebol de campo do clube, por causa do seu *talento* de fornecer bola, uniformes e marcar jogos para seu time:

Depoimento de Munir Caixe

Meu pai veio sozinho para o Brasil, deixou na Síria seus irmãos e os pais dele, que eu nem cheguei a conhecer, porque infelizmente meu pai faleceu muito novo. Ele chegou aqui com 23 ou 24 anos e faleceu com 42. Em Ribeirão Preto conheceu minha mãe, Maria Zacarias Abrão Caixe, filha de sírio com brasileira. Esses meus avós maternos, eu os conheci, Antônio Dib e Júlia Dib, porque moraram aqui em Anápolis.
Em Ribeirão Preto (SP), meu pai começou a mascatear, o tio dele arrumou um capitalzinho e ele comprava a mercadoria e saía vendendo. De lá, eles mudaram para Ituverava (SP), onde

nasceu meu irmão Jamil, que era o mais velho. Depois vieram acompanhando a estrada de ferro e eu nasci em Uberaba (MG). Como o final da linha da estrada de ferro era em Anápolis (GO), eles pararam por aqui e foi onde nasceu meu irmão caçula, Omar Caixe.

Aqui em Anápolis (GO), ele montou uma loja em sociedade com o senhor Barbahan Helou, que dava muita sustentação para os patrícios, e o Abdala Badauy, que tinha uma fábrica de manteiga. Eles entraram com o capital e o meu pai com a força do seu trabalho, e abriram o Empório da Seda, uma das maiores lojas de tecidos de Anápolis, localizada na Rua Barão do Rio Branco, cujo imóvel pertencia ao Barbahan. Na loja trabalhavam meu pai e minha mãe. Depois de dois anos meu pai faleceu ainda novo, com 42 anos, e minha mãe, que era seu braço direito, continuou trabalhando no lugar dele.

Munir Caixe

Quando ele faleceu, eu tinha 13 anos, o Jamil tinha 15 e o Omar 11. Minha mãe ficou quase dois anos tomando conta da loja. Ela foi uma vencedora, nunca mais pensou em se casar. Depois, muito cansada, vendeu a parte dela para os sócios.

Em seguida, minha mãe montou a Sapataria Caixe, na Rua Barão de Cotegipe, e com essa loja, cujo imóvel era do meu tio Zacarias Abrão, ela ficou aproximadamente uns 14 anos trabalhando e criando os filhos. Nessa época, eu e meus irmãos dividíamos o nosso tempo estudando e ajudando-a na loja.

Mais tarde ela fechou a loja de sapatos e montou uma boutique dentro de nossa casa. Para abastecer o seu comércio, ia até São Paulo (SP) fazer compras. Mais tarde, em sociedade com a minha tia Esmeralda Abrão Cordeiro, ela montou a boutique Veruska e ficou trabalhando com minha tia até se aposentar. Uns cinco anos depois ela veio a falecer.

Depois fui gerente dos serviços aéreos da Cruzeiro do Sul, na época da construção de Brasília (DF). Meus irmãos Jamil e Omar montaram uma transportadora. Posteriormente, Jamil fez concurso para o fisco do Estado, onde se aposentou.

A Cruzeiro do Sul tinha um voo que saía de São Paulo (SP), passando por Campinas (SP), Goiânia (GO), Anápolis (GO), Brasília (DF), Formosa (GO), Abadia (GO), Porto Nacional (GO), Dianópolis (GO), Carolina (PA), Marabá (PA) e Belém (PA). O voo saía de Anápolis (GO), pingando de gente e mercadorias. O avião era DC-3, tipo daqueles da segunda guerra mundial, as pistas eram de terra e atolavam os aviões. De vez em quando eu ia conhecer a rota. Esse voo não dava para quem queria, porque naquela época levava-se dois meses por terra para chegar a Belém (PA). Quando chovia ia quebrando caminhão, quebrava tudo. Eu tinha uma cota para vender passagens e os pilotos quando vinham para cá, ficavam nervosos porque os passageiros levavam cabritos, galinhas, um pouco de tudo e quando os pilotos voltavam de Belém (PA), chegavam aqui excomungando essa rota que eles chamavam de pau-de-arara.

A presença árabe em Anápolis

Em 1970, fui trabalhar no Grupo CCA (Companhia Comercial de Automóveis), da família do Comendador José Abdalla. Comecei como vendedor externo, depois passei para vendedor interno, supervisor, gerente, diretor e por fim, passei a ser sócio de algumas empresas do grupo. Com a dissolução do mesmo, comprei a empresa e fiquei administrando-a juntamente com meus filhos desde 1998.

Quando, no início do meu depoimento, disse que nunca havia conhecido um dos irmãos do meu pai, não é verdade. Estou me lembrando agora que conheci sim, um deles, vindo da Síria, que se chamava Youssef. Meu tio, que morava em Ribeirão Preto (SP), foi buscá-lo em Santos (SP), e o trouxe para Anápolis (GO). Nessas alturas meu pai já estava estabelecido com a sua loja e arranjou mercadoria para ele mascatear. Meu tio vendia a mercadoria e sumia com o dinheiro, meu pai dava mercadoria de novo e acontecia a mesma coisa. Sempre inventava uma coisa para justificar o sumiço do dinheiro. Um dia meu pai descobriu que ele estava quase se casando em Ribeirão Preto (SP), sendo que ele havia deixado seis filhos na Síria. Acredito que isso ajudou a adoecer meu pai. Contrariado demais com o comportamento do irmão, acabou despachando-o de volta para a Síria. Foi o único irmão do meu pai que eu conheci, e que deu esse enorme desgosto para ele.

Interessante, também, lembrar dois fatos. O primeiro é que naquele tempo era raro acontecer roubo a casa aqui em Anápolis (GO). Certa vez, numa tarde de domingo, nós saímos para tomar sorvete na praça, e quando voltamos a nossa casa havia sido arrombada. Meu pai ficou por demais contrariado, trabalhava tanto para conseguir alguma coisa, e de repente é assaltado. Ele mandou a gente sair de casa e ficou três dias esperando o ladrão voltar. Ele ficava sozinho no escuro esperando o ladrão com um pedaço de pau nas mãos. Mas, graças a Deus, o ladrão nunca mais voltou. Meu pai morreu em 1952 e esse roubo aconteceu em 1949 ou 1950.

O segundo fato é para lembrar que meu pai era muito brincalhão, muito bem-humorado. Uma vez, um viajante, representante comercial, chegou à tardezinha na sua loja para vender através do seu catálogo de amostras. Ele era também descendente de árabe, residente em Guaxupé (MG). Ele falou: "Vou deixar a mala aqui com as amostras porque já está escurecendo e amanhã a gente faz os pedidos". Quando ele foi embora, meu pai pegou a mala, abriu, tirou todas as amostras e colocou tijolos no lugar. No outro dia com a mala guardada no mesmo lugar onde ele a havia deixado, ao chegar, se dirige à mala para retirar os mostruários. Ele abria e fechava a mala. Abria e fechava, olhava para os lados e o meu pai continuava muito sério. Até que ele falou: "Roubaram minha mala! Roubaram minha mala!" Quando o representante falou que iria à polícia para denunciar que haviam roubado a sua mala com os mostruários, meu pai, que havia chamado dois amigos para assistirem a cena, caiu na gargalhada com eles. Isso foi muito engraçado.

Fora esse seu bom humor, ele não bebia, não fumava, vivia apenas para trabalhar. Lembro-me que na hora da refeição tínhamos que rezar, não se podia conversar e não aceitava que ninguém reclamasse da comida.

Ele sempre dizia que "havia gente que não tinha o que comer e por isso nós deveríamos agradecer a Deus".

Constituição familiar

Filhos do casal Ésper Caixe e Maria Zacharias Abrão Caixe, por ordem cronológica de nascimento:

1   JAMIL CAIXE, nascido em Ituverava (SP) no ano de 1935.
2   MUNIR CAIXE, nascido em Uberaba (MG) no ano de 1937.
3   OMAR CAIXE, nascido em Anápolis no ano de 1940.

Munir Caixe e Leila Elias Caixe

Entrevista realizada em 24 de outubro de 2008

Família Calixto

Entrevista de Salma Miguel Elias Calixto, viúva de Munir Calixto e seus filhos Munir Calixto Júnior, Marco Antônio e Fabiana Elias Calixto ao programa "Árabes no Centro-Oeste".

Quem foi Munir Calixto, essa personalidade histórica?
Salma Miguel Elias Calixto – Munir Calixto chegou a Anápolis para gerenciar o Rodoviário Goyaz, do seu irmão Fuad Calixto. Era para ficar apenas dois anos. Então, nos conhecemos, e ele ficou 20 anos. E, lá, construímos família e tivemos quatro filhos que são: Marcus Vinícius, Munir Calixto Júnior, Fabiana Elias Calixto e Marco Antônio. O maior sonho dele era ver os filhos formados. Queria que todos estudassem, mas infelizmente, ele não acompanhou essa fase.

Salma Miguel Elias Calixto

Qual a lembrança mais forte que você tem do seu pai?
Munir Calixto Júnior – Determinação! Meu pai era um homem muito determinado, tinha muita vontade de vencer, ele não desistia nunca. Quando ele dava uma missão para um dos filhos cumprir, tinha que cumprir, e ele fazia questão disso. Era uma pessoa muito além de sua época, era empreendedor. Com 24 para 25 anos de idade já tinha vários loteamentos. Meu pai era um homem de visão, pois foi considerado "Homem de Visão" várias vezes, em Anápolis, GO. Então, a lembrança maior que tenho de meu pai era essa força que ele tinha; ele era muito determinado, muito objetivo, além de ser muito fiel e muito leal aos seus princípios, ele sempre seguiu o caminho do bem. E é o legado que ele deixou para os filhos, nos ensinando a ser honestos, dizendo que o dinheiro não é tudo na vida.

Munir Calixto faleceu muito novo. Como foi lidar com a ausência do provedor maior da família, e na falta dele, como foi lidar com os filhos?
Salma Elias Calixto – Não foi fácil não, tivemos muita luta. Mas, graças a Deus, ele soube ensinar os filhos a trabalhar muito cedo. Ele exigia muito dos filhos. Todos começaram a trabalhar cedo.

Nós estamos conversando sobre negócio. Você chegou a participar de que forma? Foi ainda muito novo?
Munir Calixto Júnior – Na imobiliária, em Anápolis, entre 1977 e 1978. Aqui em Goiânia, na empresa Meu Lar Mudanças, que funciona até hoje. Nós fazíamos serviços de banco, então trabalhamos muito nessa época. Meu pai sempre nos levava junto, em tudo que fazia. Acho que era justamente para ensinar, ele sempre foi nos orientando. Quando meu pai foi para Anápolis, ele não tinha nada. Foi trabalhar no Rodoviário Goyaz, e de lá começou a desenvolver a vida dele, com loteamentos. Comprou um loteamento na maior dificuldade. Ele foi um desbravador, foi abrindo caminho.

Seria muito rotular ele como uma pessoa inquieta?
Munir Calixto Júnior – É mais ou menos ele. Sempre foi inquieto mesmo. Meu pai foi a pessoa mais inteligente que eu conheci até hoje. Não tinha nenhum assunto sobre a qual meu pai não soubesse pelo menos um pouquinho. Se ele não soubesse, dois dias depois podia procurar ele, que ele dava aula sobre o assunto.

Vamos falar um pouco sobre a história do Marcus Vinícius, que é deficiente auditivo. Na época que surgiu o problema dele, não existia escolas especializadas. O que Munir Calixto pensou em fazer a partir da doença do filho?

Casamento civil de Salma Miguel Elias Calixto e Munir Calixto (sentados). De pé: Miguel Elias e a esposa Maria Jorge Elias, Aparecida Salomão e o pai Calixto Abrão

A presença árabe em Anápolis

Ainda no casamento civil de Salma Miguel Elias Calixto e Munir Calixto. Da esquerda para a direita: Nicolau Tahan, Alex Calixto, Linda Elias, Fátima Elias, Salem Elias, Faiz Calixto, Aparecida Calixto, Jorge Salomão, Racena Hamú Calixto e Fuad Calixto. Abaixo: Geni Abrão, Salma, Munir, Roberto Salomão (criança) e Aparecida Salomão

Marco Antônio – O Marcus Vinícius estudou dois anos no Rio de Janeiro, depois, aqui em Goiânia, meu pai achava um absurdo não poder ter o filho ao lado dele, e não ter uma escola em Anápolis que pudesse acolhê-lo. Pesquisando, meu pai achou a Apae. Com muita dificuldade, ele construiu a Apae em Anápolis[1], atualmente considerada a melhor Apae do Brasil, uma referência nacional e mundial.

Fabiana Elias Calixto – Eu acho importantíssimo isso, falar em nome de minha família. Tem outras famílias, também, que merecem ser retratadas. São momentos únicos para prestigiar a colônia árabe que tanto progresso fez por Anápolis, por Goiás e por todo o Centro-Oeste. Meu pai, quando veio para Goiás, saiu de Ribeirão Preto (SP). Era apaixonado pelo estado de São Paulo. Depois ele veio para Goiânia, morando em Campinas. Quando foi para Anápolis para gerenciar o Rodoviário Goyaz, conheceu a minha mãe, filha de um cerealista renomado, o Miguel Elias. Que faço também questão de ressaltar – foi um homem muito além do tempo dele. Um homem que chegou aqui sem nada, trazido pelos irmãos. Ele foi o último a vir, e também fez um patrimônio muito grande, construiu uma família muito bonita. Nesse ínterim, meu pai conheceu a minha mãe. E os árabes têm essa particularidade, sempre procuram pessoas da mesma origem.

Calixto Abrão, meu avô, pai do meu pai, nasceu em uma cidade da Palestina, que fica a três horas de Jerusalém. Nós conhecemos, inclusive, essa cidade. Meu avô veio para o Brasil com certa quantia em dinheiro, digamos, abastado. Veio e acabou ficando por aqui, pois vislumbrou

---

1 Fundada em setembro de 1969.

uma possibilidade de desenvolver aqui. Depois, ele conheceu a vó Izaíra, se casaram. Eles tiveram entre 14 e 15 filhos. Meu pai, no caso, nasceu em Leopoldo de Bulhões. Mais tarde, o meu avô montou um hotel em Ribeirão Preto (SP). E, quando o tio Fuad, o irmão mais velho, foi para Goiânia, começou a trabalhar em uma transportadora, trouxe toda a família para Goiás. Naquele tempo ainda não tinha Goiânia, e eles foram morar em Campinas. Meu pai, apesar de não ter estudado, era muito curioso. Lia muito, inclusive, fundou um jornal. Então, o que eu resumiria, é que o meu pai sonhou muito e fez muito por Anápolis.

O casal Munir Calixto e Salma Miguel Elias Calixto com os filhos. Da esquerda para a direita: Munir Calixto Júnior, Fabiana Elias Calixto Badauy, Marcus Vinícius Calixto e Marco Antônio Calixto

Entrevista realizada em 11 de dezembro de 2011

Família Calixto Abdalla

Calixto Abdalla, natural da Síria, chegou a Anápolis, provavelmente no final da década de 1910, estabelecendo-se, a exemplo da maioria esmagadora dos imigrantes árabes, como comerciante. Tão logo, pôde, casou-se com Maria Fernandes Abdalla.

Constituição familiar

Filhos do casal Calixto Abdalla e Maria Israel Abdalla, por ordem cronológica de nascimento:

1   JOSÉ ABDALLA – nasceu em Anápolis, provavelmente em 1920. Normalista, exerceu o magistério. Empresário de sucesso, atuou no ramo da indústria cinematográfica em Anápolis. Atuou também com a revenda de automóveis em Anápolis, Goiânia e no Distrito Federal. A CIA Comercial de Automóveis, concessionária da General Motors do Brasil S/A. situada à rua Getúlio Vargas, foi inaugurada em 1945, em sociedade com médico José Elias Isaac. Quanto ao outro empreendimento anapolino, na área do cinema, se deu com a edificação restaurada do Cine Teatro Imperial, em 1957. Casou-se com Maria José Abdalla, com quem teve os seguintes filhos:

1.1   Cecília Abdalla

Amador Abdalla compondo a galeria dos presidentes da Câmara Municipal de Anápolis

    1.2   Carlos Alberto Abdalla

    1.3   Giselda Abdalla.

    1.4   José Abdalla Júnior

2   AMADOR ABDALLA – nasceu em Anápolis, no dia 29 de abril de 1922. Fez os primeiros estudos no Grupo Escolar 24 de Outubro, e o Ginásio no Arquidiocesano. De tudo um pouco fez para vencer na vida. Trabalhou como engraxate, vendeu em quitandas, foi servente de pedreiro, sapateiro, fiscal de higiene da prefeitura de Anápolis, comprador, vendedor de cristais, empregado das Casas Pernambucanas e inspetor de seguros. Político, foi vereador por diversos mandatos e presidente da Câmara Municipal de Anápolis (1973/1975).

Loja Matriz da CIA Comercial de Automóveis

Apaixonado pela causa ambiental, foi fundador e presidente da Associação Anapolina de Proteção ao Meio Ambiente. A seguir, o fragmento do texto de Claudius Brito, retirado do jornal Contexto, de Anápolis, edição de 14.11.2014, diz:

Os mais jovens talvez não se lembrem do ecologista Amador Abdalla. Ele faleceu em 2005, aos 85 anos de idade e, numa época em que pouca gente se dava a, pelo menos, falar sobre meio ambiente, ele já era seu mais intransigente defensor. E, assim, volta e meia, era cena comum ver o presidente da Associação Anapolina de Proteção ao Meio Ambiente retirando as crianças que subiam nas árvores ou dando bronca em alguém que ele flagrava causando qualquer tipo de agressão à natureza, por menor que fosse. Por muitos anos, Anápolis era reconhecida, além dos seus atrativos econômicos, por ser uma cidade muito bem arborizada.

O amor a natureza motivou a Câmara de Vereadores de Anápolis a criar a Comenda Amador Abdalla atribuída a gestos ambientais.

Em 1949, na cidade de Formosa, casou-se com Zélia de Souza Ortiz Abdalla, filha do doutor Balduíno de Souza Décio e de Felicidade Balbuíno Ortiz, pais de:

    2.1   Robertson de Souza Abdalla

    2.2   Rosângela Abdalla de Morais

3   AMADEUS ABDALLA – gêmeo de Amador Abdalla. Empresário do agronegócio.

Família Carlos Elias

Ainda na condição de Sant'Anna das Antas, antes de Anápolis (GO) ser elevada à categoria de cidade, o que ocorreu em 1907, os sírios Miguel João, e seu sobrinho, Carlos Elias, chegaram aos eitos pré-anapolinos. Miguel João era irmão da mãe de Carlos Elias, de nome Manu Ana Habash, casada com Elias Abrão. Tio e sobrinho chegaram com muita disposição de mudarem a condição dura de vida que levavam em seu torrão natal. Conseguiram, mas não foi fácil. Quem conta essa história, a do primeiro Elias a pisar nas futuras terras que seriam batizadas de Anápolis, é seu neto, Carlos Elias Neto, filho do casal Antônio Elias e Maria Isabel Gaia Elias:

Carlos Elias, a esposa Carime Elias e os filhos: Síria Elias Lage e Antônio Elias

> Carlos Elias, meu avô, foi um dos pioneiros árabes, procedente da Síria, por necessidade de emprego, de sobrevivência, a chegar à Sant'Anna das Antas. Ele veio da aldeia de Amjira (que em árabe significa pote de barro), localizada na região entre Damasco e o Líbano, junto com seu tio Miguel João.
> Saíram da Síria sem capital, com a roupa do corpo, com a cara e a coragem e vieram parar no porto de Santos (SP), onde trabalharam como estivadores para juntar dinheiro, a fim de comprar mercadorias. Assim que conseguiram certa economia, vieram sem referência pelos trilhos da Estrada de Ferro e chegaram até onde era possível (cidade mineira de Araguari, ponto terminal da Estrada de Ferro, até 1911) e depois continuaram a viagem em lombo de

Carlos Elias Neto

burro. Miguel João fixou comércio na então Vila de Sant'Anna das Antas, enquanto Carlos Elias saiu mascateando pelo interior goiano, construindo sua fortuna. Trabalhavam independentes, não havia sociedade entre eles.

Um fato interessante é que quando Carlos Elias saiu da Síria, como eles eram os primeiros da família a vir, deixou a esposa Carime Elias grávida e só retornou para buscá-la juntamente com seus irmãos quinze anos depois, quando conheceu a filha Samira Elias.

Carlos Elias montava em lombo de burro, mesmo naquele calor, de terno preto, chapéu de feltro preto e colete. Era o modo de ele impor a sua personalidade como comerciante, dava nobreza ao trabalho, respeito na negociação e confiabilidade. A primeira vez que ele saiu pelo sertão foi assaltado por bandoleiros, sendo espancado e roubado, ficando quase sem roupa e sem alimentação, quase morrendo. Ele sofreu muito, mas conseguiu dar a volta por cima.

Quando ele fazia o comércio, o povo das fazendas não tinha dinheiro em espécie, então faziam um escambo, ou seja: trocavam peças de tecido, açúcar e outros produtos, por porco, galinha e ele vinha com as mulas e dois ajudantes conduzindo esses animais até a Vila de Sant'Anna

das Antas para vendê-los, apurar o dinheiro e continuar o comércio. Quando eles não conseguiam pouso nas fazendas, dormiam no mato. Ao amanhecer, mesmo com uma pessoa passando a noite vigiando os animais, vários deles sumiam. Era um negócio impressionante. Até que descobriram que eram os índios que levavam os animais. Para acabar com o sumiço, Carlos Elias, começou a adotar a seguinte estratégia: "Brimo, nois deixa aqui uma pinga. Nois deixa aqui

Comércio de Carlos Elias

Fonte: Revista *A Cinquentenária*, edição comemorativa do Jubileu da cidade de Anápolis, 1957

um fumo". Logo em seguida os animais apareciam depois que eles iam embora, e os índios trocavam os animais por fumo ou pinga.

Eles viviam nessa labuta, até que Carlos Elias, depois de estabilizado, abriu o comércio de nome: Carlos Elias e filhos com Secos e Molhados, uma firma atacadista. Depois de quinze anos de Brasil, ele mandou buscar os irmãos e a esposa Carime. Os irmãos que vieram foram: Miguel Elias, Razem Elias e Achilles Elias.

Meu avô tinha uma caderneta na qual, ele criou sinais de grafia, e aprendeu a falar o português muito rápido, por ser comerciante. Minha avó nunca aprendeu o idioma, só falava em árabe até morrer. Meu pai falava e escrevia em árabe correntemente e nenhum de nós, filhos, aprendeu a falar e escrever o árabe. Não aprendemos, creio que porque havia certa discriminação com a questão de ser chamado de turco. Acredito que isso atrapalhou a nossa geração na hora de dar continuidade aos hábitos da nossa cultura, coisa de que eu me arrependo demais. Acho que eu poderia ter passado para meus filhos algo mais de nossa história. Hoje não existe mais aquela pecha. A cidade reconheceu que deve muito à colônia sírio-libanesa. O árabe tem uma garra imensa para viver, uma determinação incomum, por causa das suas origens do deserto. O Sírio é um grande aço, ele foi forjado a uma têmpera, doída, sofrida, muito batida para pegar a dureza para poder sobreviver.

Eu convivi com meu avô até aos seis anos. Mas foi uma convivência muito afetuosa, porque, eu recebi o nome dele, eu era o caçula e ia todo dia até a beirada da sua cama para conversar. Era um homem de fala calma, de baixa estatura, meio calvo, de bigode, falava pausadamente, tranquilo, sossegado, mas demonstrava uma personalidade muito forte, uma firmeza muito grande. Ele olhava muito para o futuro, era um marqueteiro de primeira, naquela época, uma pessoa muito dinâmica. Ele me marcou muito, não só por ser meu avô e ter me dado o seu nome, mas pela própria personalidade dele, pela sua luta, vontade de construir. Foi uma pessoa muito lutadora.

A perda de Carlos Elias foi muito sentida, deixou a família muito nova. Minha avó, principalmente, sentiu muito, porque ela

Norma Adorno Taveira Elias, seu filho Carlos Eduardo Elias, o esposo Carlos Elias Neto e a filha Sílvia Elias

nunca conseguiu falar português. Ficou muito fechada, apesar de todos os filhos com ela em árabe, então, ela tinha essa oportunidade de convivência. Minha avó era uma pessoa muito seca, dura, muito rígida, não tinha carinho com os filhos e os netos, era o inverso do meu avô. Creio que minha avó tinha esse jeito de ser porque ficou quinze anos na Síria sem receber notícias do meu avô, sem saber se ele estava vivo ou não. Isso a marcou muito, trouxe-lhe grande sofrimento.

Os filhos dos meus avós Carlos Elias e Carime são os seguintes:

1. SAMIRA ELIAS era uma pessoa maravilhosa, calma, caseira, aquela mãezona, cozinheira de mão-cheia; era, inclusive, minha madrinha, esposa do Jorge Pedreiro, que veio para casar com ela, tinha uma comunicação maravilhosa, afetiva e carinhosa.

2. OLGA ELIAS era a mais negociante, mais dinâmica, mais severa, participou como uma das sócias da empresa Onogás, depois que se casou com João Quinan. Seu esposo era dentista e ela era comerciante nata.

3. ANTONIO ELIAS era meu pai e faleceu no dia 02 de junho de 1988. Ele recebeu uma educação mais aprimorada, com graduação superior. Foi estudar em Ribeirão Preto (SP), onde conheceu minha mãe, Maria Isabel Gaia Elias, falecida em 08 de maio de 1982, filha de italianos da região de Padova e Mantova. Meu pai mandou dinheiro para construir uma igrejinha de pedra na aldeia de Amjira, terra natal dos Elias. O sonho dele era ir lá conhecer. Porém, ele veio a falecer com o passaporte pronto e as passagens compradas, em 1988, com 61 anos de idade, muito novo e sem conhecer a cidade do pai dele. Meu pai foi o primeiro homem solteiro a ter carro em Anápolis. Ele era também piloto de avião, tinha o brevê, e trabalhou muito para a construção de Brasília. Nunca usou o dinheiro que ganhou em Anápolis para investir em Brasília. Dizia: "quem ganha em Anápolis tem que aplicar em Anápolis".

4. SÍRIA ELIAS, pacata e muito afetuosa, que se casou com Amador Lage, teve seis filhas e um filho, Samir, que puxou a mãe, sendo muito carinhoso também. Ele, em seu primeiro casamento, teve como companheira Rute Elias e com ela teve duas filhas e um filho. Ao ficar viúvo, casou-se com Adélia Baptista Elias, com quem teve mais dois filhos.

4. SAMIR ELIAS[1], empresário. Contraiu matrimônio com Rute. Filhos do casal: Margareth Elias e Rosimeire Elias. Em segundas núpcias com Maria Adélia Baptista Elias, teve os seguintes filhos: Carlos Frederico Elias e Jorge Henrique Elias.

Entrevista realizada em 24 de março de 2009

---

1 Acréscimo dos autores do livro.

Família Cecílio Chaibub

O nome Chaibub, em árabe, significa valente, corajoso, destemido. Foi assim, numa contenda entre libaneses e turcos – seus opressores – envolvendo um ancestral de Cecílio Elias Chaibub, que o nome foi incorporado à família. Posteriormente, diante de um desentendimento familiar, alguns dos seus membros aboliram o sobrenome Chaibub e passaram a assinar apenas Cecílio.

Cecílio Elias Chaibub e Helena Chaibub, patriarcas da família no Brasil, vieram do Líbano para a cidade de Catalão, com alguns filhos lá nascidos, e retornaram ao seu país em 1903, conduzindo toda a sua prole, incluindo os rebentos nascidos em Catalão. Filhos do Casal:

Salim Cecílio Chaibub e a esposa Ermelinda Cândida de Paiva Chaibub

1   ANYSIO CECÍLIO CHAIBUB. Nasceu em Trípoli, no Líbano, no dia 3 de maio de 1893. Ao completar 16 anos, recebeu de seu pai Cecílio Chaibub a passagem de vinda para o Brasil e, um anel de ouro e a seguinte missão: – Vá para o Brasil, é lá que você vai fazer a sua vida. Se precisar de dinheiro, venda o anel.

Casamento de Anysio Cecílio Chaibub com Adélia Abrão Cecílio

Desembarcando no Porto de Santos (SP) iniciou, a exemplo da maioria dos seus patrícios, a prática da mascateação, primeiro no estado de São Paulo e depois em Minas Gerais. Na cidade Mineira de Araguari conheceu a bela Adélia Abrão, eleita, aos 19 anos, Miss Araguari, com quem se casou em 3 de setembro de 1921, estabelecendo residência em São Paulo (SP). Na capital paulista tiveram sua filha primogênita Mery Anísio Cecílio, no ano de 1922.

Depois de certa permanência na cidade goiana de Catalão, onde Anysio tinha alguns parentes, entre os quais Mansur Abdala, a família mudou-se para Ipameri (GO), onde nasceu a segunda filha do casal, de nome Reny Cecílio, no ano de 1924. Neste mesmo ano, estabelecem residência na cidade de Anápolis para constituir uma farta prole e uma história pessoal de muita realização. Além de um casal de gêmeos mortos prematuramente, nasceram em Anápolis: Nadim, Anésia, Sálua, Mirthes, Gaber, Helena, Omar, Marcondes e Vitória.

Estabeleceu sociedade com seu cunhado Miguel Pedreiro e abriram a primeira máquina de beneficiar arroz, café e imunizadora de feijão da cidade de Anápolis, localizada na rua 14 de julho.

Anysio Cecílio Chaibub constituiu um vasto patrimônio, possuindo cerca de 30 casas residenciais, além de estabelecimentos comerciais. Proprietário de várias fazendas nos municípios goianos de Itapaci, Uruaçu, Niquelândia e Goianápolis, a primeira delas recebeu o nome de Cerrado. Para suprir uma deficiência existente em Anápolis, referente à aquisição

Armazém da família na década de 1940

de peças de caminhão, comprou 38 caminhões para serem desmanchados e montou a loja batizada de Gigante Ford. Investiu também na compra de lotes, quando do início da construção de Brasília (DF).

Intelectual, escreveu e publicou no idioma árabe o livro *Berço da Vida e Caminho da Verdade*. Faleceu em Anápolis, aos 75 anos, no dia 23 de julho de 1968.

Em depoimento ao livro, os irmãos Anésia, Sálua e Marcondes, filhos de Anysio e Adélia Abrão, expressaram sobre seus pais:

> Nossa mãe era mais rígida que nosso pai, e era o seu braço direito nos negócios, enquanto nossa casa era cuidada pelas nossas empregadas. Ajudava meu pai na máquina, e na administração das casas de aluguel. Nosso pai era muito elegante. Vestia-se muito bem. Era mais carinhoso que nossa mãe.

Irmãos Sálua, Marcondes e Anésia

2   SALIM CECÍLIO CHAIBUB. Nasceu em Catalão (GO), no dia 24 de abril de 1898, filho de Cecílio Elias Chaibub e Helena Chaibub. Aos cinco anos de idade, retornou ao Líbano na companhia dos pais. Aos 18 anos de idade voltou ao Brasil, permanecendo por certo tempo em São Paulo, acolhido por seus irmãos. Em terras goianas, na cidade de Buriti Alegres, casou-se com Ermelinda Cândida de Paiva, natural de atual Silvânia (GO), consórcio ocorrido no dia 02 de fevereiro de 1922.

Em 1940, residia na cidade de Anápolis, onde montou uma máquina de beneficiar arroz. Talentoso carpinteiro, trabalhou também como caminhoneiro por vários anos. Faleceu em Anápolis, no dia 28 de novembro de 1973. Pais de:

2.1   TUFI CECÍLIO CHAIBUB. Nasceu em Buriti Alegre (GO), no dia 28 de novembro de 1922. Fez seus estudos iniciais em Araguari (MG). Residiu em Anápolis, Ceres (GO), Brasília (DF) e Goiânia (GO). Empresário, foi casado com Maria Helena Wirth Chaibub. Faleceu em Goiânia (GO), no dia 27 de fevereiro de 1984, às vésperas de completar 62 anos de idade. Pais de:

   2.1.1   Paulo Bertran, um dos mais importantes historiadores das letras memoriais goianas. O coautor desta, Ubirajara Galli, teve a oportunidade de consultá-lo em várias oportunidades, a respeito da historiografia goiana. Diante do seu falecimento, ocorrido em Goiânia, no dia 2 de outubro de 2005, Ubirajara Galli passou a ocupar a sua cadeira de membro - titular no Instituto Histórico e Geográfico de Goiás.

        Nasceu em Anápolis-GO, no dia 21 de outubro de 1948. Graduou-se em Economia pela UnB. Doutor em História e Economia pela Universidade de Strasbourg, França. Foi professor na Universidade Católica de Goiás, Universidade Federal de Goiás e na Universidade de Brasília. Pertenceu ao Conselho Federal de Economia, Academia Brasiliense de Letras, Academia de Letras e Artes do Planalto, Academia Pirenopolina de Letras, União Brasileira de Escritores, Seção de Goiás e ao Instituto Histórico e Geográfico de Goiás, do Distrito Federal e de São Paulo. Foi o primeiro diretor do Instituto de Pesquisas e Estudos Históricos do Brasil Central e da Sociedade Goiana de Cultura, ambos ligados à PUC Goiás, e Conselheiro representante da região Centro-Oeste junto ao Conselho do Patrimônio Histórico e Artístico Nacional (IPHAN/Ministério da Cultura).

        Publicou em vida, os seguintes livros: *Formação Econômica de Goiás; Memória de Niquelândia; Rumo Oeste; Uma introdução à história econômica do Centro-Oeste do Brasil.* Prêmio Instituto Nacional do Livro; *História da*

Paulo Bertran Wirth Chaibub

       terra e do homem no Planalto Central. Prêmio Clio de História da Academia Paulistana de História; *Notícia Geral da Capitania de Goiás*; *História de Niquelândia*; *Cerratenses*; *Memorial das Idades do Brasil*. Parceria com Maria das Graças Fleury Curado; *Palmeiras de Goiás, primeiro século*. Edição post-mortem, finalizada por Maria das Graças Fleury Curado.

  2.1.2 Jean Jaques Wirth Chaibub. Graduado em Engenharia Civil.

  2.1.3 Luciano Wirth Chaibub. Graduado em Direito.

2.2 MARGARIDA MARIA CHAIBUB. Professora. Casou-se com Antônio Bittar. Pais de:

  2.2.1 Uiara Bittar

  2.2.2 Antônio Bittar Neto

  2.2.3 Mariana Bittar

2.3 CECÍLIO CHAIBUB. Empresário Rural. Casou-se com Maria da Conceição Ramos Chaibub. Pais de:

  2.3.1 Ermelinda Chaibub Araújo.

  2.3.2 Joaquim Crispim Chaibub

  2.3.3 Francisco Crispim Chaibub

2.4 NEUZA CHAIBUB. Reconhecida educadora na cidade de Anápolis. Várias gerações de anapolinos, entre as quais descendentes da colônia sírio-libanesa, tiveram o privilégio de aproveitar seus dotes educacionais. Foi diretora do Colégio Estadual Padre Trindade, do Antesina Santana e do Arlindo Costa. Lecionou no Seminário Regina Minorum, localizado na zona rural de Anápolis, e ministrou aulas particulares. Foi, também, Delegada de Ensino da Regional de Anápolis por 11 anos e abriu uma escola particular para educação infantil, que funcionou durante 27 anos, o Educandário Independência. A ideia de ter uma instituição de ensino surgiu quando ela foi exonerada do cargo de diretora do Colégio Antesina Santana por perseguição política.

"Tia Neuza", como ficou conhecida por todos, foi agraciada com a Comenda Berenice Artiaga outorgada pela Assembleia Legislativa de Goiás.

Casou-se em 1970, com Alaíde Fleury Curado, nascido em Corumbá (GO). Pais de:

2.4.1 Anita Heloísa de Paiva Chaibub Curado Fleury.

Depoimento de Neuza Chaibub
(Depois de casada passou a assinar Neuza de Paiva Chaibub Fleury)

Aos cinco anos de idade, papai foi para o Líbano junto com seus pais e os irmãos mais velhos. Não deram certo por aqui e voltaram para a cidade natal Trípoli, no Líbano. Só vinham ao Brasil para visitar os parentes e eu não conheci meus avós. Papai contava sobre aquela briga com os mulçumanos, libaneses, judeus, turcos, toda aquela perseguição, e meu avô achou melhor mandar seus filhos, assim que cada um completava 18 anos, para o Brasil, antes que fossem convocados para servir o exército turco.

Meu pai ficou dos cinco aos dezoito anos no Líbano. Quando ele foi para lá, só falava o português e quando voltou, só falava o árabe. Seus irmãos mais velhos já estavam em São Paulo (SP) e ele foi para lá, ficou um tempo e depois foi para Buriti Alegre (GO), distrito na época de Itumbiara, que se chamava Santa Rita do Paranaíba. Lá, ele não conhecia ninguém e começou a trabalhar numa loja de um fazendeiro que, simpatizando com ele, levou-o para morar em sua casa.

Em Buriti Alegre ele conheceu e se casou com mamãe, que não tem descendência árabe. Anos mais tarde, papai já era proprietário de uma loja. Depois ele fechou a loja e abriu uma fábrica de manteiga de nome Santa Cecília.

Neuza Chaibub e o esposo Alaíde Fleury Curado

Meu irmão Tufi, o mais velho, estudava em São Paulo; Margarida estudava em Uberlândia e o Cecílio já estava no Ginásio e estudava em Araguari (GO) e eu fiquei em Buriti Alegre, com meus pais.

Meus tios que moravam em Anápolis, Wady, Anysio e tia Anice, que era casada com Miguel Pedreiro, convenceram meu pai a mudar para lá, o que aconteceu em 22 de dezembro de 1940. Aqui em Anápolis, ele abriu uma máquina de arroz e vendeu a fábrica de manteiga.

Depois que ele abriu a máquina de arroz, ficou desgostoso com o empreendimento, deixou a máquina e comprou um caminhão, com o qual viajava para São Paulo (SP), ensinando meu irmão mais novo, o Cecílio, a guiar. Logo depois, comprou outro caminhão. Os dois viajavam juntos tanto para São Paulo (SP) como para interior de Goiás, era uma aventura. Depois que o asfalto chegou, ele disse que havia ficado muito ruim porque não tinha mais atoleiros. Papai era muito extrovertido, alegre, falava muito alto, era barulhento – acho que eu aprendi a falar alto com ele.

"Tia Neuza" faleceu no dia 30 de dezembro de 2016, deixando imensa saudade em seus alunos e em todos que puderam conviver com ela.

3   WADY CECÍLIO nasceu em Catalão (GO), no ano de 1900. Tal como os irmãos, retornou ao Líbano com os pais durante a infância. Da mesma forma que os irmãos, aos 18 anos voltou para o Brasil. Mais uma vez pegadas dos familiares, passou por São Paulo (SP), Buriti Alegre, para depois chegar a Anápolis. Casou-se com Adib Radi Cecílio. Pais de:

Jamel Cecílio, a esposa Walkíria Luna Cecílio e os filhos: Suzette, Cecílio, Jamel Cecílio Júnior, Wady e Rodrigo

3.1 Jamel Cecílio nasceu em Anápolis (GO) no dia 24 de dezembro de 1933. Empresário e pecuarista, foi fundador de revendas de Automóveis. Político filiado à Aliança Renovadora Nacional (Arena), foi suplente do ex-prefeito de Goiânia, Manoel dos Reis, ao senado (1974), sendo que este não conseguiu se eleger. Nomeado pelo regime militar prefeito de Anápolis, governou sua terra natal, entre 8 de abril de 1975 e 20 de abril de 1978. Candidatou-se e foi eleito deputado federal no pleito de novembro de 1978. Em novembro de 1979, licenciou-se do mandato para tratar de câncer no pulmão. Em decorrência da enfermidade faleceu em Goiânia, no dia 19 de março de 1980. Homenageado, empresta seu nome a dois importantes logradouros, um em Goiânia e outro em Anápolis. Era casado com Walkíria Luna Cecílio. Pais de:

3.1.1. Suzette Cecílio
3.1.2 Rodrigo Cecílio
3.1.3 Wady Cecílio Neto
3.1.4 Jamel Cecílio Júnior

4 ANTÔNIO CECÍLIO
5 CECÍLIO CHAIBUB
6 ANICE CHAIBUB
7 HELENA CHAIBUB

Entrevista realizada em 15 de dezembro de 2008

Família Cecílio Daher

Natural da aldeia de Shartaba, Líbano, Abdala Miguel Daher, durante a Primeira Grande Guerra Mundial (1914.1918), deixou a terra natal e veio para o Brasil em busca de melhores condições de vida. Residindo em terras goianas, ficou viúvo.

Hamza Jacob Daher, com quem Abdala haveria de contrair um novo matrimônio, ficara órfã de mãe no Líbano e, em companhia de Cecílio Elias Daher e de sua esposa Wadia Issa Daher (eram primos), veio para o Brasil.

A família residiu nas cidades goianas de Ipameri, Piracanjuba e Anápolis. Quem conta essa história é Nelly Daher e seu filho Marcelo Daher, médico graduado pela Faculdade de Medicina de Campos (RJ), no ano de 1991, com especialização em Infectologia, em São Paulo (SP).

Constituição familiar

Filhos do casal Abdala Miguel Daher e Hamza Jacob Daher, por ordem cronológica de nascimento:

1. MIGUEL ABDALA DAHER – nasceu em 1º de agosto de 1930. Graduado em Medicina.
2. NELLY DAHER – nasceu em 18 de janeiro de 1935. Graduada em Pedagogia e Letras.
3. MORDEM DAHER – nasceu em Ipameri, no dia 11 de março e 1937. Graduado em Economia.
4. LEILA DAHER – nasceu em Ipameri, no dia 14 de outubro de 1939. Professora.
5. SÍLVIA DAHER – nasceu em Piracanjuba, no dia 15 de junho de 1943. Professora.

Nelly Daher
(Depoimento da segunda filha do casal Abdala Miguel Daher e Hamza Jacob Daher)

Sou brasileira, nasci em Piracanjuba. Meu pai veio na época da Primeira Grande Guerra Mundial, era casado e ficou viúvo aqui em Goiás. Minha mãe veio logo depois. Meu pai se chamava Abdala Miguel Daher e minha mãe Hamza Jacob Daher. Ela veio no mesmo navio, na companhia dos meus futuros sogros. Minha mãe era criança e precisava vir porque a mãe dela havia morrido e o seu irmão e seu pai já estavam no Brasil. Os primos Cecílio Elias Daher

Nelly Daher entrevistada por Guilherme Verano

A presença árabe em Anápolis

(ele tinha irmão que morava no Brasil) e a Wadia Issa Daher já que haviam se casado no Líbano; eles, meus sogros, viriam para o Brasil, então trouxeram minha mãe junto.

Meu sogro era de uma família de cinco irmãos e uma irmã, um deles havia falecido na Primeira Grande Guerra. Todos vieram para o Brasil desembarcando no Porto de Santos (SP). De lá, pegaram a estrada de ferro até Ipameri (GO). Meu sogro faleceu muito jovem, quando o Jorginho tinha treze anos e a mãe dele, que era muito dinâmica, enfrentou toda espécie de dificuldade, e mas plantando hortinha, fazendo docinhos, abriu uma portinha de comércio, lutou e criou os meninos. Ela ficou viúva quando o Jorginho de treze anos e o Ésio apenas oito meses de vida.

Vencendo as dificuldades, a primeira atividade maior que eles tiveram foi uma fábrica de macarrão, que depois pegou fogo; porém, eles recomeçaram. Depois veio uma fábrica de pinga, a Segura o Tombo. Aí, eles compraram o primeiro caminhão com a ajuda do meu tio Miguel Jacob, que muito ajudava os imigrantes que chegavam.

Quanto aos meus pais, para melhor se comunicarem com os brasileiros, eles aprenderam a falar o português muito bem. Em casa só falávamos o português. Minha mãe tinha um espírito meio avançado para a sua época, ela se preocupava muito com o estudo, o diploma era o maior motivo de orgulho dela.

Eu sempre fiz questão de que meus filhos estudassem, já os tive mais tarde, a partir dos meus 27 anos e queria que eles se formassem, porque o estudo é a maior herança. O meu sonho era fazer medicina. Não foi possível. Mas eu me realizei plenamente com meus filhos.

Constituição familiar

Filhos do casal Jorge Cecílio Daher e Nelly Daher, por ordem cronológica de nascimento:

1. CECÍLIO ELIAS DAHER – nasceu em Anápolis, no dia 9 de janeiro de 1962. Graduado em Economia. Casou-se com Liliana Rassi Mohamed Daher. Pais de:
   1.1 Geovana
   1.2 Gustavo Henrique
   1.3 Luiz Guilherme
2. JORGE CECÍLIO DAHER JR – nasceu em Anápolis, no dia 23 de dezembro de 1962. Graduado em Medicina. Casou-se com Cláudia de Paolli Daher. Pais de:
   2.1 Felipe
3. NASSER CECÍLIO DAHER – nasceu em Anápolis, no dia 3 de abril de 1965. Graduado em Engenharia Civil. Casou-se com Marlize Bomfim. Pais de:
   3.1 Ana Clara

4   MARCELO CECÍLIO DAHER – nasceu em Anápolis, no dia 27 de outubro de 1968. Graduado em Medicina. Casou-se com Flávia Carvalho Daher. Pais de:
    4.1   Marcelo Abdala
    4.2   Lucas
5   FERNANDO CECÍLIO DAHER – nasceu em Anápolis, no dia 23 de julho de 1971. Graduado em Economia.
6   BADYA CECÍLIO DAHER – Nasceu em Anápolis, no dia 27 de outubro de 1972. Falecida em 20 de fevereiro 1988, em acidente automobilístico.

Da direita para a esquerda: Marcelo Cecílio Daher, no seu colo Maria Júlia, Nelly Daher, no seu colo Jorge Cecílio Daher Neto e Nasser Cecílio Daher

Marcelo Cecílio Daher

Tem uma história que é contada, que quando os imigrantes chegavam à costa brasileira, eles perguntavam: Que país é esse? Vinha resposta: É o Brasil. Aí o navio continuava e continuava navegando pela costa. Aí, vinha novamente a pergunta: Que país é esse? Novamente a resposta: É o Brasil. Continuava o navio a navegar, para depois se repetirem a pergunta e a resposta. Até que em determinado momento, o patrício, falava: "Esse país é grande demais. Vamos descer em qualquer lugar, porque aqui deve ser bom demais para fazer negócios." Foi por volta de 1946 que a família abriu o seu maior negócio, a firma Irmãos Cecílio Ltda., mas antes disso eles já tinham os armazéns, entre eles o Armazém Bandeirantes. Mas o começo foi muito difícil, até catar resíduos de animais, na rua, meu pai catava para plantar horta.

O estudo sempre foi muito importante para a minha família. Porque a fortuna podem tirar de você, mas o saber nunca. Quando, há 30 anos, eu fui tirar carteira de motorista, queria tirar a de dirigir caminhão. Mas minha avó e meu pai não deixaram, de jeito nenhum, falando pra mim que eu só iria dirigir carro e que não precisaria dirigir caminhão. Tinham receio de que eu me envolvesse com os caminhões e não seguisse meus estudos.

Meu pai sempre falava que era importante saber trabalhar e não receber um negócio montado. Mas quando ele fechou o armazém, a gente viu que ele sentiu muito, porque seria um legado que deixaria para os filhos. Chegou a ser o maior armazém de Anápolis (GO), foi muito inovador, com muita coisa nova, técnicas de comércio que ele via lá fora e trazia tudo para cá, coisas diferentes e variadas para um supermercado naquela época.

Quanto à ideia do Jorginho Hajjar de resgatar a imigração Sírio-Libanesa em livro, é muito importante para não perdermos no tempo a nossa origem, a história de tantas famílias, cujos antepassados contribuíram e cujos descendentes continuam a contribuir para o progresso de Anápolis.

Ézio Cecílio Daher[1]

Irmão mais novo de Jorge Cecílio Daher e cunhado de Nelly Daher, Ézio Cecílio Daher deu a seguinte contribuição ao livro, enriquecendo seus dados familiares:

Ézio Daher

Meus pais Cecílio Elias Daher e Wadia Issa Daher vieram de Shartaba, uma aldeia, perto da cidade de Beirute em 1923, direto para Ipameri (GO). Naquela época, o irmão do meu pai e minha avó já estavam lá. Meus pais vieram recém-casados e minha mãe estava grávida da minha irmã mais velha; todos nós nascemos em Ipameri (GO). Lá, a colônia árabe era muito grande. Quando eu nasci já tinha até igreja ortodoxa. Os padres ortodoxos iam para lá algumas vezes por ano, para fazer batizados, casamentos e missas. Quando fui batizado tinha uns seis ou sete anos.

Meu pai começou trabalhar com meu tio no ramo dos cereais, com arroz e feijão; montaram uma máquina e tinham uma filial em São Paulo (SP), onde meu pai ficou. Era Daher e Cia. Não tenho muito certeza se os grãos beneficiados eram mandados para São Paulo (SP) pela estrada de ferro.

Quando meu pai faleceu em 1936, com trinta e poucos anos, vítima de câncer, minha mãe estava com 31 anos, e eu já tinha nove meses. Ela não se casou novamente. Nos criou plantando verdura, para meus irmãos mais velhos venderem, além de costurar. Depois eles foram trabalhar como empregados. Foi uma labuta.

---

[1] Faleceu em 19 de novembro de 2015.

Em 1945, meu irmão mais velho e minha irmã montaram um botequinho e fomos crescendo e crescendo. Próximo da venda tinha uma fábrica de calçados, de nome Santa Cruz, e no final da tarde, quando terminava o expediente, os funcionários iam para nossa venda comer quibe e tomar pinga. Inclusive, há um fato interessante. Minha mãe servia a pinga com água, à moda árabe, e o pessoal que frequentava lá, não tinha coragem de falar de que aqui era diferente, não se servia pinga com água. Até que um amigo falou para ela que não era mais pra colocar água na pinga.

Minha mãe não sabia ler, nem escrever e ainda falava mal o português. Bem cedinho era ela quem abria a venda e, para não perder o controle daquilo que as pessoas compravam fiado e que deveria ser anotado nas cadernetas, ela rasgava um papelzinho a cada pedido de fiado. Ela decorava o que eles haviam comprado e depois relatava aos meus irmãos, que passavam a limpo as vendas realizadas na caderneta.

Em 1955 ou 56, eu tinha terminado o ginásio em Ipameri (GO) e fui para Araguari (MG) continuar os estudos. Foram meus irmãos e minha mãe que sustentaram meus estudos. Depois, nós montamos um engarrafamento de pinga, no qual toda a família trabalhava.

Dando sequência aos meus estudos fui para Ribeirão Preto (SP) fazer cursinho para prestar vestibular para Medicina. Nesse período a nossa fábrica de macarrão pegou fogo. Como não havia cobertura de seguro, o prejuízo foi enorme, e então resolvi voltar para trabalhar com meus irmãos.

Nessa época eu tinha 18 anos de idade. Meus irmãos não tiveram oportunidade de estudar porque tinham que trabalhar. Trabalharam como empregados até se tornarem comerciantes. Somente anos mais tarde, já residindo e trabalhando em Anápolis, voltei a estudar e me formei em Direito.

Lá, em Ipameri (GO), não sofremos nenhum tipo de preconceito. Muito pelo contrário, nos tratavam muito bem. Principalmente a minha mãe, o pessoal a adorava. A gente até esquecia que era descendente de árabe.

Em 1959, começamos a comprar arroz em Anápolis e levar para Ipameri de caminhão. Brasília (DF), estava sendo construída e a gente também vendia alguma coisa pra lá. Quando em 1961, terminamos a construção de um armazém viemos de mudança para Anápolis. Deixamos a cidade de Ipameri, porque não tínhamos mais para onde crescer.

O armazém que montamos tinha uma área de construção próxima a 500 metros, e o nosso estoque, que era pequeno, sumia lá dentro. Mas, devagarzinho fomos angariando a freguesia, tanto do atacado como do varejo. Eu viajava dirigindo caminhão, jipe e de ônibus para fazer negócios. O nosso primeiro supermercado foi o Serve Mais, cujo padrão de funcionamento foi um diferencial com relação a outros comércios do gênero estabelecidos em Anápolis.

Pelo fato de o nosso pai ter morrido tão novo, tão cedo, e o Jorge ser nosso irmão mais velho, ele assumiu a autoridade paterna para todos nós. Ele sempre se preocupava com meus negócios. Uma vez, em Goiânia (GO), fechei um negócio relacionado a uma propriedade por 150 mil reais, sem falar com ninguém. Quando telefonei para o Jorge falando do negócio, ele disse que tinha sido uma burrada e que eu deveria ter conversado com ele. Logo depois do negócio, eu nem havia passado a escritura do imóvel, recebi uma oferta de 300 mil para vendê-lo, exatamente o dobro que eu havia pagado por ele. Então liguei para o Jorge informando da proposta que eu havia recebido. Ele, que não dava o braço a torcer, falou: "Já que fez a burrada, agora vende." Ele sempre assinava em baixo tudo o que eu fazia. Gostava de discutir entre a gente sobre os negócios, mas nunca perto dos outros.

Não me arrependo de nada, o sucesso e o insucesso fazem parte da vida. Deus foi generoso com toda a nossa família.

Constituição familiar

Filhos do casal Cecílio Elias Daher e Wadia Issa Daher, por ordem cronológica de nascimento:

1   SARAH
2   JORGE
3   MELIK
4   MANIRA
5   NABIHA
6   DAHER
7   ÉZIO

Filhos do casal[2] Ézio Cecílio Daher e Maria Heleni, por ordem cronológica de nascimento:

1   PAULA CECÍLIO DAHER – Funcionária do STF
2   CLAUDIA CECÍLIO DAHER – Farmacêutica e Biomédica
3   CARLA CECÍLIO DAHER – Jornalista e Pedagoga
4   LUCIANA CECÍLIO DAHER – Advogada

 Entrevista realizada em 31 de outubro de 2011

---

2   Casaram-se em Ipameri (GO), no dia 02 de maio de 1964.

Família Cozac

Abed Cozac[1], natural da Síria, de Kafroun, tinha a intenção de imigrar para a França, e, por razões que são desconhecidas do seu bisneto Fernando Cozac Kleinkauf, acabou vindo para Brasil, em 1925. Para custear a viagem, trabalhou ao lado da tripulação do navio cargueiro, encarregado do abastecimento do motor da embarcação a vapor alimentado a carvão.

Cerca de dois anos de mascateação depois, trouxe da Síria a esposa e duas filhas. Estabeleceram-se na cidade de Monte Carmelo (MG), para depois residirem alguns anos em Catalão (GO), onde estavam estabelecidos seus parentes.

Família Cozac

> Quando meu avô nasceu na zona rural de Catalão (1929), primeiro filho homem, meus bisavós, já tinham duas filhas e era desejo de minha bisavó Nabyha colocar nele o nome de Adão. Nessa época meu bisavô estava lendo um livro chamado *Erasmo de Rotterdam*, e ao fazer o registro do filho no cartório registrou-o com o nome do escritor: Erasmo. Quando minha bisavó descobriu, falou: "Você não colocou em nosso filho o nome que eu queria. Mas ele só vai ser chamado e conhecido por Adão".
>
> Fernando Cozac Kleinkauf.

---

[1] Faleceu em Anápolis em 1982.

Novamente a família voltou a residir em Monte Carmelo, onde Erasmo Cozac conheceu e se casou com Maria Eunice Rocha. Em 1963, os Cozac vieram para Anápolis, onde montaram uma fábrica de macarrão em sociedade com seu pai. A fábrica recebeu o nome de "Napolitano", funcionando até 1974. Depois vieram outros empreendimentos, como a Mercearia Cozac, um posto de gasolina e, ao mesmo tempo, Erasmo Cozac trabalhou como motorista de caminhão, transportando cargas para o Nordeste. Com o fechamento da fábrica do Macarrão Napolitano, abriu uma revenda de farinha de trigo; quando esta foi fechada, abriu uma Panificadora de nome Santo Antônio. Seu último negócio foi um armazém, cuja atividade comercial, encerrou em 2003, no compasso da idade em que se encontrava com estado de saúde bastante debilitado.

Apaixonado por futebol, foi presidente do Anápolis Futebol Clube. Conta seu neto Fernando Cozac Kleinkauf que, após uma vitória do Anápolis jogando em casa contra o Vila Nova, seu avô Erasmo entrou no vestiário com o filho ainda criança Abed Neto. Um jogador do Anápolis, de quase dois metros de altura, tomava banho e ainda estava todo ensaboado; muito feliz com a vitória do time, ao vê-lo, correu em sua direção abraçando-o, erguendo-o para o alto, cena, por demais inusitada, e porque não dizer bem-humorada, e que acabou ficando no memorial da família.

Constituição familiar

Erasmary Rocha Cozac Kleinkauf, filha de Erasmo Cozac e Maria Eunice Rocha Cozac, nascida em Monte Carmelo (MG) no dia 15 de janeiro de 1957, casou-se com Rubens Kleinkauf. Filhos do casal, por ordem cronológica de nascimento:

Fernando Cozac Kleinkauf, nosso entrevistado, nasceu em Anápolis, no dia 21 de fevereiro de 1979, graduado em Comunicação Social, faleceu no dia 6 de dezembro de 2017.

1. FERNANDO COZAC KLEINKAUF – nasceu em Anápolis, no dia 21 de fevereiro de 1979. Graduado em Comunicação Social.
2. FERNANDA COZAC KLEINKAUF – nasceu em Anápolis, no dia 10 de abril de 1988. Graduada em Nutrição.
3. HENRIQUE COZAC KLEINKAUF – nasceu em Anápolis, no dia 18 de setembro de 1989. Graduado em Administração de Empresas.

 Entrevista realizada em 23 de outubro de 2009

Família Cury

Natural de Antra, Líbano, Rachid Cury tem um enredo existencial que daria uma mega produção hollywoodiana. Na década de 1920, já mascateando pela cidade do Rio de Janeiro e região metropolitana, decidiu-se embrenhar pelas bandas do Centro-Oeste, seguindo o caminhar da Estrada de Ferro Goyaz. Primeiro assentou comércio na cidade goiana de Tavares (atual Vianópolis). Depois, residiu em Anápolis (GO) e em Nerópolis (GO), atuando no comércio de cereais.

Retornando a Anápolis, construiu sua residência na Rua 15 de Dezembro, construindo também e espaçosos armazéns para assentar máquinas de beneficiar arroz na Rua Sócrates Diniz.

Quem conta essa história familiar é Rachid Cury Neto, casado com Dábia Adorno Taveira, e pai de Juhen Cury. Rachid é empresário no ramo da construção civil. Ocupou, entre outros cargos, a presidência do Anápolis Futebol Clube e foi diretor por dezoito anos e depois presidente do Jóquei Clube de Anápolis. Ele se considera um cidadão que sempre estará atento aos problema da comunidade anapolina, na qual é muito atuante:

... Hey Charles, give me two tablets!
Isso era o início de uma manhã fria em Nova Iorque, em 1907. Charles, um menino que chamava atenção por seu corpo miúdo, aparentava ter menos que os seus oito anos. Sua blusa de frio bem maior do que deveria ser, quase um vestido, meio surrada, e um sapato surrado, com seus cabelos fartos, supriam a falta de um necessário gorro. Se apenas isso não bastasse para que chamasse atenção, ele tinha um olho de cada cor.
Tudo isso, mais uma caixa grande de chocolate pendurada em seu pescoço, fazia Charles, ser notado em meio de um turbilhão de pessoas na estação ferroviária de Nova Iorque. A alegria e o sorriso de Charles, após cada venda era um estímulo para que a freguesia voltasse a comprar dele.

A alegria maior resultante da venda ocorria quando Charles chegava a casa, voltava a ser Rachid, e entregava nas mãos frágeis e calejadas de sua mãe Rosina, as moedas de um dia de trabalho. A mãe dividia a atenção entre o trabalho de lavar roupas, costurar e os demais bicos feitos para a vizinhança, um tipo de gueto universal, com todas as possíveis nacionalidades. Como muitos imigrantes masculinos partiam sem suas mulheres, Rosina lavava roupas, costurava e limpava o chão. Ainda tinha de cuidar de Rachida, de 6 anos, e numa caixa forrada ficavam Yussef e José Cury, recém-nascido, ali mesmo na cidade de Nova Iorque, na nova América.

Seu pai, Jorge, já chegava ao início da noite com compras e alimentos para o dia seguinte, resultado do trabalho braçal, de estivador, pedreiro, ou qualquer outro serviço que exigisse força.

PORTO DE NOVA IORQUE – 1910

Dentro do navio que os levaria de volta ao Líbano, a única coisa que Rachid, com sua blusa já não tão grande e um sapato novo, no seu sonho de 'Fazer a América', levaria além de suas bagagens, seria o irmão Yussef. Com o olhar fixo na cidade, quando o navio se afastava, parecia saber que o seu lugar não seria na pequena aldeia de Antra e sim na grande América. Até 1914, Rachid e seus pais viveram em Antra, trabalhando como agricultores, num pequeno sítio da família. Com o início da Primeira Grande Guerra, os homens acima de 14 anos foram recrutados e levados para o *front*, o que tirou o potencial produtivo dos campos do Líbano, mergulhando o país num desabastecimento de alimentos nunca visto. Isso resultou na morte de um terço da população, cerca de 500 mil pessoas, vitimadas pela subnutrição, e provocando um grande surto de febre espanhola.

Rachid trabalhou junto com sua já debilitada mãe e desbravava os campos e fruteiras da família, ajudando também os vizinhos a garantir às suas famílias a sobrevivência e o estoque

Rachid Cury Neto entrevistado por Guilherme Verano

A presença árabe em Anápolis

para o futuro sombrio de seu país. Com a subnutrição, veio também a febre espanhola, dizimando famílias inteiras. Ele se fez guardião de sua aldeia e enterrou cerca de 30 corpos. No alicerce de uma pequena igreja que ainda está erguida na entrada de Antra, tratou e curou inúmeras pessoas com substrato de uva aquecida em mel. Em 1918 terminou a guerra e seu pai Jorge, um dos poucos sobreviventes de sua aldeia, voltou ao lar e logo depois sua esposa Rosina faleceu. Algum tempo depois, Rachid casou-se com Latife, uma prima bonita de 15 anos, que rapidamente engravidou. Neste cenário, Rachid toma a decisão de retornar ao seu sonho de imigrante.

1920 – BAÍA DE GUANABARA-RJ

Em uma manhã ensolarada, um navio vaporeto entrou na baía de Guanabara. Um jovem solitário vislumbrava dessa vez o mar azul, não tão azul qunato o Mediterrâneo do porto de Beirute e observava as montanhas, não tão altas como as brancas montanhas do Porto de Trípoli. Mas, mesmo assim, ele se sentiu mais em casa do que quando viu o mar cinza e sem montanhas de Nova Iorque.

Ao final de tarde desembarcou com uma pequena mala. Descobriu que o seu cobertor grosso, que ocupava boa parte de sua mala, seria desnecessário numa terra tão quente. Descobriu também que o inglês aprendido em Nova Iorque não poderia ajudá-lo. Caminhou deslumbrado e comprou um pacote de bolacha, percebendo que seus 12 dólares também não seriam tanto quanto ele imaginava nessa nova terra. Ao cair da noite, dormiu cansado em um banco de uma praça.

Acordou, caminhou, sempre alegre, nunca assustado. Logo ouviu dois homens conversando em árabe, se apresentou e foi levado a um comerciante libanês que era originário de uma aldeia próxima a sua e que conhecia alguns dos seus familiares, e, assim, o acolheu. Com isso, reatou o contato por carta com a sua família. Após alguns meses ajudando o patrício na loja, pegou algumas mercadorias, colocou-as em uma mala e saiu a vender no subúrbio do Rio de Janeiro e nas pequenas cidades próximas à antiga Capital Federal do país. Pouco mais de um ano depois já se viu independente e mudou-se para o Centro-Oeste, para a cidade de Anápolis (GO), onde residia o tio Pedro Cury e seus primos Abrão e Amina Asmar, pais do Dr. João Asmar.

1925 – A VINDA DA ESPOSA LATIFE E DA FILHA RENY

Em 1925 conseguiu finalmente trazer sua esposa Latife e sua primeira filha Reny, então com 5 anos de idade. Estabelecido como comerciante, tornou-se um dos maiores cerealistas do estado de Goiás. A sua casa ficava sempre cheia; além da presença de seus 9 filhos, havia primos, cunhados e sobrinhos trazidos por ele do Líbano, contabilizando mais de 15 pessoas. Rachid era conhecido pelo gosto de viver bem; dos oito carros que havia na cidade de Anápolis (GO), na década de 40, três eram dele. Com a sua simpatia, conquistou a amizade do mais simples, ao mais poderoso do Estado, o que lhe dava livre trânsito no governo estadual, no poder judiciário e no sistema bancário da época. Laços fortes de amizade que a família se orgulha em manter até os dias de hoje.

Em resumo: Rachid espelha a luta dos primeiros imigrantes que são brindados com a vitória nas áreas familiar, social e financeira.

UM CASO PECULIAR AINDA INDECIFRADO DE RACHID CURY

É importante lembrar que no início do meu depoimento, citando meu avô criança em Nova Iorque, comentei que ele era portador de uma vasta cabeleira que fazia as vezes de gorro e o protegia do frio. Porém, quando a maioria das pessoas o conheceu aqui em Anápolis, ele já estava totalmente careca.

Um fato curioso, pitoresco, aconteceu quando ele ainda era mascate em sociedade com seu primo Aziz Cury, pai do ex-senador Lindberg Aziz Cury.

Eles estavam mascateando no interior de Goiás, aí atravessaram um pequeno rio, e como as viagens eram muito longas, e estando no período chuvoso, quando retornavam com o restante das mercadorias não comercializadas e mais alguns cereais, o rio cresceu, se enchendo com as chuvas. Rachid e Aziz tinham pressa de voltar, precisavam chegar com essas mercadorias para poder secá-las, e comercializá-las.

No entanto, Aziz não sabia nadar. Então Rachid falou:

— Vamos atravessar?

Aí, ficou naquele "vamos, não vamos". O Aziz' também na vontade de ver a viagem encerrada, resolveu atravessar o rio. Na sua travessia, o rio levou não só o Aziz como a tropa (as mulas), as mercadorias e tudo. Meu avô resolveu salvar primeiro o Aziz, porque se perdesse o sócio, teria que cuidar da sua família. Depois de retirar as mulas e as mercadorias do

Rachid Cury entre seus familiares

rio, embate esse que durou quase o dia todo, meu avô praticamente desmaiou de tanto cansaço.

Conta-se, e essa é a versão do meu avô, que, por ter passado muita ansiedade e nervosismo, ao acordar do desmaio, foi lavar o rosto e, ao passar a mão sobre a cabeça, todo o seu cabelo caiu.

No entanto, a versão que Aziz, contava, não era bem essa. Ele contava que nesse acidente quebraram-se alguns potes de brilhantina da mercadoria, e meu avô, para não perder a brilhantina, resolveu passá-la toda em seu cabelo, o que provocou fermentação e a consequente queda do cabelo.

Resumo da história: nós nunca vamos saber se foi o estresse do ato bravura que provocou a calvície do meu avô ou se, por causa da tentativa de salvar as brilhantinas, ele passou de cabeludo a careca.

Constituição familiar

Filhos do casal Rachid Cury[1] e Latife Cury[2], por ordem cronológica de nascimento:

1. RENY CURY – casada com Jibran El-Hadj, teve os seguintes filhos: Fauze, Nured, Raífe, Lílian, Neila e Miguel.
2. JAMILA CURY – casada com Carlos Félix, teve os seguintes filhos: Rachid Félix, Viviane e Carla.
3. GENI CURY – casada com Célio Fernandes, teve os seguintes filhos: Nádia, Laís, Maísa, Célio e Carmem.
4. LINDA CURY – casada com Antonio Cury, teve o casal: Antonio Jr e Soraia.
5. ROSA CURY – não se casou.
6. JORGE CURY – casado com Afaf Bittar, teve os seguintes filhos: Latife, Rachid, Jorge e Nuhed.
7. JUHEN CURY – casada com Valdemar Heinze, sem sucessão.
8. ANETE CURY – não se casou.
9. JANICE CURY – casada com Mário Santoni, mãe de: Mário Jr.

Dos irmãos de Rachid Cury que nasceram nos Estados Unidos da América, José Cury (20 de julho de 1907), que acompanhou o retorno familiar para Beirute, Líbano, resolveu em 1930 seguir as pegadas do irmão mais velho. Recém-casado, trouxe em sua companhia a jovem esposa Quergia Moisés Cury. Com apoio familiar e de patrícios permaneceu cerca de dois anos em Tavares, atual Vianópolis. Depois, passou por Nerópolis, ainda na condição de

---

1 Falecido em 1983.
2 Falecido em 1988.

distrito pertencente a Anápolis. Em seguida foi a vez de Inhumas, onde ficou até 1947, quando resolveu empreender seus negócios na cidade de Anápolis, atuando na compra e venda de cereais.

Constituição familiar

Filhos do casal José Cury e Quergia Moisés Cury, por ordem cronológica de nascimento.

José Cury e a esposa Quergia Moisés Cury

1. MATHILDES CURY
2. ABADIA CURY
3. HALIM CURY
4. CALIM CURY
5. ZAQUIAS CURI
6. MARLI CURY
7. MOISÉS CURY

Entrevista realizada em 26 de setembro de 2009

Família Daguer

Originários da Síria, onde, então, a pobreza era uma triste companhia, o casal Calixto Daguer e Barrie Saloom Daguer veio, no ano de 1936, em busca de melhores perspectivas econômicas e sociais, ao encontro do único irmão de Calixto, Elias Daguer, há que alguns anos residia em Pires do Rio (GO). O município, durante décadas, acolheu fartos imigrantes do mundo árabe. Entre a saída do país de origem até o desembarque na Estação Ferroviária de Pires do Rio, a família levou três meses de viagem.

Elias Daguer viera para Pires do Rio a convite do cunhado, José Skaf, um dos pioneiros do comércio local do município, que literalmente nascia na década de 1920. A bela solidariedade árabe era assim mesmo: um trazia o outro. Residente em Pires do Rio, na primeira rua edificada na cidade, conhecida popularmente como "Rua do Fogo", Elias Daguer é homenageado dando nome a uma praça próxima à sua antiga residência e comércio.

A família Daguer, habitando uma humilde casa de adobe, fez dela também um ponto comercial, utilizando uma sala para esse fim. Calixto Daguer, dizia: "os meus verdadeiros amigos eram os roceiros, os agricultores que faziam questão de vender pra mim um saco de arroz, um saco de feijão, um saco de milho para que eu pudesse pagar depois. Esses foram meus verdadeiros amigos". Devagarzinho, e, naturalmente, com muito trabalho, o comércio limitado uma pequena portinha ganhou novas portas e farta variedade de produtos para serem comercializados.

Na segunda metade da década de 1950, em busca de novas perspectivas, os Daguer foram residir e trabalhar em Anápolis (GO), onde montaram a "Casa da Lavoura", localizada na rua 14 de julho, que trabalhava com produtos agropecuários, e que, posteriormente, passou a se chamar "Daguer & Filhos Ltda." O prédio onde fora instalado o comércio havia sido adquirido do patrício Nagib Abrão, residente em Uberlândia (MG). Na parte superior da loja, Calixto Daguer construiu um pequeno cômodo, onde costumava abrigar os patrícios que chegavam e não tinham onde se acomodar. Durante certo período foi aberta uma filial da loja na vizinha cidade de Nerópolis.

Todos os filhos homens de Calixto Daguer trabalhavam no comércio. No entanto, o braço direito do pai era mesmo Salomão Daguer, que cuidava diretamente do comércio. Este praticamente funcionava 24 horas por dia, com caminhões desembarcando e embarcando cereais.

O coração generoso dos Daguer tinha uma rotina. Aos sábados era comum observar à porta do seu comércio uma fila enorme de pessoas carentes esperando para ser atendidas com a doação de feijão e arroz que a família providenciava.

Extremamente social, Calixto Daguer, nas festas de final de ano, saía de sua casa e percorria toda a vizinhança cumprimentando seus moradores, desejando boas festas.

Calixto Daguer sofreu muito com a língua portuguesa, era semi-analfabeto e mal aprendera a assinar seu próprio nome. Mas nada disso foi empecilho para fazer um verdadeiro rosário de amizades com os brasileiros. Foi um homem honesto, mantenedor da sua palavra, referente aos seus compromissos.

Comércio da família

Assim, criou seus filhos com extrema retidão e exemplos a mão-cheia de humanismo; tirava a sua própria roupa para doá-la ao próximo, revelou ao livro sua filha Fatie (Fátima) Daguer, que, ao lado da irmã Helena, são as únicas remanescentes dos seis irmãos. Disse ainda Fatie, que sua família nunca sofreu por parte dos brasileiros nenhum tipo de preconceito, muito pelo contrário. Complementou Fatie:

> Meu pai e minha mãe queriam a felicidade dos filhos. Se convidávamos a nossa casa um ou mais amigos para almoçar ou jantar, todos eram muito bem-vindos e fartamente servidos à nossa mesa. Agradeço a Deus por ter me dado essa minha família, é ela que me mantém de pé, apesar de ter perdido quase todos. Tenho muita honra e orgulho de pertencer à minha família.

Da prole, apenas o primogênito da família, Issa Daguer, nasceu na Síria. Os demais nasceram em Pires do Rio (GO). O primeiro a falecer foi o caçula dos irmãos, Jabra Daguer, que se vestia elegantemente e cantava muito bem.

Da esquerda para a direita: Salomão, Calixto Habka, Issa, Barrie Saloom Daguer com Jabra no colo, Helena, Calixto Daguer, Fátima e João. Pires do Rio (GO), década de 1930

Constituição familiar

Filhos do casal Calixto Daguer e Barrie Saloon Daguer, por ordem cronológica de nascimento:

1. ISSA DAGUER, casou-se com Afuf Hajjar Daguer
2. JOÃO DAGUER
3. SALOMÃO DAGUER
4. HELENA DAGUER
5. FATIE (FÁTIMA DAGUER)
6. JABRA DAGUER

Fátima Daguer (esquerda) e sua cunhada Afuf Hajjar (direita)

Entrevista realizada em 19 de junho de 2009

Famílias Dequech e Mikail Hanna

Elias Dequech, pai de Froucina Hanna (dona Nina), juntamente com alguns primos, foram pioneiros no norte do Paraná, no nascimento da cidade de Londrina. Desde o início do século XX ele já residia no Brasil. Em Londrina, foi proprietário de uma suinocultura, que fornecia carne para uma empresa inglesa responsável pela colonização do município que se erguia, e de um armazém de secos e molhados.

Na emergente Londrina nasceram os seis primeiros filhos do casal. Por volta de 1938, Elias Dequech e a esposa Maria Dau Dequech, naturais de Jbeil, Líbano, resolveram empreender viagem de passeio à terra natal, sobretudo com o propósito de apresentar seus filhos aos avós paternos. No entanto, com a eclosão da Segunda Grande Guerra, a família ficou impedida de retornar ao Brasil.

Durante a permanência involuntária da família no Líbano, nasceu a derradeira filha do casal Froucina Hanna (dona Nina), ela que viria a se casar com Bader Mikail Hanna. Dona Nina, assim conhecida pela comunidade Anapolina, prestou ao livro o seguinte depoimento:

> Após o falecimento dos meus avós paternos, em 1948, meu pai resolveu retornar ao Brasil. O caminho de volta foi diretamente para Londrina, onde ele se sentia que estavam vivas suas raízes brasileiras.
> Por uma dessas coincidências da vida, durante a viagem de navio, meu irmão Paulo fez amizade com Bader Mikail Hanna, que imigrava para o Brasil, vindo diretamente para Anápolis (GO), trazido pelo senhor Gebrim Issa.
> Meu pai mantinha contato, através de cartas, com algumas pessoas que viajaram conosco de navio para o Brasil, e uma delas era o Bader. Quando do casamento da minha irmã Amélia, meu pai enviou o convite do enlace para o Bader e ele acabou indo a Londrina (PR) para a cerimônia. Bader sempre visitava minha família em Londrina. Mas sem nenhuma intenção de

namoro comigo. Somente em 1962, quando morávamos em Cornélio Procópio (PR), e Bader foi lá nos visitar, é que surgiu o namoro entre nós. Dois anos depois, em 18 de janeiro de 1964, nos casamos em Cornélio Procópio e viemos residir em Anápolis (GO).

O primeiro emprego de Bader em Anápolis foi na loja de tecidos de nome Combate, do seu tio Gabriel Issa. Por volta de 1956, ele foi trabalhar, ainda na condição de empregado, na Cerealista Concha de Ouro, do senhor Zakhour, que ficava localizada na rua Benjamim Constant, nº 1.161, centro de Anápolis. Dois anos depois, ele entrou em sociedade na cerealista, para mais tarde adquirir a parte do senhor Zakhour, tornando-se seu único dono, até a data do seu falecimento.

Miguel Elias foi o único dos nossos filhos que chegou a participar da administração da cerealista, mas foi por um curto espaço de tempo, porque o comércio de grãos em Anápolis já estava decadente.

Junto com meu esposo Bader, participamos ativamente do Lions Club, atuando em obras filantrópicas. Trabalhei também na FASA – Fundação de Assistência Social de Anápolis, mantenedora da Santa Casa de Misericórdia. Atualmente, integro a Sociedade Beneficente Árabe Brasileira, que também pratica gestos filantrópicos.

Se colocássemos na balança o caráter do Bader, a honestidade dele, seria um peso incrível; ele era referência na colônia, isso qualquer patrício pode confirmar. De temperamento era muito agitado, não sabia o que era ficar quieto. Sempre tinha que fazer uma ou mais coisas ao mesmo tempo.

Para ele a família vinha em primeiro lugar. Realmente ele se dedicou a nós com toda a intensidade de suas forças. Era um paizão muito presente, sempre se preocupando com todos os filhos, procurando saber, o que eles queriam, e o que não queriam. Era também um avô apaixonado pelos netos. Infelizmente, ele só teve a oportunidade de conhecer os dois primeiros: a Nina e o Bernard, filhos de Máriam. Com relação aos amigos, era muito passional. Se gostasse de um amigo, gostava pra valer, sem medidas.

Casamento de Froucina (Nina) com Bader Mikhail Hanna. Assaí (PR), 18.01.1964

Constituição familiar

Filhos do casal Elias Dequech e Maria Dau Dequech, por ordem cronológica de nascimento:

1. ALEXANDRE
2. SARA
3. MARTHA
4. AMÉLIA
5. PAULO
6. OLINDA
7. FROUCINA (DONA NINA)

Filhos do casal Bader Mikhail Hanna e Froucina Hanna (Nina), Máriam, Miguel e Márcio

Filhos do casal[1] Mikail Hanna e Wadiha Hanna, por ordem cronológica de nascimento:

1. FARIZE
2. BADER MIKAIL HANNA
3. SAKR

Filhos[2] do casal[3] Bader Mikail Hanna[4] e Froucina Hanna (dona Nina), por ordem cronológica:

1. MÁRIAM HANNA DACCACHE. Graduada em Psicologia. Professora universitária. Casou-se com Nazih Maroun Daccache. Pais de:
    1.1 Bernard Daccache
    1.2 Nina Daccache
2. MIGUEL ELIAS HANNA. Nasceu no dia 22 de agosto de 1967. Empresário e político. Casou-se com Lara Santos Leite Hanna. Pais de:
    1.3 Maria Clara Leite Hanna
    1.4 Miguel Leite Hanna
3. MÁRCIO HANNA. Graduado em Administração de Empresas. Casou-se com Renata Pinheiro de Lima Paula Hanna.

Entrevista realizada em 9 de junho de 2009

---

1 Naturais da cidade de Krayat, Líbano.
2 Nascidos em Anápolis (GO).
3 Naturais da cidade de Krayat, Líbano.
4 Nascido em 21 de abril de 1925 e falecido em 11 de março de 1995.

Família El Hadj

Entrevista de Raif Jibran, filho de Jibran El Hadj e Reni Cury El Hadj ao programa "Árabes no Centro-Oeste"

Qual a origem de sua família?

Falar da minha família, dos meus ancestrais e do meu pai, é o maior prazer que uma pessoa pode ter. É muito importante falar dessas pessoas que fizeram uma saga nesse Centro-Oeste. Iniciou-se com o meu avô, em 1889, quando ele veio pela primeira vez ao Brasil. Meu avô tinha dois nomes: o nome de crisma dele era Youssef Dib Halum, mas ele chegou no Brasil como Miguel El Hadj. Agora eu vou explicar por que ele chegou com esse nome. Todos nós sabemos, pois a história conta, que os turco-otomanos dominaram o Oriente Médio e a península ibérica por 800 anos, mas o meu avô era cristão. E como também a história conta, os cristãos que viviam ali, naquela época, no que era Líbano, Síria e todo o Oriente Médio, serviam como bucha de canhão. Se tinha uma floresta, por onde deveriam passar, os cristãos iam à frente.

Raif Jibran

E, se atirassem nos cristãos, eles faziam a volta. Então, meu avô, que era um aventureiro, quis sair de lá. Ele tinha ido até Meca, e todas as pessoas que tinham ido à Meca ganhavam o nome de El Hadj, então ele passou a ser chamado de El Hadj. E para ele conseguir um passaporte, ele usou o nome de Miguel El Hadj, pois não conseguiria sair de lá com o nome de Youssef Dib Halum. Ele saiu em 1889, junto com três ou quatro amigos, e foram até Marselha, na França, e onde pegaram um navio até chegarem ao porto do Rio de Janeiro. Nesse mesmo período, D. Pedro II esteve visitando o Oriente Médio por quase dois anos. Quer queira, quer não, ele

Miguel El Hadj, sua esposa Jamile Milki Hadj e quatro dos seus sete filhos

fez um marketing da América e do Brasil. E muitos patrícios nossos foram parar em Cuba, outros nos Estados Unidos e Argentina. Meu avô veio para o Brasil e chegou exatamente no dia em que D. Pedro II estava sendo deportado. Eu tinha seis ou sete anos, quando o meu avô contava isso para gente. Meu avô sempre foi um aventureiro. Chegando ao Rio de Janeiro ficou por lá um tempo trabalhando, conheceu a minha avó Jamile Milki, se casaram e voltaram para o Líbano. Lá, tiveram uma filha, que foi a minha tia Sarah, mãe do Lindberg Cury. Ao voltarem para o Brasil, foram morar nas cidades mineiras de Alfenas e Araguari, onde nasceram diversos filhos, como minha tia Olívia, mãe do Mounir Naoum, que nasceu em Araguari, meu tio José, e meu tio Nazir, que nasceu em Alfenas. Ficaram em Minas um período e resolveram voltar para o Líbano, quando nasceu meu pai e minha tia Salem, que se casou com Elias Mokdissi. Meu avô veio para o Brasil pela última vez em 1928, trazendo meu pai com 12 anos, a minha tia Saleme com quatro anos, a minha tia Nazira, que faleceu logo em seguida e a minha tia Yameme, que é mãe do Abrahão Issa.

Como seu avô chegou a Anápolis e qual a atividade que ele desenvolveu?

Quando meu avô chegou, foram morar por uns três meses na casa de um parente de minha avó chamado Canut, em Araguari. Esse parente falou que estava surgindo uma cidade chamada Anápolis, e que a Estrada de Ferro iria chegar até lá. Foi a época da grande imigração dos árabes para Anápolis, que era o final da Estrada de Ferro, e onde aconteciam os negócios. Meu avô pegou o trem e foi até Vianópolis, pois a ferrovia ainda não chegava a Anápolis. Pegaram uma carona em um caminhão do senhor Juca Buta e foram para Anápolis. Chegando lá, procuraram um amigo, meio parente do meu avô, que era Adib Cecílio, pai de Jamel Cecílio. Meu pai morou na casa dele por muito tempo. Por isso, os árabes se aventuravam; pois, ao chegarem a algum lugar, tinham pessoas que os acolhiam e davam abrigo.

Jibran El Hadj, pai de Raif Jibran

Em Anápolis, meu avô montou um pequeno armazém, que vendia de tudo; com 12 anos, meu pai começou a trabalhar com ele. Depois, já com seus 17 anos, passou a ir para São Paulo fazer compras.

Meu pai tinha uma visão como ninguém. Ele chegou à fábrica de tecidos dos Matarazzo, em São Paulo, e viu que no final da produção dos tecidos, os retalhos eram descartados no controle de qualidade. Ele arrematou aquilo ali e montou uma casa de retalhos em Anápolis; e fez um trabalho de marketing e progrediu bastante. Nisso chegou o meu tio José Hadj, irmão dele, em 1934. Meu tio José era professor de inglês na Escola Americana, em Beirute, no Líbano. Ele veio para cá para visitar os pais e os irmãos, mas iria retornar. E os dois começaram a ver a possibilidade de entrar no ramo de cerealistas e compraram do seu Constant uma máquina de beneficiar arroz. Meu pai comprava arroz e feijão e levava de trem para São Paulo, e meu tio ficava na administração. Foi um casamento comercial perfeito.

Meu pai era inquieto; no começo da década de 1940, montou em sociedade com um inglês uma loja de venda de peças de caminhão. Como era uma pessoa de visão, posteriormente, fechou contrato com a Willys para vender Jeeps, que chegavam a Anápolis semi-montados em caixas. Ele o primeiro revendedor da Willys em Goiás. Ainda dentro dessa visão de homem de negócios dele, meu pai, por sugestão do vice-governador de Goiás, Bernardo Sayão, que trabalhou com o presidente Juscelino Kubistchek na construção de Brasília investiu na futura capital do país, comprando áreas, e construiu um prédio que, posteriormente, foi alugado por um valor de mercado altamente compensador. Quando os patrícios que não acreditavam em Brasília, viram que meu pai estava ganhando, e que ele não era um aventureiro como a maioria pensava vieram aos montes para investir em Brasília. Embora já tenha passado 14 anos que meu pai morreu, por sua conduta, sua integridade e honestidade, quando as pessoas descobrem que sou seu filho, as portas se abrem. Não só abrem como escancaram. Esse legado moral me deixa muito feliz.

Como o senhor vê a contribuição do seu pai para a cidade de Anápolis?
Posso dizer que para Anápolis ele foi uma pessoa extremamente importante, contribuiu e muito para o desenvolvimento da cidade. Foi presidente da Associação Comercial e Industrial, por três vezes. Foi ele quem comprou o terreno onde está localizada a sede da Associação. Foi ele quem trouxe para Anápolis a primeira guarnição do corpo de bombeiros. Conseguiu também que a estrada que seria construída pelo presidente Juscelino ligando Goiânia a Brasília passasse nas proximidades de Anápolis, e não distante da cidade como estabelecia o projeto original. Foram inúmeras as contribuições do meu pai para o desenvolvimento econômico e social de Anápolis.

Constituição familiar

Filhos do casal Jibran El Hadj e Reny Cury El Hadj, por ordem cronológica de nascimento:

1   FAUZE JIBRAN
2   NUHED JIBRAN HADJ
3   LILEAN HADJ
4   RAIF JIBRAN
5   NEILA JIBRAN
6   MIGUEL HADJ

 Entrevista realizada em 19 de dezembro de 2008

José Nackle Haje - nasceu em Araguari em 08 de abril de 1912. Foi para o Líbano em 1914 com o pai (que era de lá e estava no Brasil desde o final da década de 1900) e voltou finalmente em 1936, aos 24 anos de idade, já graduado por uma escola americana nos idiomas inglês, francês, árabe e apto a dar aula de inglês.

Aqui se encontrou com seu irmão Jibran e seu pai, Nackle Haje, que já havia retornado ao Brasil.

Veio do Líbano de navio, em uma viagem que durou 30 dias. Chegou no Rio de Janeiro, passando por São Paulo e para chegar em Anápolis veio na inauguração da ferrovia Araguari-Anápolis.

Aprendeu o português dando aulas gratuitas de inglês a vários alunos, alguns dos quais já foram prefeitos da cidade de Anápolis.

No início a vida era difícil. Acostumado a morar em frente ao Mar Mediterrâneo na cidade de Trípoli, no Líbano, com costumes mais modernos, em Anápolis teve até que matar porcos, vacas e outros animais para sobreviver.

Posteriormente estabeleceu-se no ramo de beneficiamento e empacotamento de arroz em sociedade com seu irmão. A firma chamava-se Jibran & Irmão, tendo alterado a razão social posteriormente para Cerealista Alvorada Ltda.

Casou-se com Latife Abrão Haje em 1948 e os dois tiveram três filhos: Sheila, Sydney e Roberto Abrão.

Nascida em Kalaitie, na Síria, em 1926, Latife chegou ao Brasil em 1930. Morou em Ituverava, interior de São Paulo (a região fazia parte do "Velho Caminho de Goiás". Posteriormente mudou-se para Anápolis.

Era filha de Felipe Zacarias Abrahão e Fumia. Tinha como irmãos: Abrão Zacarias, Calil Dib Zacur (médico) e Zacarias Abrahão.

Pessoa muito querida na sociedade anapolina, pertenceu aos quadros do Lions Clube e dedicou-se, mesmo em idade avançada, à prática esportiva (vôlei), especialmente no Jóquei Clube de Anápolis.

Filhos do patriarca Miguel El Haje (cujo nome original era Youssef Dib Halum) com Jamile MilkiHaje: Sarah, Olívia, José, Nazir, Jibran, Saleme, Nazira e Yameme.

Depoimento de Roberto Abrão Haje em 28/06/2019.

Identidade de José Haje.

Família El-Hosni

Salim El-Hosni (11/6/1941), de origem libanesa, da cidade Miniara-Aka, juntamente com a mãe Sara El-Hosni e o irmão Wafe Anis El-Hosni, vieram para o Brasil em outubro de 1953 e foram morar em Ceres (GO), onde residia o irmão, Adib Anis El-Hosni. Seu pai, Anis Yussef Hosni, já havia falecido no Líbano.

Seu irmão Adib tinha um armazém e Salim foi trabalhar em seu comércio. Posteriormente, o irmão adquiriu um bar e Salim passou a trabalhar lá também. Não se identificando muito com a cidade e com seu tipo de serviço, resolveu mudar para Anápolis (GO) em janeiro de 1958, trabalhando em vários comércios de patrícios. No ano de 1962, já com certa quantia economizada, resolveu abrir seu próprio comércio, uma loja de roupas feitas, localizada em frente ao Mercado Municipal. Como o negócio não deu certo, foi trabalhar com o tio Jamil Miguel, em Goianésia (GO), com ele permanecendo alguns anos.

Em 1972, Salim aventurou-se em um voo mais distante e foi trabalhar com seu irmão mais velho Josef, proprietário de uma loja de móveis na Venezuela, ali permanecendo por quatro meses.

Ao voltar para o Brasil abriu, em sociedade, com o seu irmão Wafe, um armazém atacadista em Goianésia. Depois de separar a sociedade, Salim abriu, agora, sem sociedade, o Armazém Cedro, também em Goianésia (GO).

Em 1980, surgiu a oportunidade de comprar em Anápolis (GO) a Padaria Nacional, permanecendo com ela até 2005, para depois abrir o Empório Sírio-Libanês.

Depoimento de Salim El-Hosni[1]

Quando nós viemos para o Brasil, eu tinha 12 anos. Nós todos éramos novos e fomos à luta. Não podíamos estudar porque naquela época não tinha período noturno, só o diurno. Ou trabalhava ou estudava, era um dos dois. A nossa opção foi trabalhar, e se virar. A gente teve que lutar sozinho. Não tem essa de se encostar em ninguém, a verdade é essa: se encostar no parente você não ganha dinheiro. Você tem que se encostar em você mesmo e se virar.

Uma vez, em Ceres (GO), eu estava numa festa de barraquinha e uma pessoa me chamou de turco, não sabia o que ele falou direito porque eu não entendia ainda o idioma português. Quando ele falou "turco" eu pensei: esse caboclo está me xingando, vai fazer alguma coisa comigo. Então, esquentei a cuca. Na segunda vez que ele veio mexer comigo, peguei uma garrafa de cerveja vazia, quebrei o fundo dela e fui para cima dele. Aí ele teria dito: esse turco é doido, não vou mexer com turco mais não, vou embora. Depois disso, nunca mais ninguém mexeu comigo. Há 40 anos, Anápolis (GO) não chegava a 100 mil habitantes, eu imagino, era cidade pequena. Quando eu cheguei aqui em 1952, asfalto mesmo só tinha na Praça Bom Jesus e Barão do Rio Branco, não tinha mais nada. A luz se apagava às vinte e duas horas.

Salim El-Hosni

Eu me sinto brasileiro porque já tem mais de 60 anos que estou aqui. Sou mais brasileiro que tudo e também naturalizado. Embora, a terra natal a gente nunca esqueça, seja nossa cidade feia, ou o que for.

Estou satisfeito com a minha vida, não tenho nada a reclamar, graças a Deus. Meus filhos são estudados e formados. Não tenho o que reclamar da vida, só agradecer a Deus.

---

1 Faleceu em 16 de agosto de 2014.

Constituição familiar

Filhos do casal Anis Yussef Hosni e Sara El-Hosni, por ordem cronológica de nascimento:

1. JOSEF ANIS EL-HOSNI
2. ADIB ANIS EL-HOSNI
3. CECÍLIA ANIS EL-HOSNI
4. WAFE ANIS EL-HOSNI
5. SALIM EL-HOSNI

Filhos do casal[2] Salim El-Hosni e Leila Nain El-Hosni, por ordem cronológica de nascimento:

1. ANIS SALIM EL-HOSNI, graduado em Engenharia Civil
2. ADRIANA SALIM EL-HOSNI, Técnica em Química Industrial

Anis Salim El-Hosni

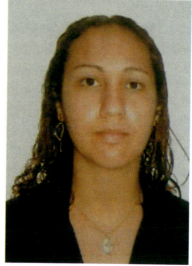
Adriana Salim El-Hosni

Fotografias retiradas do livro, História da Câmara Municipal de Anápolis – Memórias de Anápolis, de Júlio Alves

Entrevista realizada em 16 de maio de 2009

---

[2] Naturais também de Miniara-Aka, Líbano, que ele conheceu em Uberaba (MG), cujo casamento ocorreu em 1974.

Família El-Zayek

De origem libanesa, Mansour Antônio El-Zayek e Maria Khoury El-Zayek se conheceram em Cuba, para onde seus pais haviam imigrado, no início da década de 1890. Lá, se casaram e tiveram oito filhos. Quando a família decidiu migrar para os Estados Unidos da América, foram impedidos de desembarcarem porque havia sido constatada epidemia no navio que os transportava. Diante do impedimento, resolveram ir para o Líbano, onde residia o irmão de Mansour, Jorge Zayek. Jorge fora padre Maronita por 63 anos em uma paróquia na cidade de Gazir, a quem havia enviado parte de suas economias.

No Líbano, nasceu o caçula dos filhos do casal Mansour e Maria, o depoente deste livro, Elias Mansour El-Zayek. Alguns dos seus irmãos estudaram, outros optaram por profissão autônoma e religiosa. Antônio se tornou professor catedrático de vários idiomas; Maurício foi

Elias Mansour El-Zayek e a esposa Maria Helena Barbosa Zayek

Elias Mansour El-Zayek

trabalhar como ferreiro; Lydia se tornou presidente da Cruz Vermelha, no Líbano, François foi consagrado padre em Roma, depois nomeado Bispo do Egito, posteriormente, nomeado Bispo do Brasil. Foi um dos primeiros Bispos do Brasil, da ordem dos Católicos Apostólicos Romanos Maronitas, permanecendo no país aproximadamente cinco anos, período em que edificou várias igrejas, nos estados de São Paulo e Rio de Janeiro.

Mansour Antônio El-Zayek faleceu em Beirute, Líbano, em 1975, aos 83 anos de idade e sua esposa Maria Khoury El-Zayek faleceu também no Líbano, em 1948.

Depoimento de Elias Mansour El-Zayek

Aos 19 anos de idade, em 1953, deixei Beirute e vim para o Brasil acompanhando minha irmã Linda, que havia se casado com Nagib, de descendência libanesa, residente em Ponta Porã (MS). Depois de buscar alternativa de trabalho em cidades de vários Estados, em sociedade com meu cunhado, abrimos um bar na cidade paulista de Mogi das Cruzes, de nome Monte Castelo, que acabou não trazendo bons resultados.

Meu cunhado tinha um amigo dele aqui em Anápolis (GO) que se chamava Fares Falluh, proprietário de uma casa de tecidos. Por intermédio dele, viemos pra cá.

O Brasil é uma terra acolhedora, onde quem trabalha se dá bem. Eu, por exemplo: fui corretor, trabalhei no Cinema Santana em bar, lecionei francês e espanhol, trabalhei na Casa Natal, na Casa Mundial, depois adquiri uma máquina de beneficiamento de cereais, a *Cerealista Santa Helena*, e posteriormente, um posto de gasolina. Atualmente, administro as minhas propriedades rurais.

Este é um país acolhedor, de povo simples, no qual fazemos amizades com tanta facilidade, e eu acredito que isso não exista em outro lugar do mundo.

Graças a Deus, com relação à minha família está tudo em ordem, tudo bem. Vivemos dentro do nosso alcance, sem inventar moda.

Ele faleceu no dia 26 de abril de 2020 aos 87 anos.

Constituição familiar

Filhos do casal Mansour Antônio El-Zayek e Maria Khoury El-Zayek, por ordem cronológica de nascimento:

1. VITÓRIA
2. ANTÔNIO
3. MAURÍCIO
4. LINDA
5. FRANÇOIS
6. LORIS
7. GLADS
8. LYDIA
9. ELIAS

Em Anápolis, Elias Mansour El-Zayek se casou com Maria Helena Barbosa, natural de Goiandira (GO), no dia 22 de fevereiro de 1958. Filhos do casal, por ordem cronológica de nascimento:

1. GLADYS HELENA BARBOSA EL-ZAYEK
2. HUMBERTO ELIAS BARBOSA EL-ZAYEK
3. ANTÔNIO BARBOSA EL-ZAYEK
4. MAURÍCIO BARBOSA EL-ZAYEK

 Entrevista realizada em 14 de abril de 2009

Família Elias Mokdissi

Elias Mokdissi por Maurício Helou

"Filho do casal Hanna e Tamine, ele e sua família tem como origem a cidade de Trípoli, no Líbano, de onde vieram no início dos anos 50. Logo se estabeleceu como comerciante no ramo de secos e molhados, primeiro em sociedade com o cunhado Nazir e depois com o outro cunhado Zakhour. Depois veio o casamento com a Sra. Saleme El Haje, cuja família já residia por aqui há muito tempo tendo quatro filhos, João, Samir, Mouna e Grace. Convivi com todos na minha infância e trabalhei no hotel deles em Brasília. Falecido aos 94 anos o Sr. Elias deixou uma marca registrada em Anápolis, a "Casa Mundial", um dos maiores atacadistas da região antes de se mudar para a nova capital. Lá ele acabou se inserindo no ramo imobiliário, em especial a hotelaria, onde durante alguns anos manteve sociedade com seu sobrinho, Nabil El Haje, que havia sucedido o pai nos negócios."

Constituição familiar

Hanna Mokdissi e Tamine Hajjar Mokdissi tiveram os filhos:

1 WADIA
2 VITÓRIA
3 HANNI

4   ELIAS

5   ANISSE.

Elias Hanna Mokdissi foi casado com Saleme El Haje Mokdissi e tiveram os filhos:

1   JOÃO ELIAS
2   MOUNA
3   GRACE
4   SAMIR.

Família Fakhouri

Aos 22 anos de idade, Saadalla Ragi Fakhouri, filho de Ragi Fakhouri e Ramza Fakhouri, deixou a terra natal, a cidade de Miniara, no Líbano e imigrou para o Brasil, em busca de melhores condições de vida. No dia 8 de abril de 1955, desembarcou no Porto de Santos (SP), e foi ao encontro do seu tio Latif Fakhouri, que residia em São Paulo (SP), de quem recebeu apoio inicial para sua jornada no novo país.

Depois de permanecer trabalhando 10 anos na capital paulista como representante comercial, decidiu iniciar uma nova jornada,

Casal Saadalla Ragi Fakhouri e Maria de Fátima Feres Fakhouri com os filhos Ramza e Ricardo

estabelecendo-se comercialmente em Anápolis (GO), onde residia sua tia Loulou. Inicialmente montou uma loja de armarinhos, localizada na rua 7 de Setembro – era a Boutique Kelly, que acabou não prosperando.

O real motivo da mudança de Saadalla para Anápolis não foi a pretensão de crescimento econômico ou o fato de ficar próximo a sua tia Loulou e, sim ter conhecido Maria de Fátima Feres, por quem se apaixonou, e que com quem viria a se casar em 1967.

Fechada a Boutique Kelly, Saadalla retomou a atividade de representação comercial, profissão na qual viria a se aposentar.

Saadalla foi único dos seus irmãos que optou em imigrar para o Brasil. Nunca mais retornou à terra natal. No entanto, mantém contato telefônico com seus parentes que ainda lá residem. Somente uma vez recebeu a visita da sua mãe, Ramza Fakhouri, e de sua irmã, Maha.

Depoimento de Saadalla Ragi Fakhouri

O Brasil é um país maravilhoso. Nunca senti nenhum tipo de discriminação aqui por causa de minha origem árabe. Só tenho que agradecer a esse país tão bom. Em 1969, optei pela cidadania brasileira; na verdade, sou mais brasileiro do que libanês.
Numa coisa nós imigrantes árabes bobeamos. Toda raça ensina aos filhos o idioma pátrio. Nós, infelizmente fomos desatenciosos. Isso realmente eu lamento.
Anápolis é uma cidade que deve em boa parte, seu desenvolvimento à colônia árabe. É uma cidade que tem um belo futuro pela frente.

Constituição familiar

Filhos do casal Ragi Fakhouri e Ramza Fakhouri, por ordem cronológica de nascimento:

1   SAADALLA
2   SUEDE
3   JANETE
4   LAHZA
5   NABILA
6   NABIL
7   MAHA

Filhos do casal Saadalla Ragi Fakhouri e Maria de Fátima Feres Fakhouri[1], por ordem cronológica de nascimento:

1   RAMZA TEREZA FAKHOURI
2   RICARDO FAKHOURI

Entrevista realizada em 22 de maio de 2009

---
1   Anapolina, filha de pai libanês e mãe goiana de Catalão, filha de pais sírios.

Família Falluh

Tudo começou na Síria, no auge dos conflitos que o Oriente Médio experimentava, além da amarga e secular dominação Otomana. Durante a Primeira Grande Guerra (1914-1918), o avô paterno de Sultan Falluh, o senhor Ibrahim, reuniu seus quatro filhos adolescentes, entre os quais Farhan, o pai de Sultan, e os mandou para a América do Sul, na Argentina, onde residia um tio deles, de nome português, João Falluh, com o propósito de evitar que eles fossem convocados pelos turcos para lutarem na guerra. A convocação era obrigatória a partir dos 16 anos de idade. Acolhidos carinhosamente pelo tio, os irmãos permaneceram em solo argentino por cerca de 3 anos. No ano de 1919, Farhan, sentindo-se constrangido pelo fato de não conseguir emprego e ficar gerando despesas ao tio, resolveu conhecer o Rio de Janeiro (RJ), onde decidiu permanecer, encantado com a enorme colônia Síria que residia na antiga capital Federal do Brasil. Lá, ele se deu bem vendendo quadros de casa em casa.

Tudo ia bem com os Falluh quando, a 12 de novembro de 1934, vítima de pneumonia, faleceu sua esposa Nazira, deixando-lhe a enorme responsabilidade de criar seis filhos (três homens e três mulheres) pequenos: Sumaia, Sálua, Faiçal, Sultan, Zaclul e Rosa.

Abatido com a perda da esposa, viu seus negócios começarem a piorar. A mudança que empreendeu para a cidade de São Paulo (SP) em nada melhorou a *performance* do seu trabalho. De volta ao Rio de Janeiro (RJ), ele e o irmão José Falluh já haviam perdido tudo o que conquistaram em anos de trabalho na área de confecção, cama e banho.

No ano de 1938, José Falluh tomou a decisão de ir para o "sertão", como ele denominava Goiás. A bordo de um trem de ferro, desembarcou em Pires do Rio trazendo muita mercadoria, permaneceu até 1940, mascateando. Neste mesmo ano chegou a Anápolis (GO), onde se deu muito bem no comércio e contraiu matrimônio.

Por seu lado Farhan Falluh, no ano de 1939, revolveu mudar com, família para Nova Lima (MG), onde também não conseguiu sucesso no comércio, passando a família Falluh por dificuldades de toda ordem. Com seus nove anos Sultan Falluh, que nascera no dia de natal de 1930, fazia bicos como carregador de malas no ponto de parada das jardineiras (ônibus) para ajudar nas despesas da família. Também vendia bilhetes de loteria e guiava turistas que visitavam a antiga mina aurífera denominada de Morro Velho.

Eis que o menino Sultan Falluh, num momento de inspiração, lembra do tio que estava residindo na cidade de Anápolis (GO), usufruindo de uma situação financeira confortável. Sem consultar o pai, toma a seguinte iniciativa, que haveria de mudar o destino da sua família:

Meu tio soube por mim, da nossa situação difícil. Eu escrevi-lhe uma carta, meu pai nunca soube dela. Eu não tinha nem caneta, escrevi a lápis mesmo, contando o que que nós estávamos passando. Quando meu tio tomou conhecimento da nossa situação, ele mandou 200 mil réis para o meu pai, dizendo que era para nós virmos embora para Goiás, porque aqui era bem melhor do que onde nós estávamos. Então meu pai juntou todo mundo e veio.

Sultan Falluh

No dia 31 de julho de 1943, às 9 horas da noite, nós desembarcamos na Estação Ferroviária de Anápolis (GO). Já tinha uma casa alugada para nós, e fomos direto para ela. No dia seguinte, eu já fui conhecer a loja do meu tio, "A vencedora", localizada na rua Manoel d'Abadia com a Barão do Rio Branco, vi algumas coisas desarrumadas na loja e já comecei a arrumar. Quando completei 13 anos, no dia 15 de agosto, já estava trabalhando com meu tio na loja. Para ganhar um dinheirinho, meu pai pegou um pouco de mercadoria do meu tio e, junto com meu irmão foram fazer as festas nas cidades de Inhumas (GO), Abadiânia (GO) e Trindade (GO). Chegando aqui, meu tio disse para meu pai que ia abrir um armazém de varejo para nós, na frente da casa onde morávamos, porque eram três portas na frente e a casa ficava no fundo, então ia dar certinho, disse ele. Arranjou-nos um crédito de 10 mil cruzeiros no Armazém do senhor Barbahan Helou para começarmos o negócio. Meu tio falou comigo: "Estou gostando muito de você aqui na loja, mas acho que você vai ser muito mais útil lá no armazém que vocês vão montar". E deu certo...

Aberto o armazém, passaram os Falluh a comprar da vizinha cidade de Nerópolis batatinha, cebola, feijão, farinha de mandioca, e, da cidade de Inhumas, fumo. Dois anos depois, em 1945, o armazém dos Falluh já era um dos melhores de Anápolis. No entanto, o senhor Farhan teve o infeliz palpite de mudar de ramo de comércio. Mesmo contrariado com a decisão do pai, naquele tempo filho tinha que obedecer. Sultan Falluh passou a trabalhar com, no comércio de roupa feita e calçados. A intuição de Sultan em não mudar de comércio, no entanto, estava correta.

No ano de 1947, o governo do presidente Eurico Gaspar Dutra (1946-1951) decretou abaixar o preço de tudo. A loja foi à bancarrota. Sobre esse episódio, que parecia ser o caos e que teve um final diferente, Sultan Falluh comentou:

> Então a nossa firma entrou em colapso. Meu pai ficou muito chateado, os títulos todos tinham que ser protestados. Mas nós tínhamos um anjo da guarda que se chamava Almiro de Amorim. Nós conseguimos com ele não protestar, sim protelar os títulos. Então eu pagava 10 cruzeiros, na semana que vem pagava mais 10 e mais 20. Mesmo assim, não foi solução. Então eu vi dois cidadãos bem-vestidos, de terno e gravata, o que não era usual em dia de semana. Eles passaram pela nossa loja e viram que ela não tinha quase mercadoria e que era visível a sua situação ruim. Eu, com a maior cara de pau, perguntei:
> — Pois não? Os senhores estão precisando de alguma informação, alguma coisa? Eu me disponho, será um imenso prazer atendê-los.
> — Nós estamos procurando um ponto comercial porque estamos trazendo uma firma de tecido para Anápolis.
> — Qual é a firma?
> As Casas Buri. Esse ponto aqui vocês negociam conosco?
> Eu, doido por dinheiro, falei que iria conversar com o dono do prédio, que eu era apenas o inquilino.
> — Então você conversa com ele que amanhã cedo a gente volta.
> Fui à mesma hora falar com o dono do prédio, que me disse:

Sultan Falluh entrevistado por Ubirajara Galli

— O negócio que você fizer, a luva que pegar, será de vocês, não vou querer nada. Só que o aluguel de vocês está 'tanto baixo', vou querer aumentar.

Ele praticamente dobrou o valor do aluguel e a luva seria nossa. Sendo que lugar para alugar não faltava aqui. No outro dia falei com eles: "O aluguel será tanto", e eles acharam razoável. "E a luva?". "A luva é 20 mil". "Ah, é muito, por 10 fazemos negócio". "Mas por 10 eu não faço porque já tive 15 mil e não quis fazer negócio". E vai daqui e vai dali, fiz por 17. Ele perguntou quantos dias iríamos precisar para desocupar, eu disse que dois dias. E assim foi feito.

Arranjei um local para alugarmos e montarmos a nossa loja, onde era a casa "6 Irmãos", propriedade do senhor Miguel José da Silva. O aluguel era o mesmo que pagávamos no ponto que negociamos. O ponto que alugamos era até melhor. Montei o comércio, da mesma natureza, com o reforço das luvas que recebemos, mas especializado em calçados.

Eu fui o "Rei do calçado", nem Goiânia ganhava de nós. Lá havia a Casa Drumond, a maior de Goiânia, e nós éramos maiores do que eles. Com a morte do meu pai, em 31 de janeiro de 1982, fiquei somente com uma loja, a Falluh Renner.

A importância do sobrenome Falluh, que antes ocupava apenas a parte de dentro dos balcões das lojas e armazéns de Anápolis, revelou-se com o passar dos anos como um dos principais alicerces para o desenvolvimento da cidade.

Tudo começou com a presença de José Falluh e Fares Falluh na reunião que organizou a ACIA – Associação Comercial e Industrial de Anápolis. Sultan Falluh, seguindo os passos do interesse de organização de entidade de classe dos seus parentes, foi vice-presidente por quatro vezes e Presidente por dois mandatos da ACIA nos períodos: 1975-1977 e 1979-1981.

Atualmente Sultan Falluh é o mais antigo empresário anapolino a integrar os quadros da ACIA. Foi Presidente da CDL – Anápolis, por três anos. No governo de Leonino Di Ramos Caiado, integrou o Conselho de Contribuintes do Estado de Goiás como representante do empresariado de Anápolis.

Quando Irapuan Costa Júnior ocupou a Interventoria de Anápolis, Sultan Falluh, que na época era vice-presidente da ACIA, foi uma das pessoas que mais se aproximou dele, hipotecando-lhe todo o apoio necessário que pudesse oferecer à Associação. Condição de preço que motivou Irapuan, indicado governador do estado de Goiás (1975-1979), a convidá-lo para assumir a diretoria Administrativa na estatal denominada Companhia de Distritos Industriais de Goiás. O convite para Sultan Falluh tinha uma razão específica. Ele deveria tirar o DAIA – Distrito Agroindustrial de Anápolis – do papel e assentá-lo de verdade no município. A tarefa que, por si só, demandaria a produção de um livro para contar especificamente essa saga histórica, foi habilmente cumprida por ele. No ato da inauguração do DAIA pelo presidente da República Ernesto Geisel, Sultan Falluh foi elogiado pelo mandatário da nação, reconhecendo seu esforço para a implantação do polo industrial.

O fato de ter sido o responsável pela implantação de toda a infraestrutura do Daia – Distrito Agroindustrial de Anápolis, motivou a FIEG – Federação das Indústrias do Estado de Goiás, a condecorá-lo com a Comenda do Mérito Industrial. Mesmo procedimento teve a Assembleia Legislativa do estado de Goiás ao conferir-lhe a Medalha do Mérito Legislativo "Pedro Ludovico Teixeira".

Constituição familiar

Filhos do casal Sultan Falluh e Erotides Jayme Falluh, por ordem cronológica de nascimento:

1   REINALDO
2   NAZIRA
3   ELIZABETH
4   SUZANA
5   CRISTINA
6   LÚCIO

Cláudia Falluh Balduino Ferreira
(Entrevista ao programa "Árabes no Centro-Oeste")

Qual a origem da família e qual o ramo da família Falluh do qual você descende?
Meu avô, Merched Falluh, veio de Bassir, na Síria, e chegou ao Brasil no dia 14 de dezembro de 1926. Essa vinda para cá representou uma ruptura com o mundo antigo no qual eles estavam imersos, e simbolizou também o começo de uma nova história, de um novo destino que eles decidiram traçar para eles. Eu acho que a maioria dos imigrantes árabes, sírios e libaneses, vieram justamente para começar uma vida em um país que permitia certa liberdade, a qual eles não conheciam no mundo árabe daquele tempo. Eram, de certa forma, perseguidos pela maioria muçulmana que existia na Síria daquele momento, que era dominada pelo império turco. A maioria dos imigrantes que vieram no final do século XIX para o Brasil, fugiam da perseguição muçulmana e eram todos cristãos. A geração muçulmana veio muito depois, quase cem anos após, e se instalou aqui entre nós, nesse país que permite tanta abertura, tanto contato e tanta liberdade. Graças a Deus, o Brasil ainda é um país que tem essa promissora capacidade, a meu ver, de reunir raças e credos de forma espetacular. O meu avô foi um dos sírios que vieram para o Brasil nessa época. Fazendo um relato da trajetória dele, ele vem primeiramente antes de se casar, e passa um ano na Argentina.

Casal Merched Falluh e Uatfah Aoda Falluh

A presença árabe em Anápolis

Para os árabes daquele tempo, a América significava a Argentina, não o Brasil, tanto que a colonização lá se inicia primeiro. Porém, ele passou um ano na Argentina e voltou para a Síria, porque não se adaptou muito bem aos parentes ou ao modo de se viver lá. Mas antes de voltar para a Síria, um dos irmãos do meu avô tinha ido para uma cidade super interessante no Brasil, que era ali perto, pois ele era uma pessoa aventureira, como são os árabes. Esse meu tio-avô escreveu para os irmãos dele, chamando-os para vir para a cidade que ele tinha encontrado: o Rio de Janeiro, pelo qual se encantaram. Meu avô foi ao Rio de Janeiro, voltou para a Síria, para Bassir, que fica ao sul de Damasco, lá ele se casou, teve dois filhos, e depois ele veio para o Brasil. Dessa vez, instalou-se definitivamente no Rio de Janeiro, isso em dezembro de 1926.

Meu avô chamava-se Merched Falluh, minha avó chamava-se Huatfah Aoda Falluh. Na Síria eles tiveram dois filhos, aqui no Brasil eles tiveram mais quatro filhos. O mais velho era o Sabry Falluh, já falecido, o Ramzy Falluh, depois a minha mãe, Ramiza Falluh, que era chamada em Anápolis de Nega Falluh, e era uma pessoa muito conhecida na cidade, a minha tia Leila Falluh, falecida também, depois dela a Olga Falluh, que mora em Goiânia e Sônia Falluh, que mora aqui em Brasília. Família para o árabe é tudo, é o núcleo. O árabe é um povo fundamentalmente tribal. É lógico que a modernidade diluiu isso um pouco, mas, de certa maneira, estar com a família, no mundo árabe primitivo, simbolizava estar protegido e ter uma descendência protegida. Uma coisa que caracteriza muito as famílias árabes é o fato de que as

Claúdia Falluh Balduino Ferreira entrevistada por Guilherme Verano

gerações estão perdendo as fontes de histórias que os pais e os avôs representavam. Quando o meu avô faleceu eu tinha 12 anos, já quando minha avó faleceu eu tinha 14. A memória que eu tenho deles, a convivência que eu tive com eles, me marcou para sempre. Marcou de uma forma tal, que todo o meu destino profissional é ligado ao mundo árabe, principalmente por conta dessa influência maravilhosa, dos costumes, essa fascinação pela forma como o povo árabe se comporta, pela sua arte, pela literatura árabe que eu amo, e leciono isso há anos na Universidade de Brasília. É assim que eu vejo: as novas gerações, netos e bisnetos desses que vieram para o Brasil de uma forma tão sofrida, eles estão perdendo esse mundo excepcional de aventuras, que foi o mundo dos avós e dos pais.

Eu fui criada na casa dos meus avós, praticamente. Cresci ouvindo música árabe e histórias árabes contadas pela minha avó e pelo meu avô. Meu avô, quando sentia saudades, a gente notava que ele estava muito saudoso, ele ouvia músicas árabes em alto volume, porque ele já estava meio surdo!

Quando ele veio para cá, ele tinha alguma referência? Ele tinha essa referência? Alguém falou para ele vir para o Brasil ou para a Argentina?

Ele tinha vindo a primeira vez e se encantado pelo Rio, e dois irmãos ficaram. Quando ele veio, já havia aqui um irmão, chamado Baracat Falluh, que já morava no Rio, e também meu tio Fahan Falluh já estava morando no Brasil quando ele chegou. Ele veio com a família, se estabeleceu primeiro no Rio de Janeiro. Eu encontrei em uma pesquisa, no Diário Oficial de 1927, o anúncio do estabelecimento comercial dele, tratando de venda de tecidos. É um documento muito precioso. Ele não trabalhou como mascate, mas trabalhou a vida toda com comércio. Morou no Rio de Janeiro muitos anos, os filhos todos nasceram lá. Então, ainda pequeno, o meu tio Ibrahim Falluh, o primogênito, que nasceu na Síria, faleceu no Rio de

Casal Álvaro Balduino de Sousa e Ramiza (Nega) Falluh

Janeiro. Houve uma grande calamidade no Rio de Janeiro, a febre amarela, que dizimou muitas famílias. E eu acho que isso abalou a família e eles quiseram sair do Rio. A minha mãe conta que no Rio de Janeiro, nessa época, abriam-se grandes valas e enterravam-se as pessoas. Por isso, eles foram para o Rio Grande do Sul. Moraram por dez anos na cidade do Rio Grande. Lá, meu avô também trabalhava com comércio, e era outro clima, era uma cidade diferente, com outros costumes. Foi lá no Rio Grande do Sul que ele pegou o hábito do chimarrão, e adquiriu todos esses costumes do sul do Brasil. E, de lá ele veio para cá, porque todos os irmãos vieram para Goiás, depois da guerra, em 1947, então ele decidiu vir ficar junto dos irmãos, que já estavam aqui, os meus tios Farhan Falluh e Yussef Falluh, duas pessoas maravilhosas, já falecidas. Vieram e se estabeleceram definitivamente em Anápolis. Aqui ele acabou de criar os filhos, que eram ainda jovens. Todos os filhos se casaram aqui, inclusive a minha mãe. Eu, quando falo do meu avô Merched, tenho uma emoção muito sincera e muito pura, pois convivi muito com ele.

Era um avô carinhoso? Eu sempre pergunto, pois se tem a impressão do árabe rigoroso, até por não conhecer a tradição. Ele era um avô carinhoso, daqueles de chamar, de pegar no colo e contar histórias?

Ele era uma pessoa carinhosa sim, mas não era de muito chamego não. De vez em quando chegava, espontaneamente, contando histórias da vida dele, de como ele e os irmãos passeavam pelas montanhas, as músicas que eles cantavam, o inverno na Síria, quando eles faziam aquelas bolas de neve, jogavam mel por cima e comiam aquilo. Então, são lembranças que sempre ficaram. Várias histórias que aterrorizaram a gente por muitos anos. Os árabes, de uma forma geral, são pessoas altamente emocionais, apaixonados... Eu acho que herdei um pouco disso. Vejo isso nas minhas relações: sou mais passional. De alguma maneira, isso fica pra gente, pois herdamos isso. Mas o que eu queria dizer, é que essas histórias antigas,

Ramiza (Nega) Falluh e seu irmão Sabry Falluh

hoje em dia elas estão presentes em muitas obras da literatura, pois a geração de escritores dos anos 1950 para cá tentou resgatar toda essa magia do mundo antigo, do mundo árabe, dos parentes. E há vários escritores brasileiros de origem árabe que fazem esse resgate das histórias árabes.

Qual o sentimento que você tem, de ser guardiã dessa memória da família?

Da minha memória, melhor dizendo. Eu não ouso falar em nome de toda família. Eu acho que foi um papel que foi reservado a mim, e um papel do qual eu tomei posse porque eu quis isso. Tanto é que eu guardo esses documentos, mas isso é uma coisa minha, eu não faço em nome da família não, eu faço pela memória do meu avô e da minha avó, porque eles eram os meus padrinhos, eles me batizaram, eu vivi um bom tempo com eles, tinha por eles um amor imenso. Isso é reavivar a memória deles, é estar com eles, mesmo eles tendo partido há muitos anos.

Cláudia Falluh e sua mãe, Ramiza (Nega) Falluh

Entrevista realizada em dezembro de 2012

Família Farah

Matheus Farah, natural de Safita, Síria, foi o único dos seus irmãos que imigrou para o Brasil e manteve a originalidade do seu sobrenome, ou seja: Farah. Por sua vez, seus irmãos agregaram aos sobrenomes, ora Hajjar, ora Pedreiro. O primeiro deles a imigrar para o Brasil foi Jorge Pedreiro Farah, para em seguida, virem os demais irmãos: Miguel Farah, Matheus Farah, Farah Hajjar Farah e ainda Elias Hajjar, que não permaneceu no Brasil.

Matheus ficou em Anápolis (GO) por uns cinco ou seis anos, e depois voltou à terra natal. Lá, ficou mais uns dois anos, para depois retornar com seus filhos para Anápolis (GO), sendo eles: Mikail Matheus Farah, Maria Matheus Farah e Safira Matheus Farah. Maria ficou em Anápolis (GO), onde constituiu família e veio a falecer.

Nassin Farah

Na primeira vez que Matheus veio para Anápolis, a exemplo da maioria dos seus patrícios, ele também foi mascatear. Mas, quando do seu retorno, já numa melhor condição, ele montou em sociedade com seus irmãos uma cerealista, localizada na Rua Benjamin Constant. Cerca de quatro anos depois ele voltou para a Síria para não mais retornar ao Brasil. Lá, ele montou uma mercearia, no qual trabalhou até falecer.

Nassin Farah, quinto filho do casal Mikail Matheus Farah e Safira Bittar Farah, natural de Prata (MG), com apenas um ano de idade retornou à terra natal de seus pais acompanhando a sua família, para depois voltar ao Brasil, fixando-se em Anápolis, quando tinha 17 anos de idade.

Ex-presidente do Anápolis Futebol Clube, ex-secretário Municipal da Prefeitura de Anápolis em diferentes administrações, e empresário, ele conta um pouco mais da sua história familiar:

Depoimento de Nassin Farah

Quando meus pais voltaram para a Síria, eu tinha um ano de idade. Lá, convivi com meu avô e minha avó Latife Náder Farah, até eles falecerem. Isso ocorreu quando eu tinha entre 10 a 12 anos de idade. Na casa deles, onde eu morei, viviam também seus filhos, netos, bisnetos, toda a família junta. Considero meu avô, meus tios, enfim todos os imigrantes sírio-libaneses, uns guerreiros, que vieram para o Brasil numa viagem de navio que levava mais de um mês, sem falar a língua do país, encarando todas as adversidades com muita determinação. A vida deles é um exemplo. A contribuição que eles deram e que seus descendentes continuam a deixar pode ser vista em todos os setores da cidade de Anápolis, pois em quase tudo há a marca da imigração árabe. Apesar de eu nunca ter exercido cargo eletivo, fui secretário de Esporte na gestão de Adhemar Santillo, fiquei um mês com Ernani de Paula, momento em que ele foi cassado, na gestão de Pedro Sahium, fui secretário de Turismo por um ano e meio. Quando foi desativada essa Secretaria assumi a Secretaria de Desenvolvimento Econômico e Secretaria de Indústria e Comércio. Tenho orgulho em dizer que pude ajudar a minha cidade. Isso é uma honra para mim, que amo Anápolis. Eu me considero anapolino mesmo, nunca vou deixar a minha cidade, onde construí a minha família, e da qual tenho imenso orgulho.

Anápolis, que tanto amo, tem tudo para crescer ainda mais. Em minha opinião, falta união dos políticos em torno desse propósito. Atualmente, Anápolis tem uma representação baixa para um município que possui mais de 400 mil habitantes. Falo isso com muita tristeza no coração. Deveríamos ter uma representação, maior, com no mínimo quatro deputados estaduais e dois federais. A união política de Anápolis é a saída para a plenitude do seu desenvolvimento rumo ao futuro.

Constituição familiar dos Farah

Filhos do casal Matheus Farah e Latife Náder Farah, por ordem cronológica de nascimento:

1. MIKAIL MATHEUS FARAH
2. MARIA MATHEUS FARAH
3. SAFIRA MATHEUS FARAH

Filhos do casal Mikail Matheus Farah e Safira Bittar Farah, por ordem cronológica de nascimento:

1. JERJOS
2. ABADIA
3. HABEB
4. ISSA
5. NASSIM
6. ELIAS

Flávia, Matheus, William, Ana Luíza e Nassin.

Entrevista realizada em 3 de abril de 2009

Família Feres Aidar

Ao contrário da maioria dos "batrícios" os irmãos Aidar: Feres (avô paterno de Wagner Feres Aidar), Elias, Michel, Nagib e Sara vieram juntos no mesmo navio que os desembarcara no Porto de Santos (SP), na primeira metade da década de 1930. Minutos depois de pisarem no solo da pátria que escolheram para conduzir suas vidas tiveram uma recepção pouco agradável. Feres Aidar dava seus primeiros passos e abriu o seguinte diálogo com os parentes: "Vamos ver o que Deus vai mandar para nós. Vamos ver se está pensando em nossa família, pensando em tudo". Eis que ele é atropelado por um bonde elétrico, causando-lhe uma lesão na coluna vertebral, que fez com que andasse encurvado pelo resto da vida.

Em defesa do "pão nosso de cada dia", nos primeiros momentos, o talentoso comerciante Feres Aidar dedicou-se à mascateação, principalmente, à venda de enxovais para casamento.

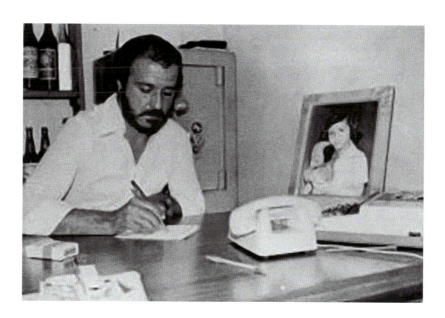

Wagner Feres Aidar.
Anápolis, década de 1970

Anúncio comercial da loja de Elias Feres Aidar

Fonte: Revista *A Cinquentenária*, edição comemorativa do Jubileu da cidade de Anápolis, 1957

Onde ele sabia que tinha um casamento, ele fechava negócio. Posteriormente, melhor estabelecido, montou um armazém atacadista em Anápolis (GO), de nome Vitória, localizado no encontro das ruas 14 de Julho com a Pedro Ludovico Teixeira. Durante quase toda a sua trajetória de comerciante, Feres Aidar dedicou-se à, produção e venda de sabão.

Filhos de Feres Aidar, por ordem cronológica de nascimento:

1. JOSÉ FERES
2. ELIAS FERES AIDAR
3. VITÓRIA FERES
4. ELEONOR FERES

Elias Feres Aidar, pai de Wagner Aidar, que trabalhava com caminhão, no transporte de cargas, conheceu sua futura esposa Nabia Jorges Nabem Aidar em Olímpia (SP), filha do médico, também de origem árabe, Olímpio Jorge Nabem. A paixão imediata que surgiu entre eles durou 57 anos. O casamento foi realizado em Olímpia (SP), com a residência do casal estabelecida na vizinha cidade de Barretos (SP). A união originou o nascimento da seguinte prole, por ordem cronológica de nascimento, sendo as duas primeiras nascidas em Olímpia (SP) e os demais em Anápolis (GO): Marlene Feres Aidar, Ivete Feres Aidar, Wagner Feres Aidar, Walter Feres Aidar e Ivone Feres Aidar.

A presença árabe em Anápolis

Wagner Feres Aidar[1], empresário do ramo de fabricação de refrigerantes, aguardentes e de usina de álcool, com vocação política, apesar de nunca ter disputado um cargo eletivo, prestou o seguinte depoimento:

Eu tinha um amigo que chamava Benedito Pinheiro Borges, um cearense que inventou um conhaque que chamava "Mel Borges". Era o melhor conhaque que eu já tomei nessa vida, era docinho, era gostoso. Um dia, ele passando por aqui, falou: "Wagner: vamos fazer juntos esse Mel Borges? Disse pra ele: Vamos fazer". Eu já tinha conhecimento químico na fabricação do sabão. Meu pai fabricou sabão desde que nasceu. A vida inteira passou fabricando. Esse conhecimento me ajudou e fui aprendendo com ele a fazer esse "Mel Borges". Eu tinha um mercado, em minhas mãos, era bem relacionado. Ele, por sua vez, tinha a indústria. Nós constituímos uma sociedade linda, que durou uns 4 ou 5 anos. Depois ele ficou rico e foi embora para sua cidade, Natal, no Rio Grande do Norte. A "Mel Borges" vendia assustadoramente. Era uma bebida muito saborosa. Tinha gosto de mel com canelinha. Porém, toda bebida tem a sua época, tem o seu tempo de aceitação no mercado. Pode ter certeza disso.

Depois que a sociedade com o Benedito Pinheiro Borges acabou, eu toquei minha fábrica com alguns primos. Dessa nossa união surgiu o primeiro depósito atacadista de Anápolis, que se chamava "Depósito Cajuru", no ano de 1963, na Rua 14 de julho, ao lado do comércio do meu avô.

Wagner Feres Aidar, entrevistado por Guilherme Verano

Wagner Aidar, bem humorado, ao finalizar essa parte do seu depoimento, disse: "Toda vida mexi com garrafa. Quando eu não puder mais trabalhar com ela, vou trabalhar no trânsito. Porque eu vou querer engarrafar o trânsito".

---

1   Faleceu no dia 26 de fevereiro de 2014.

Quanto à constituição familiar de Wagner Feres Aidar, é pai de seis filhos, gerados de três diferentes relacionamentos afetivos. Com Carmem, sua primeira esposa, teve o casal Sérgio e Márcia. Com Soneide Aparecida Aidar, nasceram, em ordem cronológica: Milena, Juliana e Elias. Com Luciana Siqueira, teve Wagner Siqueira Aidar

José Feres e Elias Feres

Desde jovem o Wagner Feres Aidar aprendeu a ter uma profunda admiração pelos irmãos José Feres (seu tio) e pelo pai Elias Feres Aidar, que se radicaram na cidade no ano de 1942. José Feres logo se estabeleceu montando a Destilaria Feres, que engarrafava o álcool e conhaque Feres. De personalidade bastante ativa e caridosa ele foi com certeza um dos precursores da chamada cesta básica, uma vez que reunia os mais necessitados, entre eles os integrantes do leprosário de Anápolis, e lhes entregava aos sábados pela manhã os donativos que conseguia ao longo da semana. Segundo Wagner, em seu depoimento ao livro, as filas se estendiam da porta da destilaria, que ficava no cruzamento da Rua Matilde Aidar com o início da Rua General Joaquim Inácio, até duas quadras adiante. Ele faleceu aos 96 anos, mas preservou sua lucidez até o último instante.

Depoimento de Zezinho Feres
(Sobre seu pai José Feres)

Para mim é uma alegria falar do meu pai José Feres, uma pessoa tão querida na cidade de Anápolis e, principalmente, pela família. Ele era um exemplo de pai, trabalhou a vida inteira, desde que chegou ao Brasil aos 8 anos de idade, vindo do Líbano.

Zezinho Feres entrevistado por Guilherme Verano

Trabalhava com o intuito de criar bem a família. Realmente cuidou bem dos filhos, pois não eram poucos, eram seis, dois homens e quatro mulheres, com quatro mães diferentes. A primeira esposa dele foi dona Teresa Alves, e desse casamento tiveram a Matilde e a Fátima, são minhas duas irmãs. Depois veio a Soraya e o Renato, e do segundo casamento vieram eu e minha irmã Sofia, que mora em Brasília.

Meu pai nasceu em 1914. Vieram do Líbano, ele com os seus pais, juntamente com três irmãos do meu avô, Elias Aidar, Michel Aidar e Nagib Aidar. Primeiramente eles pararam em São Paulo, na cidade de Olímpia. Ficaram por lá até por volta de 1935. Antes, veio para Anápolis Michel Aidar, tio do meu pai. Depois vieram os demais.

Em São Paulo as coisas eram mais fáceis, mas falava-se que, onde tinha a estrada de ferro, o progresso vinha mais rápido, então, vieram para Anápolis, acompanhando a estrada de ferro. Meu pai sempre salientava que o armazém do pai dele tinha vinte e uma portas, era um armazém grande. O forte do comércio era mais o dos secos e molhados, armarinhos e tecidos.

Meu pai era muito trabalhador, sempre acordava cedo. Antes de vir para Anápolis, trabalhou por algum tempo na Cervejaria Antarctica Niger. E foi nesse período que ele descobriu como se produzia bebidas. Ele fabricava guaraná, refrigerante de laranja, de limão, e fazia água tônica. Mais adiante, desistiu das bebidas, pois achava que estava prejudicando algumas pessoas. Mas não sabemos se o motivo na interrupção das bebidas foi exatamente isso, pode ser que existiu algum outro motivo.

Meu pai deixou um legado de muito trabalho para a família, mas que também ajudou no desenvolvimento de Anápolis.

José Feres

Mais um pouco sobre José Feres por Matilde Feres e Georges Hajjar Jr.

Homem de opinião forte nascido no Líbano, a vasta barba que José Feres passou a ostentar foi uma forma de luto por conta do falecimento de sua esposa, Dona Teresa. Conta-se que ele sentiu tanto a ponto de manter sua firma fechada por mais de um ano com dinheiro, estoque, documentos e cheques ficando parados no local. Passado este período ele retomou os negócios cuja maior referência foi o álcool J. Feres, marca reconhecida até hoje. Em relação ao álcool, ele é um dos poucos qualificados para uso nas indústrias farmacêuticas do

Entrevista realizada em 22 de setembro de 2008

pólo de Anápolis. Diversificou seus negócios fabricando uma cera chamada Estrela, que de tão boa foi amplamente aceita no mercado, também mangueiras plásticas e embalagens de garrafa pet. Incansável trabalhador desde o início, nas cidades paulistas de Nova Granada e depois em Olímpia e Ribeirão Preto. De acordo com o relato de uma das filhas, a Sra. Matilde, se por acaso faltasse um motorista e houvesse uma entrega por fazer, seja na cidade ou no norte do país, ele assumia o caminhão e partia, feliz da vida.Segundo ela, certa vez ele se desentendeu com o pai e deixou Olímpia rumo a Ribeirão Preto, onde trabalhou em um hotel como empregado. Foi tão eficiente nas tarefas que a notícia correu e logo surgiram outras propostas. O primeiro passo em solo goiano se deu na cidade de Cachoeira Alta, onde seu pai, Feres, havia adquirido uma fazenda. A vinda para Anápolis se deu juntamente com seu tio Michel, que posteriormente se casou com Zaíra e José Feres com Ramza Alves, conhecida como Tereza, filha do pioneiro Miguel João Alves. Daí começou a engarrafar bebidas num terreno do sogro e o negócio prosperou ao ponto de se tornar sócio da cervejaria Niger, da Antarctica. Neste ponto voltamos ao início do relato, quando sua esposa acabou adoecendo no ano de 1956. Ela era seu braço direito em tudo, opinando, examinando tonéis, na área administrativa e tudo o mais e seu passamento se transformou, como forma de homenagem, na já citada barba. Retomados os negócios de produção de bebidas como conhaque, pinga, jurubeba ele, vendo os males causados pelo uso excessivo da bebida alcoólica nas famílias, resolveu parar a produção e trabalhar apenas com a produção do álcool J. Feres. Outro detalhe interessante é que José Feres não tinha Aidar como sobrenome, muito embora seu pai se chamasse Feres Aidar. Tal fato se deu porque na cidade deles, no interior de São Paulo, ele teve um primo chamado também José Feres Aidar, cidadão de conduta não muito correta. Por serem homônimos o "original" era confundido e por vezes acabou preso, causando enorme constrangimento até que os fatos fossem esclarecidos. Não suportando mais aquela situação ele conversou com o juiz que autorizou a retirada do sobrenome Aidar. Já ao final da vida era sempre visto amparado por duas bengalas chegando aos armazéns atacadistas para fazer negócios com os "patrícios". Muitos dos seus funcionários contam que o Sr. José Feres era pessoa de extrema generosidade com familiares e também com eles, sendo que alguns chegaram a trabalhar com ele por períodos de vinte ou trinta anos. Como já dito no relato de Wágner Aidar o Sr. José Feres distribuía cestas básicas para os necessitados e instituições de caridade aos sábados e nunca negou ajuda a quem batesse em sua porta.

Vitória Aidar Abrahão

Casada com Abadio Abrahão, a figura da Dona Vitória Aidar Abrahão se tornou referência para toda a família. Filha de Feres e Jamile Aidar, ela nasceu em Olímpia-SP e de lá se encaminhou juntamente com o esposo para a cidade de Ituiutaba-MG. Posteriormente tomaram o rumo de Anápolis, onde acabou se tornando matriarca e zelosa pelo destino de todos. Um dos vários exemplos foi seu tio Nagib, irmão do sr. Abadio, que nunca se casou e

Dona Vitória Aidar Abrahão.

foi por ela cuidado até sua morte. São mais de trinta netos que veem nela a conselheira amorosa de todas as horas e com os filhos não é diferente, pois exige a visita constante de todos. Em datas comemorativas como Natal, passagem de ano, dia das mães e dos pais por exemplo, todos se reúnem na casa dela para um almoço especial, que não admite nenhuma ausência a não ser por motivo de viagem ou doença. São seus filhos: Laila, Najila (já falecida), Neje, Éder e Amir. Outra figura querida é a de sua irmã mais velha, Leonor, casada com Aziz Cozac, e que teve os filhos Jorge, Salim e Salma. Pessoa simples no trato, gostava das coisas do lar.

Elias Feres Aidar

Nas palavras de Wagner Feres Aidar, seu querido pai, Elias Feres Aidar, possuía uma fabrica de sabão de nome Vitória, fruto também da sociedade que mantinha com seu irmão José Feres e que coexistiu com a destilaria. Advertido pelos médicos do Hospital Evangélico Goiano que seu vício em cigarro poderia matá-lo, preferiu não dar ouvidos e acabou falecendo aos 76 anos, vítima de enfisema pulmonar.

Sua esposa Nabia Nabem Aidar faleceu pouco tempo depois e ambos deixaram na personalidade de seu filho, Wagner Feres Aidar, acima de tudo o sentimento de trabalho, caridade e solidariedade ao próximo.

Família Fayez Bazi

Filho do casal Taufic e Miriam, Fayez Bazi chegou ao Brasil, em 1956, aos 13 anos de idade, depois de receber do seu pai a famosa "Carta de Chamada", protocolada no Consulado Brasileiro em Beirute, que lhe permitiu a expedição do seu passaporte para embarcar para o Brasil.

Depois de permanecer, por cerca de dois anos na cidade do Rio de Janeiro, mudou-se para Uberlândia (MG), onde montou um comércio atacadista. Após uma viagem de curta permanência ao Líbano, voltou a Uberlândia, ingressando numa empresa americana, a *Swift Armour*, à época uma das maiores exportadoras de carne do mundo.

Após trabalhar por quase dois anos nesse grupo americano, coincidiu ter, numa viagem de trabalho, inserida em sua rota a cidade de Anápolis (GO), onde residiam vários dos seus parentes, "os Bazi", desde a década de 1920. Enxergando na cidade uma boa condição de crescimento comercial, resolveu, então, ali permanecer. Decorridos 25 dias da sua decisão, no dia 10 de junho de 1973, em sociedade com um primo, adquiriu uma panificadora, recém-inaugurada com o nome: Bom Jesus.

Fayez Bazi

Um ano depois, adquiriram uma fábrica de macarrão, localizada na Avenida Presidente Kennedy, de propriedade da família Cozac. Passados mais dois anos, os primos Fayez Bazi e Hanna Bazi já haviam comprado outras duas padarias: a Pão Bom e a São Francisco, além de um comércio atacadista, situado à rua 14 de Julho, de nome Comercial Duquesa.

A guerra civil, deflagrada no Líbano na década de 1970, trouxe para Anápolis dois dos seus irmãos. Com a chegada deles, Fayez começou a investir no mercado da carne de frango, diversificando, nos anos seguintes, seus empreendimentos comerciais.

No dia 30 de novembro de 1974, Fayez Bazi casou-se com Hind Abboud Bazi, sob as bênçãos do Padre José Homsi, na Igreja Ortodoxa São Jorge de Anápolis.

Constituição familiar

Filhos do casal Fayez Bazi e Hind Abboud Bazi, por ordem cronológica de nascimento:

1   TAUFIC
2   DIANA
3   MERLYN
4   MÔNICA
5   LUCAS

Fayez Bazi reside com a sua família no Líbano, desde 1991. Todos os seus filhos possuem graduações superiores de ensino, conquistadas na terra natal do seu pai.

 Entrevista realizada em 13 de outubro 2008

Família Gadia

Entrevista com Marcus Gadia, Lúcia Aji Kounboz Gadia, Marlen Gadia, José Gadia Neto, Neuza Miguel e Dora Gadia[1] ao programa "Árabes no Centro-Oeste".

Fale, por favor, da sua origem familiar

Marcus Gadia, filho de Eluff Gadia e Dora (casado com Lúcia Aji Kounboz Gadia, filha de George Aji e Lorete Dahia) – A origem de nossa família é libanesa, de uma pequena cidade que fica ao sul do Líbano, mas, que já estavam enraizados em Trípoli. Eram três irmãos que desembarcaram no Brasil, no Porto de Santos (SP), aproximadamente em 1890. De dois deles não recordo os nomes, mas o outro chamava-se Jorge Abrão Gadia, casado com minha bisavó Laura José Issy, que era irmã de meu outro bisavô, Abrão José Issy, pai de minha avó, Nadma José, esposa e prima de meu avô, José Jorge Gadia. Abrão José Issy (comerciante em Nerópolis), foi quem trouxe os três irmãos para o Brasil.

Depois de uma passagem por Campinas (SP), eles vieram para Goiás, estabelecendo-se primeiro em Goianira, antiga São Geraldo. Depois a família foi se esparramando, fazendo história em Inhumas, Nova Veneza. A família era muito grande e se enraizou por ali. Todos eram comerciantes.

Uma curiosidade histórica: na época em que meu avô foi comerciante em Nova Veneza, a Coluna Prestes passou por lá aterrorizando a cidade. Entraram no armazém do meu avô e saquearam, levaram o que puderam. Assim conta um historiador da cidade Sr. Eleildo Stival, de origem italiana.

Em 1945, meus avós, já casados, se mudaram para Anápolis, levando com eles sete filhos, os quais são: Carmem, Eluff (meu pai), Marlem, Lizete, José Gadia Filho, Leila e Ivan, todos nascidos em Nova Veneza. Uma curiosidade sobre meu pai é que ele jogou futebol profissionalmente e era conhecido como Eluff, "O mestre". Começou aqui em Anápolis no

---

[1] Sobrenome de origem aramaica, significa cordeiro.

Ipiranga Atlético Clube, passou pelo Botafogo de Ribeirão Preto, depois de ter recusado proposta do São Paulo Futebol Clube, foi para Brasília trabalhar na NOVACAP e Jogar no Grêmio Esportivo Brasiliense, sendo campeão no primeiro campeonato de Brasília em 1959, realizando antes mesmo da inauguração oficial da cidade. Passou também pelo Clube de Regatas Guará, entre outros. O fato é que gerações vão se sucedendo e temos muito orgulho de nossa origem.

Filhos do casal Jorge Abrão Gadia e Laura José Issy:

1   ABRÃO JORGE GADIA
2   BADÚ GADIA
3   MIGUEL JORGE GADIA
4   JOSÉ JORGE GADIA
5   ANÍZIO GADIA
6   BADIA GADIA
7   NADMA GADIA
8   ANTÔNIA (TUNICA) GADIA
9   ALZIRA GADIA
10 JOANA GADIA
11 ANÍZIA GADIA

O senhor nasceu em Nova Veneza, município edificado pela colônia italiana. Como era a convivência de vocês, árabes, com os italianos?
Marlen Gadia, filho de José Jorge Gadia – Lá havia muito mais italianos do que árabes. Era uma convivência muito tranquila, de muita amizade. Lembro-me que nos dávamos bem com todos eles. Entre essas famílias italianas estavam a dos Stival e a dos Peixoto.

José Gadia Neto, Marcus Gadia e Marlen Gadia, entrevistados por Guilherme Verano

A presença árabe em Anápolis

Família Gadia, em Goianira (GO). Abrão Gadia, José Gadia, Miguel Gadia, Gires Sahium (tio avô de Pedro Sahium), Badú Gadia, Jorge Abrão Gadia, Laura José Issy, Nadma Gadia, Badia Gadia (esposa de Gires Sahium), Joana Gadia, Alzira Gadia, Anízia Gadia e Antonia Gadia

Como era a convivência com seu pai?

Era enérgico. Lembro-me que, na hora do almoço, ele não almoçava enquanto todos os seus sete filhos não estivessem sentados à mesa.

O que você guarda da sua infância em relação à convivência com a colônia sírio-libanesa?

José Gadia Neto, filho de Marlen Gadia e Neuza Miguel — Eu sempre fui muito interessado na história das minhas duas famílias, que são libanesas. A lembrança que eu guardo é da Rua Sócrates Diniz, a gente brincando, ao lado do seu Halim Helou, era uma turma grande de libaneses. Tinha o Sérgio, filho do seu Halim, o Omar, o Jorge, o Haninha, o Camilo, a Beth, a Janete.

O meu avô era muito bom, e a minha avó também, mas o meu avô principalmente era muito carinhoso, dava balinha, dava dinheiro. Embora fosse muito enérgico. Às vezes eu ligava para o comércio da nossa família para falar com meu pai, mas quando meu avô atendia nem sempre eu tinha coragem de falar com ele. E quando falava, ele dizia: "Menino seu pai está trabalhando, para de incomodar ele". Pelo lado da minha mãe eu tenho de falar sobre minha avó, Adiba Miguel, que veio do Líbano com seis anos junto com os irmãos e para onde nunca mais voltou. Convivi com ela até 1995, quando faleceu e eu, infelizmente, estava nos Estados Unidos. Eu adorava ouvi-la falando árabe na feira e em festas e por vezes ela me relatava sobre a vontade de visitar o Líbano, chorando ao ouvir músicas de lá. Quando lá estive em

Irmãos Gadia: (E) José Gadia, Badú Gadia, Anízio Gadia, Miguel Gadia e Abrão Gadia

Irmãs Gadia: (E) Antônia (Tunica) Gadia, Alzira Gadia, Nadma Gadia, Badia Gadia, Joana Gadia e Anízia Gadia

A presença árabe em Anápolis

2010, visitei Beirute e Trípoli, a cidade dela, por oito dias, e sua lembrança me veio à mente. Uma história curiosa foi que, conhecendo a cidade, caminhando o tempo todo, eu parei diante de um muro e tirei uma foto, pois nele havia uma bandeira libanesa. De repente surgiram três caminhonetes com vários soldados, que me "fecharam" e chamaram. Em inglês, um deles pediu a câmera, perguntando o motivo de ter tirado a foto. Eu estava com a camisa do Brasil e falei que era descendente em visita ao país da minha avó. Ato contínuo, ele apenas pediu para que eu apagasse a foto, pois o local era um quartel general. Tremi um pouco, mas o alívio veio quando ele disse: aproveite sua viagem.

Eu gostaria que a senhora falasse como é a vivência de um lar árabe?.
Neuza Miguel, esposa de Marlen Gadia, pais de José Gadia Neto – Eu recebi uma boa educação da minha mãe, Adiba Miguel, e do meu pai, Miguel Jorge, que veio de uma família tradicional. A gente teve uma criação na qual o respeito estava acima de tudo. Honestidade, honra e caráter foi o que herdamos da minha família. Meu pai e minha mãe vieram do Líbano, minha mãe veio de Trípoli com 6 anos, e nos criaram assim, dentro da honestidade e do trabalho, e sempre respeitando os pais e os avós e pedindo bênção.

Meu filho, José Gadia Neto, morou nos Estados Unidos por 16 anos, e quando ligava para o Brasil ele tomava bênção, o que era motivo de brincadeira entre os amigos. Eu tenho dois netos que moram nos Estados Unidos, Marlen Gadia Neto e Guilherme Torres Gadia e quando chegam, tomam bênção, assim como o Enzo Gadia, que mora em Goiânia. É uma família que dá muito orgulho para gente, pois vem lá do berço o caráter. Eu tenho ainda as irmãs Suelene de Fátima Nascimento, a Sueli de Fátima, Maria Lúcia Miguel, Kalil Miguel e Jorge Miguel.

Marcus Gadia e família:
(E) Samir Eluff, Rayane,
Lucia Aji, Rachel e Marcus

Como é a vivência num lar árabe?

Dora Gadia, esposa do Eluff, mãe de Marcus Gadia – Foi muito tranquila. Eu me dava muito bem com meus sogros José Gadia e Nadma José e com meus cunhados. A minha família é de origem portuguesa e acabei me adaptando à tradição árabe da casa sempre cheia de amigos e parentes.

Lúcia Aji Kounboz Gadia, esposa de Marcus Gadia – Marcus é uma pessoa muito querida por todos. Sempre pronto para trabalhar a com todos que o procuram. Se receber um telefonema de madrugada pedindo para ajudar a descarregar um caminhão de carvão, ele estará lá. Tem um temperamento um pouco nervoso, mas é justo. Embora não tenha nascido no Líbano, os seus princípios trazem muito da nossa cultura árabe. Sou filha de Jorge Aji e Loreti Dahea. Meu pai é irmão da Najla Zac Zac e eles vieram da Síria para o Rio de Janeiro, onde se casaram. Lá ele foi feirante e minha mãe costureira de roupas infantis. Depois vieram para Anápolis pelas mãos do meu tio Elias. Os parentes da minha mãe ficaram no Rio de Janeiro e os do meu pai, que faleceu com apenas 49 anos, constituíram numerosa família aqui.

José Gadia Neto

 Entrevista realizada em abril de 2014

Família Gebrim

Entrevista do advogado William Gebrim, filho de Ésper Gebrim e Maria Brasília Aquino Gebrim, ao programa "Árabes no Centro-Oeste"

Qual a sua origem familiar?
Minha família veio da Síria. Meus avós vieram da Síria, de Cafun, uma região maronita. Vieram para cá nos idos de 1912. Meu avô era José Elias Challe. É um nome diferente dos árabes que a gente conhece. Ele veio para o Brasil, e diferentemente da maioria dos árabes, lidou com mineração de cristal na região de Cristalina, em Goiás, e ali ficou por algum tempo, mas acabou falecendo muito novo, acometido de várias doenças tropicais.

Minha avó, Joana Gebrim, vem de Cristalina para Anápolis, onde se estabeleceu. A ferrovia passava na Praça Americano do Brasil, onde ainda tem a estação. Ela foi a primeira moradora acima da estação, na rua Leopoldo de Bulhões, e lá viveu com os filhos até falecer, em meados da década de 90. De todos os membros da minha família, eu tive contato muito próximo a ela. Era muito conhecida aqui em Anápolis por ser benzedeira. Ela pegava um galhinho de arruda e benzia as crianças, os velhos e toda sorte de doenças que tinha e que, às vezes, não tinham tratamento. Ela era procurada para fazer esse tratamento.

Quem assistia às sessões de benzimento achava tudo muito curioso – ela falava em árabe todo o tempo, não falava em português, apesar de já ser fluente em português. E depois que terminava de benzer, aquele galho de arruda estava seco. Cada um acredita na fé que tem, mas ela curava, ela curou muita gente. Fazia isso gratuitamente e a qualquer hora, sempre que alguém batia à porta da casa dela. Os árabes, em geral, levavam seus filhos para ela benzer.

Existe aquela antiga tradição judaico-cristã de que você tem que receber o viajante. Qualquer pessoa que procurasse refúgio ou alimento naquele lugar ele teria que encontrar. Tanto na casa da minha avó, quanto na casa dos amigos dela, ali em volta, sempre estiveram de portas abertas. Sempre acolheram pessoas que iam se socorrer de alguma forma e do pouco que eles tinham sempre dividiam. Na porta da casa da minha avó, os garis, quando passavam limpando a rua, sabiam que encontrariam um pão, um copo de café e um copo com água. Todos os dias eles chegavam para receber isso dela. Os árabes, em geral, são hospitaleiros, são atenciosos.

O que o senhor pegou da criação árabe?

A minha mãe é pirenopolina. Meu pai morava em Anápolis e acabou se encontrando com ela em Pirenópolis, em um baile, e acabaram se casando. Vieram morar em Anápolis junto da casa da minha avó. Então, eu e meus irmãos nascemos muitos próximos da minha avó, Joana. Ela nos ensinou que primeiramente devemos ser honestos. Você tem que ter moral, você tem que ter honra. Depois disso, você aprende a trabalhar. Eu fui criado com muita rigidez nessas questões, muito bem orientado pelo meu pai, e tive a oportunidade de conviver com outros árabes que também me ensinaram muita coisa. Eu fui criado com esses valores, não exatamente com a cultura árabe.

Vamos falar um pouco do seu pai. Em que ele trabalhava, aqui?

Ele trabalhava no cinema, no antigo Cine Imperial, juntamente com o meu tio. Meu pai trabalhou com o meu tio no cinema durante muitos anos, até atingir certa maturidade, depois foi trabalhar em um banco. Ele foi trabalhar com o doutor Sócrates Diniz no Goiás Bank. Ele trabalhou com o doutor Sócrates durante muitos anos. Trabalhou em Ceres, Rialma, Jaraguá, e cuidava dessas agências nesses locais. Depois, quando o banco fechou, meu pai foi trabalhar no Banco do Comércio e Indústria de São Paulo, o antigo Comind, e ficou nesse banco até se aposentar.

E fica o exemplo da colônia árabe, que tratava bem os seus velhos, e os seus jovens respeitavam os seus patriarcas. Então, esse exemplo que eles nos deixaram é muito importante. Aqueles que quiserem e perceberem isso, podem fazer um mundo um pouquinho melhor, preservar um pouco mais essa característica da sociedade árabe que veio para o Brasil.

William Gebrim entrevistado por Guilherme Verano

Constituição familiar

Ésper Gebrim, casado com Maria Brasília Aquino Gebrim, tiveram os filhos:

1. APARECIDA
2. ÉSPER JR.
3. LÍDIA MARIA
4. WILLIAM ULISSES, que foi nosso entrevistado.

Entrevista realizada em 20 de novembro de 2011

Família Ghannan

Rodolf Mikel Ghannan[1] nasceu em Trípoli, no Líbano, no dia 15 de agosto de 1931, filho de Miguel Alfredo Ghannan (Carneiro) e Waded Assad Joulcadar Miguel Ghannan. Ao emigrar para o Brasil em 1950, veio direto para a cidade de Ceres (GO), onde tinha um amigo da família Bittar que era comerciante. Com pouco tempo de Brasil, ainda sem documentos brasileiros, sem dominar o idioma, começou de forma surpreendente a fazer viagem de caminhão dirigindo sozinho para São Paulo (SP), para entregar banana e café na Ceasa. Montando um bar em Ceres em sociedade com um dos seus irmãos, começou a trazer cereais para Anápolis, vendendo para o armazém do pioneiro árabe anapolino, Razem Elias, de quem mais tarde se tornaria sogro.

Empresário bem-sucedido, era apaixonado por futebol, pela equipe do Ipiranga Atlético Clube (extinto), uma das então três grandes agremiações anapolinas, nela atuou como tesoureiro e diretor de futebol.

> Certa vez, quando houve um jogo aqui em Anápolis entre o Ipiranga e o Goiânia Esporte Clube, o árbitro roubou descaradamente a favor do Goiânia. Meu pai, inconformado com a sua atuação, deixou o estádio mais cedo e foi esperá-lo no Posto do Japonês, a caminho de Goiânia, onde sabia que ele parava para tomar café. Assim que o árbitro chegou lá, meu pai e ele entraram em luta corporal. Era uma paixão desenfreada.
>
> Jorge Maurício Ghannan

Adélia Cecílio, esposa de Anysio Cecílio, contou para Jorge Maurício Ghannan que seu pai, sendo parente dela, todas as vezes que ia à Anápolis se hospedava em sua casa. Numa dessas tantas vezes, viu do outro lado da rua, uma mocinha que lhe chamou a atenção e perguntou, pra um dos filhos dela, quem era aquela bonita mocinha. Ele respondeu que era filha do senhor Razem

---

[1] Faleceu em Anápolis, no dia 8 de dezembro de 1979.

Elias e que ela tinha uns irmãos bravos demais. Falou que principalmente o irmão mais velho, de nome Miguel, era um cão. Depois emendou em seguida: "Você pelo amor de Deus não arruma confusão com esse povo". Não desistindo do intento de conhecer a bonita mocinha, fez uma aposta audaciosa para o filho de Adélia Cecílio. "Aposto uma caixa de cerveja com você que dentro de três dias vou levá-la comigo ao cinema". Feita a aposta, Rodolfo Mikael Ghannan ganhou. Realmente, ele entrou no cinema junto com a mocinha bonita, sua futura esposa, Odete Elias. Mas que os irmãos dela logo em seguida também entraram no cinema e a tiraram de lá, isso fizeram.

Rodolf Mikael Ghannan, a esposa Odete e o filho Jorge

Foto retirada do livro *História da Câmara Municipal de Anápolis – Memórias de Anápolis*, de Júlio Alves

Constituição familiar

Filhos do casal Miguel Alfredo Ghannan (Carneiro) e Waded Assad Joulcadar Ghannan, por ordem cronológica de Nascimento:

1 RODOLF MIKEL GHANNAN, casou-se em 1953, com Odete Elias, nascida em Anápolis, em 1937, filha dos sírios Razem Elias e Kouqueb Miguel Bachur. Filhos do casal, por ordem cronológica de nascimento:
 1.1 William Rodolf Ghannan, empresário e comentarista esportivo, foi casado com Suzete Cecílio. Pais de:
  1.1.1 Rodolf Mikel Ghannan Neto
  1.1.2 Jéssica Cecílio Ghannan. Em novo consórcio com Heliene Borba Ghannan, são pais de:
  1.1.3 Natália Rodolf Ghannan
  1.1.4 Laura Rodolf Ghannan
 1.2 Grace Patrícia Ghannam, advogada, casou-se com Ralf Antônio Macedo. Pais de:
  1.2.1 Raisa Ghannam Macedo

1.2.2 Bruna Ghannan Macedo

1.2.3 Ralf Antônio Macedo Filho

1.3 Jorge Maurício Ghannan, empresário, casou-se com Renata Farinha Ghannam. Pais de:

1.3.1 Jorge Maurício Ghannan Filho

1.3.2 Frederico Farinha Ghannan

2 MÁRIO MIGUEL GHANNAM[2], nasceu em Goiânia, no dia 13 de julho de 1949. Graduado em Direito e Letras Vernáculas. Empresário e político, foi presidente da Câmara Municipal de Goiânia e deputado estadual. Presidiu a Central de Abastecimento do Estado de Goiás – Ceasa. Casou-se com Ângela Rosania Ghannan. Pais de:

2.1 Lorena Ghannan

2.2 Larissa Ghannan

2.3 Mário Miguel Ghannan Filho

2.4 Marcos Ghannan

Jorge Maurício Ghannan

Mário Miguel Ghannan

Entrevista realizada em 15 de julho de 2009

Família Habash

Os irmãos palestinos Hassan Hussein Habash e Rachid Hussein Habash foram tentar a vida no Brasil. Hassan imigrou no ano de 1956, e Rashid em 1961. Eram naturais de Silwad, cidade situada na Palestina, contando com uma população de cerca de 10 mil habitantes.

Deixaram a Palestina pela crise causada pela ocupação israelense. Lá, ficaram seus familiares, esposas e filhos, que, só anos depois, puderam ser trazidos para viverem no Brasil.

Escolheram Goiás para morar, trabalhando inicialmente como mascates, vendendo roupas. O estado já portava nessa época uma farta presença de sírios, libaneses e, em menor escala, palestinos.

Hassan Hussein Habash

Hassan Hussein Habash retornou a Silwad no ano de 1965, permanecendo por lá quatro anos. Em 1969, Hassan, que também era poeta e músico, trouxe de lá a esposa Alya e os filhos, Marouf, Aref e Areef para o Brasil, residindo primeiro em Salvador (GO), onde tiveram mais três filhos, para depois morar na cidade de Jaraguá (GO), ficando próximo ao seu irmão Rachid, que residia em Rianápolis. Em 1976, mudou definitivamente para Arapongas (PR), onde veio a falecer no ano de 2012.

Rachid Hussein Habash

Seu filho mais velho, Marouf Habash, casou-se com Khadija Allan e reside com seus familiares na cidade de Anápolis. A única exceção é a do filho primogênito Najat, que mora na Palestina.

Constituição familiar

Filhos do casal Marouf Habash e Khadija Allan, por ordem cronológica de nascimento:

1. NAJAT
2. MARIAM
3. HASSAN
4. NAHLA
5. NÁDIA
6. SAMIA

Marouf Habash – 1974

Os demais filhos de Hassan Hussein Habash: Aref, Areef, Arafat e Naouaf moram no Paraná. Sua única filha, Aida, reside uma temporada no Líbano e outra no Brasil.

O irmão de Hassan, Rachid Hussein Habash, contraiu dois matrimônios. O primeiro com Fátima, com que teve os filhos Asmah e Hussein. Depois, casou-se com Maria Lima, com quem teve os filhos Samir, Samira, Yasser, Walid e Sirram. Faleceu no ano de 2002.

Entrevista realizada em fevereiro de 2016

Família Habka

O casal Issa Brahim Habka (1929) e Tâmara Bittar Habka (1931), naturais de Ain-Dabache, Síria, juntamente com o filho primogênito, Sohel Habka, de apenas seis meses de idade, vieram para Brasil em 1953, diretamente para a cidade goiana de Ceres, justamente no ano em que o município foi criado. Lá residiam os irmãos de Issa, Calixto Habka, Tamine Habka e Elias Habka.

Nesse município eles se estabeleceram, trabalhando inicialmente com o comércio de secos e molhados e também com compra e venda de cereais. A cidade de Ceres, que nasceu das costelas da Colônia Agrícola Nacional, criada pelo presidente Getúlio Vargas na década de 1950, já aportava nessa época uma boa presença de sírio-libaneses, muitos deles oriundos da cidade de Anápolis (GO), com a qual mantinha forte embate comercial.

Calixto Habka, precursor do deslocamento familiar para Goiás

No ano de 1970, com a prole acrescida pelos três filhos que nasceram em Ceres, a família de Issa assentou domicílio residencial na cidade de Anápolis, para que os filhos pudessem continuar seus estudos. No entanto, a atividade comercial de Issa Brahim Habka era mantida em Ceres. Apenas nos finais de semana ele ia para Anápolis encontrar a família. Issa Brahim Habka morreu em outubro de 2007.

A sequência da história familiar é contada por Mário Habka, que há mais de 40 anos reside em Brasília (DF), onde se tornou empresário na área de supermercados. Vice-presidente da Associação Brasileira de Supermercados, apaixonado pelo futebol, torcedor do Botafogo de Futebol e Regatas, sempre pratica suas *peladinhas* nos finais de semana, oportunidade de reencontrar seus muitos amigos anapolinos, como também seus patrícios descendentes da colônia árabe de Anápolis:

Mário Habka

Em 1972, eu vim para Brasília estudar. Meu pai continuou trabalhando em Ceres e vinha nos finais de semana para Anápolis. Meu irmão Sohel foi para Uberaba (MG) e se formou em Engenharia. Depois voltou para Ceres e foi trabalhar com meu pai em seu comércio, não exercendo a sua profissão. Além de estudar em Brasília, trabalhei no serviço público federal, no Serpro (Serviço de Processamento de Dados). Quando saí do Serpro, montei um pequeno comércio, um mercadinho, que se tornou um conceituado supermercado de Brasília: o Big Box Supermercado, com mais de vinte anos de funcionamento. Quando montei o mercadinho, foi um desafio muito grande. No início do governo Collor, lutei muito forte, não tinha horário, trabalhava das seis da manhã às dez da noite, todos os dias, sem exceção para os domingos e feriados.

Eu trabalhava sozinho, sem funcionários. O mercadinho ficava na 106, Norte, deve estar lá, até hoje, de vizinhança muito boa.

Atualmente, quando se fala no Big Box, todo mundo o conhece. Crescemos com a ajuda do meu irmão Alberto, mais conhecido como Tanga, com a ajuda de Jorge Helou, meu cunhado,

Da esquerda para a direita, o casal Jorge Helou e Soheila Habka Helou e seus irmãos: Nádia Habka e Mário Habka.

casado com a minha irmã Soheila Habka. Depois veio trabalhar com a gente também a minha outra irmã Nádia.

Já fui vice-presidente da Associação Brasileira de Supermercados e presidente da Associação Brasiliense de supermercados durante quatro anos. Somos totalmente integrados no ramo, a gente conhece todo mundo, temos um vínculo muito forte com a comunidade de supermercados de Brasília.

A minha família muito se integrou à comunidade árabe de Anápolis; além das amizades, que são fortes, houve também a integração familiar matrimonial de vários de nossos membros. No fundo, somos uma grande família.

Voltando a falar de Anápolis, apesar de eu ter ficado lá apenas dois anos, quando vim para Brasília, quase todos os finais de semana eu ia para lá. Depois que você abre seus negócios, casa, tem seus filhos, fica mais complicado e acaba se distanciando involuntariamente de lugares e pessoas de que gosta, como é o caso de Anápolis.

Eu fui casado com a Claudine Duarte, filha do Haroldo Duarte e da Tânia Maria Divina Duarte, pessoas de reconhecida tradição na cidade de Anápolis.

Quanto a Anápolis, de agora e do futuro, é uma cidade que tem tudo para crescer mais ainda, tem um grande potencial, em função do seu forte parque industrial, seu comércio é expressivo por causa da crescente melhoria de renda da sua população. Algo muito importante seria prestar atenção no seu desenvolvimento urbano para não acontecer a deterioração da qualidade de vida.

Constituição familiar

Filhos do casal Issa Brahim Habka e Tâmara Bittar Habka, por ordem cronológica de nascimento:

1. SOHEL HABKA – Nasceu em Ain-Dabache, Síria. Graduado em Engenharia Civil. Faleceu em 2008.
2. MÁRIO HABKA – Nasceu em Ceres (GO). Graduado em Administração de Empresas.
3. SOHEILA HABKA – Nasceu em Ceres (GO). Graduada em Biomedicina.
4. NÁDIA HABKA – Nasceu em Ceres (GO). Graduada em Educação Física.
5. ALBERTO HABKA (Tanga) – Nasceu em Anápolis. Graduado em Veterinária.

Entrevista realizada em 19 de dezembro de 2008

Família Hajjar

A bucólica aldeia de Bdada, perto de Safita, na região Sudoeste da Síria, é o berço natal da família Hajjar. A topografia local é bem singular, sendo dividida em parte montanhosa e parte baixa da aldeia. A parte montanhosa é habitada quase que tão somente pelos Hajjar.

Os primeiros Hajjar a chegarem a Anápolis (GO) foram Dib Hajjar (Hajjar em português significa pedreiro), que aportuguesou seu nome e sobrenome para João Pedreiro, trazendo, posteriormente, sua esposa Alexandra Hajjar e seus filhos Messias e Miguel, nos prelúdios da década de 1920. Antes de aportar em Anápolis, João (Dib) Pedreiro havia tentado a sorte econômica nos Estados Unidos e na Argentina. João (Dib) Pedreiro se tornou um próspero comerciante no ramo do café, tendo sido ele o primeiro, em sociedade com Anísio Cecílio, a instalar em Anápolis uma máquina de beneficiar café.

João (Dib) Pedreiro e a esposa Alexandra Hajjar, precursores da Família Hajjar em Anápolis

Posteriormente, por volta de 1945, a família mudou-se para Uberlândia (MG). Lá, João Pedreiro faleceu em 1949 e a esposa, no ano de 1975.

Miguel Pedreiro foi uma das pessoas que acreditou no desenvolvimento local. Entre as suas obras de cunho comunitário destaca-se a doação de expressiva quantia de dinheiro para fazer chegar ao município as linhas metálicas do telégrafo, o mais avançado meio tecnológico de comunicação da época.

Com a quebra (*crash*) da Bolsa de Nova Iorque, em 1929, e consequente queda do preço do café, confisco e queima do grão no Brasil, houve uma crise geral no país. No auge da crise, os irmãos Messias e Miguel se mudaram para Uberlândia (MG), onde se reergueram economicamente, tornando-se dois dos mais prósperos comerciantes do Triângulo Mineiro.

Casal Jorge Pedreiro e Samira Elias

Miguel Pedreiro foi também o responsável pela vinda do seu primo Jorge Abrahão Farah Hajjar (que também aportuguesou seu sobrenome para Pedreiro) para Anápolis no ano de 1927. Ele, por sua vez, haveria de trazer seu irmão Farah Brahim Hajjar, pai de Afif Farah, para os eitos anapolinos.

Jorge Pedreiro[1], nascido na Síria em 1910, contraiu matrimônio em 1931 com Samira Elias[2], filha de Carlos Elias, e nascida na também Síria, em Anfarne, coincidentemente, no mesmo ano do esposo, em 1910. Ele foi um dos primeiros árabes que havia chegado a Anápolis, na década de 1900. No ano de 1947, já na condição de bem-sucedido comerciante, trouxe da Síria o irmão Farah, que chegou a Anápolis no início de 1948 para trabalhar com ele. Dois anos depois, em 1950, Miguel Pedreiro e Jorge Pedreiro bancaram a vinda de outros Hajjar: Kaltoum Daud Hajjar (mãe de Farah e Mikhail), Mikhail Ibrahim Hajjar, a esposa dele Marta Hajjar, seus filhos Rizek, Georges e Ibrahim Hajjar[3], Wahibe Brahim Hajjar (esposa de Farah) e seus filhos Afif (primogênito), Afuf, Mariana, Haddo e Samir.

---

1 Faleceu no dia 18 de fevereiro de 1992.
2 Faleceu no dia 21 de novembro de 1979.
3 Faleceu no dia 18 de janeiro de 2013.

A presença árabe em Anápolis

Detalhe curioso dessa viagem dos Hajjar foi a vinda da senhora Kaltoum Daud Hajjar, que contrariou todos seus parentes que ficaram na Síria. Por causa da sua idade, quase nonagenária, temiam que ela não aguentasse a viagem. Ela não só aguentou a odisseia que era a viagem naqueles idos, como ultrapassou a casa dos 100 anos, vindo a falecer em Anápolis, na primeira metade da década de 1960. A senhora Kaltoum construiu uma história especial que é só sua. Ela se tornou a imigrante árabe mais idosa a fincar raízes na cidade de Anápolis.

Outro dado curioso dessa viagem proporcionada por Miguel Pedreiro (bancou o custo da viagem) e Jorge Pedreiro (irmão de Farah e Mikhail, deu guarida e emprego em Anápolis), foi a que representou a maior chegada de uma família árabe para Anápolis, num total de 12 pessoas.

Constituição familiar

Filhos do casal Jorge Pedreiro e Samira Elias Pedreiro, por ordem cronológica de nascimento:

1   ABRAHÃO PEDREIRO – nasceu no em 1932, faleceu em tenra idade.
2   CARIM FARAH PEDREIRO[4] – nasceu no dia 25 de março de 1934, casou-se com sua prima Maria Hajjar, pais de quatro filhos.
3   NACIMA ABRAHÃO – nasceu no dia 30 de novembro de 1935, viúva de Orlando Bizinoto, pais de 5 filhos.
4   KALTOUM ABRAHÃO FARAH – nasceu no dia 22 de agosto de 1937.

Da esquerda para direita: Nacim (irmão de Kaltoum Abrão Farah e Jorgeta Abrão Farah), Marlene (esposa de Nacim), Edna (esposa de Amir), Amir ao lado das irmãs Kaltoum Abrão Farah e Jorgeta Abrão Farah

---

4   Faleceu em 1999.

5   NACIM ABRAHÃO FARAH PEDREIRO – nasceu no dia 17 de março de 1939, casou-se com Marlene Xavier, com quem teve três filhas.

6   SOFIA PEDREIRO – nasceu no dia 21 de janeiro de 1941, casou-se com Edson Paniago, com quem teve dois filhos.

7   JORGETA ABRAHÃO PEDREIRO – nasceu no dia 17 de agosto de 1942.

8   NEUSA PEDREIRO – nasceu no dia 17 de agosto, viúva de Magid Miguel, com quem teve três filhos.

9   CARIME ABRAHÃO PEDREIRO[5] – nasceu em 1946.

10 JANETE PEDREIRO – nasceu no dia 8 de setembro de 1948, casada com Silvio Augusto Luz, com quem teve quatro filhos.

11 AMIR ABRAHÃO PEDREIRO – nasceu no dia 21 de novembro de 1951, casado com Edna Cunha, com quem teve três filhos.

Jorge Pedreiro por Afif Farah Brahim Hajjar

O sobrinho, Afif Farah Brahim Hajjar[6], assim se referiu ao tio Jorge Pedreiro:

Quando chegamos aqui, ele já tinha arrumado casa para nós e para meu tio (Mikhail Ibrahim Hajjar), estava tudo pronto. Mandou nos buscar com passagem paga. Meu tio comprou para nós um bar que funcionava quase 24 horas e que atendia principalmente os passageiros da Estrada de Ferro. Comecei a ajudar no bar, foi assim que aprendi o idioma. Ficamos uns três anos trabalhando com isso. Depois, a situação do meu tio ficou ruim e ele teve que vender o bar para pagar dívidas. Junto com meu tio Miguel, guardei as mercadorias que sobraram do bar em um armazém vazio do Carlos Elias (sogro de Jorge Pedreiro), que nos emprestou o espaço.

Nesse período, fui auxiliar o patrício Abdala Badauy, que tinha a visão bem fraca, na conferência do recebimento de mercadoria como arame, sal, farinha de trigo e açúcar. Os produtos chegavam de carroça e eu era o responsável pelo recebimento de tudo.

Um dia, o Abdala mandou a gente, eu e meu tio Mikhail Ibrahim Hajjar, abrirmos um armazém onde havíamos guardado os estoques de mercadoria que trouxemos quando do fechamento do bar. Os estoques estavam guardados bem ao lado do comércio dele. Mas eu disse para ele que a mercadoria era pouca e que ficaria feio abrir um armazém sem estoque. Então, ele disse que iria mandar os viajantes venderem para nós. Logo em seguida, escrevi uma carta em árabe para meu tio Miguel Pedreiro, que estava em São Paulo, dizendo que estávamos em situação econômica ruim. Ele estava bem de situação e não tinha filhos. Logo ele começou a comprar algumas mercadorias importadas da França e Inglaterra, como ferramentas,

---

5   Faleceu no dia 13 de maio de 2006.
6   Faleceu no dia 20 de dezembro de 2015.

ferragem e soda. Ele comprava dos importadores e eu enviava-lhe o dinheiro para pagá-lo. Aí, nós fomos desenvolvendo, o negocio, crescendo e; registrei o comércio como Armazém Goiás, em sociedade com meu pai e meu tio Miguel Hajjar.

Farah Brahim Hajjar

Os primeiros a chegar foram Dib Hajjar com Messias Pedreiro e o Miguel Pedreiro, sendo que "Dib" era nome original que depois se tornou João Pedreiro. Depois de se estabelecer no Brasil eles trouxeram o Jorge Pedreiro para ajudá-los, que logo prosperou e acabou trazendo o Farah Brahim Hajjar inicialmente sozinho. Após alguns anos, em 1948, o Miguel Pedreiro resolveu visitar os parentes que haviam ficado na Síria e ajudou a trazer o restante da família do Farah. Para não trazê-los sozinhos, pois a dona Wahiba ainda tinha filhos pequenos, resolveu também trazer o Miguel Hajjar com a esposa Marta e os filhos nascidos lá, Rizek Mikhail (José Miguel), Georges e Ibrahim (Hanna). Fato curioso foi que o Afif estava com conjuntivite e não poderia embarcar sendo necessário dar um "agrado" para os fiscais e com o pouco dinheiro  que tinham ele quase acabou ficando. Quando por aqui chegaram o Jorge Pedreiro comprou um bar chamado Karajá, que ficava na rua General Joaquim Inácio com a Barão do Rio Branco, no qual o Miguel Hajjar e o Afif, filho do Farah, trabalharam juntos para posteriormente abrirem um armazém de secos e molhados. Quando os filhos cresceram as coisas mudaram e houve uma separação da sociedade em Armazém Goiás pelo lado do Miguel Hajjar, com os filhos José Miguel e Georges, e Armazém Triângulo por parte do Afif e do Hado Hajjar, sendo que antes o pai, Farah, chegou a trabalhar com cereais. No início do Armazém Goiás, então Miguel Hajjar e Filhos e ainda sem muito capital, o Miguel foi até a cidade de     Uberlândia-MG pedir ajuda ao Messias Pedreiro, fato este que ajudou a alavancar o negócio. Por outro lado o Armazém Triângulo, tendo no Hado uma figura muito forte fisicamente, trabalhador aoextremo, bom comerciante e com o Afif na retaguarda, prosperou. Por último entrou o irmão mais novo, Samir, e com a morte do Hado os filhos e sobrinhos também começaram a participar do negócio. Falando ainda do Hado, ele era figura que ajudava muito os familiares e adorava o futebol, em especial o Anápolis Futebol Clube, que tem um capítulo especial nesta obra no qual constam histórias envolvendo o próprio Hado. Com o encerramento das atividades do Armazém Triângulo cada um seguiu outros caminhos.

Constituição familiar

Farah Brahim Hajjar e Wahibe Brahim Hajjar tiveram, além do já citado Afif Hajjar, os demais filhos:

1. AFIFE
2. MARIANA
3. HADO
4. SAMIRA
5. SAMIR

Afife casou-se com Issa Daguer e tiveram:

1. ISSA DAGUER FILHO
2. HELENA DE FÁTIMA
3. WAHIBE
4. SORAYA

Mariana, casada com Karim Pedreiro, tiveram:

1. JORGE ALBERTO
2. VÍTOR
3. VALÉRIA
4. MÔNICA

Hado, casado com Elzete, tiveram:

1. SURAMA
2. HADO
3. AFIF

Samira se casou com Jerjos Farah e tiveram:

1. SIMONE
2. DANIELA

Samir, casado com Míriam Abrahão, teve o casal:

1. LUDHMILA
2. ALEXANDRE

Hado Farah Ibrahim Hajjar.

Constituição familiar

Afif Fahah Brahim Hajjar foi empresário em Anápolis, presidente do Rotary Club, membro e fundador de loja Maçônica.

São, respectivamente, avós paternos e pais de Afif Farah: Brahim Hajjar e Kaltoum Daud Hajjar; Farah Brahim Hajjar e Wahibe Brahim Hajjar.

Do primeiro consórcio de Afif Fahah Brahim Hajjar com Carmélia Alves Hajjar, ocorrido no dia 31 de janeiro de 1961, nasceram os seguintes filhos:

*Visita de Miguel Pedreiro à Síria, em 1948.
Em pé: Elias Hajjar, Matheus Hajjar, Hanna Elias Jalis, Farah Ibrahim Hajjar.
Sentados: Miguel Pedreiro, Mikhail Ibraim Hajjar.*

1 AMIR HAJJAR
2 LEILA HAJJAR KOUBOS
3 SÉRGIO HAJJAR
4 NÁDIA HAJJAR DAHER

Carmélia Alves Hajjar faleceu em 1989. Afif, casado em segundas núpcias com Delma de Azevedo Ribeiro, não teve outros filhos.

Afif Farah Brahim Hajjar entrevistado por Ubirajara Galli

Afife Hajjar

Depoimento da irmã de Afif Hajjar, que também fez parte da grande imigração coletiva dos Hajjar para Anápolis:

Sou síria da aldeia de Bdada, e vim para cá com onze anos de idade. Aliás, tudo por lá era aldeia naquela época. Nosso começo aqui em Anápolis foi muito difícil. Meus pais eram muito pobres; meu pai se chamava Farah Hajjar e minha mãe Wahibe Brahim Hajjar. Meu tio, Jorge Pedreiro, um dos árabes pioneiros aqui em Anápolis que mexia com cereais, foi trazendo seus irmãos. Primeiro ele trouxe apenas o meu pai, que ficou trabalhando duro com ele, durante três anos, na cerealista. Depois desse tempo ele mandou o dinheiro da passagem para minha mãe e seus cinco filhos: Afif o mais velho, depois eu, a Mariana, Haddo e o Samir.

Meu tio Miguel Hajjar ficou doido para vir com a gente. Lá nós éramos vizinhos. Então, veio o Miguel Hajjar com a esposa (Marta Hajjar), o Rizek (José Miguel), o Jorge, o Ibrahim e a minha avó. Éramos mais de doze pessoas, viemos para a então casa velha, numa notável condição de pobreza. Na nossa casa a família se juntava para fazer o pão sírio no forno de pedra, construído em 1952 ou 1953, tão logo chegamos aqui.

Dona Marta era fabulosa, uma pessoa muito alegre, muito comunicativa, ninguém ficava triste perto dela. Ela aprendeu, no contato com o idioma português, a falar "bobageira", razão pela qual minha mãe brigava com ela.

Depois, meu pai saiu do trabalho com meu tio e abriu um barzinho de nome Karajá, que ficava na Rua do Mercadão, na esquina. Naquele tempo não existia rodoviária e as pessoas pegavam ônibus ali perto do bar.

Meu pai acordava às quatro da madrugada, abria o bar e depois chegavam meu tio Miguel Hajjar e meu irmão mais velho (Afif) para juntos trabalharem. Eles vendiam bolo para o pessoal que ia viajar, o ponto era muito movimentado.

Depois de algum tempo, meu irmão já rapazinho (Afif), o Zé Miguel e o Jorge, começaram a trabalhar lá como empregados, na década de 1950. Em seguida meu pai e o Miguel deixaram o bar para meu irmão e abriram um armazém na esquina da Rua 14 de julho. Eles trabalharam não sei quanto tempo como empregados, economizando o salário, guardado no banco, uma vez que não tinham despesa nenhuma na casa dos pais, com comida e roupa lavada.

Quando eles separaram a sociedade, Zé Miguel, Ibrahim e Jorge foram para um lado e Haddo e meu pai para outro. O Afif continuou no bar; eles começaram a trabalhar com armazém, que foi crescendo, melhorando, apesar da intencional e exagerada perseguição fiscal. Nós mulheres não ficávamos sabendo de muita coisa, mas eles sempre reclamavam que o que ganhavam era para a fiscalização, mas foram crescendo.

Meu pai (Farah Hajjar) era mediador nas questões da família, era conselheiro. Tratava minha mãe com o maior respeito, era companheiro em tudo e por tudo. Tinha um respeito fantástico para com todas as pessoas. Nunca o vi gritar com minha mãe e nem conosco. Até mesmo pedia licença pra cachorro sair do caminho.

Parabenizo os homens que valorizam o exemplo que receberam dos seus pais e sabem criar com respeito seus filhos. Atualmente está muito mais difícil criar os filhos, acabou grande parte do respeito que havia, e a gente coloca tudo nas mãos de Deus.

Tive quatro filhos: Helena de Fátima Daguer, Soraia Barrie, Wahibe, que levou o nome da avó materna, e o Issa Daguer Filho. Wahibe, apesar de ter nascida perfeita, adoeceu aos cinco meses de idade e viveu trinta e um anos. Ela não andava, não falava, não chorava, tinha crises, ficamos vários anos tratando dela em São Paulo (SP), Brasília (DF) e Goiânia. Até água na boca dava pra ela na colher. Soraia veio a falecer em 2001.

Mesmo cuidando da menina e dos nossos outros três filhos, eu ainda preparava pratos da culinária árabe para vender fora, como pão sírio, charuto, quibe assado. Tinha noite que eu não dormia, porém, dava conta de tudo.

Paralelamente ao sofrimento de nossa filha, Issa Daguer, meu esposo, ficou quatorze anos com câncer, com depressão, ele que era forte, sadio, falante, e teve a vontade, a determinação, após muitos anos, voltar a estudar, graduando-se em Direito.

A colônia sírio-libanesa sempre foi muito unida. Lembro-me de quando era solteira. A porta da nossa casa ficava aberta para todo mundo – não apenas para os sírios – o nosso engraxate, por exemp   mesa para comer conosco. Minha mãe fazia pão sírio, sequilho, e a casa era aberta para todo mundo.

Nossa religião é católica, meus pais tanto frequentavam a igreja São Sebastião – nós tivemos a divina graça de morar ao lado dela – como também a Igreja Ortodoxa.

Eu tenho vários netos e bisnetos. Meus filhos brigam comigo porque eu não lhes ensinei a falar o árabe. Quando meus pais eram vivos, eu até falava mais ou menos o árabe. Eu entendia tudo, mas respondia em português. Depois que eu perdi meus pais e, o conhecimento do idioma foi junto. Assim como meus filhos, também sinto a falta da língua árabe.

Felizmente, parentes e amigos a gente teve demais. Parentes que eu considero e que são amados de coração, apesar de não vê-los tanto, porque sem querer a gente falta com a visita.

Faleceu no dia 06 de outubro de 2019.

Soraya Daguer, Dona Afife e Daniela Hajjar Farah.

Mikhail Ibrahim Hajjar (Miguel Hajjar), em depoimento do seu neto Georges Hajjar Jr.

"Meu avô era o mais novo dos irmãos, muito expansivo, comunicativo e de trato fácil para fazer amizades. Os parentes de outras cidades na Síria e posteriormente no Brasil, sobrinhos e primos gostavam da sua cia e frequentemente o visitavam pois eram sempre muito bem recebidos. Muito forte fisicamente trabalhava desde criança na sua aldeia em Bdada, Síria, trabalhava como lavrador e cuidava da criação, sendo um homem basicamente do campo. Quando casou conseguiu comprar um par de camelos com os quais fazia fretes transportando pedras, trigo e cal entre outras coisas. Nós brincávamos com ele falando que era dono de uma transportadora, ao que ele respondia abrindo um largo sorriso. "Além dos fretes que fazia com os camelos meu avô também cultivava a terra herdada de sua esposa Marta, produzindo alimentos típicos da região como a azeitona, por exemplo, e assim tocavam suas vidas. Apesar de toda a dificuldade era generoso e compartilhava o pouco que tinha juntamente com minha avó Marta e de cuja união nasceram na Síria os três primeiros filhos, Rizek Mikhail (José Miguel), Georges e Ibrahim."

"No Brasil já com a esposa Marta e os três filhos nascidos, Rizek, Georges e Ibrahim, teve uma vida de muito trabalho, embora não tivesse muito estudo ele compensava isso com garra e esforço para proporcionar o melhor à sua família. Minha avó Marta teve papel fundamental, pois era o esteio da casa dando suporte ao meu avô sempre cuidando de todos. Ela ajudava no que podia, no cotidiano doméstico, seu esforço foi tamanho que teve a saúde fragilizada devido a tanta dedicação. Quando os filhos cresceram, já ambientados ao novo país, seguiram o exemplo dos pais, muito trabalhadores, e conseguiram melhorar a condição financeira da família. Mesmo com as dificuldades impostas à condição de imigrantes, poucos recursos financeiros, dificuldade no idioma e trabalho pesado no dia a dia, sempre a maior preocupação era o cuidado com todos, manter a família unida era o mais importante para eles, isso foi tão forte que até hoje influencia todos da família, passando para os filhos e netos."

"Algumas passagens ou relatos sobre meu avós que escutei dos mais velhos."

No dia 3 de março de 1991, Mikhail Ibrahim Hajjar, perdeu Marta Hajjar, a sua amada companheira de todas as travessias. Desde as travessias terrenas iniciadas na Síria, passando pela marítima de 1950 e vividas década, após década, aportadas em solo anapolino.

Passados sete anos da partida da esposa, no dia 19 de março de 2008, aos 93 anos, Mikhail foi ao encontro de Marta, quem sabe com o mesmo impulso de roubar-lhe um beijo, e que ocasionou o plantio fértil de uma especial geração dos Hajjar.

O jovem Miguel

Ele tinha o sonho de servir ao exército na Síria e numa das tentativas falou com a irma, dona Tamine, mãe do Elias Mokidissi, ela tinha uma pousada em Trípoli e conhecia um general cristão do exercito Sírio. Ele queria que ela escrevesse uma carta de recomendação para ingressar nas forças armadas e como sua irmã era contrária à ideia ela escreveu que ele estava sem juízo, era casado e já tinha filhos e pediu para o general mandá-lo de volta para casa, ela escreveu a carta de recomendação, selou e pediu para ninguém abrir a não ser o próprio general. Ao ler a carta, entregue pessoalmente pelo meu avô Miguel, o general seguiu a orientação, frustrando sua intenção o mandou de volta para casa."

O lenço

"Fato curioso se deu quando ele teve interesseem uma moça da aldeia deles e pediu a um amigo para comunicar ao pai dela sobre suas intenções. Dentro do contexto da época era comum que a família da noiva disponibilizasse um dote, mas o pai por ser de origem humilde não tinha condições de oferecer. Constatada a situação o irmão mais velho do meu avô, o Abouhanna, aconselhou que ele se casasse com a Marta, que era a filha do meio entre três irmãs de uma outra família com a qual guardava parentesco. Naquela época apenas os homens herdavam os bens e como eram apenas mulheres na família da minha futura avó, ela ficaria com um pedaço de terra de uma hakura (chácara), adquirido depois que os pais dela, Habib e Wagia, trabalharam na Argentina por certo tempo. Desta forma meu avô entendia que poderia iniciar uma família. O fato é que as duas famílias, Chahud e Hajjar tinham laços de parentesco. Meu bisavô Habib acabou falecendo cedo e meu avô decidiu procurar se aproximar da minha avó."

"Num certo dia minha avó Marta foi buscar água no córrego e meu avô Miguel tentou uma aproximação, tendo ela se esquivado e ele conseguiu ficar com seu lenço. Quando ela chegou em casa assustada e contou a história para a mãe, eles acabaram tendo de se casar para que ela não ficasse mal falada, apesar de uma situação tão inocente, muito embora o enlace tenha acontecido com a contrariedade da minha bisavó Wagia. Apesar da situação inusitada do enlace eles viveram uma vida plena juntos criando seus filhos primeiro na terra natal, a Síria, e depois no Brasil. Me lembro que quando os netos brincavam sobre essa história com minha avó ela ria muito e se meu avô estivesse por perto levava um beliscão."

Partida para o Brasil

"Em tom de brincadeira ele dizia que como tinha apenas dois camelos isso não era suficiente para pagar as despesas do dia a dia, a melhor decisão era de vir para o Brasil, mas brincava

que se tivesse pelo menos três não viria. Acabou vindo pela história já relatada neste livro, quando da visita do Miguel Pedreiro por volta do ano de 1948, que gostou muito dele e se emocionou, pois não tinha filhos, quando o camelo da família mordeu na perna meu tio José Miguel, ainda uma criança. Como o Miguel Pedreiro precisava trazer a família do tio Farah, que já estava no Brasil, e estava com receio de viajarem sozinhos, eram somente a mulher e os filhos pequenos, ele acabou decidindo custear a vinda do meu avô e família, assim podiam vir todos juntos.

Sr. Miguel na Síria ao lado de seu irmão Farah.

Marta Hajjar, em depoimento de sua filha Maria Hajjar Bittar

Personalidade alegre e cuidadora

"Minha mãe, Dona Marta, foi o pilar que sustentou a família, embora fosse muito simples e humilde. Ela tinha na personalidade a alegria e o prazer de servir, características que a tornavam muito querida por todos. A casa dela era de portas abertas, se chegasse um entregador de gás, por exemplo, ele não sairia sem um quibe ou um biscoito. Quando meu irmão Georges queria levar alguém do armazém para almoçar e não tinha tempo de avisar era para a casa dela que ele ia, pois sabia que algo estaria preparado. Ela fazia tanta comida e guardava que muitas vezes os convidados já estavam na sobremesa e ela vinha trazendo mais pratos, mas sempre com muito bom humor e sem reclamar da vida. Gostava de ter os filhos sempre por perto com as noras e netos juntos e sempre falava o que vinha na cabeça com muita transparência, sem se preocupar. Quando as mulheres da geração dela se reuniam para conversar e fazer crochê ela preparava quitutes, não tinha cerimônias e viveu com muita fibra para a família e amigos."

O poder dos quibes e outras histórias

"Ela morou muitos anos em apartamento no centro da cidade e daí surge uma história engraçada: Quando fazia quibe assado , o cheiro invadia o prédio, aguçando o apetite dos demais moradores, todos sabiam que a porta da casa dela sempre estava aberta e seriam bem recebidos, por isso vários deles deixavam de usar o elevador para poder passar na porta da cozinha dela na certeza de que seriam contemplados com quibes saindo do forno. Ela era tão popular que certa vez num evento na cidade de São Paulo meu avô foi apresentado para um patrício que dizia não se recordar dele, mas quando falaram que ele era esposo da "Dona Marta" a pessoa se lembrou dela na hora, fato esse que o deixou bravo. Brincalhona, ela pegava muito no pé do meu esposo Ésper. Quando havia algum churrasco ele fazia questão de preparar as carnes que ela gostava e a servia primeiro, ao que ela respondia de pronto que nem cachorro comeria carne tão dura."

A família sempre em primeiro lugar

"Notável também foi o cuidado dela com meu irmão Nacim, que tinha de fazer tratamento de saúde na capital paulista. Mesmo sem estudo ela ia sozinha com ele ainda criança e conseguia a simpatia de todos no hospital, desde as enfermeiras até os médicos, pessoas para as quais sempre levava lembrancinhas em forma de agradecimento. Ela ficou nesta rota de ir e vir por algum tempo e às vezes tinha que deixar o Nacim lá para voltar e cuidar dos outros filhos por aqui. Depois que ela se foi eu procurei assumir esse papel,

José Miguel, Ibrahim e Georges.

não deixando que nos dispersássemos sem a presença tão marcante dela. No Natal faço questão da presença de toda família, pois sei que ela ficaria muito feliz com isso. Acho que tem muito a ver com o fato de eu ser a única mulher entre seis irmãos."

Rizek (José) Mikhail Hajjar

Nos depoimentos que colhemos dos irmãos Hajjar (Rizek e Georges), que fizeram parte da histórica viagem da Síria para Anápolis (GO), reunindo, nada mais, nada menos do que doze integrantes da família, foram reveladas preciosas informações sobre o antes, o durante e o após a viagem, quando já tinham o pés e almas assentados na cidade de Anápolis:

No final de 1948, começo de 1949, meu tio (João Pedreiro) foi para a Síria rever os parentes, em Bdada, perto de Safita, onde fizeram uma grande festa para ele. Meu

pai tinha dois camelos para transporte e falou que estava na hora de dar comida para eles. Então, eu fui alimentar os bichos. Um deles estava tão nervoso que me mordeu na coxa e subiu comigo nas alturas e me soltou, jogando-me longe. Meu tio (João Pedreiro) falou para o meu pai: "Mas você é está ficando louco! Quase que perde um filho por causa de um camelo. Vai arrumar os seus documentos, arruma tudo que eu vou providenciar a ida de vocês para o Brasil". Assim foi feito. Depois de uns quatro a cinco meses, nós fomos para Beirute e embarcamos. Porém, na hora de embarcarmos, perdemos o Georges. Não estava entre a gente. Aí meu pai disse: "Deixa o Georges para trás, temos que ir embora". Minha mãe disse: "Eu não saio daqui sem meu filho". Na hora de embarcar, felizmente, apareceu o dono do hotel trazendo o Georges. Por curiosidade, Georges, tinha ido à frente ver os navios e quando voltou ao hotel, já havíamos ido para o porto.

Saímos de Beirute e gastamos uns 15 dias para chegar a Marselha, comendo apenas macarrão, no almoço, no café da manhã, no lanche. Ficamos oito dias por lá, esperando outro navio chegar, gastamos um mês na viagem. Descemos em Santos (SP), no dia 31 de julho de 1950. Depois fomos para a cidade do Rio de Janeiro. Na nossa chegada a Anápolis, meu tio Jorge Pedreiro já tinha arrumado tudo para gente. Meu pai começou a trabalhar com ele, na sua máquina de beneficiar café.

Quando chegamos a Anápolis, aqui tinha uma colônia muito grande de árabes. A nossa geração não sentiu nenhuma forma de discriminação por parte dos brasileiros. Hoje, no entanto, já não se vê mais com frequência a vinda de árabes para Anápolis (GO).

Constituição familiar

Nosso entrevistado, José Miguel (Rizek Mikhail) Hajjar, nascido em 27 de outubro de 1940 na cidade síria de Bdada e falecido em 31 de março de 2017, foi casado com Maria Lúcia Salomão Hajjar e tiveram as seguintes filhas:

1. VIVIANE HAJJAR FARAH
2. CRISTIANE HAJJAR
3. GRACE HAJJAR MILKI
4. CLÁUDIA HAJJAR GOMIDES
5. ÉRIKA HAJJAR NASSAR

A presença árabe em Anápolis

O Zé e o Sr. Rizek, por Rachid Cury Neto

O Sr. Rizek nasceu em um pequeno vilarejo no interior da Síria em 1940, filho mais velho de uma numerosa e humilde família. No ano de 1950, em um período conturbado, logo após o fim da Segunda Guerra Mundial, veio com toda a sua família, incluindo a sua tia e cinco primos, para o Brasil, a bordo de um navio cargueiro. A viagem durava meses com escala no porto francês de Marselha, onde ficaram 15 dias para aguardar o navio que os traria para o Brasil. Ficaram alojados em uma chácara nos arredores da cidade, cujas acomodações foram cedidas por um libanês que conheceram no porto. Na destroçada França do pós-guerra, com racionamento de alimentos, conseguiram bônus para dois pães grandes diários, que eram somados a azeitonas por eles trazidas da Síria. Assim começou sua saga rumo ao Brasil.

Ao chegar, esperava por ele seu tio Jorge Pedreiro, homem muito rico e já estabilizado no Brasil, e o tio Farah, que imigrou da Síria pouco tempo antes. Já com uma vontade de trabalhar muito grande, começou ainda menino ajudando o tio junto com seu primo Afif, iniciando o trabalho que só encerraria 60 anos depois.

O Zé, moço novo, casou-se, arrumou uma Maria, moça de fino trato e bem formada, mas com os mesmos princípios familiares e humanos que. Formaram uma linda família.

O Sr. Rizek adaptou-se ao Brasil facilmente, pois era simples e de bom caráter. Se identificou tanto com nosso povo que logo virou "Zé". Sr. Rizek. junto com seu pai e o irmãos, abriu um pequeno armazém que se transformou em um dos maiores atacadistas do Brasil. Assim foi também no ramo de cereais, armazenagem, construtoras, agronegócios e revendas de caminhões e bebidas.

O Sr. Rizek foi várias vezes a Goiânia receber título de um dos maiores pagadores de ICMS do estado de Goiás, entre outras merecidas honrarias. O Zé gerou milhares de empregos, permitindo assim que pais de família edificassem seus lares e criassem seus filhos.

O Zé, como todo bom brasileiro, gostava de futebol. Escolheu para si o Anápolis Futebol Clube, time do seu coração. Fez bem, Zé, pois a torcida do Galo da Comarca te amou e respeitou, por isso sentimos tanto a sua falta. O Sr. Rizek poderia assistir aos jogos do Anápolis na tribuna de honra, onde mais natural seria seu lugar. Mas o Zé gostava de assitir aos jogos da arquibancada ouvindo seu radinho surrado como um torcedor qualquer.

Rizek era bem recebido em qualquer roda de homens de negócios, políticos, pessoas de destaques etc. Mas o Zé gostava de tomar cafezinho dividindo uma boa prosa com pessoas humildes como ele.

Estive poucas vezes com o Sr. Rizek, o suficiente para aprender com ele coisas valiosas, que todo jovem empreendedor deveria saber, tais como: mesmo num país atribulado com inversão de valores, onde muitos acreditam que só com malandragem e manobras escusas se pode vencer, aprendi que se pode vencer também usando armas mais limpas, como trabalho, coragem, determinação e otimismo. Assim o Sr. Rizek, menino mais pobre que qualquer outro, construiu um dos maiores grupos e negócios do Centro-Oeste. Pode sim enriquecer sem se sujar, sendo um rio cheio e limpo.

Com o Zé ri muito, dançamos o dabek alegremente em muitas celebrações, jogamos muita conversa fora, dividimos mesas fartas rodeadas de gente querida. Também aprendi com ele que, na estrada da vida, a soberba traz rejeição e constrói muros, a humildade traz amigos e constrói atalhos. O Sr. Rizek deixa uma grande lacuna em nosso estado, em nossa cidade, e em nossa comunidade. O Zé deixa uma enorme lacuna em nossos corações!

Rachid Cury Neto é empresário e presta nesse artigo uma homenagem ao Zé e ao Sr. Rizek, saudoso José Miguel Hajjar.

De pé estão Georges, Maria, Messias, José Miguel, Nacim, Ibrahim. Sentados estão Nabiha, Marta e Miguel.

Georges Hajjar

Georges Hajjar.

O depoimento de Georges Hajjar começa de uma forma curiosa, revelando a estratégia que seu pai utilizou para se casar com mãe:

> Meu pai não arrumava uma noiva para casar e a família da minha mãe não queria o casamento com ele. Então, ele a agarrou com força e a tentou beijar. E como no mundo árabe esse negócio de beijo é muito rígido, a família dela chegou à seguinte conclusão: "Miguel tem a intenção de beijá-la, e ela vai ficar falada. Então é melhor ela casar logo. Deu certa a estratégia que meu pai utilizou e eles se casaram".

Viemos para Anápolis (GO) logo depois da Segunda Guerra Mundial. Não existia riqueza em quase nenhum lugar do mundo, à exceção das Américas, que significavam Estados Unidos, Chile, Argentina e Brasil. Não tínhamos a mínima noção do tamanho da América.

Quando nós chegamos, o Brasil já tinha uma lei dizendo que ninguém podia mais traduzir o nome. Por isso existem as duas famílias, a dos Hajjar e a dos Pedreiro, que chegaram antes.

Os árabes nos anos 1950 tiveram uma facilidade muito grande de se entrosarem com o pessoal daqui, tanto é que, no meu tempo, eu aprendi tranquilamente a falar português em apenas dois meses. O brasileiro foi conosco muito receptivo.

A presença árabe em Anápolis

Depois que meu pai aprendeu a falar português, ele montou um bar (de nome Karajás, localizado na Rua Barão do Rio Branco esquina com a Rua General Joaquim Inácio), junto com o irmão Farah, na Praça Bom Jesus. Abria às 5 horas da manhã e fechava às 2 horas da manhã do outro dia, era muito trabalhoso e eles não aguentaram. Então, abriram um armazém de atacado de secos e molhados, o Armazém Goiás, no ano de 1956. Foi onde nós começamos a aprender a comercializar.

Fomos primeiro trabalhar com outros patrícios, com outros comerciantes para saber como se trabalhava. Quando houve a separação da sociedade do meu pai com meu tio, viemos trabalhar com ele (Rizek e Georges) e refundamos o Armazém Goiás (firma Makhail Ibrahim Hajjar e Filhos), em 1960. O início de todo imigrante era mascatear, todos mascateavam e, com o tempo, economizando, montava-se uma lojinha.

Para fazer qualquer coisa na vida, você precisa de tempo, de serviço, muito trabalho, muita economia e muita sorte. E nós tivemos a sorte de, nos anos 60, "começar" Brasília. Nós pegamos a Belém-Brasília e vimos a Capital Federal, Brasília, crescendo. Tinha o serviço e ainda tivemos um Brasil Central florescendo. A nossa empresa ficou grande por causa disso, não foi só porque nós trabalhamos de dia e de noite. A vantagem da riqueza dos imigrantes é essa: ela fica aqui. Quem vai usá-la são seus filhos brasileiros.

Georges e José Miguel Hajjar.

Georges Hajjar, em depoimento do seu filho Georges Hajjar Jr.

Família, trabalho e solidariedade

"Sempre muito trabalhador e ligado com a família, ajudou a encaminhar todos, sendo bom pai, filho, irmão, avô e marido. Ajudou a encaminhar os mais novos, como o irmão Messias no ramo atacadista, ajudou a custear estudos, assim possibilitando que meus tios Ibrahim (Hanna) e Nacim se tornassem médicos. Da mesma forma ele fez com os sobrinhos, primos e filhos, netos. Sempre tentando mostrar que o caminho do trabalho e dedicação ao que se escolhe fazer é o correto. Proporcionou oportunidades que ele não teve, numa vida toda dedicada ao trabalho. Sempre que possível gostava que os filhos o acompanhassem seja no trabalho, ou em qualquer ocasião. Hoje entendo, há um ditado que diz: A palavra convence, mas o exemplo arrasta!

De pé: Nacim, Ibrahim, Maria, José Miguel, Georges e Messias. Sentados estão Miguel e Marta.

Desde pequenoo acompanhava e isso foi muito importante na minha vida. Homem generoso eu o vi várias vezes ajudar as pessoas, pagando tratamentos médicos, custeando estudos a quem

não tinha condição, resolvendo contendas, apaziguando brigas, dando conselhos. Muitas dessas ocasiões sempre no intuito de ajudar, sem esperar nada em troca. Via os clientes como amigos, dizendo sempre, você só vai prosperar se ajudar o seu cliente, se ele ganha, você também ganha. Bom amigo, querido pela comunidade. Certa vez num evento da igreja, tio Lindberg Cury, amigo de infância de meu pai, fez um discurso em homenagem a ele, simplesmente levantou e começou a falar sobre a longa amizade deles e como ele se dizia grato de ter um amigo como ele, me senti muito orgulhoso.

Um exemplo de vida, mesmo em idade avançada, segue trabalhando com a disposição de um menino começando a vida, sem perder a força, sempre preocupado com a família, tentando encaminhar a todos, Lutando a boa luta.

O inicio do trabalho

"No início meu tio José Miguel trabalhou como balconista na Casa Mundial, do primo Elias Mokidissi, e o meu pai Georges trabalhava na Casa União do Salim Bittar. Posteriormente meu avô Miguel conseguiu um empréstimo com o primo Messias Pedreiro e abriu um pequeno Armazém que na época se dizia secos e molhados, e levou os dois filhos para trabalhar com ele. No dia a dia do armazém meu tio José Miguel cuidava mais da parte financeira e da compra e venda de cereais, sendo Anápolis nesta época um importante polo de comércio de cereais do Brasil, destacando-se arroz, feijão e café. Já meu pai dava maior atenção ao atacado, comprando e vendendo, desde novo ia para São Paulo comprar mercadorias e despachar pela ferrovia Mogiana. Nesta época o tio Elias Mokidissi os ajudou muito no início, os apresentando, dando boas referências de nossa família e abrindo crédito para que eles comprassem mercadoria.

Os dois irmãos tempersonalidades e estilos diferentes que se complementavam nos negócios sempre com a presença do meu avô Miguel, agregando a família.Com o passar do tempo meu tio Ibrahim entrou para o comércio, depois de se formar em medicina e exercer a profissão como pediatra por alguns anos, começou também nos negócios tendo cuidado de outras empresas como a Dibra (distribuidora de bebidas) e a Anadiesel (revenda de caminhões Mercedes-Benz).Nacim, este também, depois de se formar em medicina,decidiu ir trabalhar no comércio. Outros negócios surgiram posteriormente além do atacado."

Relação de confiança

"A confiança dos clientes neles era tamanha que eles enviavam caminhões de mercadoria sem sequer discutir preço, um tipo de conta corrente, mandavam a mercadoria sem garantia nenhuma de pagamento, os clientes à medida que vendiam a mercadoria ia pagando. Uma relação ganha-ganha, o fornecedor cuidando do cliente e vice versa, bom negóciopara ambas as partes. Com isso os clientes também se tornaram cada vez mais fortesna parceria e prosperaram."

Finalizando...

"Só temos a agradecer e somos orgulhosos pelosexemplosde trabalho, honestidade e amizade que os mais velhos nos transmitiram. Na outra ponta destaco a presença fundamental da minha mãe, Margarida, que cuidava de tudo em relação à nossa casa e educação, sempre muito exigente para que valorizássemos as oportunidades. Do mesmo modo ela procura hoje transmitir o mesmo para seus netos."

Georges, Geovana e Margarida.

Miguel, Lorena, Georges Neto, Larissa, Margarida, Cynthia, Geovana, Georgia, Georges Henrique, André Filho, João, Pedro, e André Luís.

Constituição familiar

Georges Hajjar nasceu em Bdada, Síria, no dia 17 de novembro de 1944, casado com Margarida de Souza Hajjar, natural da cidade de Araguari (MG). Filhos do casal, por ordem cronológica de nascimento:

1   GEORGES HAJJAR JÚNIOR
2   ANDRÉ LUÍS HAJJAR
3   MIGUEL HAJJAR NETO

Pedro, Cynthia, João Felipe, Georges Jr. e Georges Henrique.

Lorena, André Filho, Georgia, Geovana e André

Larissa, Gael, Georges Neto e Miguel.

Ibrahim (Hanna) Hajjar

Último dos filhos do casal Mikhail Ibrahim Hajjar e Marta Hajjar a nascer em Bdada, Síria, no dia 05 de setembro de 1947, graduou-se em medicina pela Universidade Federal de Uberlândia (MG) em 1974, especializando-se em Pediatria. Empresário, de militância política e esportista, foi presidente do então PFL de Anápolis (GO) e presidente do CRA – Clube Recreativo Anapolino. Faleceu em Goiânia (GO), no dia 23 de abril de 2006, sendo sepultado em Anápolis. Ibrahim Hajjar era casado com Mônica Beatriz Pereira Hajjar. Filhos do casal, por ordem cronológica de nascimento:

1   ANDREA HAJJAR
2   IBRAHIM HAJJAR FILHO
3   ANA CLAUDIA HAJJAR

Ibrahim (Hanna) Hajjar em depoimento de sua filha Ana Cláudia

"Infelizmente meu pai faleceu muito novo, com 58 anos, e na época eu tinha 27 anos. A recordação que eu tenho dele é de um homem forte, de presença marcante e muito querido, pois onde nos vissem as pessoas faziam festa. Por conta da personalidade ele era muito 'bravo', ou dizendo melhor, rigoroso com os filhos e sobrinhos preocupado em manter a ordem, mas sempre visando o melhor para todos. Ele era muito família e por vezes se colocava no papel de mediador das situações que aparecem no cotidiano para que tudo se resolvesse da melhor forma entre seus irmãos. Outro detalhe importante que deixou para nós, filhos, foi fazer questão que estudássemos para termos nossa formação a fim de que nossos objetivos fossem alcançados através do trabalho. Ele também não deixava que fizéssemos o que queríamos, procurava ter o controle em mãos e nos incentivou a fazer intercâmbio na juventude, sempre cobrando, mas apoiando cada um na carreira escolhida. Mesmo já adultos fazíamos as viagens juntos, com todos por perto. Na relação diária com minha mãe em nossa criação o que um falava o outro apoiava, não havia desautorização por mais que insistíssemos. Quando ele adoeceu foi um baque, pois cuidava do corpo em atividades esportivas como o tênis por exemplo. Ele teve também um acidente de carro, ficando estrábico e não podendo jogar mais. Mesmo assim passou a fazer caminhadas para cuidar da saúde juntamente com uma alimentação controlada. Nesse contexto a presença da minha mãe foi fundamental ficando ao lado dele todo o tempo no tratamento e cirurgias, inclusive se mudando para São Paulo durante a semana e retornando para Anápolis juntamente com ele nos finais de

semana, pois fazia questão disso. Meu pai era muito envolvido com o trabalho e até hoje muitas pessoas nos falam que são gratas a ele por oportunidades que tiveram nas suas vidas e nós ainda mais por termos tido ele como pai!"

Ibrahim (Hanna) Hajjar em depoimento de seu filho Ibrahim

"Falar do meu pai é fácil e difícil ao mesmo tempo. Digo isso porque descrever um ser humano tão espetacular como ele se torna responsabilidade grande para tentar não esquecer nada. Posso dizer que ele sempre foi uma pessoa determinada ao extremo, que não desistia enquanto não conseguisse o que queria. Ele foi obstinado assim nos seus estudos, na sua profissão e no seu trabalho, mas nunca deixou de fora o lado humano das situações que vivenciou. Vi meu pai pensar muito mais nos outros do que em si, e isso foi claro no tempo em que exerceu a medicina como pediatra, especialização que escolheu pelo amor às crianças. Até os últimos dias da sua vida a grande paixão foi sua profissão e cuidar do ser humano, em especial os pequenos e desfavorecidos. Quando se envolveu com a política foi pensando em fazer o melhor para as pessoas e talvez sua frustração tenha sido não conseguir ser um político de forma efetiva para alcançar este objetivo. Como pai conseguia ser bravo e rigoroso, mas carinhoso e amoroso. Tinha a cabeça aberta e no final as cobranças eram menores do que ele nos ofertava materialmente, mas principalmente pelo exemplo. Era homem de coração enorme, dedicado à família, aos amigos e por vezes às pessoas que ele nem conhecia ou saberia dizer o nome. Uma vez ele me falou que como médico nunca conseguiria ficar rico, pois não conseguia sequer cobrar as consultas, preferindo ajudar, se tornando diferenciado por isso. Ter tido a oportunidade de ser seu filho e a convivência com ele me levou a uma admiração irrestrita por tudo que me ensinou, fez e representou para mim e tantas outras pessoas às quais se dedicou sem nunca esperar nada em troca."

Ibrahim (Hanna) Hajjar em depoimento de sua filha Andréa

"Acho muito fácil falar sobre meu pai porque entre todas as pessoas que Deus me deu a oportunidade de conviver ele foi o melhor de todos com certeza. Digo isso porque todos os valores que aprendi de integridade, amor familiar e ao próximo e principalmente fazer o bem sem olhar a quem, vieram da minha convivência com ele. Eu acho que uns 90% do que eu sou hoje, do que eu procuro ser e tento passar para minha filha é fruto do que ele me ensinou. Além de homem bom e íntegro eu o vejo como um visionário, que via oportunidades onde outros não enxergavam e as fazia acontecer correndo atrás. Apesar de ser médico de formação e eu ter descoberto que ele cuidou da maioria dos meus amigos e os pais deles eram apaixonados pelo cuidado que ele tinha com as crianças, estando sempre disponível a atender numa época em que nem existia telefone celular e as dificuldades eram maiores, meu pai também se destacava nos negócios. Não me esqueço que no velório dele inúmeras pessoas que eu nunca tinha visto, quando descobriam que era filha dele, chegavam e falavam que tinham sido amparadas por ele em momentos de dificuldade seja para conseguir um emprego, numa consulta, na construção de uma casa ou um estágio. Meu pai era assim, agregador, não queria estar numa boa situação sozinho, desejava que os outros também estivessem. Com certeza também tinha defeitos, como todos nós. Era impulsivo, por vezes sua opinião tinha de prevalecer, mas vejo que as qualidades eram muito maiores. A mulher que me tornei é grande parte espelhada nos exemplos e na criação que tive, não me lembro dele me falar coisas negativas, pelo contrário, o discurso era sempre de seguir em frente, de 'dar conta', através do que é positivo na vida.Outra lição que tiro é que ele foi o primeiro dos irmãos a ter a oportunidade de estudar e se formar e valorizava isso de tal forma que dizia não importar se você não vai usar esse conhecimento hoje, mas ele estará com você quando precisar e isso ninguém vai te tirar. Completava dizendo que dinheiro um dia temos e no outro podemos não ter, mas valores são para sempre. Meu pai era isso e lamento o pouco tempo que teve, não podendo nos ajudar com os netos assim como ajudou aos filhos, aos sobrinhos e aos agradecidos desconhecidos que relatei."

Andréa, Ibrahim, Ana Cláudia, Mônica e Ibrahim Filho.

Messias (Issa) Hajjar

O primeiro filho do casal Mikhail Ibrahim Hajjar e Marta Hajjar a nascer em Anápolis foi Messias Hajjar. Nasceu no dia 26 de março de 1951 e já veio encomendado da Síria, no ventre de sua mãe. Empresário e esportista, grande colaborador do Anápolis Futebol Clube, contraiu matrimônio com Heloísa Cunha Guimarães Hajjar. Filhas do casal, por ordem cronológica de nascimento:

1   MELISSA HAJJAR
2   CAROLINA HAJJAR
3   ISADORA HAJJAR

Messias Hajjar, em depoimento de sua filha Carolina

"O que vem na minha cabeça quando penso no meu pai é que ele sempre foi um homem trabalhador. Digo isso porque desde criança me lembro dele levantando muito cedo todos os dias e saindo para trabalhar antes mesmo do dia clarear. Ele ama o que faz, ama a empresa e o dia a dia do armazém e isso, claro, inclui a rotina junto aos clientes e funcionários. Esta característica me enche de orgulho, pois ele é humilde e gosta de estar no meio, conversando e dando atenção a quem o procura, tratando todos igualmente não importando o cargo que ocupem. Apesar da rotina, por vezes pesada e difícil, ele sempre foi presente em nossas vidas, inclusive ajudando muito minha mãe na criação das filhas, que sempre se lembra disso também. Ele passa esses valores para nós, de recordar e valorizar a origem humilde e batalhadora dos pais dele como traço comum dos árabes e seus descendentes. Foram imensas as dificuldades que eles passaram até chegar ao ponto que estão hoje e por isso celebram cada conquista na vida, seja na empresa ou fazendo uma nova amizade. São um povo que adora contar histórias e mesmo tendo nascido aqui, meu pai se lembra com carinho de cada fato relatado pelo meu avô Miguel ou por minha avó Marta quando estavam na Síria. Isso levou todos os irmãos a serem muito unidos, respeitando sempre uns aos outros e ouvindo os conselhos dos mais velhos. É claro que opiniões divergentes existem, mas são resolvidas com diálogo e convencimento. Esta é a fórmula para se manter viva uma empresa que tem mais de 50 anos e que já está passando para a terceira geração."

A presença árabe em Anápolis

Sofia, Heloísa, Messias, Maria Luíza, Carolina com Davi no colo, Melissa, Isadora, Marcus da Costa Ferreira com Joaquim no colo.

Messias Hajjar, em depoimento de sua filha Isadora

"Tenho muito orgulho de vir de uma família que teve a coragem de juntar suas coisas, pegar seus filhos e mudar para o outro lado do mundo sem ter a mínima idéia do que os aguardava. É um povo que teve uma trajetória difícil, mas conseguiu superar tudo. A admiração que tenho por meu pai vem não somente pelo fato de carregar essa história, mas pelo que ela fez dele. Ele é um homem como poucos, madrugador e que sente a necessidade de trabalhar e produzir todos os dias e, em que pese esta condição, nunca foi ausente na vida das suas filhas. Fomos e continuamos sendo muito bem cuidadas com zelo, proteção e retirada de pedras do caminho. Os exemplos de humildade, franqueza e fortaleza que ele carrega seguem comigo depois que me tornei mãe. Nunca o vi reclamar de ter de trabalhar e ser provedor. Interessante observar que até hoje ele chega em nossas casas com caixas cheias de verduras e frutas, coisas simbólicas, mas revestidas de uma grandiosidade incalculável. Sei que é cultural, pois o árabe vem de uma origem em que muita coisa faltava no dia a dia e que eles não querem que aconteça nunca mais com os descendentes. Meu pai não é de falar muito, mas tem muito amor e solidariedade. Ao longo da vida venho descobrindo isso por pessoas e situações em que ele esteve presente e foi fundamental em algum momento difícil para elas, não sendo indiferente ao sofrimento alheio. Faz isso de forma silenciosa, não conta para ninguém, e só descobrimos quando os que foram ajudados nos falam. Meu sentimento é de gratidão por tudo que ele fez e ainda faz na companhia da minha mãe nos ensinando que valores materiais nunca vão se sobrepor aos valores da vida!"

Maria Hajjar Bittar

Em seu depoimento, Maria Hajjar narrou com mais detalhes a força guerreira de sua mãe:

Minha mãe estava grávida do meu irmão Messias quando viemos, e ela não aguentava mais comer macarrão, o único prato oferecido para nossa família, que viajava de terceira classe. Ela não parava de enjoar. Para amenizar o seu sofrimento, Georges subia para a primeira classe e conseguia, com o pessoal da cozinha, maçã e outras frutas para minha mãe. Ela trabalhou muito, foi uma guerreira. Eram seis filhos, e naquela época eram elas que faziam tudo dentro de casa: o pão, a coalhada, a manteiga. O nosso irmão caçula, Nacim, teve uma doença, e ela ia sozinha para São Paulo (SP) para ele se tratar. Mesmo sem falar português, ninguém a passava para trás. Os médicos pegaram amor muito grande por ela e pelo meu irmão, ao verem a luta dela, que não tinha condições financeiras para ficar levando meu irmão a São Paulo (SP), sem falar quase nada de Português. Ela tratou dele com ajuda do Miguel Pedreiro, na casa de quem ficava hospedada, para outras vezes se hospedar na casa de Jamel Cecílio.

Maria Hajjar Bittar e Esper Bittar, em depoimento do seu filho Eduardo

"Sinto-me muito honrado em ser descendente de árabes, com minha mãe tendo nascido no Brasil, mas filha de sírios, e meu pai nascido na Síria. Com eles aprendi os valores de família baseados em respeito, humildade e trabalho. Meu pai veio para o Brasil em busca de dias e oportunidades melhores e com trabalho duro conseguiu proporcionar estudo e conforto, que ele não teve, para seus filhos e netos que estão por vir, como prega a tradição árabe. Aquele conhecido ditado que diz haver atrás de todo grande homem uma grande mulher é fato incontestável em nossa casa. Digo isso porque minha mãe sempre foi companheira em todos os momentos para dividir alegrias e tristezas, seja em casa ou no trabalho, mesmo quando ele necessitava ficar vários dias fora de casa. Ela motivou e temperou a dedicação, seriedade e determinação dele sempre com muito amor, leveza, brandura e humildade. Isso foi repassado para os filhos através do próprio exemplo que víamos no dia a dia. Minha mãe também é famosa pelos dotes culinários, ela se tornou esteio e ponto de união dos irmãos e do restante da família, principalmente por ser a única mulher e depois da morte de minha avó Marta, de quem herdou essas qualidades. Ela é uma pessoa de convivência fácil, sorriso constante e portas abertas para acolher a todos. Se tornou mais que simples mãe, esposa, irmã e tia, pois agrega amizade, parceria, colo, carinho e consolo. Brinca que os filhos, arquitetos, fotógrafa e ilustradora herdaram dela o dom artístico, pois além de ser uma boa pintora é uma verdadeira mestra na arte da vida, que todos amam e adoram."

Karla, Adriana, Maria, Esper, Ana Francisca e Eduardo.

Constituição familiar

Maria Hajjar Bittar nasceu em Anápolis, no dia 26 de novembro de 1952, casou-se com Esper Toufic Bittar, pais de:

1 KARLA CRISTINA BITTAR
2 ADRIANA BITTAR
3 EDUARDO BITTAR

Nacim Hajjar

Filho caçula do casal Mikhail Ibrahim Hajjar e Marta Hajjar. Nasceu em Anápolis, no dia 11 de agosto de 1955. Enquanto criança, exigiu de sua mãe todos os esforços para seu sério e superado tratamento de saúde, na cidade de São Paulo. Sequenciou sua vida graduando-se em Medicina, entretanto, não exerce a profissão. É empresário e benemérito do Anápolis Futebol Clube. Casou-se com Sandra Miguel Rodrigues Hajjar. Filhos do casal, por ordem cronológica de nascimento:

1 NACIM HAJJAR FILHO
2 NABILLA HAJJAR RIBEIRO
3 MATHEUS HAJJAR

Nacim Hajjar, em depoimento de sua esposa Sandra

"Falar do Nacim é muito fácil, ainda mais depois de 36 anos de convivência. Vejo nele um homem íntegro, trabalhador e leal aos seus princípios de vida. Ele chegou a se formar em medicina, mas não exerceu a profissão, pois fez a escolha de trabalhar na empresa com seus irmãos. Por eles, até

mesmo pelo fato de ser o mais novo, tem enorme respeito e admiração. É um excelente marido e pai, que não mede esforços para estar sempre presente em família. Sinto nele orgulho da origem árabe falando aos filhos que entre os segredos para se vencer na vida estão a humildade, a simplicidade e o trabalho. Como avô é participativo e presente com o Kenzo, o Nabil e a Maria Clara, daqueles que busca na escola, brinca como criança e quer ficar junto todos os dias. Outra característica dele é a calma e ponderação em suas atitudes. Com os amigos está sempre de bom humor contagiante e pronto para ajudar, sendo generoso e fiel. Se tivesse de escolher novamente um marido seria ele!"

Nacim Hajjar, por Nacim Filho

"O caçula dos seis irmãos é o meu ídolo. Incontáveis vezes em Anápolis ouço as pessoas perguntarem, quando ficam sabendo meu nome, você é filho do Nacim Hajjar? Perguntam e já emendam a resposta: conheço seu pai, ele é meu amigo! Nunca encontrei alguém que dissesse algo diferente do que acabei de falar. Se por acaso encontrar, ficará fácil conhecer a índole dessa pessoa. Me orgulho, e digo isso também pelos meus irmãos Matheus e Nabilla, do meu pai ser a unanimidade que é."

Matheus, Nacim, Sandra, Nabilla com Nabil no colo, Anderson com Kenzo no colo, Larissa, grávida de Maria Clara e Nacim Filho.

Hanna Hajjar
(Sobrinho de Jorge Pedreiro)

Nascido em Bdada, na Síria, no ano de 1926, ficou por lá até a adolescência. Depois se mudou para o Líbano, onde se formou em Ciências Químicas pela Universidade de Beirute. Após a graduação imigrou para os Estados Unidos, prosseguindo nos estudos, se especializando em refinação de petróleo pela Universidade de Tulsa, pertencente à Igreja Presbiteriana, no estado de Oklahoma. No ano de 1955, veio para o Brasil, por influência do seu tio Jorge Pedreiro, e chegou a trabalhar na Refinaria Arthur Bernardes, em Cubatão (SP), quando o Brasil dava seus primeiros passos na indústria petroleira. Um ano depois, não resistiu aos apelos familiares e se mudou para Anápolis, onde se estabeleceu no ramo cerealista.

Contraiu matrimônio com Sálua Skaf Hajjar, com quem teve a filha Vanessa Hajjar.

Em Anápolis fundou, em sociedade com seu irmão Ibrahim, a Delta Com. Ind. Ltda, que veio a se transformar numa das maiores exportadoras de cereais (arroz e feijão) do estado de Goiás, principalmente para São Paulo.

Infelizmente, quis o destino que sua bem sucedida trajetória empresarial fosse interrompida. Em 18/01/2013, quando já contava com 86 anos de idade, foi vítima de assalto em sua residência, tendo ceifada sua vida. VanessaHajjar casou-se com John Edward Hajjar e desta união nasceram: Stephani, Ana Carolina, Hanna e Joseph.

Hanna Hajjar na Síria.

Depoimento de Kaltoum Abrahão Farah
(Filha de Jorge Pedreiro e Samira Elias)

Eu sou brasileira, nasci em Anápolis. Meu pai veio para o Brasil em 1927, era um rapazinho de 16 anos, vindo da Síria. Veio para se encontrar com o seu tio João Pedreiro, que tinha uma cerealista; com ele começou a trabalhar, para logo depois iniciar seu negócio sozinho.
Era muita pobreza na Síria. Ele era uma pessoa estudada, fez até o segundo grau, e sentiu necessidade de procurar um lugar para melhorar a vida dele e da família. Pensava muito na família, nos pais, nos irmãos, então ele veio primeiro para Araguari (MG), onde morava seu tio João Pedreiro, e depois para Anápolis, onde morava o primo Miguel Pedreiro.

Passados uns quatro anos conheceu minha, mãe que era de outra aldeia vizinha, na Síria. Eles vieram se encontrar aqui em Anápolis, não se conheciam antes. Ela se chamava Samira. Quando ele começou a frequentar a casa dela, ela era novinha. Eles se casaram em 1931.

Ele começou a trabalhar com o seu sogro, Carlos Elias, uma figura que está muito esquecida aqui em Anápolis. Meu avô veio para o Brasil em 1910 e a memória dele nunca foi reverenciada, tenho a impressão que é porque os mais velhos que o conheceram já morreram.

Então meu pai abriu a máquina dele de arroz – aquela que fica na Benjamin Constant, que hoje é do pai do Jorge – e em 1950, já com a situação muito boa, mandou buscar seus dois irmãos: primeiro o Farah Hajjar, que era pai do Afif, a Afuf, a Maria (minha cunhada), o Haddo e o Samir, nasceram todos lá. Depois trouxe o Miguel Hajjar, sua esposa e seus filhos. Ainda trouxe a minha avó. Ele fez isso para trazer a mãe dele, a principal intenção do meu pai era cuidar da mãe, no final da vida dela. Assim, com isso ele trouxe treze pessoas com a cara e a coragem, providenciando casa para cada um deles e um comércio para que os dois irmãos pudessem trabalhar juntos (Farah e Mikhail).

Não tenho certeza se o passaporte do papai era carimbado na Turquia, provavelmente era. Uma coisa que deixava os imigrantes sírio-libaneses muito revoltados era a perseguição que eles sofreram por parte dos turcos. Para os sírios legítimos, a pior coisa é ser chamado de turco. Os turcos queimaram as terras deles, lá não tem plantação, atualmente é só deserto, porque eles acabaram com tudo, perseguiram os árabes. Por ironia, quando os árabes chegavam aqui no Brasil, eram injustamente chamados de turcos. Não me lembro do meu pai falar assim para alguém: "Você é argentino? Você é paraguaio?"

A maior barreira encontrada por nós foi o idioma, tanto é que meu pai mudou seu nome para facilitar a compreensão; o povo era muito simples, ninguém dava conta de falar Hajjar, então ele mudou seu sobrenome para Pedreiro, que tem o significado em árabe de Hajjar.

A alimentação árabe foi a que mais pegou aqui em Anápolis. Quando eu viajo pelo Brasil, vejo que em outros lugares não tem as comidas típicas que pegaram muito o jeito do árabe. Por exemplo: as saladas de rabanetes só picados em quatro, o pepino, a folha de alface purinha, tudo isso é coisa que veio do árabe para a culinária daqui de Anápolis.

Meu pai, em toda sua vida, foi uma pessoa que achava que tinha que tomar frente em tudo da sua casa. Era só ele, nem filho, nem mulher, nem ninguém; ele era o provedor de tudo e não aceitava interferência em nada. Ele era severíssimo, só com o olhar mostrava tudo o que queria. Se estivéssemos recebendo uma visita em casa, nenhuma criança chegava à sala, ele não permitia, não aceitava, nem ele nem minha mãe.

Nós éramos dez filhos: Karim, o mais velho, é falecido. Era casado com a sua prima em primeiro grau, irmã de Afif Hajjar. Meu pai era um árabe diferente. Era contra o casamento em família, lutou muito para meu irmão não se casar com a prima, mas, era o que ele queria. Depois vem a Nacima, que se casou com um italiano. Meu pai também não queria esse casamento. Eu sou a terceira, e não me casei. O quarto é o Nacim, que se parecia muito com o meu pai. Depois vem a Sofia, que se casou com o Edson. A Jorgeta é solteira também. A Neusa foi a única que se casou com filho de árabe. O oitavo é o Magid Miguel.

A nona é Karine, que faleceu de câncer. A penúltima é a Janete, que se casou com um brasileiro, de nome Sílvio. Por último, o Amir.

A Sra. Afife (Afuf) Hajjar faleceu no dia 06 de outubro de 2019.

Eu e a Jorgeta moramos juntas, na mesma casa. Nossa convivência é ótima. Nossa família era muito grande, eram dez filhos, além da minha avó. Todos morando nesta casa aqui, em cuja frente tinha cinco salas comerciais. Depois que meu pai faleceu, fiquei somente eu e duas outras irmãs. Aí nós fizemos umas lojinhas para ter mais segurança, e no quintal, que era imenso e chegava até o outro lado da rua, meu irmão caçula Amir construiu a casa dele. Sempre tivemos a preocupação em manter a família unida, o árabe é assim.

Depoimento de Jorgeta Abrahão Farah

(Filha de Jorge Abrahão Farah Hajjar (Pedreiro) e Samira Elias)

Renato Pedreiro Miguel

Sou professora de português e lecionei em vários colégios, entre os quais: Américo Borges, Santana, Auxilium, Virgílio Santillo, onde fiquei mais tempo e me aposentei.

Papai gostava que todos os filhos estudassem, fazia questão que a gente fizesse curso superior. A maioria dos nossos irmãos tem curso superior. Ele insistia, porque foi o único dos irmãos que estudou.

A minha opção de ficar solteira é pessoal. Cheguei a ficar noiva de um rapaz, filho de árabe, porém, achava que ele era muito imaturo. Então, resolvi terminar o noivado. Meu pai sempre apoiou as minhas decisões, não incentivava os casamentos arranjados.

Meu avô (Carlos Elias) era uma pessoa maravilhosa, tinha uma convivência boa com os netos. No natal ele providenciava nos bancos, as notas e moedas novas. No dia de natal e ano novo, a gente falava "minhas festas" e ganhava notas e moedas novas, e ele dizia: "Se não falar, não ganha"!

Uma das coisas que eu admirava na colônia sírio-libanesa era que, toda tarde, o árabe saía de sua casa e ia para a casa de outro árabe, para conversar. Era muito bom. Sentimos muita falta disso. Cada dia a reunião acontecia na casa de alguém da colônia. Os mais velhos ficavam conversando e os mais novos brincando, com as portas de suas casas abertas até para quem não era da colônia. Não sei se foi a televisão, se foi a vida moderna, ou se foi a cidade que cresceu e acabou provocando o término dessas reuniões espontâneas.

Renato Pedreiro Miguel

Entrevista com o biomédico Renato Pedreiro Miguel, neto de Jorge (Abrão Farah Hajjar) Pedreiro, filho de Magid Miguel e Neuza Pedreiro, ao programa "Árabes no Centro-Oeste"

Magid Miguel, pai de Renato Pedreiro

Voltando um pouco no tempo, qual foi a atividade que seu pai exerceu, que a sua mãe exerceu? Isso contribuiu para a sua formação médica?

A família de minha mãe já era de tradição na cidade de Anápolis. O meu pai, não. A família dele veio primeiro para Catalão e depois para Goiânia. Meu pai era funcionário público do estado, chamava-se Magid Miguel e o meu avô, Benjamin Miguel, e eram sírios. Vieram acompanhando a Estrada de Ferro, e ficaram por ali. Ele tinha alguns irmãos, como o tio Manir, que residia em Anápolis e tinha muita ligação com a família da minha mãe, pois comprava arroz do meu avô, Jorge (Abrão Farah Hajjar) Pedreiro. E minha mãe, como trabalhava na máquina de arroz, sempre estava em contato com esse meu tio que falava do meu pai para ela, dizendo que ele era solteiro e que seria um bom partido. Um dia minha mãe estava em casa, quando foi surpreendida pelo meu tio e o meu pai e um padre árabe, que chegaram para fazer uma visita. Meu avô, a princípio, disse que meu pai e minha mãe precisavam se conhecer primeiro. O certo é que depois eles se conheceram, ficaram noivos e se casaram, em 1966. Meus pais residiram em Anápolis alguns anos e, em 1973, nos mudamos para Goiânia. E aqui nós estudamos, crescemos aqui, mas nunca esqueçamos a nossa origem de Anápolis. A família do meu pai

Neusa Pedreiro Miguel entre suas filhas Denise e Newma.

Neusa Pedreiro Miguel e seus filhos, Renato Pedreiro Miguel e Denise Miguel

é mais ligada à Goiânia e a da minha mãe, totalmente em Anápolis. Quanto à área médica, ninguém se empolgou com esse segmento. No entanto, fui crescendo e me empolguei com ela, querendo me aprofundar, então me graduei em Biomedicina, constituí uma empresa médica, onde trabalha minha irmã Denise e minha mãe. Também, integro há dez anos a diretoria do Conselho Regional de Biomedicina. Sou muito feliz na escolha que fiz da minha profissão.

Qual é a sua imagem mais antiga da sua infância em Anápolis?

A imagem mais antiga era todos os finais de semana ir para a Rua 15 de Dezembro para a casa do meu avô. Era uma daquelas casas antigas, com cômodos enormes, uma sala grande, uma parreira que até hoje está preservada, era lá onde todos os primos se encontravam. E, também, a minha ida para a fazenda dele, que, inclusive, está atualmente em nossas mãos.

E o seu envolvimento familiar com a Igreja Ortodoxa?

Atualmente, estou na presidência da Sociedade Beneficente Ortodoxa do Estado de Goiás, que foi iniciada há mais de 50 anos pelo meu avô, Jorge Pedreiro, em Anápolis e da qual, consequentemente, 50 anos depois eu me tornei presidente. Na sociedade ortodoxa, nós fizemos um redimensionamento na sociedade inteira, pois ela ficou quase 50 anos na mão do seu fundador, que foi o padre Michel. Depois nós fomos readequar, em termos de estatutos

**Entrevistas realizadas em
15 de agosto de 2008 (Afif Farah Brahim Hajjar)
10 de setembro de 2008 (Afuf Hajjar)
6 de outubro de 2008 (Rizek Mikhail Hajjar)
6 de outubro de 2008 (Georges Hajjar)
6 de outubro de 2008 (Maria Hajjar Bittar)
(Nacim Hajjar)
(Hanna Hajjar)
(Kaltoum Abrahão Farah)
(Jorgeta Abrahão Farah)
Maio de 2014 (Renato Pedreiro Miguel)**

e também, dos imóveis que temos em Goiânia. Ficamos um breve período sem padre. E a grande ligação que temos com Anápolis nos ajudou bastante; o padre Firas, de Anápolis, sempre nos socorreu aqui, todo domingo ele vinha, com o maior prazer. Durante uns 3 anos o padre Firas nos ajudou. Junto com o nosso arcebispo, em São Paulo, conseguimos a vinda do padre Rafael para Goiânia; ele está conosco até hoje. Esse elo que temos com Anápolis nos ajudou bastante, trabalhamos sempre em equipe. Estamos trazendo de volta grande parte dos ortodoxos que ficaram um pouco afastados. A nossa igreja puxa muito a tradição nossa. Ela muito bem frequentada por maronitas, drusos e muçulmanos.

Como é que o senhor procura manter viva a tradição árabe entre seus familiares, a exemplo da culinária, da cultura, de tudo que foi passado para o senhor?

Quando meu pai faleceu (2004), prefiro dizer "a sua passagem", aqueles amigos mais próximos indagaram se a tradição seria mantida, e eu respondi que a nossa tradição continuaria. Essa tradição nunca poderá acabar. Se acabar é porque nós que estamos deixando acabar. Em nossa casa, pelo menos, cinco dias da semana a comida que vem à mesa é árabe. Mesmo com o falecimento do meu pai, mantemos a nossa tradição de comida, de dança, de música. Em nossas festas, no começo, meio e fim tem que ter música árabe e dançamos para não acabar essa tradição árabe. Inclusive, muitos dos nossos sobrinhos gostam mais da música árabe, do que de outros estilos de música, como sertanejo universitário e outros. Os meninos gostam mesmo e não é nada forçado. Por outro lado, eu mesmo, no meu ambiente de trabalho e no meu carro, tenho o hábito de ouvir música árabe.

E a contribuição árabe para o desenvolvimento de Anápolis?

A presença árabe trouxe muita riqueza e muita cultura para o centro-oeste, especialmente para Anápolis, onde nasci. Contribuição que pode ser estendida para todo Brasil. Para apenas falar da culinária árabe, em qualquer bar, restaurante do país, você encontra o quibe e a esfiha. Se Anápolis é o que é hoje, deve muito à presença da colônia árabe.

Filhos do casal Magid Miguel[7] e Neuza Pedreiro, por ordem cronológica de nascimento:

1 NEWMA PEDREIRO MIGUEL
2 RENATO PEDREIRO MIGUEL
3 DENISE PEDREIRO MIGUEL

Família Halum

Entrevista do deputado federal César Hanna Halum, filho de Nahim Hanna Halum e Geny Elias Halum, ao programa "Árabes no Centro-Oeste"

Qual é a sua relação com os estados do Tocantins e de Goiás?
Fui para aquela região (Araguaína) do Tocantins quando ainda era Goiás. Ao terminar meu curso de Medicina Veterinária, em Goiânia, em 1979, já me transferi. Minha família já estava lá, meus irmãos estavam instalados em Araguaína, desde 1972, e eu cheguei para morar definitivamente, em 1980. Participei de todos os movimentos pela divisão do estado e pela criação do estado do Tocantins. Isso foi um marco excelente, tanto para Goiás quanto para o antigo norte goiano que se tornou Tocantins. Foi bom para os dois, Goiás fortaleceu sua economia e nós passamos a ter um governo mais próximo, mais presente. Criamos uma estrutura independente de governo, e hoje o Tocantins vai muito bem.
Acho que foi boa essa divisão do estado. Eu já estava lá, e permaneci e continuo até hoje. Toda minha família está radicada lá, mas não esquecemos os nossos laços. Meus pais foram sepultados em Anápolis. Meu pai chamava-se Nahim Hanna Halum e minha mãe, Geny Elias Halum. Ainda tenho a minha irmã, Kátia Halum, já falecida, que também está sepultada em Anápolis, e tenho a minha irmã, a Zarif, que é muito conhecida, foi professora no Colégio Maracanã. Hoje, a Zarif ainda continua em Anápolis, é apaixonada pela cidade e, às vezes, eu passo lá para cumprimentá-la. Sou nascido e criado na cidade de Anápolis, e tenho muito orgulho das minhas origens.

Vamos dar um salto no tempo, mas para trás, para pegar a origem da família, no caso seus avós. De onde veio a família e como foi parar no estado de Goiás?
Eu não tive esse privilégio de conhecer meus avós por parte de meu pai. Meu pai nasceu em 1908, na cidade de Trípoli, no Líbano, veio para o Brasil, e desembarcou no porto de

Santos em 1928. Ele veio acompanhado de duas irmãs. Minha tia Marum, que casou com um descendente de árabe também, e foi morar em Catalão (GO) e minha tia Nice, que, chegando ao Brasil, apaixonou-se por um argentino, casaram e foram morar em Buenos Aires. Em pai ficou em função da minha tia Marum ter mudado para Catalão, meu pai também foi para Catalão. Lá, conheceu minha mãe, que também era filha de árabe.

Meu avô por parte de mãe, eu conheci, era Habib Elias. Meu pai casou em Catalão, tiveram quatro filhos, que foi minha irmã Zarife, que mora em Anápolis, meu irmão, João Halum, que morou em Anápolis, hoje já é falecido, o Fernando que está morando em Araguaína, no Tocantins, e a Kátia Halum, que morou muito tempo em Anápolis. Hoje, seus filhos e netos ainda moram em Anápolis. E eu fui o primeiro filho do seu Nahim a nascer em Anápolis, porque depois meu pai se transferiu de Catalão para Anápolis. Nós somos sete, a Zarife é a mais idosa da turma, depois veio o João, o Fernando, a Kátia, eu e o César. Abaixo de mim tem a Nice, que mora atualmente em Brasília, se formou em Odontologia em Anápolis, há 32 anos está estabelecida com o seu consultório aqui em Brasília. O caçulinha, que a gente chama a "rapa do tacho", é o Nahim Hanna Halum Filho, que está morando em Araguaína, e que também foi criado e estudou em Anápolis, fez seu curso de Economia lá. Nós continuamos mantendo esses laços aí.

O meu pai contava uma história de quando veio do Líbano para o Brasil que eu não sei se é verdadeira; ele ficava rindo, mas nunca confirmou. Meu avô, lá no Líbano, chamava-se João Abraão Halum, e a minha avó Hanice Hanna Halum. Com o falecimento da minha avó Hanice, meu avô casou-se com uma senhora chamada Tamine. Quando meu avô casou com a Tamine, teve mais cinco filhos. Dentre esses filhos, ainda está vivo o meu tio Elias Mokdissi, estabelecido em Brasília. Mas, em Anápolis todo mundo o conhecia através da Casa Mundial. Ainda dos cinco, há a minha tia Hani, mãe de Nabil Nazir El Haje, proprietário do Hotel *Papillon*, em Goiânia e o Bristol Hotel, em Brasília, além de outras atividades. Com o falecimento do

Dep. Federal Cesar Halum entrevistado por Guilherme Verano

A presença árabe em Anápolis

meu avô, meu pai veio para o Brasil e trouxe as suas irmãs do primeiro casamento. Depois de muitos anos estabelecido em Catalão e já com quatro filhos, meu pai mudou para Anápolis e reencontrou os irmãos por parte de pai.

O seu pai estabeleceu-se em Catalão de que forma? Ele chegou a mascatear ou não?

Não, começou com uma padaria, e depois de padaria ficou também nessa parte comercial, mascateando. Depois mexeu com cerealista; tinha uma máquina de limpar arroz, então, comprava o arroz em casca, limpava, e tinha um caminhão no qual ele ia vender esse arroz limpo, nas margens da ferrovia que liga Anápolis a Catalão. Quando meu pai se fixou em Anápolis, ele já tinha essa cerealista lá.

Ele viu alguma oportunidade em Anápolis ou algum patrício o chamou?

Foi uma oportunidade. Tanto é que ele não esperava reencontrar com os irmãos por parte de pai, e reencontrou em Anápolis, dizendo que foi uma grande coincidência.

A colônia sírio-libanesa em Anápolis se tornou numerosa e com um potencial econômico muito bom. O comércio de Anápolis se desenvolveu em função da colônia sírio-libanesa.

Como era o dia a dia dos negócios? Alguns dos irmãos participavam?

Meu pai tentou de toda forma que os filhos pudessem estudar. A minha irmã Zarife se formou em Pedagogia e seguiu a carreira do magistério. Já o João não se adaptou aos estudos, mas era um autodidata, e então foi trabalhar no comércio com o meu tio Elias, que era proprietário da Casa Mundial, onde ficou muitos anos trabalhando. Depois o outro irmão, Fernando, ficou também um longo tempo por lá. Eu fui estudar, fiz Medicina Veterinária, em Goiânia, e depois fui para Araguaína, porque a gente já estava recomeçando a vida por lá, em uma região de pecuária muito forte, e era uma boa oportunidade de trabalho. A minha irmã Hanice se formou em Odontologia, também em Anápolis, e está estabelecida em Brasília. E o Nahim, que é o caçula, se formou em Economia e está em Araguaína. Meu pai conseguiu ver quase todos os filhos já formados, menos o Nahim, porque antes de morrer, só teve a notícia de que o Nahim tinha sido aprovado no vestibular. Meu pai faleceu em 1984. Ele se transferiu de Catalão para Anápolis, em 1953. Eu sou o primeiro filho a nascer em Anápolis, nasci em 1954.

E histórias engraçadas daquela época, o senhor lembra-se de alguma de seu pai, de seu tio ou que os próprios parentes contavam?

Eu me lembro, quando era criança, de que meu pai gostava muito de um joguinho de baralho e isso causava um mal-estar muito grande na nossa família, porque acabou levando a dificuldades financeiras em determinado período, e quando a pessoa perde o que tem no jogo, ele perde o mais importante, que é o crédito, pois ninguém vai investir em alguém que tem o vício do jogo. Isso foi muito ruim, nossa família passou muita dificuldade. Mas uma coisa que eu lembro muito bem é que meu pai tinha uma característica importante: ele era muito leal aos seus amigos, as amizades eram muito bem consolidadas. Meu pai tinha

uma amizade muito grande com o senhor João Milki. Eu me lembro que os dois, já de idade, ficavam passeando ali, em volta do mercado municipal. O comércio atacadista de Anápolis se dava ali em torno, era um movimento grande. E tem muitas histórias assim, do meu pai no mercado municipal. Mas, me lembro muito pouco, pois não convivi muito com a colônia, quem conviveu mais foi o meu irmão, João. Eu saí ainda criança de Anápolis para estudar fora. Depois que me formei fui para Araguaína. Minha convivência com a colônia foi pequena. Lembro muito bem das amizades, lembro quando meu pai me colocou na igreja árabe para eu estudar e aprender a falar a língua. Tinha um padre sírio que era muito interesseiro e, como eu era filho de pobre, ele me tratava diferenciado. Um dia eu cheguei atrasado e ele me deu uma bronca. Quando era filho de rico que chegava atrasado, ele perguntava o que havia acontecido, e comigo era bronca.

E por que tem muito disso? Raras pessoas que eu entrevisto têm o conhecimento do idioma árabe. Era falta de oportunidade ou o pai ou a mãe não queriam transferir isso? Era preconceito? O que seria isso?
Não, eu acho que as condições eram poucas. Eu me lembro na época que o único local para o aprendizado era justamente na Igreja Ortodoxa. Eu, inclusive, até para manter a tradição e para deixar o meu pai feliz e a família, batizei na Igreja Ortodoxa de Anápolis a minha primeira filha, Flávia, que mora hoje em Palmas, no Tocantins. Eu já morava em Araguaína, mas vim batizar minha filha na Igreja Ortodoxa de Anápolis. Fiz questão porque meu pai valorizava muito isso. E é um batizado muito bonito.

Essa mudança para o Tocantins foi para buscar um horizonte melhor, como foi o caso do senhor?
Foi da família. Foi à procura de oportunidades. Meu pai, em função do vício que tinha pelo jogo do baralho, entrou em dificuldades financeiras, ficou sem crédito e sem trabalhar. A nossa família, para sobreviver, contava com os meus dois irmãos mais velhos, o João e o Fernando, que trabalhavam na Casa Mundial, e com a Zarife também. Era o que mantinha a família, até que eu, de menor, e os outros irmãos, pudessem chegar ao ponto de trabalhar.
Tinha um funcionário antigo da Casa Mundial, de confiança do meu tio Elias, que disse para o Fernando "Se você quiser abrir um armazém no Norte, você vai que eu vendo a mercadoria fiado para você abrir o armazém". Os armazéns do Norte vinham se abastecer em Anápolis, que era o grande centro atacadista de Goiás. E o Zezé, (a gente o chamava assim), que trabalhava há muito tempo na casa Mundial, montou um armazém em Conceição do Araguaia, no estado do Pará, com o nome de Casa Mundial, e o meu tio forneceu dois caminhões de mercadorias para ele começar a vida.
Então, meu irmão ouviu aquilo e disse: "Uai, tio, o senhor podia fazer isso para me ajudar também, nossa família está em dificuldade". Meu tio a princípio negou, dizendo que ele era o seu sobrinho e que lá era perigoso. Mas o meu irmão continuou insistindo, e o meu tio fez o

mesmo esquema, vendendo dois caminhões de mercadorias para ele pagar quando pudesse, para ele começar no Norte.

Então foram o Fernando e o meu pai. Eles entraram no ônibus da Transbrasiliana, e foram pela nessa Belém-Brasília parando em todas as cidades, para poder escolher uma para montar um comércio. Quando chegaram a Araguaína, deu um estalo no meu pai, que tinha um tino comercial e ele disse que a cidade seria essa. E em 1972 eles se estabeleceram em Araguaína, montaram um pequeno comércio e lá começou, desenvolveu, cresceu, a família teve um bom desenvolvimento econômico.

Em 1978 o João, que trabalhava na Casa Mundial, deixou o emprego e foi para Araguaína, para aumentar as potencialidades. Eu frequentava Araguaína nos meus períodos de férias, e quando terminei meus estudos em 1979, também fui para lá. Nossa família foi se concentrando ali, e nós começamos a participar de todos os movimentos pela criação do novo estado, que era a divisão de Goiás para a criação do estado do Tocantins. E em 1988 o Tocantins foi criado, com a promulgação da nova Constituição brasileira, e veio o processo político. Eu já participava muito desses movimentos, trabalhava como veterinário e como professor na cidade.

Após a criação do estado, na primeira eleição, em 1988, me elegi vereador na cidade de Araguaína. Eu já trabalhava com os meus irmãos no comércio e acabei entrando para a política e exerci um mandato de vereador. Após cumprir esse mandato, saí para ficar cuidando do comércio. Mas dizem que política só tem porta de entrada, não tem porta de saída.

E a opinião do seu pai sobre essa sua entrada para a política?

Ele foi favorável, meu pai gostava do processo político. Meu pai, quando morava em Anápolis, se envolvia muito, era aliado do doutor Henrique Fanstone. Eu me lembro, quando ainda menino, e naquelas campanhas para prefeito de Anápolis, de vê-lo trabalhando para o Henrique Fanstone enquanto eu carregava cartazes. Então, veio esse processo político, e a gente se instalou no Tocantins, e a coisa foi melhorando e estamos lá até hoje, e satisfeitos. Eu acho que o Tocantins foi uma grande oportunidade para nós, como foi para muitas pessoas do estado de Goiás que se transferiram para lá. E agora tive essa oportunidade e esse privilégio que o povo me deu, de representar o meu estado no Congresso Nacional.

A raiz anapolina ainda bate forte?

Sim, bate. Estive em Anápolis para visitar a minha irmã Zarife, passei o fim de semana com ela. Muitos dos meus amigos eu já não encontrei mais. Naquela época de juventude, eu praticava muito esporte, joguei muito futebol de salão no time do CRA. Eu praticava muito esporte, tinham os jogos estudantis, os jogos da primavera, então eu me envolvi muito, tinha uma vida muito ativa na cidade de Anápolis.

E sobre o estado do Tocantins, essas raízes já foram criadas lá também, o círculo de amizades? Tem muito descendente de árabe no Tocantins, ou não?

Não, muito pouco, a colônia é muito pequena. Na cidade de Araguaína, nós temos lá quatro ou cinco famílias árabes. Tem o Hissan Saado, que é tradicional, e foi pra lá praticamente junto conosco, teve o Kalin, que ficou lá quatro ou cinco anos, e depois voltou para Anápolis, e o Jorge Farah, que hoje está em Anápolis. A colônia árabe lá é muito pequena, e em Palmas também são poucos árabes, mas lá a gente constituiu uma nova família. Quando se criou o Tocantins e Palmas, todos nós éramos de fora, então, o parente da gente passou a ser aqueles amigos que nós conhecemos. No Tocantins, por ter militado na política, e ter trabalhado no governo, foram sendo criados laços de amizade em todo o estado, e hoje eu não vejo mais condições de deixar o Tocantins. Eu me realizei, eu me casei com uma mato-grossense, e fomos morar lá, meus três filhos nasceram lá, meus netos já são nascidos lá, minhas filhas são casadas com famílias tradicionais do Tocantins, um de Porto Nacional e outro de Paraíso do Tocantins. Nós temos hoje um sistema de vida e um comprometimento com um estado, tão grande, que eu vejo muita dificuldade em me transferir do Tocantins.

Vamos falar um pouquinho sobre a migração árabe para o Centro-Oeste Brasileiro:

Eu acho que o centro-oeste brasileiro se desenvolveu bem com a imigração árabe. Nós estimulamos o comércio, a indústria, nós melhoramos a economia dessa região, muitos árabes que tradicionalmente são conhecidos como gente de comércio investiram em outros segmentos. Na indústria farmacêutica nós temos muitos árabes, hoje, na própria agropecuária há um desenvolvimento de projetos extremamente importantes que beneficiaram o estado de Goiás. Eu entendo que o povo goiano deve reconhecer a enorme contribuição que a imigração árabe trouxe para o estado de Goiás, como reconhecer outras imigrações também. O Brasil teve muito isso, teve a imigração japonesa, que fortaleceu muito aquela região do Sudeste brasileiro e do Sul. Sem nenhuma demagogia, sem nenhuma cobrança de reconhecimento, mas o estado de Goiás deve muito à colônia árabe instalada neste estado. Ela promoveu seu desenvolvimento, seu crescimento, gerou empregos, permitiu ao governo fortalecer sua economia e aumentar sua arrecadação e crescer o Estado. Isso é inegável, e governo nenhum deixará de reconhecer.

Entrevista realizada em novembro de 2013.

Família Hanna

Gibrail Elias Mikhail Hanna[1] (20/8/1920) era natural de Bdada, uma pequena aldeia localizada no Sudoeste da Síria, onde também nasceram seus genitores, Elias Hanna e Mariana Hanna. Seu pai era muito querido na aldeia, estimado líder local.

A vinda de Gibrail para o Brasil resultou de um convite feito pelo seu primo Messias Pedreiro, comerciante estabelecido em Uberlândia (MG), um dos maiores cerealistas do seu tempo em terras mineiras. Corria o ano de 1949. Saindo da Síria, no mês de abril, depois de passar 37 dias a bordo de um navio, que também trouxe alguns membros da família Farah (que viriam residir em Anápolis), desembarcou em Santos (SP), onde um primo o aguardava, recebendo-o, em sua casa, por certo tempo, em São Paulo (SP).

Em Uberlândia (MG), permaneceu cerca de três anos trabalhando com seu primo, gerenciando o recebimento e pesagem de arroz, feijão e café, entre outros cereais. Depois de se sentir muito "adulado" na casa de seu parente, resolveu mudar para Anápolis (GO) e empreender seu próprio negócio.

Algum tempo depois de abrir a sua casa comercial, localizada na Avenida Pedro Ludovico, começou a comprar cereais para mandar para seu primo em Uberlândia (MG). Esses cereais eram adquiridos na região de Anápolis e nas cidades circunvizinhas.

Veio o ano de 1957 e com ele um grande prejuízo para os negócios de Gibrail Hanna. O culpado pelo desacerto financeiro foi "um tal de feijão brotado" pelo excesso de chuvas. Enviado o feijão para a Companhia de Armazéns Gerais, fora todo ele recusado, descartado e jogado fora.

Era preciso recuperar o prejuízo. Depois de uma conversa com o empresário e político Sócrates Diniz, proprietário da agência revendedora da Mercedes Benz, conseguiu financiamento

---

[1] Faleceu no dia 12 de outubro de 2014.

para comprar um caminhão e com ele transportar cereais para os canteiros da construção de Brasília, que estava começando a ser erguida. Em pouco tempo recuperou-se do prejuízo, abrindo em seguida o Supermercado Imperial, na Rua Barão de Cotegipe, para depois comprar uma máquina de beneficiar arroz, terrenos, além de outros empreendimentos que hoje são conduzidos por seus filhos.

Gibrail Elias Mikhail Hanna contraiu matrimônio com Maani Zac Zac, nascida em Machta Helou, Síria, no dia 15 de junho de 1938. Ela era filha de Elias Zac Zac e Nagiba Daoud Issa Zac Zac, que chegara ao Brasil em 1958. A família da esposa, oriunda da região Safita, Síria, já era sua conhecida desde a terra natal.

Constituição familiar

Filhos do casal Gibrail Elias Mikhail Hanna e Maani Zac Zac, por ordem cronológica de nascimento:

1. ELIAS HANNA, graduado em Medicina, casou-se com Kátia Arantes Romano Hanna. Pais de:
   1.1 Gabriel Elias Hanna
   1.2 Laura Hanna
   1.3 Matheus Hanna
2. NADIM GIBRAIL HANNA, graduado em Economia, casou-se com Elisângela Gomes Hanna. Pais de:

Gibrail Elias Mikhail Hanna e seus filhos. Da esquerda para a direita: Nabil, Nadim e Elias

Foto retirado do livro *Dos Cedros ao Cerrado*, de Amador de Arimathéa e Lindberg Cury

2.1 Mariana Hanna
2.2 Caíque Hanna
2.3 Eduardo Mikhail Nadim Hanna
2.4 Nadim Gibrail Hanna Filho
3 NABIL GIBRAIL HANNA, graduado em Direito, casou-se com Rousimeyre Constante Hanna. Pais de:
3.1 Lucas Hanna
3.2 Alexandre Mikhail Hanna
3.3 Thiago Hanna

"Valeu a pena ter vindo para Anápolis. Gosto muito dessa cidade. Voltaria no tempo, se fosse preciso, para vir de novo para Anápolis"

Gibrail Elias Mikhail Hanna

Conheço Gibrail desde que chegou, como advogado já o servi muitas vezes nos apertos que faziam com ele, ele sabe disso. Eu era o ajudante, não só dele, como do sogro e de todos os patrícios nossos que estavam por aqui. Ele foi um lutador, simples, solidário, alegre, confiante em si mesmo, era dessa simplicidade, modéstia, calma. Tomou um prejuízo, depois reorganizou a vida, deu a Anápolis três filhos, três baluartes da nossa cultura. Dr. Elias Hanna é um dos melhores médicos daqui. O menino que trabalha com ele aqui é um industrial de primeira. Ele reorganizou essa firma que foi do Pedro Toledo, que estava um bagaço e hoje é essa potência, que, com mais de 230 empregados, contribui com muitos impostos. É um dos valores nossos que temos que abençoar como aqueles outros que chegaram. Ele é dessa nova geração da luz elétrica, avião a jato, dos melhoramentos e os meus pais, e os outros que chegaram, eram da lamparina, do lampião, da carroça. De maneira que ele se integrou a todas as características dos árabes, e o que ganhava aqui, aplicava aqui, em função e favor da família e da cidade.

(João Asmar)

Gibrail Elias Mikhail Hanna (centro), à esquerda, emérito colaborador desta obra, João Asmar e à direita, Ubirajara Galli

Depoimento de Elias Hanna

Elias Hanna, médico endocrinologista, nasceu no Hospital Evangélico de Anápolis pelas mãos do Dr. Syrio Quinan, que teve uma trajetória histórica na área da saúde anapolina e do estado. Dr. Quinan, falecido em abril de 2009, era o médico em atividade o mais antigo do município. Os irmãos de Elias Nadim e Nabil, nasceram no Hospital Dom Bosco, assistido pelo Dr. Anapolino de Faria e no Hospital Evangélico, também aos cuidados do Dr. Quinan. No depoimento prestado ao livro, Elias Hanna fez um paralelo entre a realidade dos seus antepassados árabes e sua geração atual:

Elias Hanna

Os pais de nossa geração eram comerciantes, mascates, e isso também aconteceu em São Paulo e no Rio de Janeiro. Esses árabes passaram a possuir dinheiro, mas não tinham o respeito da população. Nossos pais achavam que o respeito viria através de um diploma, estão estimularam o estudo. Eles não tinham estudo. Não tinham formação universitária. Tinham dificuldades de falar a língua portuguesa. Tinham certo poder econômico, mas não tinham o respeito da população. Eles eram os "turcos", tratamento que chacoteava a sua origem.

Daí, eles não estimularam em nenhum momento os filhos a trabalhar em sua atividade. A grande maioria foi buscar profissões liberais. O resultando é que a minha geração é constituída por médicos, engenheiros, odontólogos que estão na cidade de Anápolis.

Agora é um novo ciclo econômico e de respeito às origens, que desperta em nossos filhos não mais a necessidade de seguir a carreira do pai, e sim de buscar, talvez, a origem do avô, na indústria, no comércio, porque a realidade é diferente, somos vistos como um brasileiro qualquer.

Entrevistas realizadas em
30 de setembro de 2008
(Gibrail Elias Mikhail Hanna)
(Elias Hanna)

Família Helou

Barbahan Helou

Barbahan Helou[1] nasceu em Machta Al-Helou, na Síria, em 20 de fevereiro de 1900. Era filho de Haikal Helou e Zarife Helou. Emily Helou, sua esposa e prima em segundo grau, nasceu em Safita, Síria, no dia 21 de outubro de 1903, era filha de Suleiman Helou e Jamile Helou. O casamento de Barbahan e Emily aconteceu na cidade de São Paulo, no dia 15 de outubro de 1927.

Constituição familiar

Filhos do casal Barbahan Helou e Emily Helou, por ordem cronológica de nascimento:

1 HUDA HELOU
2 FARID HELOU
3 NAJLA HELOU
4 HAIKAL HELOU
5 BRASIL HELOU

Barbahan Helou seguiu os passos do irmão mais velho, Bourhan Helou, também nascido em Machta Al-Helou, no dia 19 de setembro de 1883, que havia emigrado para o Brasil em 1912, fugindo da opressão Otomana e econômica, aos 20 anos de idade. Barbahan Helou, acompanhado

---

[1] Faleceu no dia 27 de junho de 1979.

da sua cunhada e seus sobrinhos, (respectivamente, esposa e filhos de Bourhan), que haviam permanecido na Síria, deixou a terra-mãe no dia 26 de março de 1920, para desembarcar no Porto de Santos (SP), às 12 horas de uma terça-feira, 15 de junho de 1920.

Bourhan, que num primeiro momento havia tentado a sorte na cidade de São Paulo, já estava desde 1914 estabelecido às margens da Estrada de Ferro Goyaz, primeiro na cidade de Catalão e depois na cidade de Ipameri. Barbahan, apoiado pelo irmão, abriu em sociedade, um comércio no distrito de Urutaí, pertencente a Ipameri, no ano de 1921. Urutaí era, à época, a penúltima estação da estrada de ferro que estava sendo erguida rumo a Anápolis e mais tarde a Goiânia.

Adiante de Urutaí cerca de quinze quilômetros, às margens do Rio Corumbá localizava-se a Estação do Roncador, que teve um forte comércio apenas durante a construção da Ponte Epitácio Pessoa, inaugurada no dia 9 de novembro de 1922, simultaneamente à Estação Ferroviária de Pires do Rio, para onde, posteriormente, Barbahan passou a residir atuando no comércio. Em Pires do Rio nasceram Huda (26.08.1928) e Farid (12.09.1930).

Barbahan, tentou estabelecer comércio em São Paulo, mas seu intento não deu certo. Lá capital Paulista nasceu Najla (25.02.1935). De volta a Pires do Rio nasceu Haikal (31.10.1936). Cerca de dois anos depois, a família mudou-se para Anápolis, onde nasceu o quinto e último filho do casal, Brasil Helou.

Huda, a primogênita, fez o curso Normal no Colégio Auxilium, de Anápolis, e casou-se com Halim Helou, economista e empresário (4.12.1922 – Machta Al-Helou – 29.08.2008 – Anápolis) Dos irmãos, foi quem mais permaneceu ao lado dos pais, dedicando-lhes todo carinho e atenção. Faleceu em Anápolis, no dia 12 de janeiro de 2007.

Farid graduou-se em Arquitetura pela Universidade Mackenzie (SP). Especializou-se em planejamento em Cuba. Trabalhou para o governo de Goiás entre 1958 a 1960, e ao lado do irmão caçula, na empresa de sua propriedade "Musa", em Brasília. Foi casado com Nadir Uzeda Moreira Helou. Faleceu em São Paulo, em 17 de maio de 1997.

Casamento Barbahan Helou e Emely Helou

Najla Helou graduou-se em Farmácia. Casou-se com o médico Said Rassi, construtor do Hospital Santa Rosa, no Bairro de Campinas, em Goiânia, falecido no dia 29 de novembro de 2006. Junto com a irmã Huda, embora morando em Goiânia, dedicou aos pais a mais generosa das atenções.

Haikal Helou, graduado em Direito, e atuando paralelamente no comércio, é casado com Vânia Correa, cujos filhos nasceram em Anápolis: Ludmila, bióloga e advogada e Breno, engenheiro.

Brasil Helou, o único dos filhos que nasceu em Anápolis, no Hospital Evangélico, no dia 28 de agosto de 1948, é graduado em Engenharia Civil, pela Escola Politécnica da Universidade de São Paulo. Após a conclusão do curso foi para Goiânia, onde permaneceu de 1966 a 1969. Residindo em Brasília fundou a Construtora e Incorporada Musa, responsável pela execução de importantes obras, como o Panteão da Pátria, na Praça dos Três Poderes, que leva a assinatura de Oscar Niemeyer. Membro de diversas entidades cívicas e culturais, foi merecedor de condecorações do governo brasileiro. Foi casado com Norma Regina Lages de Magalhães.

Barbahan Helou, Emely Helou e seus filhos. Anápolis, 10 de fevereiro de 1952

Constituição familiar

Filhos do casal Brasil Helou e Norma Regina Lages de Magalhães, por ordem cronológica de nascimento:

1 VLADIMIR HELOU
2 TÂNIA HELOU
3 TATIANA HELOU
4 VASSILI HELOU

Foi na cidade de Anápolis que Barbahan Helou começou a se firmar pela primeira vez no comércio, ao instalar, assim que chegou à cidade, a Casa Brasil, de secos e molhados, na Avenida Goiás, esquina com a rua Engenheiro Portela, num prédio alugado de Isaac Sobrinho, que havia mudado para Goiânia.

Depois de algum tempo, já prosperando satisfatoriamente, adquiriu um amplo terreno situado na esquina da Rua 15 de dezembro com a Rua Barão do Rio Branco, que pertencia ao Sr. João Francisco. Nesse lugar havia uma construção inacabada, uma casa alta, tipo chalé, com paredes externas sem reboco onde funcionava uma padaria, e que pertencera a uma família de austríacos.

Barbahan construiu ali um prédio, cuja frente ficava na Rua Barão do Rio Branco, e a sua residência, um palacete de dois pavimentos, foi edificado ao lado da loja. Posteriormente, usou a grande área de sua propriedade e edificou um amplo armazém.

Brasil Helou

Já com a firma integrada por seu sobrinho e genro, Halim Helou adquiriu e ampliou um conjunto de prédios na confluência da rua Gal. Joaquim Inácio e Praça Americano do Brasil, fronteiriço à estação da Estrada de Ferro, No local, anteriormente David Alexandre Tuma levantou um bonito prédio de dois andares, aproveitado na parte baixa para locações comerciais e, na superior, instalou o escritório da família.

Barbahan era uma referência em Anápolis. Fez tudo o que podia para tornar mais suave a chegada de novos imigrantes. Sempre tentava ser solidário com as pessoas, razão pela qual conquistou um vasto círculo de amigos e admiradores. Dedicação e amor igual teve para com os filhos e a esposa. Contribuiu, além do trabalho pessoal, com substanciosos recursos para a consolidação do progresso de Anápolis. Foi membro ativo e desempenhou funções e missões importantes no Rotary, na Associação Comercial e na Maçonaria.

Extremamente organizado, deixou uma série de correspondências comerciais e familiares escritas com a ajuda de carbono, narrando o seu dia a dia na lida do comércio, desde a cidade de Urutaí (GO). Tal organização e zelo levaram, naturalmente, Barbahan a ser diplomado pelo Ministério da Educação e Saúde Pública, através da Superintendência do Ensino Comercial, com o título de Guarda-Livros, expedido em 14 de julho de 1932, e registrado na Junta Comercial do Estado de Goiás, em janeiro de 1941.

Barbahan Helou, no dia 27 de junho de 1979, exatamente aos 79 anos de idade, internado no Hospital Santa Rosa, em Goiânia, assistido pelo seu genro Dr. Said Rassi, proprietário desta casa de saúde, não resistiu à enfermidade que lhe abatia e deu o suspiro final. Seu enterro aconteceu em Anápolis, sendo sepultado no jazigo da família cuja construção ele mesmo providenciou.

Emely, a companheira durante 52 anos, solidária com o esposo em todas as circunstâncias, principalmente nos momentos difíceis de construção econômica, ainda viveu mais 24 anos, vindo a falecer com 102 anos, no dia 6 de maio de 2003.

Casa Brasil, Comércio de Barbahan Helou, localizado na Rua Rio Branco, Anápolis

Halim Helou

Nasceu em Machta Al-Helou, Síria, no dia 4 de dezembro de 1922, filho de Rachid Helou (1860/1945) e Bárbara Helou (1887/1968). Em 1952, acatando o convite do tio Barbahan Helou, Halim Helou veio para o Brasil para trabalhar com ele em seu comércio, Casa Brasil. Neste mesmo ano, ele se casou, no dia 26 de agosto de 1928 com Huda Helou, prima e filha primogênita dos tios Barbahan Helou e Emely Helou, natural de Pires do Rio (GO).

Omar Helou, quarto filho do casal, em depoimento prestado ao livro, narrou um acontecimento especial, ocorrido no dia do casamento dos seus pais:

Ocorreu um fato pitoresco interessante no dia do casamento do meu pai com minha mãe, e que talvez tenha sido a semente da Igreja Ortodoxa em Anápolis. No dia em que seria realizado o casamento, o padre Pitaluga (mais tarde elevado a Monsenhor, foi um grande artífice da fé católica em Anápolis e realizou fantásticas obras sociais), não tenho certeza, mandou avisar a família que não iria realizar o casamento. Isso no dia marcado, sendo que ele já estava marcado há muito tempo. A alegação do Padre Pitaluga era a de que meu pai não era batizado na Igreja Católica, e que ele era ortodoxo. A decisão do Padre Pitaluga provocou um grande rebuliço em Anápolis, que era uma cidade pequena naquela época. A coisa espalhou e virou quase que um escândalo dentro da colônia árabe. O Padre Pitaluga se mostrava irredutível e não iria fazer o casamento. Aí, entrou em cena o Dr. James Fanstone, que era evangélico e muito amigo do meu avô. Ele ficou sabendo do caso, foi lá à casa do meu avô, e colocou a igreja evangélica à disposição para realizar cerimônia do casamento. Foram colocados dois meninos na porta da igreja católica para avisar que o casamento seria na igreja evangélica. Chegou aos ouvidos do Padre Pitaluga a notícia de que os evangélicos estavam tomando o casamento dele. Imediatamente ele mandou um recado para meu avô, esclarecendo que tinha repensado o assunto e que a preocupação da Igreja não era com meu pai, mas com a colônia árabe, e que, se houvesse um compromisso dos meus pais para futuramente batizar todos os filhos na igreja católica, ele faria o casamento, e assim foi feito.

Halim e Huda cumpriram na íntegra o acordo que fizeram com Monsenhor Pitaluga e seus filhos foram batizados na Igreja Católica. Porém, anos mais tarde, sem exceção, todos os seus filhos aderiram às igrejas evangélicas.

Por sua vez, Halim Helou seria um dos principais entusiastas da fundação da Igreja Ortodoxa em Anápolis. Ocupando a presidência da Igreja, na década de 1970, comandou a reforma da sua ampliação.

Huda Helou, esposa dedicadíssima, abdicou de tudo para cuidar do lar, do marido e dos seis filhos. Tamanho era seu zelo,

Anúncio comercial do tio Barbahan com o sobrinho Halim Helou

A presença árabe em Anápolis

Halim Helou e a esposa Huda Helou

que cada filho tinha seu prato favorito à mesa. Muito caridosa, sempre procurava ajudar quem precisasse.

Halim Helou respeitava muito o pensamento de cada um dos seus filhos. Orientava-os, apontava-lhes o melhor caminho. Mas, deixava com os filhos a decisão de tomar certas atitudes. Mesmo procedimento estendia às filhas, contrariando os padrões ainda mais rígidos da cultura árabe daquela época.

Constituição familiar

Filhos do casal Halim Helou e Huda Helou, por ordem cronológica de nascimento:

1. ÂNGELA HELOU AMORESE
2. NÁDIA HELOU NETTO
3. FÁDUA HELOU
4. OMAR HELOU, falecido em 13 de fevereiro de 2019.
5. ALBERTO HELOU
6. SÉRGIO HELOU

Halim Helou ao lado da mãe e de Elias Zac-Zac na cidade de Santos-SP.

Em 1958, Halim Helou foi nomeado cônsul honorário para a região Centro-Oeste do Brasil, representando a República Árabe Síria, então composta pela Síria, Egito e a Jordânia. No início da década de 1960, se desfez essa república e ele foi nomeado cônsul da RAU – República Árabe Unida. Quando foi desfeita a RAU ele foi nomeado pelo embaixador da Síria no cargo de cônsul Honorário deste país, cargo que exerceu até o seu falecimento. A sua atividade consular exigia dele frequentes viagens para o Oriente, Europa e aos Estados Unidos.

A Casa Brasil, de Barbahan Helou e Halim Helou, já na condição de sócio do tio e sogro, na época, considerada a maior casa comercial de Anápolis, foi a responsável por boa parte do abastecimento de secos e molhados para os canteiros da construção de Brasília, bem como para o comércio local anapolino.

Posteriormente, Halim Helou começou a afastar-se do ramo dos secos e molhados para atuar no mercado imobiliário. Ele permaneceu essa nova visão de negócios até bem próximo da sua morte. O seu falecimento ocorreu em Anápolis, no dia 29 de agosto de 2008, sendo velado na Igreja Ortodoxa e enterrado no Cemitério São Miguel, ao lado da sua esposa Huda, que havia falecido, em 13 de janeiro de 2007.

Jorge Helou

Nasceu na Síria, em Machta Al-Helou, no ano de 1923. Veio para o Brasil graças a uma *Carta de Chamada*, um documento exigido pelo governo brasileiro para a entrada de imigrante. Essa espécie de duplo passaporte foi providenciada pelo seu parente Barbahan Helou, dono da Casa Brasil. Chegando ao Brasil em 1951, passou uma temporada em Santa Cruz de Goiás, onde residia um tio paterno dele.

Quando da sua vinda para Anápolis, membros da colônia "matricularam-no" para estagiar na loja Empório das Sedas, de Esper Caixe, para que aprendesse a língua portuguesa e se iniciasse no comércio.

Depois de passar por várias experiências, estabeleceu-se no comércio de secos e molhados, primeiramente na Rua General Joaquim Inácio e depois na Rua Engenheiro Portela (Armazém Bonfim), de sociedade com seu amigo Elias Mansour El Zayek. A sociedade durou até por volta de 1963, quando Jorge Helou foi convidado pelo parente Halim Helou para iniciarem sociedade no comércio e beneficiamento de cereais, ocasionando a abertura da Cerealista Fiel Ltda., localizada na confluência das ruas Benjamin Constant e Rui Barbosa. Na década de 1980, a sociedade é desfeita coincidentemente com a sua aposentadoria. Jorge Helou desempenhou relevantes funções dentro da Maçonaria, era Rotariano e membro fundador da Sociedade Beneficente Cristã Ortodoxa.

No ano de 1955, Jorge Helou casou-se com Ruth Abdala, natural de Anápolis (GO), filha de Mansur Abdala e Arada Helou Abdala. Faleceram em Anápolis, respectivamente em 1995 e 2004.

Constituição familiar

Filhos do casal Jorge Helou e Ruth Abdala Helou, por ordem cronológica de nascimento:

1   MAURÍCIO HELOU
2   JORGE HELOU FILHO
3   MARCELO HELOU

Jorge Helou tinha a fama, entre os conterrâneos e os anapolinos, de ser extremamente justo. Não tolerava injustiça e nunca admitiu que ninguém tirasse proveito de outra pessoa menos beneficiada pela sorte. Em depoimento ao livro, seu filho primogênito Maurício Helou, graduado em Direito e então diretor do Departamento Jurídico do Porto Seco de Anápolis, narrou um episódio que presenciou do pai, que confirma plenamente seu senso de justiça e honestidade:

Maurício Helou

> Lembro-me que naquele tempo a gente usava glicose de mi misturava com parafina e talco para o arroz não criar caruncho depois de descascado, e essa glicose vinha em tambores de ferro, primeiro em barris de madeira, que vinham de São Paulo. Na época da seca faltava água nos bairros de Anápolis, e os carroceiros compravam esses tambores para sair vendendo água nos lugares mais afastados. Nos meses de julho e agosto, eles começavam a procurar os tambores. Certo dia chegou até ao meu pai, o primeiro carroceiro daquele ano para comprar tambor. Meu pai disse que não sabia o seu preço, porque ainda não havia vendido nenhum tambor nesse ano e que iria perguntar ao seu primo qual seria o valor correto. O carroceiro então lhe disse que havia estado com o seu primo e que lhe havia comprado dele o tambor por quarenta, cuja referência do dinheiro, não me lembro, se era Cruzeiro ou Cruzeiro Novo. Aí, meu pai disse: pode levar esse tambor por vinte. Ele não vale tanto.

**Entrevistas realizadas em
25 de setembro de 2008 (Marcelo Helou)
24 de março de 2009 (Brasil Helou)**

Família Homsi

De navio, a família Homsi começou sua trajetória até Anápolis...

Os irmãos Fauoaz (Fued) Homsi e Zakeh Homsi embarcaram para o Brasil em janeiro de 1961, abrindo caminho para que os demais 'irmãos Homsi' também viessem para Anápolis em busca de uma vida melhor. Era inverno quando os irmãos Fued Homsi e Zakeh Homsi saíram do Líbano, no dia 3 de janeiro de 1961. Filhos de Afif Homsi e Najla Aji, Fued e Zaka tinham 16 e 17 anos, respectivamente, com o olhar de quem saia da sua terra natal para um lugar desconhecido. O inverno e a travessia do Oceano Atlântico não foram suficientes para barrar os sonhos desses dois jovens libaneses.

Eles partiram do Líbano para se juntarem a uma parte da família que já estava em Anápolis. Seus tios Elias Zac Zac e Nagibe Aji já tinham emigrado da Síria para a cidade anapolina e moravam na cidade com seus oito filhos. A dor desta separação familiar fez com que Najla Aji e Afif Homsi, pais de Fued e Zakeh, tomassem a dura decisão de enviar os dois filhos de navio para o Brasil, com o objetivo de criar caminho para que os demais familiares partissem rumo a terras brasileiras.

"Minha mãe, Najla Aji, era irmã da minha tia Nagibe. As duas irmãs estavam muito tristes com a separação – uma estava no Brasil e outra no Líbano. Foi aí que minha mãe achou melhor que eu viesse com meu irmão Fued para me juntar aos nossos parentes", explica Zakeh Homsi.

Os dois irmãos Homsi navegaram durante o mês, até chegarem ao Porto e Santos, no dia 3 de fevereiro de 1961. Os irmãos Bedran, George, Sana e Wafa, juntamente com os pais, Afif e Najla permaneceram no Líbano.

Bedran Afif Homsi, Nadim Homsi e Sana Homsi.

Chegada

No início da sua vida no Brasil, os irmãos Fued e Zakeh moraram na casa de parentes e lutaram por sua sobrevivência. O restante da família Homsi só chegaria ao Brasil na década de 1970. Fued trabalhou na extinta Casa Bom Dia, empreendimento do ramo de armarinhos que pertenceu ao seu tio Elias Zac Zac.

Foi somente no final da década de 1970 que as condições se tornaram favoráveis para que o restante da família Homsi viesse para o Brasil. O irmão George Homsi foi o primeiro a reencontrar Fued e Zakeh. Juntamente com seu irmão Fued, atuou no comércio da rua General Joaquim Inácio juntamente e depois teve seu próprio negócio. Bedran viajou do Líbano para o Brasil no final dos anos 1970. Atuou no comércio com seu irmão Fued e depois abriu seus próprios empreendimentos – supermercado, lojas de armarinhos e empacotadora de açúcar.

Sana foi a única que não escolheu Anápolis para morar. No final da década de 1970, decidiu viver na Austrália, onde mora até hoje com sua família. Wafa morou por algum tempo em Anápolis, mas logo decidiu mudar o rumo de sua trajetória e foi ao encontro de sua irmã Sana na Austrália, país em que permanece até os dias de hoje.

Travessia

O navio se tornou símbolo do processo migratório de árabes ao Brasil. Apesar do aparente glamour desse meio de transporte, as dificuldades de muitas famílias faziam com que a travessia fosse sofrida, assim como ocorreu com Fued e Zakeh Homsi, os primeiros irmãos da família a viajarem para o Brasil. Na terceira classe, compartilhavam suas refeições com pessoas desconhecidas em um refeitório coletivo e dormiam em quartos compartilhados, onde inúmeros imigrantes com as mais diversas histórias se aglomeravam durante o trajeto até a terra de destino. "Não tem uma imigração que não é difícil", destaca Zakeh Homsi.

Famílias e sonhos

Sair do Líbano não foi uma tarefa fácil para a família Homsi. De acordo com Zakeh Homsi, a vida naquele país era agradável antes da guerra – a guerra civil libanesa começou apenas em

 Entrevista realizada em 17 de junho de 2009

1975. Em 1961, quando ela saiu do seu país juntamente com o irmão Fued Homsi, os tempos eram de tranquilidade.

"Nós nunca precisamos de ninguém. Meu pai sempre trabalhou. Não éramos ricos, mas nunca faltou nada para nós", afirma Zakeh. Por que então sair da pátria natal em direção a um país desconhecido? Conforme explicou, o objetivo era manter a família unida, já que parte dos familiares já estava no Brasil.

Afif Homsi, seu pai, atuava como marmorista e tinha sua própria marmoraria. Seu trabalho de excelência era reconhecido em Trípoli, sua cidade natal, e em toda a região.

Reconstrução

Apesar de todas as dificuldades do processo migratório, a família Homsi se reconstruiu e construiu uma história de conquistas. Zakeh se casou com seu primo Riad Zac Zac, em cerimônia realizada na Igreja Ortodoxa São Jorge de Anápolis, no ano de 1963. A festa foi realizada no Clube Recreativo Anapolino (CRA). O casal possui três filhos: Beatriz, Mara e Elias.

Bedran, que chegou em Anápolis no ano de 1977, casou-se com Huda Naoum Homsi, com quem constituiu família e teve quatro filhos: Caroline, George, Felipe e André. Sana e Phillip se casaram na Austrália, onde vivem atualmente. Possuem quatro filhos: Lara, Pilar, George e Mark. Wafa se casou com George, com quem teve seu único filho, Elia.

George Homsi é casado com Ainda Khanouche – são pais de Rafael Homsi. Fued Homsi e Mouza Zac Zac tiveram dois filhos, Afif e Roberto Homsi.

Nascido em uma família de seis irmãos, na cidade de Trípoli, no Líbano, Georges Afif El-Homsi, filho de Afif El-Homsi, presenciava seu pai trabalhar muito para

Georges Afif El Homsi

sustentar toda a sua família. Mesmo em uma época de pobreza na região onde moravam, por causa da dominação Otomana, nada lhes faltava. Afif El-Homsi trabalhava noite e dia para sustentar a família, pegando empreitadas para construção de casas e outros imóvcis.

Todos os seus filhos tiveram oportunidade de estudar e cada um buscou o caminho que os levasse ao Brasil. Os primeiros irmãos chegaram à Anápolis (GO), antes da guerra civil libanesa, envolvendo cristãos e mulçumanos.

Anos mais tarde, por um motivo particular, Georges Afif El-Homsi pediu e contou com o apoio de seus familiares, inclusive da família Zac-Zac, com a qual também mantém parentesco, para vir morar no Brasil.

Quando Georges Afif El-Homsi chegou a Anápolis, seus irmãos Faouaz Homsi e Zaka Homsi já estavam estabelecidos, por isso pôde contar com a ajuda deles para também se estabelecer. Mesmo com as dificuldades de começar a vida em outro país, tinha muita alegria de estar no Brasil. Ainda que vivenciando o período da ditadura, e das guerrilhas do Araguaia e do Pará, o Brasil era um local de paz, ele ficava sempre pensando em trazer o restante dos irmãos.

Quando a guerra entre cristãos e mulçumanos começou no Líbano, os seus familiares fugiram para a Síria. Mesmo com todo esse conflito no país, Afif El Homsi e esposa Najla Ajami não tinham interesse em vir para o Brasil devido à garantia laboral que lá tinham. Vieram apenas anos depois, morando com o filho Georges Afif El Homsi durante aproximadamente 10 anos.

Em Anápolis, Georges Afif El Homsi e seus irmãos abriram seis lojas, de variada atividade comercial, algumas bastante conhecidas como a *Casa Americana, Armarinhos São Jorge, Calçados Eldorado, Casa Lago Azul* e *Georges Calçados*, entre outras. Atuou também no ramo de óleo, calçados e alumínio, chegando a ter aproximadamente 4 mil funcionários. Devido ao estresse gerado por tantas atividades e por estar sempre no comando dos negócios, sofreu uma forte depressão no auge da sua atividade econômica, culminando com a perda de uma expressiva soma de valores que havia sido depositada em um banco que quebrou.

Georges Afif El Homsi destacou, a enorme importância de sua esposa e do seu filho para a sua vida e também a valorosa colaboração que os árabes deram para a construção e evolução de Anápolis, gerando empregos e participando de forma direta na economia da cidade.

Constituição familiar

Filhos do casal Afif El Homsi com Najla Ajami, por ordem cronológica de nascimento:

1   FAOUAZ HOMSI
2   ZAKA HOMSI
3   SANA HOMSI
4   BEDRAN HOMSI
5   GEORGES AFIF EL HOMSI
6   WAFA HOMSI

Filho do casal Georges Afif El Homsi e Aida Kanhouche[1], por ordem cronológica de nascimento:

1   RAFAEL HOMSI

Mouna, Afif, Roberto e Faouaz.

Vítor, Daniela, Afif e Luísa.

---

[1] Brasileira, filha de pais sírios.

Família Isaac

Elias José Isaac tinha um sonho: conhecer e fazer a vida no Novo Mundo. Por meio de um amigo e conterrâneo da aldeia de Bkarlza, Líbano, ficou sabendo da existência do Brasil. Decidido a empreender seu sonho, viajou de navio de terceira classe para desembarcar no Porto de Santos (SP).

Sem falar absolutamente nada na língua portuguesa, sem ter nenhuma referência de parente ou mesmo de amigo, tomou a decisão de vir para o interior do país viajando de trem de ferro até aportar na cidade goiana de Entre - Rios, (atual Ipameri), onde começou a vida mascateando, a exemplo da quase totalidade dos seus patrícios.

Depois de juntar algumas economias voltou ao Líbano para trazer a sua esposa. Durante o percurso da volta ao

Elias José Isaac

Brasil, sua esposa, de nome Rosa, engravidou do filho primogênito do casal. Ele, que receberia o nome de José Elias Isaac, nasceu na cidade de Catalão (GO) no dia 5 de março de 1913, e foi o primeiro árabe da comunidade anapolina a formar-se em Medicina, pela Faculdade de Medicina da Universidade do Brasil (1937), atual Faculdade de Medicina da Universidade Federal do Rio de Janeiro. Exerceu também atividade empresarial, jornalística e política. Ligado politicamente a Aquiles de Pina, foi vereador em Anápolis (1945/1947). Deputado Estadual, suplente da 1.ª Legislatura, 1947-1951, assumiu em 12 de julho de 1947. Deputado Federal, suplente do PSD, 1959-1963, assumiu durante 1959-1960. Era suplente do senador Pedro Ludovico Teixeira, quando o construtor de Goiânia foi cassado pelo golpe militar de 1964. Em consequência da barbárie do

ato, assumiu o término do seu mandato. Casado com Paula Isaura de Oliveira Isaac, não teve descendência. Faleceu em Anápolis, no dia 16 de junho de 1984.

Constituição familiar

Filhos do casal Elias José Isaac e Rosa Chein, por ordem cronológica de nascimento:

1 JOSÉ ELIAS ISSAC – casado com Paula Isaura, não teve filhos.
2 CONSTANTINO JOSÉ ISAAC – solteiro, sem sucessão.
3 SEBASTIÃO ISAAC – solteiro, sem sucessão.
4 JAMILA ISAAC – casada com José Miguel Tomé; pais de: Paulo, Roberto e Janete.
5 JAMIL ISAAC – casado com Hilda Sahium. São pais de: Elias, Hélio, Maria das Graças e Valéria.
6 ZAQUIAS ANTÔNIO ISAAC – casada com José Antônio Isaac, com quem teve os seguintes filhos Antônio e Rosa.
7 SAYD ISAAC – casada com Kamal Jabur. São pais de: Sandra, Márcia e Elian.
8 GERALDA ISAAC – casada com José Batista Pinto. São pais de: Guilherme, Gustavo, Maria Tereza e Mariane.

José Elias Isaac

Irmãos de Elias José Isaac, que seriam em número cinco:

1 ABRÃO JOSÉ ISAAC
2 ANTÔNIO JOSÉ ISAAC (avô paterno do depoente)
3 DAGUER JOSÉ ISAAC
4 JÚLIA ISAAC (mãe de Jorge Sahium, por sua vez, pai do ex-prefeito municipal de Anápolis, Pedro Sahium)
5 ADÉLIA ISAAC (nome que em árabe seria Abla)

Depoimento do advogado Antônio José Isaac Neto

(Irmão de Rosa Maria Isaac, filhos de José Antônio Isaac e Zaquias Antônio Isaac)

Na década de 1910, meus avós maternos, Elias José Isaac e Rosa Chein, vieram de Catalão (GO) para Anápolis (GO), no lombo de um animal, com minha avó trazendo no colo meu tio José Elias Isaac, com apenas 40 dias de vida. A referência que eles tinham de Anápolis era de uma cidade que estava surgindo e com boa possibilidade de progresso.

Meu avô Elias, trabalhando no comércio de secos e molhados, enxergando a perspectiva de crescimento, percebeu que poderia trazer os seus irmãos – segundo a história que me contaram – fez uma terceira viagem ao Líbano e trouxe os irmãos Antônio, Abrão, Daguer, Júlia e Abla. Alguns dos meus tios-avós fixaram residência na cidade de Inhumas (GO). Minha tia Júlia Isaac se casaria com Antônio Jorge Sahium, pai do Jorge Sahium e avô do Pedro Sahium. A tia Abla se casou com o Miguel Thomé. Quase todos os irmãos permaneceram por aqui (Anápolis). Somente o tio Isaac, que eu conheci quando do falecimento do meu pai, retornou para permanecer no Líbano.

Infelizmente não cheguei a conhecer meu avô Elias. Ele faleceu com sessenta e poucos anos, quando minha mãe ainda era solteira. Quanto à minha avó Rosa, com ela, sim, eu tive convivência. Morei em sua casa dos meus 5 aos meus 15 anos. Inclusive, dormia em seu quarto. Ela era um encanto de mulher, era de uma simplicidade e humildade muito grande. Cativava todo mundo pela sua humildade. Era calma, tranquila e comunicativa.

Antônio José Isaac Neto

Ela brincava muito comigo. Tinha um carinho com os netos que era impressionante. Ela fazia um pão verdadeiramente sírio, grande e redondo, que a gente não mais vê. Ela fazia o pão no forno que ficava dentro de casa. Era um forno redondo de onde saiam 20, 30, 40 pães, quentinhos, cheirosos e deliciosos. A nossa casa parecia uma tenda árabe, quem chegava era muito bem recebido, não se importava se era descendente ou não. Havia um exagero de comida.

Minha avó dizia que quando meu avô se aproximava da casa dele, todo mundo fechava as janelas, ficavam todos os filhos sentados à espera do pai, todo mundo tinha que lhe que pedir a bênção. Ninguém falava nada, absolutamente nada, até ele permitisse.

Mas meu avô Elias era um homem farturento, carinhoso, e com extrema responsabilidade para com os filhos. Ele cuidava dos filhos com um carinho fora do comum. Porém, também cobrava dos filhos suas responsabilidades e estes tinham que prestar conta. Ao falecer, deixou para cada um dos seus oito filhos uma casa e conseguiu formar quatro deles inclusive, dois em Medicina: os tios José Elias Isaac e o Jamil Isaac. Embora a oportunidade de estudo tenha sido dada a todos eles. Minha tia Jamila não chegou a se formar, ela se casou com o tio Thomé, moram em Goiânia. A tia Geralda, que é a mais nova, formou-se como professora. A tia Sayd, que reside em São Paulo, parece-me que também fez o Normal. Zaquias, minha mãe, não chegou a se formar. Tio Constantino, o segundo dos filhos mais velhos, não se formou porque tinha que cuidar dos irmãos que estavam fazendo Medicina no Rio de Janeiro. Finalmente, o tio Sebastião não teve condições de estudar, por causa da sua saúde debilitada. Com respeito aos meus avós paternos, Antonio José Isaac e Maria Isaac, eu os conheci. Eles tinham uma fazenda em um dos distritos de Matão (SP), e, por coincidência e por azar, a Coluna Prestes passou por lá saqueando a propriedade deles. Isso trouxe um enorme prejuízo para eles, que praticamente perderam tudo. Depois desse episódio, eles resolveram se mudar para Anápolis, onde meu avô estabeleceu comércio na rua 7 de Setembro, vindo a construir nessa mesma rua a sua residência.

Minha avó Maria Isaac era trabalhadora também, muito dedicada ao lar. Mas não era tão carinhosa quando a avó Rosa Chein.

Pode ser que os nomes familiares que registro nesse depoimento não estejam completamente corretos, mas estão bem próximos da verdade. O tempo muitas vezes apaga os rastros da história, mas o que restou basta para se ter uma ideia do que foi o passado.

Meu tio Constantino Isaac me disse, por várias vezes, que gostava muito de um tio chamado Daguer Isaac. Dizia ele que este tio era extremamente alegre, carinhoso com todos e amoroso ao extremo. Por várias férias meu tio Constantino esteve em sua fazenda, próxima a Inhumas (GO). Dizia ele que se sentia feliz, sentia bem na presença do tio predileto. Na velhice meu tio Constantino esteve nesta fazenda e, segundo ele, ainda mantinha os traços de um passado que marcou a juventude dele. Agora veja só, passando por Inhumas, me encontrei com alguém que me afirmou que esta fazenda, chamada Fazenda do Daguer ainda existe. Pretendo conhecê-la e quem sabe fazer um mergulho no passado. Quem sabe novas revelações estarão por lá!

CERTA HISTÓRIA FAMILIAR DE UM CIGARRO ACESO QUE DESCEU GOELA ABAIXO

Eu sei de uma história que me contaram a respeito de um tio meu que viria a se casar com a tia Tâmara, irmã do meu pai. Quem me contou isso foi o próprio tio Barrijo. Andando pelas ruas de Anápolis, subitamente ele se encontrou com o tio Elias que seria seu futuro sogro e que não admitia que seus parentes fumassem em sua presença. Quando ele viu o tio Elias, sem tempo de jogar o cigarro fora, não teve dúvidas: engoliu o cigarro aceso, que desceu queimando goela abaixo. Tudo isso por causa da sua fama de sério, excessivamente rigoroso.

Entrevista realizada em 25 de março de 2009

Família Issa

Gabriel Abrahão Issa

Da união de Abrahão Tanus Issa e Fariza Canaan, nasceu no Líbano Gabriel Abrahão Issa, no dia 18 de março de 1909, na cidade de El-Kerayate. Ele seria o precursor da geração dos Issa na cidade de Anápolis (GO).

Na primeira metade da década de 1920, Abrahão, juntamente com a sua família, chegou a Anápolis, onde começou trabalhando como mascate e, posteriormente, na estrada de Ferro Goyaz. Por causa do seu jeito pensativo, introspectivo, Abrahão Tanus Issa foi apelidado de *Abrahão Triste*.

Gabriel Abrahão Issa, atuando como comerciante, abriu a loja de tecidos batizada de "Casa Combate", localizada no encontro das ruas Barão do Rio Branco com a 7 de Setembro. Sobre esse comércio, revelou Habib Gabriel Issa, o terceiro dos seus filhos:

> Meu pai era um comerciante afamado, eu me lembro de quando menino, sem asfalto na porta da loja, nós tínhamos aquelas argolas nas calçadas para os fazendeiros que chegavam para comprar amarrarem nelas os seus cavalos. Ao lado da loja, na Rua Barão do Rio Branco, que dava acesso à porta da nossa casa, meu pai sempre deixava uma garrafa de café, com algum biscoito, água para os seus fregueses. O pessoal entrava, tomava um café, comia um biscoito e depois ia à loja fazer a compra. Não havia roubo naquele tempo.

Membro da Loja Maçônica Lealdade e Justiça, Gabriel Abrahão Issa faleceu em 1952, quando foi passear no Líbano, sua terra natal. Ao escalar uma montanha de altitude muito elevada para observar a região (era um dos seus maiores desejos voltar a subir as montanhas da sua terra natal), sentiu-se mal, vindo a óbito em consequência de algum problema cardíaco. Seu sepultamento ocorreu no Líbano. Com o falecimento do pai Habib Gabriel Issa contou que teve que tomar uma decisão: "Quando meu pai morreu, eu estudava em Belo Horizonte (MG) e tive que largar os estudos e vir embora para assumir a responsabilidade de cuidar da minha família. Estudei até o 1º ano do segundo grau, depois não pude mais".

Carteira de identidade de Gabriel Abrahão Issa

Constituição familiar

Filhos[1] do casal Gabriel Abrahão Issa e Yamamé Nakhle Hajj Issa, por ordem cronológica de nascimento:

1 SÁLUA GABRIEL ISSA
2 LAILA GABRIEL ISSA NAVARRETE FERNANDEZ – Jornalista, cronista, é considerada a primeira mulher a editar um livro de poemas na cidade de Anápolis. Sua beleza trouxe-lhe o título de miss Anápolis 1954.
3 HABIB GABRIEL ISSA – Radialista e político
4 NASSIB GABRIEL ISSA – Empresário
5 VILMA GABRIEL ISSA DI DOMENICO – Funcionária pública
6 ABRAHÃO ISSA NETO – Médico

---

1 Nascidos em Anápolis (GO).

Habib Gabriel Issa

Um dos grandes nomes da história política de Anápolis teve também destacada trajetória como narrador e comentarista esportivo, atleta e líder classista. Sobre essa atuação, assim se expressou:

> Depois que eu voltei de Belo Horizonte, ia ao campo de futebol que se chamava Manoel Demóstenes. Eu pegava uma latinha de massa de tomate e ficava transmitindo o jogo, era menino, eu gostava muito daquilo. Lá, sempre se encontravam os locutores Antônio Porto – que ficou famoso em todo Brasil – e o Baltazar de Castro, que me viu e me chamou: "Vem cá menino, ajuda a gente!". Eu comecei a ajudá-los em todos os jogos que eles transmitiam. Naquele tempo, nós fazíamos a transmissão em dupla. Quando a bola passava do meio de campo, transmitia um locutor. Quando ela voltava para o outro lado do campo, o responsável pela transmissão era o outro locutor.
>
> Fui convidado pelo radialista Waldir Amaral para transmitir o Mundial de Basquete de 1970. Eu fazia todos os jogos em Goiânia e Brasília pela loteria esportiva para as emissoras do Rio e de São Paulo, com transmissões pela Rádio Nacional do Rio, pela Pan Americana e pela Bandeirantes de São Paulo. Também tive a oportunidade de transmitir pela Rádio Alvorada de Brasília. Passei uma temporada lá transmitindo futebol. Em Goiânia, praticamente trabalhei em todas as emissoras. Na inauguração do Serra Dourada, quando foi marcado o primeiro gol, eu fiz a sua narração, através da Rádio Brasil Central.
>
> Como atleta, joguei na Seleção Goiana de Basquete, ao lado de César Sebba. Mais tarde, como dirigente, ocupei a vice-presidência da Federação Goiana de Basquete. Com o falecimento do senhor Latif Sebba, eu assumi a presidência. Fui vice-presidente da Federação Goiana de Futebol, na gestão de Baltazar de Castro, Fui membro do Tribunal de Justiça da Federação Goiana de Futebol. Em Anápolis, fui presidente do Jóquei Clube.

Habib Gabriel Issa (centro), à esquerda Ubirajara Galli, e à direita, o importante colaborador desta obra, João Asmar

Como jogador da Seleção Brasileira de Basquete Master, disputei o mundial em Porto Rico, campeonatos brasileiros em Caxias do Sul (RS), em Natal (RN) e em João Pessoa (PB). Eu era cestinha do campeonato goiano, até hoje tenho a mão boa.

Quanto à minha vida política, ela teve início quando fui trabalhar em Goiânia na Encol. Lá desenvolvi um bom trabalho. Para a minha surpresa, houve a intervenção em Anápolis e o Irapuan Costa Júnior, que foi indicado para ser o interventor, me convidou para ser seu chefe de gabinete (1972/1974). Eu aceitei o convite e voltei para Anápolis. Candidatei-me a deputado Estadual em 1974 e 78, fui feliz nos dois pleitos, em 1978 fui o 5º deputado mais bem votado de Goiás. Pude fazer um bom trabalho para Anápolis, trouxe para a cidade duas escolas polivalentes: a Gabriel Issa, que leva o nome do meu pai, e a Frei João Batista Vogel. Pude ajudar a colocar o time da Anapolina no campeonato nacional de Futebol, em 1978, ampliei o estádio Jonas Duarte, consegui fazer o reconhecimento da Faculdade de Ciências Econômicas de Anápolis (30.09.1976), que funcionava havia mais de dez anos sem reconhecimento.

Acho que fiz um bom trabalho como deputado nos meus dois mandatos. Depois fui para o Tribunal de Contas do Município. Fui conselheiro do Tribunal porque na época houve um desentendimento entre o Irapuan e o Ary Valadão. Nós fazíamos parte da bancada de oposição ao governador Ary Valadão. Houve um entendimento, posterior, entre os dois e, aos deputados que mantinham essa posição, foram oferecidos cargos para serem preenchidos. Eu, como era uma das pessoas que mantinha liderança no grupo, recebi primeiro a oferta para ocupar a Prefeitura de Goiânia; não aceitei, mas o deputado Francisco de Castro aceitou a nomeação em 1975. Vieram os outros convites: Você quer ser o secretário da Educação? Eu falei não. Você quer ser secretário de Minas e Energia? Também disse não. Eu não aceitei nenhum desses cargos porque eu não teria como conviver com Ary Valadão, dado os atritos enormes que tive com ele na Assembleia Legislativa. Eu não tinha como conviver como seu auxiliar. Então acabei aceitando o Tribunal de Contas do Município.

Na esfera federal Habib foi superintendente do IAPAS, em Goiás, 1980. No governo de Iris Rezende Machado, foi chefe de Gabinete da Secretaria da Fazenda. Na sua terra natal, foi Secretário Municipal de Esportes e Cultura de Anápolis. Ocupou o cargo de Tesoureiro da Associação Comercial e Industrial de Anápolis, quando a entidade elevou de forma surpreendente o seu quadro social de 200 para a casa dos 1000 associados e foi concluída a obra da sede da ACIA.

 Entrevista realizada em 27 de outubro de 2008

Família Jabour

Entrevista de Wellington Nicolau da Silva Batista, filho de Humberto Baptista e Nelica, ao programa "Árabes no Centro-Oeste"

Qual é a origem da sua família?
Meu avô de origem libanesa, Nicolau Calixto Jabour (23.3.1906), chegou ao Brasil em 1926, ele e minha avó, Fádua. Desembarcaram no Porto de Santos (SP), e foram morar na cidade de São Paulo, na 25 de Março. Ele veio para trabalhar na lavoura, mas foi trabalhar como comerciante, mascateando, na época.

De São Paulo ele foi para Uberaba (MG), e depois para Sacramento (MG). Posteriormente, foram para Conquista (MG), onde nasceram minha tia Maria Nicolau Jabour (1927) e minha mãe (1929). Ficaram em Conquista até 1938 e depois vieram para Anápolis.

Wellington Batista entrevistado por Guilherme Verano

Eles tinham alguma referência aqui em Anápolis?

Não, não tinham ninguém conhecido. Só tinha a informação de que muitos árabes estavam vindo para cá. Chegando aqui, ele não conhecia ninguém, veio com a cara e a coragem. Meu avô chegou a Anápolis e foi morar na rua Desembargador Jayme, no fundo do Hospital Evangélico, ele, minha mãe e minha tia. Depois vieram para o bairro Jundiaí, em 1938, para essa casa onde é o Panela Velha (restaurante) que ele construiu. Ela é a primeira casa construída no bairro Jundiaí, na Avenida Mato Grosso.

Depois, nesse local, montou uma marcenaria, e foi trabalhar na fabricação de móveis. Assim que ele começou a indústria de móveis, abriu a Belém-Brasília. Ele vendia os móveis na Belém-Brasília, e foi se dando muito bem. Posteriormente, construiu casas para alugar e ainda abriu uma farmácia.

Eu nasci na avenida Mato Grosso, em 1957, e nunca mudei de rua, desse local. O segundo comércio montado na avenida Mato Grosso foi do meu pai, que se chamava Humberto Baptista. Ele tinha uma sorveteria, fazia muito picolé na época da seca e vendia nas cidades do interior. Minha mãe tocava um comércio que chamava Armazém – Comércio Batista. E vinha o pessoal de Luziânia, Silvânia, Olhos d'Água, Abadiânia Velha, (não existia Abadiânia nova), vinha o pessoal de Vianópolis e o pessoal de Orizona para fazer compras de carro de boi. Anápolis foi o almoxarifado que construiu Goiânia. Os primeiros tijolos para a construção de Goiânia e depois para Brasília saíram de Anápolis.

Como era a convivência com seus avós dentro de um lar árabe?

Minha convivência com o meu avô foi mais pelo lado árabe, foi ele quem me ensinou a ser comerciante. Ele me ensinou a comprar e a vender. Ele sempre falava para mim: "Tudo o que você vender dois, você compra três. O melhor dinheiro no caixa é a mercadoria". E não aceitava reclamar da vida: "Está ruim hoje, porque você não plantou ontem para hoje estar

Vestido de papai Noel há vários natais, Wellington Batista, com o mesmo sentimento de solidariedade que herdou do seu avô e de sua mãe, distribui presentes à APAE, asilos e às crianças de bairros carentes

A presença árabe em Anápolis

bom!". Ele faleceu em 7 de novembro de 2003 com 107 anos, ainda lúcido. Os amigos com os quais ele mais convivia eram o Rachid Cury, o Jorge Pedreiro (ou Jorge Hajjar), o Barbahan Helou, o Halim e o Feres. Eu vivi quarenta anos com meu avô.

Quando o banco no qual eu trabalhava, a Caixego, fechou, meu avô me chamou para montar um comércio. "Vamos montar um comércio que dá certo". Com 80 anos ele estava trabalhando vendendo suas mercadorias. Ele só parou de ser comerciante aos 86 anos, quando foi atropelado e perdeu a visão. Em 1998, quando estava com 101 anos de idade, recebeu do consulado libanês, por meio do cônsul Halim Helou, o diploma de "Libanês mais idoso de Goiás".

O exemplo que o meu avô deixou, para mim e para os meus filhos, foi a vontade de viver. Ele me deu uma força muito grande para ajudar a educar os meus filhos. Ele nunca me negou nada. Tudo o que ele ia fazer, me procurava, e eu também fazia o mesmo. Nós parecíamos dois irmãos, dois sócios. Era muito duro com relação aos negócios. Se era para fazer algo era

Busto instalado no Bairro Jundiaí, em homenagem a Humberto Baptista, pai de Wellington Batista

251

para fazer mesmo. Era para fazer junto. Queria respostas imediatas, queria resultados. Ele não tinha preguiça. Para se ter uma ideia, no local onde foi instalado o Parque Ipiranga, que na época dele era brejo, ele plantava arroz. Era o único que plantava arroz no Bairro Jundiaí.

Como foi a experiência de deixar de trabalhar num banco e passar depois para o fogão?

Eu abri o restaurante (Panela Velha) e fiquei um ano sem nenhum empregado, era eu, minha mãe, com 60 anos de idade, e minha esposa. Esse restaurante foi aberto em setembro de 1990. Eu era funcionário da Caixego. O banco fechou, eu fiquei desempregado e montei o restaurante Panela Velha.

Trabalhei no banco Itaú por dez anos, e de lá fui para a Caixego, e da Caixego para o Panela Velha. Quando eu perdi o emprego, o meu avô falou que eu não iria mais trabalhar de empregado, disse que era para montar um comércio. Eu argumentei, perguntando que comércio iria montar. Meu avô, então, me falou para desmanchar uma casa e montarmos um comércio. Desmanchei a casa em vinte dias e fiz o restaurante. A Caixego fechou e vinte dias depois eu já estava trabalhando. Tive o apoio da minha mãe e de minha esposa, elas na cozinha e eu no salão trabalhando de garçom. Minha mãe trabalhou no restaurante até os seus 81 anos de idade, quando faleceu.

Quando a Caixego fechou, eu procurei o que fazer o mais rápido possível. Eu não esperei ações da justiça ou indenização, fui procurar o que fazer o mais urgente possível. Eu não podia esperar, e muita gente esperou.

Anápolis seria a mesma sem a presença dos árabes?

Nunca, nunca mesmo. Anápolis teve um impulso muito grande por meio da colônia árabe que deu essa força para essa cidade crescer. O comércio de Anápolis se desenvolveu através do árabe que aqui chegou e também de seus descendentes.

Entrevista realizada em maio de 2013

Família Jamaleddine

Ao receber a visita de Mounir Naoum acompanhado de um parente em sua loja, em Trípoli, Líbano, no ano de 1953, Assad Hassan Jamaleddine[1] foi estimulado pelo amigo a vir para o Brasil em busca de melhores perspectivas econômicas, almejando melhor qualidade para a sua família.

O destino foi a cidade de Anápolis (GO), onde já residiam alguns dos seus amigos, ex-colegas de escola como Nazir El-Hajj e José Hajjar. Em 1954, Mounir deixou a sua família em Trípoli e foi sozinho para Anápolis, se estabelecendo no comércio de secos e molhados, em sociedade com Aziz Cury.

Quem conta essa história familiar é Mounjed Assad Jamaleddine, filho do casal Assad Hassan Jamaleddine e Fátima Omar Hassan El Ayubi:

> Meu pai, recém-formado pela Escola Americana de Trípoli, foi trabalhar no Iraque, onde ele conseguiu fazer certa economia e ampliar sua experiência cultural. De volta a Trípoli, no ano de 1943 meu pai se casou com a prima dele, por coincidência no mesmo ano da independência do Líbano. Dois anos depois que meu pai havia imigrado para o Brasil, especificamente para Anápolis, melhor estabilizado, ele pôde trazer minha mãe, eu e meus quatro irmãos para cá.
>
> Na década de 1960, papai montou seu próprio negócio, também no ramo de secos e molhados, nas proximidades do mercado municipal, de nome: Armazém Nossa Senhora de Fátima, em homenagem à minha mãe. Neste comércio, trabalharam com ele meus irmãos Hassan e Jarir, depois cada um tomou seu rumo. O forte do comércio do meu pai naquela época era com Brasília (DF). No entanto, ele nunca se motivou a mudar

---

[1] Assad Hassan Jamaleddine nasceu em Beshmezzine, Líbano. Faleceu em Anápolis em 1979.

253

para lá. Não por medo de novos desafios, pois meu pai nunca teve receios de novos enfrentamentos em sua vida.

Papai sempre foi um educador, um homem que gostava das letras, era poliglota, falava francês, inglês e alguma coisa em indiano, por causa da sua experiência no Iraque. Fazia poemas em árabe e, sempre que vinha alguma autoridade a Anápolis ele se colocava à disposição da comunidade para servir de intérprete. Meu pai tinha também uma boa cultura gastronômica; quando havia uma recepção mais sofisticada em Anápolis e se desejava para o cardápio dos convivas um autêntico prato árabe ou europeu, ele sabia como fazê-lo.

Lembro-me de uma coisa que meu pai falava: "Se existisse uma terra para alguém trabalhar com perspectiva de crescimento, esse lugar seria aqui na região do Planalto Central, envolvendo as cidades de Goiânia, Anápolis e Brasília".

Com isso ele me convenceu, apesar de eu ter tido oportunidade de ir para outros países. Tenho uma irmã que se formou nos Estados Unidos, tenho parentes na Austrália e no Canadá. Mas continuo agradecendo a Deus por papai ter optado em vir para Anápolis, para o Planalto Central, lugar de que gosto demais.

Quando nós viemos para Anápolis, eu era o segundo mais velho dos cinco irmãos, tinha quase 11 anos de idade e era portador de diploma do Curso Primário. Como no Líbano o ensino de língua estrangeira era aplicado desde o jardim da infância, quando aqui cheguei, eu falava relativamente o idioma francês, naturalmente, [e um nível] compatível com a minha idade. Por causa desse meu envolvimento com línguas estrangeiras, num espaço de tempo de aproximadamente 90 dias, eu já estava falando e escrevendo o português. Assim, pude fazer o meu exame de admissão para ingressar no curso Ginasial. Inclusive, uma das minhas

Fátima Omar Hassan El Ayubi e os seus filhos. Trípoli, Líbano, 1956

professoras de português foi a nossa patrícia Anésia Cecílio.

Eu tive a sorte de ter bons professores na minha trajetória estudantil aqui em Anápolis, no Colégio Couto Magalhães e em outros estabelecimentos de ensino. Mais tarde fui para Brasília trabalhar e dar sequência aos meus estudos.

Minha mãe sempre foi a matriarca no estilo antigo. Quando aqui chegamos, ela já tinha cinco filhos e depois ganhou mais um. Portanto, cuidava da casa e dos filhos.

A contribuição do imigrante árabe para a sociedade anapolina, sobretudo, e a do Brasil como um todo, é muito expressiva. Basta verificarmos a sua participação no cenário político, científico, econômico, cultural, além de outras áreas que poderiam ser citadas.

Lembro-me que certa vez, ao ser entrevistado um embaixador libanês, em Brasília (DF), foi lhe feita uma pergunta, e a sua resposta, de certa forma, resumiu a importância da imigração sírio-libanesa para o Brasil:

Assad Hassan Jamaleddine, aos 72 anos, em Anápolis (GO)

– Qual era o principal produto de exportação do Líbano?

O embaixador respondeu:

– Mentes e homens.

Constituição familiar

Filhos[2] do casal Assad Hassan Jamaleddine e Fátima Omar Hassan El Ayubi, por ordem cronológica de nascimento:

1   HASSAN JAMALEDDINE. Nasceu no Líbano. É falecido.
2   MOUNJED ASSAD JAMALEDDINE. Nasceu no Líbano. Foi casado com Fida Ahdab. Pais de:
    2.1   Huda Jamaleddine

---

2 Nascidos em Trípoli, Líbano, à exceção do caçula Bassam, nascido em Anápolis (GO).

3   JARIR ASSAD JAMALEDDINE. Falecido. Era casado com Arly Borges Jamaleddini, Pais de:
   3.1   Mona Borges Jamaleddini
   3.2   Amira Jamaleddini
   3.3   Hassan Jamaleddini
4   SAMI ASSAD JAMALEDDINE. Empresário. Casou-se com Ângela Maria Jamaleddini. Pais de:
   4.1   Sami Jamaleddine Filho
5   MAHA JAMALEDDINE. Psicóloga. É mãe de Phillip James Fiuza Lima.
6   BASSAM ASSAD JAMALEDDINE. Empresário. Casou-se com Marília Sandoval. Pais de:
   6.1   Bassan Jamaleddine Júnior
   6.2   Sérgio Jamaleddine
   6.3   Eduardo Jamaleddine

Entrevista realizada em 29 de maio de 2009

Família João Milki

Embora João Milki tenha nascido em Alfenas (MG), onde seus pais tinham fazendas, ele foi criado em Trípoli, no Líbano. Somente aos 20 anos de idade retornou ao Brasil.

Desembarcando no Porto de Santos (SP), passou a residir na cidade mineira de Araguari (MG), onde tinha parentes. Nesta cidade, ele se casou com Zaquias Freua, natural de Homsi, na Síria. Contrariando a maioria dos seus patrícios, João Milki não começou ganhando a vida mascateando ou abrindo uma loja de comércio, ele começou trabalhando como alfaiate, profissão que aprendeu aqui no Brasil.

No ano de 1941, aceitando o convite do seu sobrinho Jibran El-Hajj, que morava em Anápolis (GO), veio para esta cidade, trabalhar com ele numa cerealista de sua propriedade.

Quando da construção de Brasília (DF), juntamente com os filhos Youssef e Issan, abriu na capital que se erguia, uma fábrica de colchões e uma loja de tintas, sendo esses empreendimentos vendidos anos mais tarde. Posteriormente, Yussef e Issam entraram no ramo de armazéns atacadistas na cidade de Anápolis. Dedicado maçom, foi cofundador do Abrigo Nicephoro Pereira da Silva e da Sociedade Sírio-Libanesa de Anápolis.

João Milki e a esposa Zaquias Freua Milki

João Milki era fumante (cigarro de palha) compulsivo. Esse seu exagero levou-o a contrair enfisema pulmonar, o que interrompeu a sua trajetória de trabalho, levando-o a aposentaria. Embora, sendo portador de enfisema, ele viveu até os seus 86 anos, falecendo no dia 11 de janeiro de 1988. Sua esposa Zaquias faleceu no dia 21 de janeiro de 1978, aos 68 anos.

Constituição familiar

Filhos do casal João Milki e Zaquias Freua, por ordem cronológica de nascimento:

1. SULAIMA FREUA MILKI FALLUH – Falecida em 2015. Doutora em História. Nasceu em Araguari (MG), no dia 4 de fevereiro de 1934. Era casada com Faiçal Falluh. Sem sucessores.
2. YOUSSEF MILKI – Falecido. Era casado com Lídia Elias Milki, filha de Zacarias Elias e Carime El Chaer, nascida em Anápolis, no dia 5 de outubro de 1940. Pais de João Milki Neto, Marcos Vinícius Milki, Fernando Milki.
3. HAIFA MILKI PASCHARIDES – Normalista. Casou-se com Evangelos Pascharides. Pais de Savas Milki Pascharides e Paulo André Milki Pascharides.
4. ISSAM MILKI – Falecido. Era casado com Maria Helena Toledo Milki. Sem sucessores.
5. FUAD MILKI – Empresário. Casou-se com Helianda Sarmento Milki. Pais de Morgana Sarmento Milki e Eduardo Milki.

Somente o filho caçula Fuad nasceu na cidade de Anápolis (GO), os demais nasceram em Araguari (MG).

Família Milki: Maria Eduarda Hajjar Milki, João Milki Neto, Grace Hajjar Milki, Marcos Vinícius Milki, Lídia Milki e João Paulo Milki

A filha primogênita Sulaima foi a única que estudou e teve graduação superior em História, sendo professora em vários estabelecimentos de ensino de Anápolis, entre os quais o Colégio Estadual José Ludovico de Almeida, onde lecionou por 30 anos, até se aposentar. Foi ela quem cuidou dos pais até a morte deles. Inclusive, a "condição" para que ela se casasse foi a de que continuaria residindo na casa dos pais após o seu casamento: "Eles não aceitavam eu me casar e sair de casa".

Depoimento de Sulaima Milki

Chegamos a Anápolis no ano de 1941; aqui não tinha luz, não tinha asfalto, não tinha quase nada de conforto. De certa forma, meu pai colaborou para que o progresso chegasse à cidade. Meu pai era muito respeitado pela colônia árabe de Anápolis. Quando acontecia um problema de maior gravidade entre seus membros, era na nossa casa que a colônia se reunia para ouvir as suas sugestões com o propósito de solucionar a questão.

Lembro-me que, às vezes, eu ia acompanhada de meus irmãos aos bailes no CRA, que ficava pertinho da nossa casa. Meu pai sempre falava que era para nós voltarmos às dez horas. Só que nós voltávamos duas horas da manhã. Aí, nós tirávamos os sapatos para ele não escutar a nossa chegada. No entanto, quando íamos abrir a porta, era ele quem abria e perguntava: "Que horas são?" Eu respondia: "São dez horas." Aí, ele tirava seu relógio de bolso e dizia xingando: "São duas horas da manhã". Meu pai era muito rigoroso, principalmente com as filhas. Minha mãe era mais tranquila, mais calma, mas era chefona. Ela sabia como dobrar meu pai. Ela é quem mandava na casa.

Entrevista realizada em 4 de maio de 2009

Família
José Calixto Afiune

José Calixto Afiune nasceu na aldeia de Kafroun, província de Tartous, na Síria, em 15 de janeiro de 1884 e chegou ao Brasil no ano de 1916. Em suas andanças passou por Uberaba-MG, Catalão-GO e posteriormente Formosa-GO, onde se casou com Said Assad Nadruz, também síria de nascimento, da cidade de Safita e que vivia com seus tios. Como a maioria dos patrícios, mascateou por regiões inóspitas do estado de Goiás, vivendo momentos de muitas dificuldades especialmente em relação ao idioma, que acabou aprendendo rapidamente.

Com as notícias de que Ipameri-GO era então a cidade mais próspera à época, especialmente porque os trilhos da ferrovia e a energia elétrica já existiam na localidade, mudou-se para lá em 1926, onde fixou residência por cerca de quarenta anos. Naquela cidade goiana ele foi comerciante varejista de secos e molhados e acompanhava a atividade dos filhos, Calixto, Francisco, João e Farid, que nos idos de 1952, montaram uma empresa beneficiadora de café e arroz na cidade. Trabalhavam também com açúcar, feijão e outros cereais e em determinada situação tiveram suas mercadorias confiscadas pelo exército numa época de escassez de alimentos, quando se viram obrigados a ceder quase tudo para o batalhão de infantaria e engenharia em Ipameri-GO.

No ano de 1966, buscando outras oportunidades, mudou para Anápolis-GO acompanhando os filhos e montou uma empresa beneficiadora de arroz chamada Afiune& Irmãos Ltda, trazendo todos os irmãos. Com esta composição social ela durou até 1979, quando o sócio

Calixto, Maria, Francisco, João, Estrela, Farid e Latife.

João saiu e montou a Cerealista Alfa. Em 1980, Francisco saiu também e montou a Pró-Goiás Comércio e Indústria de Cereais com os filhos Eduardo e Enivaldo, tendo durado até o ano de 2012. Posteriormente, passou do beneficiamento de arroz para o ramo de atacado e atividade agropecuária. O outro filho e sócio, Calixto, ficou com os filhos na já citada Afiune& Irmãos de 1980 até 1987, quando encerraram as atividades e partiram para ramos diversos de acordo com a vocação de cada um. Os filhos do João, que haviam fundado a Cerealista Alfa, nunca exerceram a atividade junto ao pai. Já as filhas, Latife, Estrela e Maria José nunca participaram do negócio comercial dos irmãos, sendo que Latife se casou e mudou primeiramente para Uberaba-MG e depois foi para Brasília-DF, local para o qual Estrela foi diretamente após o casamento. A outra filha, Maria José, permaneceu em Ipameri-GO, onde criou seus filhos. José Calixto Afiune faleceu em Anápolis-GO aos 94 anos, deixando a maior parte da família por aqui, e também em Brasília e Ipameri. Seus netos são todos casados e já têm netos.

Larissa, Eduardo, Edna e Caio.

Constituição familiar

José Calixto Afiune, casado com Said Assad Nadruz, teve o casal os seguintes filhos:

1 CALIXTO JOSÉ AFIUNE, industrial, que se casou com Etelvina Araújo tendo os filhos:
    1.1 Geraldo
    1.2 Juvenal
    1.3 Felício
    1.4 Felícia
    1.5 Calixto
    1.6 João
    1.7 Aleido
    1.8 Paulo
2 FRANCISCO JOSÉ AFIUNE, industrial, que casou com Alice Abrão Afiune e teve os filhos:
    2.1 Eduardo
    2.2 Enivaldo
    2.3 Eliane
3 MARIA JOSÉ AFIUNE, que se casou com o argentino Luiz Otelo Costa, eletricista, e foi a única dos filhos a permanecer em Ipameri-GO e teve os filhos:
    3.1 Maria Elizabeth
    3.2 Luiz Roberto
    3.3 Maria Cecília
    3.4 Luiz Fernando
    3.5 Luiz Carlos
    3.6 Luiz Valério
    3.7 Luiz Alberto
4 LATIFE AFIUNE, que se casou com Celso Tótoli e teve os filhos:
    4.1 Celso
    4.2 Sarah Jane
    4.3 Cléber Jone
    4.4 Cledson Jaques
5 FARID AFIUNE, que se casou com Maria Teodoro tendo os filhos:
    5.1 Samuel
    5.2 Salma

Ficou viúvo e se casou em segundas núpcias com Helena Teodoro não tendo outros filhos.

6   JOÃO AFIUNE, industrial, que casou-se com Maria José e teve os filhos:
    6.1   João
    6.2   Alcir
    6.3   Almir
    6.4   Selma
7   ESTRELA AFIUNE, advogada, que se casou com Antonio Augusto Albuquerque, militar, e teve os filhos:
    7.1   César Augusto
    7.2   Augusta Cristina
    7.3   Márcio Augusto
    7.4   Antonio Augusto
    7.5   Anne Augusta

*Nosso entrevistado, Eduardo Francisco Afiune, se casou com Edna Farah Afiune e teve os filhos Larissa Farah Afiune e Caio Farah Afiune.

Entrevista realizada no dia 01/09/2019.

De estão pé os irmãos Maria, Latife, João, Francisco e Calixto. Sentados estão Estrela, o pai José Calixto, a mãe Said e Farid.

Família Khalil

Ata Elias Khalil nasceu em Miniara, cidade localizada ao norte do Líbano, no dia 12 de fevereiro de 1947. Estava na faculdade, cursando Medicina, quando seu tio Ramez Farah, irmão de sua mãe que residia no Brasil, em Anápolis, foi ao Líbano visitá-los e o convidou para vir trabalhar com ele no Brasil. Aceitando o convite do tio, chegou a Anápolis em 1969, aos 23 anos de idade, e morou na cidade durante uns seis meses. Logo depois foi para Brasília (DF), onde seu tio estava construindo, e começou a cuidar das obras dele, ali permanecendo durante cinco anos.

Depois foi para São Paulo (SP), onde alguns amigos de sua cidade natal que trabalhavam com roupas ofereceram-lhe a oportunidade de comercializar produtos como calças e camisas para vender em Goiás. Aceitando a proposta, voltou para Anápolis e começou a vender calças nas cidades do interior do estado, como Goianésia, Ceres e Jaraguá.

Quando juntou certo capital, abriu, em sociedade com ums primos, sua primeira loja, de nome Armarinhos Presidente, localizada na rua General Joaquim Inácio.

Em 1980, voltou ao Líbano para passear e rever os familiares. Nesse período conheceu sua esposa Rula Ata Elias Khalil, nascida no dia 10 de fevereiro de 1960, também em Miniara. Durante os seis meses que permaneceu no país, casou-se com ela.

De volta ao Brasil com sua esposa, retomou o trabalho e abriu outra loja. Assim, foi construindo seu patrimônio e sua vida em Anápolis.

Atualmente vai ao Líbano a passeio a cada quatro anos para visitar sua mãe e os irmãos. Revela que sua verdadeira casa é o Brasil; apesar de o Líbano ser a sua pátria, não conseguiria se adaptar mais ao país. A sua vida está no Brasil e os amigos também estão aqui.

Quando chegou há 40 anos, se adaptou rápido ao Brasil, e não teve dificuldade em aprender o português. Destaca que os brasileiros são muito hospitaleiros e que deles não sofreu nenhum tipo de preconceito, como também não se arrependeu de ter deixado de cursar Medicina.

Ao citar a infância, falou que ela foi boa e confortável. Sua mãe era rigorosa na educação e não permitia que os filhos fumassem e nem bebessem. Já o seu pai era mais maleável. Seus pais não vieram para o Brasil fixar residência, mas, durante a guerra civil libanesa, sua mãe aqui esteve por duas vezes.

No Líbano seus pais exerciam atividade de comércio. Uma das especialidades da mercearia do casal Elias Khalil e Ramza Farah era o saboroso amendoim torrado. Um dia chegou um casal à mercearia e pediu a Ramza Farah meio quilo de amendoim. Depois de pesar o amendoim, ela o entregou ao senhor, dizendo:

– Quem come desse amendoim só faz homem. Não faz mulher não.

Aí, o senhor respondeu-lhe:

– Mas tia, eu já tenho filho homem.

Bastante espirituosa, Ramza, disse-lhe:

– Não tem problema. Esse amendoim só traz gêmeos.

O filho caçula de Ata Elias Khalil, de nome Ely Ata Khalil, foi batizado com três anos de idade, no Líbano. O avô Elias Khalil ficou muito emocionado ao conhecer o neto, e seis meses após o batizado, veio a falecer.

No retorno de Ata Elias Khalil ao Brasil, seu pai lhe disse as seguintes palavras, que ele nunca esqueceu: "Já conheci seus filhos. O melhor presente que você meu deu foi trazer Ely aqui para ser batizado. Agora, vá com Deus, já posso morrer satisfeito".

Ata Elias Khalil e seu filho Ely Ata Khalil

A presença árabe em Anápolis

Ata Elias Khalil enalteceu em seu depoimento que foi fundamental a importância dos imigrantes árabes para o desenvolvimento de Anápolis, e que desde 1980 já não ocorre mais imigração de árabes para a cidade.

Constituição familiar

Filhos[1] do casal Elias Khalil[2] e Ramza Farah[3], por ordem cronológica de nascimento:

1   MEHJI
2   ATA
3   GRETA
4   SADEK
5   MEJIDA
6   TONY

Filhos do casal Ata Elias Khalil e Rula Ata Elias Khalil, por ordem cronológica de nascimento na cidade de Anápolis: Tatiana Ata Khalil, Simone Ata Khalil e Ely Ata Khalil.

 Entrevista realizada em 16 de junho de 2009

1   Nascidos no Líbano.
2   1908-1993.
3   Nascida em 1920.

Família Miguel

Entrevista do médico Gilbrahyl Miguel[1] ao programa "Árabes no Centro-Oeste"

Qual a origem da família do senhor?
É de origem libanesa. Eu tenho a história da minha família publicada no jornal *Tribuna de Ituverava*. Eu nasci em 19 de setembro de 1924. Peço licença para poder ler a história da vinda da minha família do Líbano para cá:

Em maio de 1921, o casal Jorge e Maria Miguel chegou a Ituverava (SP), com prole de dez membros: Jamil, Juventino, Reinaldo, Neffy, Linda, Hermosa, Cecim, Aparecida, Nair e Dulcinéia, tendo nascido em nossa cidade o filho caçula, Gilbrahyl.

*Gilbrahyl Miguel entrevistado
por Guilherme Verano*

---

1   Faleceu no dia 15 de junho de 2015.

O casal lutou muito para bem criar e encaminhar os filhos na vida. O senhor Jorge Miguel, como chefe do clã, iniciou seu trabalho mascateando pelas fazendas de nosso município, acompanhado do filho mais velho, Jamil. Mais tarde, instalou-se como comerciante de loja de armarinhos na Praça Rui Barbosa, em estabelecimento denominado "Ao ganha pouco".

Com a cooperação de sua esposa e companheira de todas as horas, ele e os filhos tiveram bom entrosamento na nossa sociedade, atuando em diversas funções: Juventino, casado com a professora Esmênia Neaimi Miguel, cursou a Faculdade "Armando Álvares Penteado" FAAP, na capital, tornando-se contador da agência do primeiro Banco instalado na cidade (Banco Comercial do Estado de São Paulo), função que deixou para exercer o cargo de Escrivão do Cartório do Contador, Partidor e Distribuidor da Comarca. Mais tarde, este foi anexado ao Cartório de Registro Civil da cidade até o ano de 1943, quando Juventino passou a dirigir máquinas de arroz e café. Reinaldo casou-se com a professora Glória Muzzi Miguel e transferiu-se para Dourados, Mato Grosso do Sul, onde foi agricultor, tendo mais tarde transferido residência para Uberaba (MG), onde se tornou próspero industrial. Neffy casou-se com Racibe Abdalla Miguel e nessa cidade teve boa participação como esportista altamente consagrado, tendo transferido residência, posteriormente, para Uberaba (MG), onde foi sócio do irmão Reinaldo.

Linda casou-se com Elias Alexandre, comerciante no vizinho município de Miguelópolis. Cecim Miguel casou-se com Irene Naldi e exerceu o cargo de Escrivão do Cartório de Registro Civil da cidade até 1953, quando foi promovido para Franca, onde se aposentou e se formou em advocacia. Em nossa cidade, Cecim teve participação ativa em diversos setores. Foi vereador, tendo ocupado o cargo de presidente da câmara em duas legislaturas. Exerceu a função de presidente da Associação Atlética Ituveravense, tendo sido atleta do clube. Até hoje presta inestimável colaboração como jornalista a este periódico.

Aparecida casou-se com Wilson Pereira de Lima; Nair casou-se, em nossa cidade, com Lourenço Morilhas; Dulcinéia, aqui também contraiu núpcias com Joaquim Telles Menezes e, finalmente, Gilbrahyl casou-se com a professora Meire de Faria Miguel e é médico em Anápolis (GO).

Jorge Miguel e Maria Miguel deixaram 35 netos e 20 bisnetos. Dos seus 11 filhos, somente três ainda sobrevivem: Dr. Cecim, Aparecida e Dr. Gibrail Miguel.

O casal está sepultado no jazigo da família, na Necrópole Municipal de nossa cidade, onde também repousam alguns membros desta bem constituída família por todos nós conhecida.

O jornal de Ituverava comentando a presença do Dr. Gilbrahyl Miguel, em Anápolis:

O nosso ilustre ituveravense, desde que chegou a Anápolis, tem participado da vida social da cidade, onde goza de grande prestígio juntamente com sua família. Na parte profissional revelou-se pela sua capacidade de trabalho um excelente médico, merecedor de alto conceito na comunidade que serve. Foi médico residente no Hospital das Clínicas D. Bosco, diretor do Hospital N. Senhora Aparecida. Através de concurso, tornou-se médico do extinto IPAC e Samdu, diretor do ambulatório da LBA – Legião Brasileira de Assistência, até à sua extinção,

A presença árabe em Anápolis

e chefe da perícia médica municipal, na gestão do prefeito Jamel Cecílio. Com o advento da unificação da Previdência Social, foi criado o INPS, antigo, INAMPS, a cujo quadro pertenceu. Já exerceu cargo de coordenador e supervisor fiscal. Também foi diretor do Hospital da Colônia Agrícola em Ceres, estado de Goiás, no período de 1956 a 1960. Não foi só na Medicina que o nosso Dr. Gibrahyl empregou suas atividades, também foi político. Como tal, em Anápolis, pertenceu ao Diretório da ex-UDN como seu vice-presidente. Nessa ocasião, participou ativamente da campanha pró-Juarez Távora. Foi presidente do Movimento Popular Jânio Quadros. Com a extinção dos partidos políticos participou e foi fundador da Arena, permanecendo em seu diretório como vice-presidente, até sua extinção. Hoje, conforme nos contou o Dr. Gibrahyl, levado pelo desencanto e desilusão, não está filiado a nenhuma agremiação política, está agora, mais do que nunca, devotado à família e à sua magnificente clientela anapolina da terra que o recebeu de braços abertos e que adotou como sua, onde encontrou a esposa, dona Maria da Conceição, sua companheira de todas as horas, e onde também nasceram os seus filhos queridos. Eis em síntese uma parte da biografia desse ituveravense, que lá fora para, elevando em alto e bom som o nome de sua terra natal pelos seus trabalhos profissionais, pela bem constituída família, e que jamais esqueceu a terra natal, ora visitando-a, ora escrevendo crônicas, demonstrando assim sua presença entre nós.

O que motivou a sua vinda para Anápolis?

Eu conheci a minha senhora no Rio de Janeiro. Ela fazia curso de piano na época, e se hospedava na mesma pensão onde me hospedei. E comecei a namorá-la, e gostei do jeito dela. Como ela morava em Anápolis e eu não querendo ficar em Ituverava, porque médico do lugar não faz milagres, como diz o velho ditado, pois eu conhecia todo mundo e não podia cobrar de ninguém, então eu vim para Anápolis para conhecer a família de minha senhora, e me hospedei no hotel do Zico. Gostei da cidade, pois vi que Anápolis era um centro de convergência, e ainda não tinha Brasília, na época, só tinha Goiânia. E vi que a cidade tinha um futuro promissor, economicamente falando. Então, gostei da cidade e resolvi me instalar aqui em Anápolis.

Transpondo a situação do seu pai para o senhor. O senhor deixou Ituverava e veio para Anápolis. Também adotou Anápolis?

Sim, adotei Anápolis. É uma terra benfazeja e cosmopolita, me recebeu de braços abertos, aqui eu criei a minha família, aqui eu casei. Hoje, eu não me considero mais paulista, eu me considero goiano. Eu amo muito essa cidade, é uma cidade excelente, de bom clima, de um povo hospitaleiro, um povo cordial, um povo amigo e fui recebido de braços abertos. Sinceramente, não tenho queixas da minha vinda, não me arrependo.

Como era ser médico na época em que o senhor chegou à cidade de Anápolis?

Quando eu cheguei a Anápolis, aqui tinha praticamente entre 25 a 30 mil habitantes. Eu cheguei aqui em 1952, tanto que o meu CRM tem o número 204. Quer dizer, só tinham 204 médicos em todo o estado. Anápolis, quando cheguei, tinha o doutor Anapolino de Faria, que é tio da minha senhora, o doutor Bonfim D'Abadia, o Amim Antônio, o doutor Kalil Dib Zacour, que era dono do Hospital São Zacarias, o doutor Luiz Fernando da Silva, o doutor Augusto Otaviano, o doutor Adalberto Dias, Paulo Falluh, já falecido, o doutor Raul Balduíno de Sousa, e também o doutor Sílvio Vaz, também já falecido. E eram poucos médicos na cidade de Anápolis, que era um ponto de convergência. Todo o norte de Goiás vinha se tratar aqui em Anápolis, pois ainda não tinha Brasília. Anápolis na época não era uma cidade industrializada. Aqui só tinha máquinas de arroz, mas tinha um comércio sólido, mesmo naquela época.

Nessa época que eu vim para Anápolis, a medicina domiciliar, ou seja, aquela na qual se vai à casa do doente, era muito frequente. Eu era médico de família. Eu fui médico da família do doutor Benedito Abreu, fui médico da família do Salim Caied, fui médico de várias famílias aqui.

Eu costumo dizer o seguinte: o médico, para ser um bom médico, tem que ser vocacional, pois ele não tem hora para dormir, não tem hora para almoçar ou para jantar. Sendo chamado, ele é obrigado a ir, senão é omissão de socorro, então é obrigado a atender o paciente. Fiz uma promessa que, depois de aposentado, eu atenderia qualquer pessoa sem cobrar nada. E até hoje eu não cobro um tostão e não deixo de atender qualquer pessoa que precise de meus préstimos.

Quero agradecer a todo o povo anapolino pelo carinho com que fui recebido, desde a minha chegada e até os dias de hoje.

Constituição Familiar

Filhos do casal Gilbrahyl Miguel, que faleceu no dia 15 de junho de 2015, e Meire da Conceição de Faria Miguel, por ordem cronológica de nascimento:

1   GLAUCO FARIA MIGUEL – Graduado em Administração de Empresas.
2   MARIA AUXILIADORA MIGUEL – Graduada em Assistência Social.
3   ANDRÉ LUIZ FARIA

Entrevista realizada em setembro de 2012

Família Miguel Elias

Miguel Elias e seu irmão Achilles Elias chegaram à Anápolis (GO), ao final da década de 1900; lá residiam seus também irmãos Carlos Elias e Razem Elias. Para poder empreender a viagem ao Brasil, Miguel Elias alterou seu registro de nascimento, aumentando a sua idade de 16 para 19 anos, conseguindo desta forma a sua emancipação para providenciar seu passaporte.

Depois do período de mascateação em conjunto, os dois irmãos abriram sociedade em um comércio de tecidos. Mais tarde, Miguel resolveu empreender carreira solo de empresário e montou uma máquina de beneficiar arroz. Na primeira metade da década de 1959, trabalhando no ramo do café, Miguel era um dos maiores exportadores do produto da cidade de Anápolis.

Marina, Salma, Salém, Fátima, Linda, infelizmente com o rosto coberto pela mãe, Jorge e Leila (vestida de noiva em seu casamento com Munir Caixe). Na frente estão os pais Miguel Elias e Maria Jorge Elias (Tia Maria)

Maria Jorge Elias (Tia Maria) ao centro, ladeada pelos filhos e uma nora: de pé estão Fátima, Salma, Leila, Marina e Sandra (esposa do Jorge Miguel Elias), sentados estão Salém e Jorge Miguel Elias. A outra filha, Linda, não aparece na foto

Constituição familiar

Aos 22 anos Miguel Elias contraiu matrimônio com Maria Jorge Elias, filha de pais árabes. Filhos do casal, por ordem cronológica de nascimento:

1.   LINDA MIGUEL ELIAS. Casou-se com Euclides Adorno. Pais de:
   - 1.1   Sônia Maria Adorno
   - 1.2   João Bosco Adorno
2.   MARINA MIGUEL ELIAS TAHAN
3.   SALÉM MIGUEL ELIAS. Falecido. Era casado com Neide Abrão Elias. Pais de:
   - 3.1   José Maurício Salém Elias
4.   SALMA MIGUEL ELIAS
5.   MARIA DE FÁTIMA MIGUEL DIAS. Casou-se com Odilon Ponciano Dias. Pais de:
   - 5.1   Ricardo Ponciano Elias Dias
   - 5.2   Odilon Ponciano Dias Júnior
   - 5.3   Aydes Ponciano Dias Sobrinho
6.   JORGE MIGUEL ELIAS. Falecido. Era casado com Sandra Maria Penteado Elias. Pais de:
   - 6.1   Ana Cristina Penteado Elias Roriz de Amorim
   - 6.2   Adriana Patrícia Penteado Elias Lima
7.   LEILA ELIAS CAIXE. Casou-se com Munir Caixe. Pais de:

7.1   Daniella Elias Caixe
7.2   Juliana Elias Caixe
7.3   Luciano Elias Caixe

Depoimento de Leila Elias Caixe

Meu pai fazia questão de que na hora almoço toda a família se reunisse em torno da mesa. Isso era motivo de honra pra ele. Era muito amoroso, dava muito carinho para todos nós. Era até mais amoroso que minha mãe.

Quando criança eu sentia certo preconceito, principalmente dentro da escola, por causa da minha condição de descendente árabe; volta e meia eu era chamada de "turca mole, turca feia". Mas foi uma coisa que, com o tempo, passou.

Meu pai faleceu novo, com 59 anos, vítima de derrame cerebral. Com a sua morte os negócios da família passaram a ser administrados pelos meus dois irmãos mais velhos. Eles não tinham experiência, eram muitos novos, e acabou não dando certo. Meu pai era muito inteligente. Apesar de não ter muito estudo, ele era um crânio em matemática.

Leila Elias Caixe

A minha mãe tinha uma postura que a diferenciava das demais mulheres árabes. Para administrar a casa, cuidar dos filhos, sempre tinha uma irmã sua ou alguém para fazer isso. Minha mãe não era da cozinha, não era dona de casa. Trabalhava, sim, junto ao meu pai, em seus negócios. Estava sempre presente no comércio do meu pai.

Eu tinha uma irmã que era muito custosa, a Fátima, e que, infelizmente, faleceu. Quando era adolescente vivia aprontando, para ela não tinha tempo ruim, era muito engraçada. Vale a pena citar uma de suas artes. Quando meu pai melhorou seus negócios, ele trouxe da Síria uns seis sobrinhos seus que moravam em nossa casa. Certo dia, meu pai convidou o gerente do Banco do Brasil e sua esposa para almoçarem em casa. Então meu pai foi fazer ao casal a apresentação da nossa família. Ao apresentar um dos seus sobrinhos, este pegou na mão do gerente do Banco do Brasil para cumprimentá-lo, e disse sonoramente "ensinado" pela prima Fátima: "Buta que pariu! Buta que pariu". Nisso meu pai deu uma olhada para a Fátima, que mais do que rápido desapareceu da sala.

Depois de Carlos Elias, que viera junto com seu tio materno Miguel João, para a então Vila de Sant'Anna, Razem Elias é o segundo dos irmãos a chegar à cidade de Anápolis, então

emancipada do município de Pirenópolis (GO). Assim como seu irmãos, também se aventurou mascateando pelos ermos do cerrado goiano.

Atuando como comerciante formal, abriu uma casa de comércio na Rua 7 de Setembro, local de sua residência, para depois instalar máquinas de beneficiamento de cereais, na Avenida Miguel João. Essas máquinas funcionaram a até meados da década de 1980, quando o governo proibiu a venda de cereais diretamente do produtor para o comerciante, causando o incômodo ao produtor, que era obrigado a se dirigir aos bancos para pedir essa autorização.

Constituição familiar

Filhos do casal Razem Elias e Kouqueb Miguel Bachur, por ordem cronológica de nascimento:

1. ARAXA ELIAS ALVES. Nasceu na Síria.
2. NABIRA ELIAS ABRAHÃO. Nasceu na Síria.
3. MANIR ELIAS. Casou-se com Maria Helena Abrahão.
4. ALFREDO ELIAS. Casou-se com Ivone Zacarias Alves Abrahão.
5. MIGUEL ABRAHÃO. Casou-se com Norma Calixto Abud Abrahão.
6. JERÔNIMO ABRAHÃO. Casou-se com Odete Zaa Zac Abrahão.
7. MANIRA ELIAS. Casou-se com Braim Elias Dib.
8. ODETE ELIAS. Casou-se com Rodolfo Ghannan.
9. JARBAS RAZEM ELIAS. Casou-se com Matildes Feres Aidar.

Família Miguel João Alves

Procedente da Síria, em companhia do sobrinho Carlos Elias filho da sua irmã Miguel João desembarcou no Porto de Santos (SP), no início da década de 1900. Miguel João e Carlos Elias vieram rumo a Goiás acompanhando os trilhos da estrada de ferro, cujo terminal ferroviário à época era a cidade mineira de Araguari. Desta cidade, montados no lombo de burros, chegaram a Vila de Sant'Anna, antecessora de Anápolis (GO).

Considerada uma pessoa em sintonia com seu tempo, Miguel João Alves abriu em sociedade o primeiro cinema de Anápolis. Em sua casa possuía piano de cauda e gramofone. Na sua empresa denominada Miguel João Alves, Filhos e Sobrinhos, que trabalhava com cereais, fez sociedade com seus sobrinhos; primeiro com Carlos Elias, com quem viera da Síria, e depois com Achilles Elias e Miguel Elias.

Retirado do livro *Dos Cedros ao Cerrado*, de Amador de Arimathéa e Lindberg Cury

Miguel João Alves e a esposa Maria David

Dos membros da família que tiveram ascensão empresarial, destaque para Miguel João Alves, Zacharias Miguel Alves, seu filho primogênito, e seu sobrinho Miguel Elias, grande exportador de café.

Miguel João Alves era muito alegre e festeiro. Nas festas familiares de casamento, assim que era encerrada a cerimônia religiosa, era o primeiro a abrir a pista de dança, convidando e arrastando as pessoas para dançarem. Referindo-se a Anápolis, falava com frequência aos seus parentes: "Aqui é o melhor lugar do mundo para se viver".

Residentes no encontro das ruas Eugênio Jardim com Miguel João (nominação em sua homenagem), Maria David (também de origem Síria), esposa de Miguel João Alves, tinha o temperamento e a constituição física diferente do marido. Enquanto ele era baixinho, bem moreno, olhos escuros, lábios grossos e de comportamento bem sociável, ela, por sua vez, tinha os olhos azuis, só andava vestida de preto, de avental e lenço preto na cabeça. Quando chegava alguém a sua casa e ela não gostava da pessoa, pegava a sua varinha de pescar e ia pescar no córrego, onde hoje se assenta a Avenida Ayrton Senna. Enquanto a visita permanecesse em sua casa, ficava lá pescando.

Zacharias Miguel Alves e a esposa Saphira Fattuh Alves

Miguel João Alves, acometido de enfermidade cujo tratamento só era disponível no estado de São Paulo, foi para a cidade de Campinas tratar-se. Porém, não logrou êxito em seu tratamento. Veio a falecer nesta cidade, no início da década de 1950. Como a dificuldade de comunicação era enorme, a sua morte foi anunciada pelo rádio, no programa "A Voz do Brasil", o mais antigo programa de rádio do país. No entanto, apesar da vasta audiência que o programa desfrutava, nenhum membro da sua família, nenhum morador da cidade de Anápolis ouviu seu anúncio fúnebre. Embora existissem outras formas de comunicação disponíveis à época, como o serviço de rádio amador e o telegráfico, os mesmos não foram utilizados. Quando a funerária chegou à casa da família conduzindo seu corpo, foi enorme o choque para a sua família e para a comunidade Anapolina.

A presença árabe em Anápolis

Constituição Familiar

Filhos do casal Miguel João Alves e Maria David, bisavós do entrevistado Ivan Lasmar Alves, por ordem cronológica de nascimento:

1 – Zacharias Miguel ALVES
2 – Tereza ALVES
3 – Francisca ALVES
4 – Zaíra ALVES
5 – Abrão ALVES
6 – Ramos ALVES

Filhos do casal Zacharias Miguel Alves e Saphira Fathu Alves, avós do entrevistado Ivan Lasmar Alves, por ordem cronológica de nascimento:

1 – Samuel ZACHARIAS ALVES
2 – Dalel ZACHARIAS ALVES
3 – Amil ZACHARIAS ALVES
4 – Ivone ZACHARIAS ALVES
5 – Catarina ZACHARIAS ALVES
6 – Sandra ZACHARIAS ALVES
7 – Nasser ZACHARIAS ALVES
8 – Wilson ZACHARIAS ALVES
9 – Alice ZACHARIAS ALVES
10 – Iara ZACHARIAS ALVES

Filhos do casal Amil Zacharias Alves (conhecido como Barrijo) e Maria Aparecida Lasmar Alves, pais do entrevistado Ivan Lasmar Alves, por ordem cronológica de nascimento:

1 – Ivan Lasmar ALVES
2 – Eliane ALVES MACHADO
3 – Zacharias Miguel ALVES NETO
4 – Arnaldo lasmar ALVES
6 – Marcelo lasmar ALVES (falecido aos 39 anos, era formado em Direito e empresário do ramo frigorífico)

Filhos de Ivan Lasmar Alves e Elza Carvalho Alves

1 – Anna Carolina Carvalho Alves
2 – Frederico Ivan Lasmar Alves

Depoimento de Ivan Lasmar Alves

(Filho de Amil, conhecido como Barrijo)

Ivan Lasmar Alves

Tacla David, irmã da minha bisavó, Maria David, trazida da Síria pelo meu bisavô Miguel João Alves, era muito diferente dela, eu diria o oposto mesmo, pois se tratava de pessoa muito animada, festeira. Adorava receber as pessoas na fazenda, hoje situada no município de Goianápolis (GO), adquirida pelo meu bisavô em 1917, cuja sede fora construída em 1941. Era uma fazenda muito frequentada pelos patrícios, uma espécie de clube para a patriçada. Porém, não eram apenas os patrícios que a frequentavam. Anapolinos importantes como Sócrates Diniz, Raul Balduíno, entre tantos outros, também eram assíduos frequentadores.

Bacla David era do estilo do meu bisavô Miguel João. Acho que ela é quem deveria ter casado com ele. Eles se davam muito bem. Ela nunca se casou, morreu na década de 1980, com quase cem anos de idade, depois de viver mais de 40 anos na fazenda.

Meu avô (Zacharias Miguel Alves) era pessoa muito boa, séria e metódica nos negócios dele. A minha avó (Safira Fatuh Alves) era a analfabeta que não queria ver ninguém na família sem estudo. Ela também veio da Síria. Eles se conheceram em Vianópolis (GO). Ele estava noivo de outra, no entanto, ele terminou com esse noivado e se casou com ela. Quando eu ficava doente, ela, inclusive, ia à escola comigo e sentava-se ao meu lado, para que eu não perdesse as aulas. Determinada em suas opiniões, foi dela a ideia da construção do Palace Hotel, inaugurado em 1956. Apesar de ela ser analfabeta, tinha uma fantástica visão empresarial.

Miguel João teve uma única irmã de nome Maluk, esposa de Abrahão Elias. Ela deveria tomar o rumo do Brasil, mas momentos antes do embarque teve forte cólica intestinal e o comandante advertiu que se ela embarcasse e por acaso viesse a falecer seria jogada ao mar. Ela acabou ficando na Síria e tempos mais tarde se soube de sua morte por conta da tal cólica, que na verdade era uma grave crise de apendicite e entristeceu profundamente o Sr. Miguel João.

 Entrevista realizada em 13 de janeiro de 2009

Família Miguel José da Silva

Natural de Mashta Helou, na Síria, Miguel José da Silva, a exemplo de tantos patrícios, aportuguesou seu nome para melhor comunicar com os brasileiros. Para não servir ao exército do Império Otomano durante a Primeira Grande Guerra, seu pai providenciou sua vinda para o Brasil, onde tinham familiares. Depois de desembarcar no Porto de Santos (SP), foi direto para Catalão (GO), onde residia um dos seus parentes. Na Estrada de Ferro Goyaz, cujo trecho estava sendo construído entre Catalão e Ipameri (GO), ele trabalhou cerca de dois anos.

Depois foi para Anápolis (GO), e começou a trabalhar com os parentes de Alfredo Abrão, primeiro ajudando na mascateação, para depois mascatear por conta própria, principalmente na região da cidade de Jaraguá (GO).

Em 1928, Miguel José da Silva voltou à Síria para se casar, sua futura esposa já estava, desde o seu nascimento, comprometida com ele. Ela tinha 15 anos e ele 45 anos. Seu nome era Nijme, cujo significado em árabe é "estrela".

Constituição Familiar

Filhos[1] do casal Miguel José da Silva e Nijme Temer da Silva, por ordem cronológica de nascimento:

1   FIODO JOSÉ DA SILVA
2   ASSAD BADAUÍ
3   BACHUR MIGUEL JOSÉ

---

[1] Nascidos no Brasil.

4   NACIM MIGUEL
5   BÁCIMA JOSÉ MIGUEL
6   DIANA JOSÉ MIGUEL
7   ANUAR JOSÉ DA SILVA

Quando da inauguração da energia elétrica, na rua Barão do Rio Branco, Miguel José da Silva foi convidado para acionar as chaves que acenderam as luzes dos postes, numa rua em que a maioria dos moradores era constituída de imigrantes sírio-libaneses.

Fiodo José da Silva, seu filho primogênito, que até os seus seis anos de idade não falava o português, foi quem mais ficou ao lado do pai nos seus negócios. Posteriormente à mascateação, eles abriram uma loja de tecidos que se chamava Loja Central. Depois, percebendo que o comércio de tecidos estava em declínio, abandonaram esse ramo e montaram uma fábrica de colchões. Mais tarde, juntamente com os irmãos mais velhos, abriu a primeira loja de eletrodomésticos de Anápolis, denominada de Móveis Embaixador, sem interromper a fabricação de colchões que eram comercializados na outra loja.

Depoimento de Fiodo José da Silva

A minha esposa Semirames fui eu quem a escolheu, ela morava em São Paulo (SP) e depois se mudou para Anápolis. Naquela época a Barão do Rio Branco era o vai-e-vem. Quando fechava o comércio não passava carros desde a Barão até a Praça James Fanstone, onde tinha o Cine Imperial. Na Praça Bom Jesus tinha uns barzinhos, e foi nesse vai-e-vem que a gente se conheceu e começou conversar, foram três meses de namoro, noivado e casamento. Na época da construção de Brasília (DF), nós abrimos uma loja na quadra 413, ficamos lá dois anos. Quando da revolução de 64, com receio de alguma perseguição, meu pai mandou a gente voltar.

A colônia bancou a construção da Igreja ortodoxa de Anápolis (1958). O 1º pároco foi o padre José Homsi, que trouxe da Grécia o pessoal que fez as benfeitorias por dentro da igreja. Eles fizeram aquela fachada de madeira lá dentro, toda entalhada, não sei quanto custou, só sei que está aí até hoje. Quando começaram a construção da igreja, aqui tinha monsenhor Pitaluga que metia o pau na nossa igreja, na colônia. Ele tinha uma escola onde os meninos ficavam internados, na estrada daqui para Goiânia. O monsenhor não tinha condução para ir e vir, aí o Salim Caed e não sei quem mais dos patrícios compraram um jipe e deram para ele de presente. Ele calou as críticas, não falou mais nada da nossa igreja.

Minha finada esposa era muito sistemática, impunha tudo para mim e para os meninos, tinha que fazer isso ou comprar aquilo ou não gastar nisso, tinha que acompanhar o ritmo do orçamento dela, certinho para não faltar nada, ela quem fazia as compras. Eu não tocava em

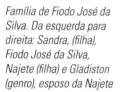
Família de Fiodo José da Silva. Da esquerda para direita: Sandra, (filha), Fiodo José da Silva, Najete (filha) e Gladiston (genro), esposo da Najete

assunto de negócios com ela, o que acontecia na loja, as dificuldades com funcionários, ficava tudo na loja, dentro de casa era só conversa de casa.

Depoimento de Najete
(Filha do casal Fiodo e Semirames)

Minha avó era muito submissa. Meu avô mandou nela até a sua morte, em 1984. Ele era o primeiro a sentar-se a mesa. Ela não se sentava com ele, colocava o prato dele, ele comia, e ficava esperando ele terminar. Tudo tinha que ser na hora que ele queria, para servir a coalhada, o café ou outra coisa. Era 24 horas a servi-lo e ela achava que isso era certo.
Meu pai é o mais velho dos filhos, estudou no Grupo Dom Bosco, onde hoje foi construída a prefeitura. Acredito que estudou somente até o segundo ano, ele precisava trabalhar com meu avô. Inclusive, através do Projeto Mobral, fui eu quem o alfabetizou. Até então, ele era considerado analfabeto. Faltou-lhe a oportunidade de sequenciar os estudos, em busca talvez de uma graduação superior, condição alcançada por alguns dos seus irmãos.

Entrevista de Bachur Miguel José

Entrevista de Bachur Miguel José, filho de Miguel José da Silva, casado[2] com a mineira Helena Maria Veloso, de origem italiana, ao programa "Árabes no Centro-Oeste"

---

2   Casamento ocorrido na Igreja Ortodoxa de Anápolis.

Como foi a vinda do seu pai de Catalão para Anápolis?

Bachur Miguel José – Quando meu pai veio de Catalão para trabalhar em Anápolis, aqui ele não tinha nenhum parente, nenhuma referência, veio na cara e na coragem. Ainda sem conhecer, sem falar o idioma português.

E a primeira atividade dele aqui, qual foi?

Bachur Miguel José – Ele trabalhou na estrada de ferro, como trabalhador braçal. Durante dois ou três anos, juntou um capital e começou a comprar tecidos para fabricação de calças e vestidos, colocava na mala e saía vendendo nas cidades. Depois ele voltou para a Síria, em 1928, por lá se casou e retornou para Anápolis. Comprou uma casa muito antiga, que ficava na rua Barão do Rio Branco, esquina com a 15 de Dezembro, entre 1933 e 1934 e montou uma loja lá, no ramo de tecidos, que se chamava Casa Moderna. Com o passar do tempo vieram os filhos, que são: Fiodo, o mais velho, o Nasser, que é dentista e mora em Brasília, eu, o Nassim, que foi dono da loja Móveis Embaixador, e o meu irmão caçula (Anuar José da Silva), que tem a loja dele na esquina da rua 15 de Dezembro.

O Sr. Bachur Miguel José nasceu em 23/01/1937 e faleceu no dia 11/07/2019.

Bachur Miguel José e a esposa Helena Maria Veloso sendo entrevistados

E vocês, participavam do dia a dia dos negócios ou ficavam só por conta de estudar?

Bachur Miguel José – Não, a gente não tinha condições, ainda éramos crianças. Então quem tomava conta da loja eram os meus pais. Depois, eu comecei a trabalhar por fora e arranjei emprego. Com o passar do tempo, fundei as Lojas Embaixador, e nessa época surgiu Brasília. Foi no tempo das Lojas Embaixador que eu conheci a minha esposa. Os sofás que vendíamos tinham seus pés fabricados, torneados na marcenaria do meu futuro sogro, e lá conheci a minha futura esposa, ainda criança brincando. Somente anos mais tarde durante um desfile cívico escolar, quando ela desfilava pela sua escola, portando uma bandeira, e passando pela porta da minha loja que eu realmente a percebi. Aí tudo começou.

Tem algum episódio curioso que aconteceu com seu pai?
Bachur Miguel José – Tem sim! Meu pai passava três dias, uma semana, duas semanas mascateando fora da nossa casa. Um dia quando ele chegou de viagem com umas mandiocas que havia ganhado, colocou-as em cima do fogão de lenha e disse para minha mãe:
– Agora você pega essas mandiocas, descasca e cozinha para nós.
Nesse momento minha mãe olhou para as mandiocas e começou a gritar e chorar, para depois falar para meu pai:
– Você me trouxe da minha terra, me tirou da casa dos meus pais e agora vai me dar lenha para comer?
Então, meu pai pegou a mandioca, descascou, cozinhou e deu para ela comer.

Falando em comida, como foi para a senhora, de origem italiana mineira, conviver com a culinária árabe?
Helena Maria Veloso – Devo confessar que não gosto muito de cozinhar. Mas aprendi a fazer vários pratos árabes. Afinal, são quarenta anos de convivência. Tem domingo em que na nossa mesa vem a comida árabe, no outro a italiana, a mineira. Tudo deu certo.

Casamento de Bachur Miguel José e Helena Maria Veloso

Filhos do casal, por ordem cronológica de nascimento:

1 LUCIANA
2 ADRIANA
3 JULIANA
4 FABIANA

Helena Maria Veloso e suas filhas. Da esquerda para direita: Adriana, Luciana, Juliana, Helena (mãe) e Fabiana (sentada)

Família Mikhael

Hanna Tannous Mikhael, natural da cidade de El Sisneyh, Síria, casado com Khalifah Aziz Ibrahim, nascida na cidade de El Geren, também na Síria, era soldado do exército francês destacado na Turquia, quando tomou a decisão de vir para o Brasil em busca de melhores perspectivas de vida, no campo econômico e familiar. Os três filhos do casal já haviam nascido e a caçula tinha apenas nove meses de idade quando, em 1954, Hanna se despediu da sua família e embarcou rumo à América do Sul.

O destino escolhido no Brasil foi o Centro-Oeste, estado de Goiás, a cidade de Rubiataba. Lá, como a maioria dos patrícios, começou também mascateando. Oito anos depois, em 1962, com a sua situação ainda bastante precária, recebeu como pôde a sua família. E, finalmente, a sua filha caçula Maryam Mikhael (Samira), então com 8 anos de idade, conheceu seu pai.

Hanna Tannous Mikhael e a esposa Khalifah Aziz Ibrahim

Depoimento de Maryam Mikhael (Samira)

Quando chegamos todos nós fomos trabalhar atrás do balcão do pequeno comércio de secos e molhados, que na verdade era um boteco, de nome Casa Manaus. Não era fácil a nossa vida aqui. Não falávamos português, tivemos que morar com outras famílias porque não tínhamos condições de alugar um imóvel e era terrível chegarmos à escola e ter de ouvir os outros nos xingando, a gente não entendendo nada, apenas respondendo sim para tudo.

Era um sufoco, e para falar a verdade, até hoje tem preconceito. Dizem que os turcos – na verdade são os árabes – ficam ricos da noite para o dia, que roubam, sonegam... essas coisas. Acontece que o árabe é muito família e a ela se dedica intensamente, trabalhando vinte e quatro horas, sem hora, inclusive, para comer, só trabalhando para dar estabilidade para a família.

Nós estudávamos à noite e trabalhávamos durante o dia, lá em Rubiataba. O Ibrahim Mikhael, meu irmão mais velho, depois de terminar o Curso Ginasial, veio sozinho para Anápolis, em 1969, para fazer o curso Científico. Em 1971, como eu também havia terminado o Ginásio e queria dar sequência aos meus estudos, vim também para Anápolis, juntamente com meu irmão Zahra Mikhael e minha mãe, somente meu pai continuou em Rubiataba.

Maryam Mikhael (Samira)

Depois meu irmão Ibrahim foi para Brasília (DF), para fazer o cursinho e a Faculdade de Medicina, sendo que nós continuamos em Anápolis. Nessa época, meu pai já era atacadista e continuou com os negócios em Rubiataba. Depois de alguns anos ele encerrou os negócios lá e veio para Anápolis, trabalhar intermediando a compra e venda de cereais.

Anos mais tarde, por minha iniciativa, abri uma mercearia, localizada na rua 14 de julho com a Sócrates Diniz. Era uma mercearia de produtos árabes. Antes disso, cheguei a fazer pão sírio para vender, até conseguir fundá-la. Eu comprava os produtos em São Paulo (SP) e os vendia aqui. O negócio prosperou e foi muito bem.

No final da década de 1970, meu irmão Ibrahim, estava em Brasília lecionando Química no Colégio Objetivo – ainda estudante de Medicina. Com minha ajuda financeira e em sociedade com mais três colegas, acabou comprando o Colégio Pré-Universitário e, posteriormente, fundaram o Colégio Sigma.

Aqui em Anápolis também trabalhei na Casa Brasil, com o senhor Halim Helou, e na W. Nassar, na área de vendas, uma vez que eu já tinha prática com o comércio, adquirida em Rubiataba. Paralelamente ao meu trabalho, estudei Ciências Econômicas na UNIANA, atual UEG.

A presença árabe em Anápolis

Em 1980 eu me casei e então passei para meus pais a mercearia, que nas mãos deles deve ter funcionado até 1984. Nesse período, meu irmão já estava formado em Medicina, e eu já não precisava mais ajudá-lo em seus estudos.

Eu e meu ex-marido constituímos o grupo Pneu Aço. Depois que nos separamos ele foi trabalhar em outras unidades do grupo fora de Goiás, enquanto fiquei administrando a unidade de Anápolis.

Meu irmão Ibrahim tinha um sonho. Hoje, esse sonho virou realidade e se chama FIBRA (Faculdade do Instituto Brasil), que é uma história emocionante. Na época em que ele tinha o Colégio Sigma, a vontade dele era instituir uma faculdade aqui em Anápolis; para tanto, ele pensava em constituir sociedade com meu ex-marido. Porém, eu fiquei em dúvida, insegura com essa possível sociedade e entrei no meio, e não o deixei concretizar esse sonho, com receio de que essa sociedade pudesse gerar atritos entre eles.

Ibrahim faleceu em 1998, depois de três anos, e eu, já separada do meu marido, senti que essa missão ficou para mim, dei continuidade ao sonho dele de trazer uma faculdade para Anápolis. Considerava o Ibrahim como meu filho mais velho, apesar de ser a caçula dos três irmãos. Esse sonho que era dele, hoje, com toda certeza está sendo realizado, já é uma realização.

Atualmente a Fibra tem milhares de alunos. Lidar com eles é muito complicado, porém, extremamente gratificante, principalmente, na colação de grau, depois de alguns anos de convivência. No momento em que a gente desce a rampa e os pais aplaudem, choram e agradecem a Deus por ter um filho graduado em um curso superior, é tudo muito gratificante. Voltando a falar do meu pai, ele até antes de morrer tinha ódio de ser chamado de turco. Quando isso acontecia, ele falava assim: "Você é burro? Não sabe o que é sírio? Eu sou sírio, não sou turco". Isso com o seu característico sotaque bem carregado. A minha mãe já era uma pessoa muito extrovertida, creio que aqui em Anápolis, não existe quem não a tenha conhecido dentro da colônia, e que não esteve na casa dela nem que tenha sido para tomar um cafezinho.

Até o próprio Patriarca da Igreja Ortodoxa, que já esteve aqui anos atrás, na época em que Jamel Cecílio era prefeito de Anápolis, lhe prestou homenagem. Tem uma foto, na qual estão todos eles juntos, mais o senhor Mounir Naoum, quando minha mãe foi condecorada. Até sua última hora ela foi uma pessoa muito respeitada.

A LEITURA DA SORTE NA BORRA DO CAFÉ

Minha mãe costumava ler a sorte das pessoas na borra da xícara de café, à moda árabe. Quando a borra assentava no fundo da xícara, e de acordo com o desenho que ele formava, minha mãe fazia a leitura que, por muitas vezes, acabava dando certo.

Houve, inclusive, um caso com o senhor Calixto, esposo da dona Ismênia, quando foi roubado um caminhão dele. Eles eram nossos vizinhos e a dona Ismênia, muito chorosa, veio contar a história do roubo para minha mãe. Nisso minha mãe disse: "vamos olhar a sorte".

Depois de a minha mãe vaticinar na borra do café, ela falou que o caminhão estaria em tal lugar, e por incrível que pareça, o caminhão foi encontrado no local descrito por ela. Nunca me esqueci disso. Meus pais eram muito inteligentes. Embora analfabetos, possuíam a sabedoria das coisas da vida.

Constituição familiar

Filhos do casal Hanna Tannous Mikhael e Khalifah Aziz Ibrahim, por ordem cronológica de nascimento:

1. ZAHRA MIKHAEL. Nasceu na Síria, no dia 18 de agosto de 1948. Foi casada com Abdallah Mohamed Kidir. Pais de:
    1.1 Nabirra Mohamed Kidir
    1.2 Mustafa Mohamed Kidir
    1.3 Mohamed Kidir
2. IBRAHIM MIKHAEL. É falecido. Graduado em Medicina. Era casado com Adriana Mourão Mikhael. Pais de:
    2.1 Ibrahim Mikhael Filho
    2.2 Bruno Mourão Mikhael.
3. MARYAM MIKHAEL (SAMIRA). Nasceu na Síria, no dia 17 de agosto de 1954. Faleceu no dia 3 de janeiro de 2013. Era casada com José Carlos Borges. Pais de:
    3.1 Ricardo Mikhael Borges
    3.2 Cristiane Mikhael Borges
    3.3 Samira Mikhael Borges

Entrevista realizada em 16 de dezembro de 2008

Família Moussa Abboud

A origem da família Abboud é libanesa, do estado de Akkar, cidade de Miniara, localizada ao norte do país, plantada no topo de uma montanha, distando cerca de 10 quilômetros das águas do Mar Mediterrâneo.

Abboud Moussa Abboud, o primogênito de cinco irmãos, quatro homens e uma mulher, foi o primeiro membro da família a chegar a Anápolis.

Abboud Moussa perdeu a sua mãe Sumaia Farah Abboud precocemente, aos 32 anos. Com 15 anos de idade, resolveu aceitar o convite para vir para o Brasil, formulado reiteradamente por parte do tio materno Ramez Farah.

Abboud desembarcou no Porto de Santos (SP) no início de 1958. Permaneceu alguns meses em São Paulo (SP) onde aprendeu noções básicas da língua portuguesa a fim de facilitar sua comunicação com os brasileiros. Posteriormente foi para Anápolis (GO), sendo acolhido no comércio do tio, a Casa São Geraldo, para com ele trabalhar.

Anos depois começou sozinho seu empreendimento comercial, a Casa Marabá Armarinhos Ltda.

Casamento de Verônica e Abboud.

Abboud Moussa Abboud.

Com o passar do tempo Abboud Moussa Abboud trouxe do Líbano para Anápolis todos seus irmãos e também seu pai Moussa Abboud.

Posteriormente, e com os filhos formados, eles adquiriram em Brasília (DF) duas clínicas hospitalares, sendo que de 1994 até 2004 destacou-se a Clínica Modelo e entre 1999 e 2008 a Clínica Vida.

Verônica Gonçalves Abboud, esposa de Abboud, foi muito importante na formação da família do esposo, dando-lhe sustentação para acolher seus parentes. Em certa ocasião, chegaram a morar em sua casa nada menos do que 22 pessoas.

Abboud Moussa Abboud, muito querido pela comunidade anapolina dentro e fora da colônia árabe, detém a fantástica marca de apadrinhar dezenas de afilhados.

Mucy, Sumaia, Elias e Líbano.

Constituição familiar

Filhos do casal MoussaAbboud e Soumaia Farah Abboud:

Entrevista realizada em 10 de novembro de 2008

A presença árabe em Anápolis

1 ABBOUD MOUSSA ABBOUD. Casou-se com Verônica Gonçalves Abboud. Todos seus filhos nasceram em Anápolis e são eles: Mucy Abboud, Líbano Abboud, Elias Abboud e Cristian Sumaia Abboud.

2 RACHED MOUSSA ABBOUD. Casou-se com Greta Khalil Abboud. Pais de: Suzana Abboud, Vivian Rached Abboud, Walid Rached Abboud e Amir Rached Abboud.

3 HIND ABBOUD BAZI. Casou-se com Fayez Toufic Bazi. Pais de: Toufic Bazi, Diana Bazi, Merlyn Bazi, Mônica Bazi e Lucas Bazi.

4 OMER MOUSSA ABBOUD. Casou-se com Joumana Khallouf Abboud. Pais de: Ricardo Omer Abboud, Juliana Omer Abboud e Omer Abboud Júnior.

5 NAIM MOUSSA ABBOUD. Casou-se com Maria de Fátima Abraão Abboud. Pais de: Priscilla Naim Abboud e Alfredo Naim Abboud.

Omer, Abboud, Moussa (pai), Rached e Naim.

Família Moussa Georges Bittar

A história familiar de Moussa Georges Bittar tem origem na Síria, cidade de Kafroum-Bakraun, de onde seu pai, Jorge Bittar, já casado com Zarif Salum Bittar, saiu por volta de 1936. Lá ele deixou a esposa juntamente com o então adolescente Moussa, nascido no ano de 1923. O patriarca tomou o rumo de Anápolis e se colocou a mascatear pelas cidades próximas até tomar o caminho natural de outros patrícios e abrir um armazém de secos e molhados. Quando completou a maioridade, em 1951, o ainda jovem Moussa Georges resolveu que era hora de se aventurar também na América e seguiu a trilha do pai. Assim fez e em Anápolis passou a explorar o pequeno negócio em sociedade com o Sr. Jorge, que acabou prosperando. Três anos depois, em 1954, casou-se com Jahida Helou Bittar, originária da Síria e com quem teve os filhos Nabil, Jorge, Alberto e Mauro. No mesmo ano ele adquiriu imóvel próprio na rua General Joaquim Inácio, conhecida como "Rua dos Turcos", onde permaneceu até seu falecimento em 1982.

Família Mustafa

Entrevista de Arafat Mustafa, filho de Siham Mustafa e Atya Mustafa, ao programa "Árabes no Centro-Oeste":

Nós somos descendentes de palestinos. Eu sou filho de palestinos que vieram do Oriente Médio, se não me engano em 1950, mais ou menos. Meu pai veio primeiro, devido às guerras e dificuldades que tiveram no Oriente Médio. Ele resolveu vir para o Brasil para poder ajudar a família, embarcando numa viagem de navio que demorou aproximadamente 45 dias. Primeiramente, ele chegou a Santos, no estado de São Paulo – veio praticamente na cara e na coragem – mas já havia ouvido notícias de que o Brasil era um bom lugar para se desenvolver e para crescer. E veio também com o intuito de ajudar os familiares que tinham ficado no país. Eram três irmãos, mas com dezenas de filhos. Ao atracar no porto de Santos, encontrou com um amigo palestino, que lhe falou sobre Goiás. Ficaram em Santos por uns 15 dias e depois vieram para Anápolis.

Meu pai saiu da Palestina com 50 dólares, era o único dinheiro que possuía. Na viagem comia só o que dava, para não gastar o único capital que possuía. Chegando a Anápolis, foi trabalhar como mascate. Comprou uma mala e começou as suas vendas, vendendo nas vilas Jaiara, Boa Vista e bairro Jundiaí. Todo esse percurso era feito a pé, carregando uma mala.

Inicialmente, morou em uma pensão com mais dois amigos. Com o dinheiro que ganhava nas vendas, comprava mais mercadorias e o restante enviava para a família que havia ficado na Palestina. E continuou trabalhando. Depois, montou a primeira loja, juntamente com dois sócios, que vieram junto com ele. Posteriormente, os sócios se separaram nos negócios, e cada um ficou com uma loja.

Quando meu pai fez dez anos de Brasil, minha mãe veio ao seu encontro. Durante esses dez anos, as notícias eram trocadas por intermédio de cartas, pois, meu pai, nesse período, não retornou ao seu país. Mais adiante, as notícias passaram a ser trocadas trocadas por telefone, pois, anteriormente ainda não havia esse meio de comunicação.

Meu pai conheceu minha mãe antes de vir para o Brasil. Mas não casaram lá. Minha mãe, quando veio, foi para casar com o meu pai. Nós somos cinco irmãos, e todos nasceram aqui em Anápolis. O mais velho é o Samir, que é militar, é tenente-coronel da Aeronáutica, aviador e mora do Rio de Janeiro, a Samira, minha irmã, mora no Acre, a Fátima no estado do Amazonas e a Saluah mora na Palestina, perto de Jerusalém, mas todos nasceram, se criaram e estudaram em Anápolis.

A Casa Damasco surgiu como?

A Casa Damasco surgiu quando eles separaram a sociedade. Em 1955, surgiu a Casa Damasco, que vai fazer agora 55 anos de existência. Se não for a primeira, é a segunda mais antiga de Anápolis.

Arafat Mustafa

Por que Damasco e não um nome palestino?

Eu já pensei muito nisso e até já perguntei para o meu pai sobre isso. Os árabes são muito unidos, e o palestino daquela época, e até hoje, gosta muito da Síria. Damasco era um nome que ele achou bonito e soava bem, e já tinha lojas aqui em Anápolis que já se chamavam Casa Palestina, então não dava para por Palestina nem Jordânia. Sobrou Damasco, e foi bem colocado.

E como era o dia a dia dos negócios, antes de Arafat nascer? Sua mãe participava dos negócios ou ficava mais encarregada da casa?

No começo não, lógico, porque eram cinco filhos, não tinha muito tempo para trabalhar, mas depois que crescemos um pouquinho, a minha mãe participou. Nas viagens, era ela que tomava conta. E nós, desde cedo, começamos a trabalhar. O árabe tem essa qualidade e esse costume dos filhos começarem a trabalhar cedo. Eu comecei a trabalhar aqui com 12 anos, já ajudava um pouco. Aos 17 anos, comecei a trabalhar de fato, já comecei a participar de compras, fazer viagens, e estou até hoje aqui, trabalhando com calçado e confecção. E agora estamos iniciando mais um ramo, que é a indústria de alimentos também. Começamos há seis meses uma indústria de alimentos que se chama Sabor Brasil, e vamos ver como vai ser essa empreitada nova. O nosso intuito é calçar, vestir e agora alimentar a população de Anápolis.

O seu pai passa na loja, olha o dia a dia, aqui?
Trabalha, ele entra aqui às 8 horas da manhã e só sai às 7 horas da noite todos os dias. Ele participa e ajuda, já um pouquinho mais lento, sem exigir muito dele, mas sua contribuição ainda é muito importante.

A tradição seria o irmão mais velho assumir os negócios, por que acabou sendo o mais novo a fazer isso?
O meu irmão sempre teve vontade de ser piloto da Força Aérea Brasileira. Ele até tem tino comercial, mas como conseguiu realizar o seu desejo, que era ser militar da Força Aérea Brasileira, então saiu de casa cedo. Com 17 anos se mudou para Pirassununga (SP), e de lá, para São Paulo, Rio de Janeiro, Santos, Campo Grande, São José dos Campos, Estados Unidos, Espanha, tudo pelo trabalho dele.

E isso causou alguma decepção "entre aspas", em seu pai?
Não, pelo contrário, traz é um orgulho enorme de ter um filho que serve ao Brasil. Isso pra ele é um orgulho gigante. Talvez tenha muito mais orgulho da profissão dele do que da minha, é que de sofredor.

Em algum momento você pensou em seguir outra carreira, ou assim como seu irmão foi uma adaptação natural?
Foi uma adaptação natural. Eu já gostava de vir trabalhar, e depois fui fazer o curso de Administração de Empresas, na UEG. Aí, resolvi unir o útil ao agradável. Com 17 anos eu já trabalhava e com essa idade comecei a fazer a faculdade de Administração.

E seu pai, hoje, ele se sente um pouquinho brasileiro também? Qual a relação que ele tem com o país?
Talvez ele se sinta mais brasileiro que a gente. Ele é naturalizado brasileiro, já tem 60 anos de Brasil. Lógico que a cultura é bem diferente. Adapta-se 100% bem, mas, às vezes, acha que tem alguma coisa diferente.

Ele acha o comportamento brasileiro meio estranho?
Não, ele acha que deveria ser um pouco mais formal, o respeito do mais novo com o mais velho, de pais com filhos. Mas se perguntar se ele quer voltar a morar na Palestina, diz que não volta não. Ele volta sempre para passear. Às vezes vai para ficar três meses, mas com 40 dias eu tenho que pagar a diferença da passagem para ele voltar.

Anápolis seria a mesma sem a presença dos imigrantes árabes?
Eu posso afirmar com toda certeza que não. Os árabes, tanto os sírios, libaneses e palestinos, fizeram e fazem muito por Anápolis. É óbvio que é uma junção dos árabes com os brasileiros, que é uma mistura perfeita.

Seu pai chega a falar alguma coisa, você sente que dói na alma dele o fato da ocupação do território da Palestina pelos israelenses? Ele fala alguma coisa com você?

Ele acompanha as notícias sempre, diariamente. Ele fica triste. Já foi aceito o Estado de Israel, o que a gente precisa saber é se eles aceitarão a Palestina. A verdadeira Palestina, é toda dos Palestinos. A paz precisa existir, e eu creio que não vai demorar.

A participação do governo brasileiro no governo Lula tentou priorizar isso. Numa entrevista com o embaixador da Síria de então perguntei sobre a importância do governo brasileiro estar fazendo esse papel, e estar se impondo no mundo, não pela força das armas, mas pelo diálogo. Você, como descendente de palestino, como vê a importância disso?

É muito importante, tanto que foi importante, que o Brasil reconheceu o Estado Palestino, depois foi acompanhado por Venezuela, Cuba, Argentina. Então, já temos diversos países defendendo a criação do Estado da Palestina. O mundo, hoje, para ter paz, precisa resolver o problema do Oriente Médio.

Constituição familiar

Filhos do casal Siham Mustafá e Atya Mustafá, por ordem cronológica de nascimento:

1   SALUA
2   SAMIRA
3   ARAFAT MUSTAFA

Entrevista realizada em 2 de fevereiro de 2011

Família Naoum

A Família Naoum é uma das grandes referências em Anápolis quando se fala dos árabes que imigraram de seus países para começar uma nova vida na cidade. Essa lembrança se dá não apenas pelos frutos materiais deixados por cada integrante, uma vez que essas famílias revolucionaram o comércio e indústrias, mas também pelo amor e generosidade que tinham um pelo outro e também pela população anapolina. Juntos, os Naoum cresceram aprendendo sobre o cristianismo, presenciaram o início da Igreja Presbiteriana no Líbano, que foi fundada por uma missão da Igreja Presbiteriana dos Estados Unidos, e também passaram por dificuldades ao encararem momentos marcantes da II Guerra Mundial.

Mounir Naoum

Toda essa história envolvendo o Brasil teve início com Mounir Naoum, que aos 10 anos presenciou o pai sofrendo por traumas que haviam vivido durante a primeira guerra. Sempre sensível aos sonhos da família, decidiu que mudaria a vida de todos que amava.

Em 1947, já adulto, embarcou para o Brasil em um navio cargueiro com aproximadamente outros 30 imigrantes da Síria e Líbano. Ele tinha apenas 120 dólares e comidas preparadas pela mãe e prometeu que o valor seria o suficiente para trazer todos os outros irmãos. Ele cumpriu a promessa e até hoje é o porto seguro das novas gerações dos Naoum, principalmente para os filhos Habib (in memoriam), Mounir Filho, Elizabete, Janete e Margareth (in memoriam).

Abdallah, Georges, William e Samir Naoum, os irmãos de Mounir, vieram logo depois ao Brasil e trabalharam em uma das primeiras cerealistas de arroz da cidade. Juntos, também atuaram profissionalmente em usinas de açúcar e até mesmo com construções. Mais velhos, Abdallah, Georges e William ainda incentivaram Samir a cursar medicina para atender melhor às necessidades dos outros.

Abdallah Habib Naoum

Saiu do Líbano para o Brasil definitivamente na década de 1970, para fugir de uma guerra civil. Foi casado com Anisse Abdallah Naoum e teve cinco filhos: Huda Naoum Homsi, Aida Naoum Zakhour, Habib Abdallah Naoum, Ramez Abdallah Naoum e Elias Abdallah Naoum. Os dois mais novos são brasileiros, mas também viveram no país natal dos pais e irmãos para aprender a língua e os costumes. Abdallah também dizia sempre que não tinha inimigos, por isso era respeitado em qualquer lugar que passasse. Carinhosamente, recebeu dos netos o apelido de "Jido" e adorava demonstrar sua ternura e vontade de viver se divertindo com crianças e fazendo novas amizades. A morte dele aconteceu em 2014, quando tinha 87 anos.

Georges Habib Naoum

Sempre foi uma referência de amor à família, que se dedicou à esposa Angela Maria Santos Naoum e aos três filhos Grace Naoum Georges, Georges Habib Naoum Junior e Keila Naoum. Ele faleceu em 2017 e, mesmo após dois anos de muita saudade, todos os ensinamentos deixados por ele, tanto no âmbito familiar quanto no profissional, ainda não guardados e seguidos.

William Habib Naoum

Terminou a vida quando estava próximo de completar 76 anos, em 2013, e ainda ocupava o cargo de diretor comercial do Grupo Naoum, que construiu junto dos irmãos e ao qual pertencem até hoje duas usinas de álcool e açúcar e uma das primeiras empresas a fabricar Etanol em Goiás. Ele era casado com Lucia Gomes Naoum e teve os quatro filhos Jayne Naoum, Tânia Naoum, Claudia Naoum, Carla Naoum, além de onze netos.

Samir Naoum

É o mais novo dos irmãos homens da família Naoum e já não atua mais na área da medicina. Ele se casou com Jeanne Raniero Fonseca Naoum (in memoriam), teve três filhas (Alice, Bruna e Candice) e ainda hoje curte o carinho e alegria dos cinco netos. Junto de Mounir, ele é o laço forte dos Naoum, que permanece repassando conhecimentos e experiência sobre a cultura árabe para os mais novos.

Individualmente, cada um deles é lembrado da mesma maneira: pela dedicação em manter a família unida e feliz, dentro da cultura e costumes árabes. Cada um sempre cuidou para que os filhos entendessem o próprio passado e soubessem falar várias línguas. Quando se reuniam, gostavam de contar histórias e ler livros que os mantivessem atualizados sobre tudo e qualquer assunto no mundo.

Além dos irmãos homens, os Naoum também ficaram marcados pelas vidas de Mary e Wafa, duas mulheres que se dedicaram, de maneiras diferentes, a cuidar pessoas que precisavam de ajuda.

Mary Moussa Georges Naoum

Se formou em enfermagem nos Estados Unidos e serviu o Líbano em hospitais construídos por missionários. Casada com Moussa Fahd Georges, ela também foi mãe de quatro filhos: Nabil Moussa Georges, George Moussa Georges, Norma Moussa Mauger e Olívia Moussa Costa.

Enquanto estava na terra natal, chegou a acolher e ajudar muitos parentes. Mary se mudou definitivamente para o Brasil em 1975, junto com a família do irmão Abdallah, quando a guerra entre cristãos e muçulmanos estava muito acirrada no país. Já em Anápolis e sempre atenciosa, recebia em casa jovens imigrantes que estavam sem seus parentes e os convidavam para comer, de forma que se sentissem abraçados e acolhidos.

Wafa Naoum

Viveu também muitos anos nos Estados Unidos, onde se formou em pedagogia. Era considerada uma mulher totalmente apaixonada pelas suas origens e familiares, por isso, aproveitava todas as oportunidades que tinha para ficar perto daqueles que amava no Brasil.

Ela era casada com o doutor Afif A. Kuri e foi mãe de três filhos: Phillip, Steven e Lillian, além de ter visto nascer cinco netos. Tinha como principais hobbys a leitura e cozinhar para a família. A professora morreu recentemente, em 2018, nos Estados Unidos, aos 85 anos, e os meses ainda não ajudaram a amenizar a saudade da família.

União é a palavra que descreve perfeitamente o que cada um dos Naoum tem em comum. Dentre as gerações mais novas, a maior expectativa é manter os costumes e tradições que foram repassados de geração em geração e ensinados com tanto carinho por Mounir, Abdallah, Georges, William, Samir, Mary e Wafa.

Mounir Naoum

Entrevista de Mounir Naoum, filho de Habib Naoum e Olívia Hajj Naoum, ao programa "Árabes no Centro-Oeste"

Todos podem ser referência para alguém. O pai pode ser referência para o filho e a mãe para a filha. Agora, ser referência para muita gente, para quase a

colônia inteira, é para poucos. E essa pessoa é Mounir Naoum. Para início de conversa, vamos historiar um pouco sobre a família Naoum. Vamos contar um pouco dessa história.

Eu sou da família Hajj, por parte da minha mãe, e da família Naoum, por parte do meu pai, também tradicional. Ele nasceu na Síria, mas se mudou, ainda criança, para Trípoli, no Líbano, onde eu nasci. Meu avô Hajj, pai da minha mãe, tinha emigrado para o Brasil no ano de 1888, chegando ao Rio de Janeiro, solteiro, onde morou por um bom tempo, trabalhando como mascate, nas fazendas perto do Rio, vendendo sua mercadoria.

> "Rala, rala, coitado do Abdallah,
> Sobe, morro, desce,
> Carregando sua mala"

Meu avô era trabalhador, acabou se casando com uma integrante da família Milki, no Rio de Janeiro. Com um pouco de dinheiro, mudou-se para Alfenas, no estado de Minas Gerais, perto do Rio. Meu avô ganhou um bom dinheiro em Alfenas e resolveu voltar com a família Milki, em 1912, para o Líbano. Lá, minha mãe encontrou-se com o meu pai e eles se casaram em Trípoli. Em 1914 começou a Primeira Guerra Mundial. O Líbano e a Síria viviam sob o domínio do império turco-otomano. Meu avô tinha um bom dinheiro e pagou para ele não ir para a guerra. Naquela época, quem ia para a guerra, morria de fome, de peste ou era morto, e quase ninguém voltou. Ao término da guerra, a minha mãe casou com o meu pai, que já era diretor do patrimônio da Escola Presbiteriana Missionária Americana. Em 1928, o meu avô vendeu sua casa e retornou para o Brasil, trazendo para cá o meu tio Jibran, e deixando no Líbano Nazir Hajj e José Hajj, minha mãe, sendo que eu nasci em 21 de outubro de 1929. Meu tio José se formou em 1934, lecionou um ano no colégio e acabou vindo para cá, porque Jibran, que veio com 13 ou 14 anos, para cá, acabou trazendo ele, antes da Segunda Guerra

Mounir Naoum entrevistado por Guilherme Verano

Mundial. Meu tio Nazir conseguiu trabalho na companhia Iraque Petroleo Company, em Trípoli. Ele ficou em casa, casou na minha casa, onde nasceu Nabih Hajj. A guerra foi para nós muito difícil. O Líbano necessitava de tudo, e tudo vinha de fora. Na época, o Líbano e a Síria estavam sob domínio francês. E como Hitler invadiu a França, acabamos ficando sob o domínio alemão por algum tempo. Aquela região era praticamente toda dominada pela Inglaterra. Somente Líbano e Síria eram dominados pela França. O Exército inglês invadiu o Líbano em 1942, e novamente ficamos sob o domínio dos aliados.

Como funcionava uma guerra na cabeça de uma criança? Qual a visão que o senhor tinha da guerra, naquela época?

Era uma economia máxima, todo o alimento era racionado e controlado pelo governo. Cada família tinha direito a um tanto de açúcar por mês, carne era a coisa mais difícil, tinha de três a quatro dias por semana, não podia vender carne, não tinha geladeira naquela época e nem dinheiro para comprar carne.

Em 1942, o exército inglês acabou ocupando o Líbano e a Síria. Eu continuei estudando no colégio, no qual o meu pai era o diretor do patrimônio. Minha mãe é irmã do Jibran, que estava aqui, e de José Hajj, que acabou vindo para o Brasil, em 1935. Ficou, lá o tio Nazir, que conseguiu trabalho na Iraque Petroleo Company. Em 1943, ainda menino, nas férias de três meses do colégio, de junho, julho e agosto, eu consegui trabalho com a idade de 14 anos como office boy, com um sargento australiano que faz parte do Exército britânico. Trabalhei na estrada de ferro que começaram a construir entre Trípoli e Beirute, no Líbano. Eu, como já falava um pouco de inglês, traduzia para os trabalhadores. No ano seguinte, consegui, nas férias, ocupar um lugar no almoxarifado-geral do Exército, mas já com soldados ingleses e não australianos, pois eram misturados indianos, australianos e ingleses. Trabalhei como office boy. Eu ganhava meio salário, porque eu era menor. Os oficiais gostavam muito de mim. Na hora dos pagamentos, o major me deixava sentar ao seu lado. Ele fazia o pagamento das notas maiores e eu fazia o pagamento dos trocados. "Eu era um homem importante". Era tudo difícil. Como eu ganhava pouco, e eles ganhavam, no final de todo mês, alguns enlatados de carne, e marmelada, que vinham da Austrália, embora eu não pedisse, eles me davam parte desses alimentos, e então eu levava para casa, para minha mãe. Trabalhei com eles por dois anos. Tinha também uma parte do Exército indiano, eles gostavam de mim. Eu participei de uma festa, à noite, e eles fizeram um tipo de jantar. A comida deles, eu me lembro bem, era arroz com molho, tinha tanta pimenta que eu não conseguia comer. Em 1945 a guerra terminou. Nesse meio tempo, em vez de trabalhar com o Exército, o meu pai, como diretor do patrimônio, começou a fazer a pintura e reforma dos prédios que ficaram sem manutenção por seis anos por causa da guerra. Contratou uma empreiteira e me colocou nos três meses de férias como ajudante de pintor. Trabalhei três meses aprendendo a pintar. Ganhei pouco, mas dei todo o dinheiro para o meu pai, e me tornei pintor. No ano seguinte

ficou uma parte pequena as mesas e banheiros que não foram terminados. Falei para o meu pai que eu pegaria de empreitada pela metade do preço. E, assim, trabalhei por três meses e fiz essa parte da pintura, e terminei.

Um dia, meu pai, em um domingo, chegou e eu estava trabalhando, porque eu queria entregar o trabalho, e os meus irmãos[1] estavam todos na praia. Em 1945, terminou a guerra, e o Miguel. Pedreiro, de Minas Gerais, da família Hajjar, retornou para Trípoli. Ele era casado com uma mulher da família Cecílio, que era conhecida do Jamel Cecílio, daqui de Anápolis. E nós éramos ligados por parentesco com todas as famílias. Poucos anos antes da decisão de emigrar para o Brasil, e antes de me formar no colégio, já conhecia o Miguel Pedreiro, participei da vida dele na aldeia.

O que levou o senhor a ter essa vontade de vir para o Brasil?

Depois da Segunda Guerra Mundial, os imigrantes libaneses e sírios voltaram a visitar os seus parentes, para passar um tempo e matar a saudade do Líbano. Nós éramos ligados a essas famílias, e no meu entender, eu ia terminar os meus estudos secundários na Escola Missionária Presbiteriana Americana, em Trípoli, onde meu pai trabalhou a vida inteira. Eu sabia que o meu pai com uma família grande, não podia mandar os filhos para estudar em cursos superiores. Eu, como ambicioso, pensei bem: "Tudo indica que esses patrícios emigrando para outros países, se tornam ricos, e eu queria também trabalhar e ficar rico".

O senhor já tinha noção do que era o Brasil, naquela época?

Eu sabia mais ou menos o que a História conta, que o Brasil era um país que produzia açúcar e café e mais nada. Sabia que parte da minha família também estava aqui e estavam bem, a família Hajj. Convenci o meu pai a me dar a passagem, e a minha mãe ficou triste e perguntou: "Você é menino, só tem dezoito anos, o que você vai fazer lá?" Eu falei: "Mãe, não se preocupa, em cinco anos eu retorno, rico!" Meu pai acabou entendendo as minhas intenções e procuramos uma maneira de poder conseguir o visto no consulado brasileiro, porque eu era menor de idade. Meu pai acabou encontrando uma agência de viagens, disse que não se preocupasse, pois eles seriam responsáveis pelo visto, e assim mesmo o meu pai pagou um pouco mais caro e finalmente, no dia 21 de novembro de 1947, com dezoito anos de idade e 30 dias, embarquei em Beirute, despedindo-me do meu pai e da minha mãe, e entrando em um navio cargueiro, de origem grega, depois da Segunda Guerra Mundial. Tinha 30 passageiros no porão, pois era um navio cargueiro, não tinha navio de passageiros. O interessante é que

---

1   Os irmãos Naoum, todos nascidos em Trípoli no Líbano, são os seguintes: Abdallah (falecido), Mounir, William (falecido), Georges (falecido) e Samir. Vindos do Líbano na década de 1950 os irmãos Naoum, por intermédio de Mounir, que já conhecia a cidade de Anápolis, para onde viera em 1948, logo deram origem a um conglomerado de empresas. Elas começaram com a Casa América, que abasteceu de mercadorias a nova capital Brasília, em construção, e as obras da rodovia Belém-Brasília, assim como todo o Centro-Oeste brasileiro. Passaram depois pela formação da empresa Irmãos Naoum e culminaram com o Grupo Naoum, que atuou no ramo de usinas de açúcar e álcool na cidade de Santa Helena (GO), e, posteriormente, no estado de Mato Grosso. No final dos anos 1980 construíram e administraram o Naoum Plaza Hotel, em Brasília, onde se hospedaram diversos chefes de estado e também a realeza britânica.

abri o meu passaporte, e vi que tinham mudado a data do meu nascimento para 1924, mas eu nasci em 1929, e até hoje continua assim, cinco anos mais velho. E aconteceu, embarcamos em Beirute a caminho do Brasil. Passamos pela Itália, em Gênova, pegamos tempestades, passamos por Marselha, na França. Quando chegamos à França, em época de inverno, fazia muito frio. Ficamos em Marselha por uns dez dias e embarcamos em um trem até Bordeaux, no Atlântico, para pegar outro navio cargueiro. O interessante é que quando entrei no navio, eu não sabia e encontrei com Farah Hajjar, da família Hajjar, do Armazém Triângulo, na mesma beliche. Eu fiquei em baixo e ele ficou em cima. Passamos praticamente oito dias com o mar agitado, ninguém comeu quase nada. Quando chegamos à Itália, no dia que parou, fomos nas ruas e encontramos bisnagas de pão e cada um pegou uma. Em Marselha, também, tinha regime muito controlado sobre alimentação. O pouco que nós comemos, muita coisa nós trouxemos, especialmente azeitonas e pão. Em Marselha, depois de dez dias, conseguimos embarcar em um trem, às 8h da noite, e nos colocaram em um vagão fechado com mais ou menos 50 pessoas, que tinham chegado de outros navios. Saímos às 8h da noite e chegamos a Bordeaux, às 5h da madrugada. Quando abriram a porta do vagão, estávamos sentados todos no chão, era um frio intenso, a terra estava congelada. A temperatura estava abaixo de zero, e o Farah estava com pouca roupa. Meu pai tinha me dado um cobertor e eu tinha mais uma suéter, então, passei para o Farah. Procuramos uma pensão e ficamos em Bordeaux por quatro dias. Embarcamos em outro navio cargueiro, que vinha para o Brasil, para levar bananas, mas também no porão.

Durante a viagem, teve algum arrependimento e pensou em voltar para casa?
Nunca perdi a esperança de chegar no Brasil. É até interessante, eu sentia alegria e mais nada. Eu queria chegar ao Brasil e começar a trabalhar. Eu queria vencer na vida. Poucos dias antes de chegar, pois o nosso destino era o Porto de Santos, o Farah me pediu para mandar um telegrama, do navio, para o irmão dele, Jorge Hajjar, o Jorge Pedreiro, dizendo que nós íamos chegar dia 6 de janeiro de 1948, pois nós embarcamos no final de 1947. Eu mandei escrito em inglês para o Jorge Pedreiro, em Anápolis. Eu não sabia que o Jorge Pedreiro era vizinho do meu tio Jibran. Mas, no dia 5 de janeiro, o navio estava chegando, à noite, entre 8 e 9 horas, não sabíamos que o navio iria atracar um dia no Rio de Janeiro, ninguém tinha avisado a gente. Olhamos à noite, e dissemos: "Mas que cidade maravilhosa!" Nós saímos de terras, depois da guerra, onde tudo era racionado, até energia elétrica. O Cristo Redentor foi uma surpresa para nós. O navio atracou e eles já avisaram. Nós dormimos na Praça Mauá. No dia seguinte recebemos aviso que quem tivesse vontade de descer e andar pelo Rio de Janeiro, poderia, o navio só iria partir depois das 4 horas, e que o navio ia amanhecer em Santos, no dia seguinte. E eu, curioso, desci. Pisando no chão, dois patrícios conversando em árabe. Olhei e achei um deles parecido com a fisionomia do Hajjar. O interessante foi o telegrama que eu mandei, não sabia que o Jorge Hajjar, irmão do Farah, era vizinho do meu tio Jibran, que aguardava a minha chegada em Anápolis. Cheguei perto e perguntei se ele era da família Hajjar. Então, ele respondeu: "Sou eu, Jorge Hajjar!" Eu respondi: "Seu irmão

A presença árabe em Anápolis

está aqui no navio!" Eu corri e chamei o Farah: "Farah, desce, o seu irmão está aqui com o telegrama que eu mandei". O Jorge Hajjar, que tinha representante de venda de arroz, no Rio de Janeiro, tinha ido para São Paulo, sabendo que o navio chegando iria atracar no Rio. Com o seu representante de vendas, chamado Jamélio, (eu lembro ainda) ele foi encontrar conosco no Rio de Janeiro, e foi uma surpresa. O Jorge Pedreiro (Jorge Hajjar) nos levou para um restaurante árabe, almoçamos, ele levou a gente de volta, comprou frutas, foi uma pena que não comprou banana. Ele comprou três blusas, para mim, para o Farah e para o meu amigo, que estava conosco, foi o meu primeiro presente. Jorge Hajjar ainda me disse o seguinte: "Seu tio Jibran já sabe que vocês estão chegando nesse navio, e amanhã vai encontrar com você em Santos". E foi assim, ele encontrou conosco em Santos, eu nunca esperava isso, estava tudo programado para pegar uma jardineira de Santos para a Estação da Luz (São Paulo), ir de lá até Araguari, onde pegaríamos outro trem para chegar a Anápolis, esse era o meu roteiro. Para maior surpresa minha, pelo telegrama que eu mandei, o meu tio foi me receber em Santos. O Jorge Pedreiro também pegou o avião e no dia seguinte estava junto. Nos levaram para o hotel Bardauni, na 25 de Março, e que tinha comida árabe. Fazia 45 dias que nós não nos sentávamos numa mesa para comer. Eu e meu tio, junto com o Jorge, viemos de avião para Anápolis. Eu nunca tinha entrado em avião até aquela época. Chegamos a Anápolis, no Aeroporto Internacional. Eu não lembro bem o nome da companhia, mas, parece ser Aerovias Brasil. O avião pousou no atual campo de aviação aqui de Anápolis, e encontramos o avô do Rachid Cury aguardando a nossa chegada. Ele nos levou em um carro de 1939, fabricado antes da Segunda Guerra, era baixinho igual o Rachidinho. Descendo a rua São Francisco, no dia 9 de janeiro de 1948, chovia demais, o carro ficava flutuando, pois não existia asfalto, só tinha lama, e o Rachid, o avô, olhava para trás e dizia: "Eu sou bom motorista". Chegamos na casa do meu tio, onde acabei ficando por cinco anos trabalhando com ele, ocupando todos os cargos, chegando a gerente das firmas dos meus tios. Numa segunda etapa, iniciei o trabalho particular como pequeno empresário, em Anápolis.

Estava programada uma segunda entrevista com o empresário Mounir Naoum, quando seria visitada a sua trajetória de empresário e a sua constituição familiar, o que, infelizmente, não acabou ocorrendo.

Constituição familiar

Mounir Naoum casou-se com a pirenopolina, Alzira Gomes Naoum e tiveram os seguintes filhos:

1   HABIB NAOUM
2   ELIZABETH NAOUM SANTOS
3   MARGARETH NAOUM MONTEIRO
4   JANETH NAOUM DO VALE
5   MOUNIR NAOUM FILHO

Huda Naoum Homsi

Entrevista com Huda Naoum Homsi, filha de Abdallah Naoum e de Anisseh Mokdissi Naoum, ao programa "Árabes no Centro-Oeste"

De onde a sua família veio, e por que vieram para cá? O que a senhora pode falar sobre a origem de sua família?
Eu nasci no Líbano. Em 1958, houve uma revolução no Líbano e, como os meus tios já estavam aqui, o meu pai decidiu trazer a família dele para cá, e nós viemos no mesmo ano. Até 1964, morei em Anápolis.

E sobre o pessoal que veio antes, qual o motivo que os trouxe para cá?
O trabalho. O meu tio Mounir conta que ele veio a trabalho. Conta que meu avô lhe deu 150 dólares, colocou-o em um navio, e ele veio com a promessa de voltar para ver o pai e ajudar os irmãos. Era esse o interesse dele quando veio. Com essa revolução no Líbano, meu pai Abdallah Naoum e minha mãe Anisseh Mokdissi vieram também, já com três filhos, que eram Aida Naoum Zakhour, eu e o Habib Abdallah Naoum. Aqui no Brasil tiveram Hamez e Elias Abdallah Naoum. Em 1964, já com os filhos todos nascidos, houve um desejo do meu pai de levar os filhos de volta à terra natal. O intuito dele era nos ensinar a língua, e conhecer a terra dele. Eu amava Anápolis, era uma cidade onde eu já tinha amigos, e a família.

Só para a gente entender, a volta seria uma volta definitiva ou só para conhecer?
Seria definitiva. De 1964 a 1975 nós moramos no Líbano, onde eu estudei, e tive o privilégio de estudar em escola americana, e conhecer o árabe, o inglês e o francês, pois as escolas de lá ensinam. Fiz raízes, o Líbano estava no auge antes da guerra civil. Era uma época onde tudo era bonito. E começou a guerra civil! Meus tios ligavam cedo e à tarde, perguntando o que estávamos fazendo no meio dessa guerra. Meus tios eram William Naoum, Mounir Naoum e George Naoum, que são irmãos do meu pai. Preocupados com a família, ligavam de manhã e à tarde, dizendo para que voltássemos para o Brasil. Então, começaram a acontecer alguns eventos, pois meus irmãos, já adolescentes, queriam sair de casa, e naquele contexto, não podiam sair. E meu pai tinha que terminar alguns negócios, pois ele mexia com construção civil.

E como funcionou a cabeça de seu pai, já que ele saiu de lá e veio para o Brasil, um país relativamente tranquilo, mas deu vontade de voltar? Em algum momento ele demonstrou arrependimento?

Nunca. Nós sempre vivemos igual ou melhor do que vivíamos aqui, isso era em 1964, e a guerra começou 10 anos depois. Para o meu pai, na mente dele, ele iria criar os filhos dele lá (no Líbano). Nós nos adaptamos, e foi ótimo. Eu acho que foi muita coragem do meu pai nos levar para lá, e hoje eu sou grata a Deus pelo que ele fez. Hoje eu tenho raízes no Brasil, e acho que jamais conseguiria morar lá novamente. Amo o Brasil, amo Anápolis, para mim é a cidade ideal. Tive muitas oportunidades de trabalhar em São Paulo, Brasília, mas escolhi Anápolis, para ter meus filhos. Embora Elias, meu marido, fosse libanês da mesma cidade que eu, ainda que nossas famílias fossem amigas, não o conheci no Líbano. Curiosamente vim a conhecê-lo aqui em Anápolis e aqui nos casamos.

O que tem Anápolis de tão especial, que vem tantos sírios, libaneses e palestinos também?

O calor humano. Quando eu vim, fiquei em Brasília um tempo, pois a intenção era ficar em Brasília, estudar e continuar trabalhando lá. Mas a impressão que eu tive de Brasília, é que a pessoa corre atrás do nada, ela não tem raízes, e para mim, isso faz diferença. Eu não sei viver essa vida de cigana, talvez porque na minha infância, eu sofri demais quando saí do Brasil em 1964. Anápolis era tudo de bom na época, era corrida de carro, era andar a pé, a gente ia para qualquer lugar com segurança, todos moravam próximos, ninguém ainda tinha ido para Brasília. Eu fui arrancada de algo que para mim já era uma estrutura. No caso dos

Huda Naoum entrevistada por Guilherme Verano

**Entrevistas realizadas em
18 de fevereiro de 2011 (Huda Naoum Homsi) e
Abril de 2012 (Mounir Naum)**

meus irmãos mais novos, o Ramez, por exemplo, foi diferente de lá para cá. O Ramez sofreu horrores. Quando a guerra começou ele não queria vir. Eu vim na frente com o Ramez e o Habib. Ramez não se adaptou aqui, ele queria voltar, e a minha mãe acabou levando ele de volta para o Líbano ainda em guerra. Amigos dele tinham morrido na guerra. Então, minha mãe mostrou para ele que havia condições de morar lá. De volta ao Brasil, meu irmão continuou com o desejo de voltar para o Líbano. Posteriormente, ele acabou casando por aqui e constituiu sua família e está muito feliz. Nós amamos o Líbano, mas as raízes brasileiras são mais fortes. Então, hoje eu falo que a minha raiz no Brasil é muito mais forte do que lá. Então, hoje, a minha pátria, é o Brasil, é Anápolis!

Em relação aos demais irmãos, a constituição é a seguinte:
Georges, casado com Ângela Maria dos Santos Naoum, pais de Grace, Georges Naoum Júnior e Keila.
William, casado com Lúcia Gomes Naoum, pais de Jayne, Tânia, Cláudia e Carla.
Samir, casado com Jeanne Fonseca Naoum, pais de Aline, Bruna e Candice.

De pé estão Habib Abdallah Naoum, Aida Naoum Zakhour, Ramez Abdallah Naoum e Elias Abdallah Naoum. Sentados: Huda Naoum Homsi e Abdallah Habib Naoum.

Família Quinan

Com bastante representatividade, a família Quinan ilustra as páginas da história política, empresarial e médica do estado de Goiás. Tudo começou com Antonio José Quinan, natural do Líbano, da aldeia de Basdra.

No início da década de 1910, juntamente com alguns dos seus irmãos, Antonio decidiu imigrar para o Brasil, em busca de melhores perspectivas de vida. Sem portar nenhuma instrução, nem legado econômico, por volta dos seus 18 anos, Antônio José Quinan desembarcou no Porto de Santos (SP), para dar início à mascateação na cidade de Jardinópolis, localizada na região metropolitana de Ribeirão Preto, também no estado de São Paulo.

Syrio Quinan

Casado com Jandira Bretas, natural da cidade de Santa Cruz de Goiás um dos primeiros povoamentos auríferos que surgiu em Goiás, ainda no período colonial, precisamente, em abril de 1729, teve o casal sete filhos, entre eles o médico Syrio Quinan, que logo após prestar esse depoimento ao livro, faleceu em 23 de abril de 2009:

> Meu pai veio primeiramente para Jardinópolis, perto de Ribeirão Preto, trabalhando como mascate. Depois foi para Catalão (GO), onde andava de fazenda em fazenda vendendo mercadorias. Depois residiu em Ipameri (GO), onde nasceram meus irmãos Lourdes, Marra e João. Morando meus pais em Tavares, atual Vianópolis (GO), nasceram mais três filhos:

Antônio José Quinan

Jandira Bretas, esposa de Antonio José Quinan

Onofre, eu e a Syria. Seguindo a Estrada de Ferro, viemos parar aqui em Anápolis, onde nasceu o meu irmão caçula José Quinan, médico em Goiânia.

Nessa época, meu pai começou a trabalhar com caminhão, juntamente com o Amim Beze e Aziz Cury, pai do Lindberg Cury, ex-senador da República. Isso foi bem antes da construção de Brasília. Já na época da sua construção, a Casa Violeta vendia muito para lá, principalmente madeira; eram caminhões e caminhões de madeira enviados para Brasília.

As nossas dificuldades eram grandes, meu pai trabalhando como caminhoneiro ficava muito tempo fora de casa. Minha mãe trabalhava dia e noite, foi alfabetizada aos 45 anos para, principalmente, ler a Bíblia, era evangélica muito atuante. Ela costurava, fazia sabão, lavava, passava. Graças a todo esse esforço, meu pai e minha mãe conseguiram formar três dos seus filhos: dois médicos e um dentista.

Com relação aos meus irmãos, João, o mais velho, estudou em Ribeirão Preto (SP), fez Odontologia, exercendo-a por muito tempo, depois ficou doente e não pode mais praticar a profissão. O Onofre todo mundo conhece, não estudou, foi direto para o comércio, idealizou a Casa Violeta, fundada na década de 1950, cujo nome permaneceu o mesmo até 1962, quando se tornou Onogás. Depois fizeram uma sociedade formada por um primo e dois tios, passando, posteriormente, dos tios para os filhos, com a denominação de Quinan e Cia. Na formação da Casa Violeta, meu pai teve participação societária com o Onofre, José Quinan e o João Quinan. Quando da constituição da Onogás, ficaram sócios no empreendimento o Onofre, João e eu, a partir de 1962.

A ONOGÁS

Na primeira metade da década de 1990, a Onogás tinha uma rede de lojas de eletrodomésticos de 80 unidades, espalhadas pelos estados de Goiás, Distrito Federal, São Paulo, Minas Gerais, Paraná, Mato Grosso, Maranhão e Tocantins. Além de trabalhar com eletrodomésticos, a Onogás também era detentora de terminais de engarrafamento e distribuição de gás em três estados. Nada mais, nada menos, do que 12 mil postos de trabalho, entre empregos diretos e indiretos. Ações de alcance sociais eram fartas. Para as agências de propagandas assentadas em Goiás, trabalhar com a Onogás era o reconhecimento de status profissional e a certeza de colher ovos de ouro. Importantes artistas do cenário nacional vieram para Goiânia protagonizar vinhetas comerciais. A exemplo da apresentadora Angélica, que, quando começou a decolar a sua carreira, foi durante um ano a garota-proganda da Onogás.
(Texto retirado do livro: *A História do Comércio Varejista em Goiás*, de Ubirajara Galli)

O Onofre também teve destacada atuação na área política, chegando a governador do estado de Goiás (13 de fevereiro de 1986 a 15 de março de 1987) e Senador da República (1991 a 1998). Ele era o que tinha menos estudo e o mais bem sucedido financeiramente da família. Mais tarde, terminou os estudos e entrou na UEG para estudar Economia. Não concluiu o curso porque sofreu um infarto e acabou falecendo. Quanto aos meus estudos, terminei meu Curso Ginasial na primeira turma formada do Ginásio Couto Magalhães e fui estudar em Ribeirão Preto (SP) em 1944, para completar o Segundo Grau. De lá fui para o Rio de Janeiro (RJ) para fazer Medicina na UERJ, com posterior especialização em obstetrícia e ginecologia. Depois, aceitando o convite do Dr. James Fanstone para trabalhar no Hospital Evangélico, vim para Anápolis, em janeiro de 1955, e trabalhei aqui por mais de 25 anos. Naquela época era mais fácil clinicar, hoje tudo é diversificado. Antes a gente demorava no atendimento ao cliente e na medida do possível procurava resolver todos os seus problemas, e tínhamos o suporte do Dr. James Fanstone, o que era muito bom.

Onofre Quinan

Com relação à minha infância, tenho muitas saudades dela. Quando nós éramos crianças, Anápolis era uma cidade muito boa para se viver, tranquila, cheia de carros de boi. Nós morávamos na Av. Getulino Artiaga, esquina com a Quintino Bocaiúva, e era uma maravilha. Lembro-me que a gente sentava na calçada e ficava olhando a Quintino Bocaiúva até lá em cima e não via, nem um cachorro sequer na rua, era só aquele paradão, com muita lama ou muita poeira. A gente chegava da escola, almoçava e ia para o córrego do Cristovão, lá no fundo da Vila Santa Teresinha, nadar todo mundo nu. Para a gente que não tinha dinheiro, era a maior aventura, todos os meninos que moravam perto da minha casa iam para lá. Foi muito bom esse tempo.

Constituição familiar

Filhos do casal Antonio José Quinan e Jandira Bretas, por ordem cronológica de nascimento:

1. LOURDES QUINAN
2. MARRA QUINAN
3. JOÃO QUINAN
4. ONOFRE QUINAN
5. SYRIO QUINAN
6. SYRIA QUINAN
7. JOSÉ QUINAN

Dr. Syrio Quinan casou-se com Alice Louly Quinan. Filhos do casal, por ordem cronológica de nascimento:

1. PAULO LOULY QUINAN
2. LAÍS LOULY QUINAN
3. TAÍS LOULY QUINAN
4. PAULA LOULY QUINAN MOKDISSI

Dr. Syrio Quinan e sua esposa Alice Louly Quinan

Dr. Syrio Quinan, sua esposa Alice e os filhos: à direita ao lado pai: Paulo Louly Quinan, Laís Louly Quinan (de cabelo comprido e franjinhas), no colo da mãe está a Paula Louly Quinan Mokdissi e no canto a Taís Louly Quinan

Depoimento de Taís Louly Quinan

No dia 6/11/2016, meu pai, Syrio Quinan, faria 86 anos! Como falar da trajetória de vida dessa pessoa? Difícil demais! Criança que ia para a escola com o pé enfaixado porque não tinha os dois pés de sapatos, vendeu quibe e biscoito na rua e comia macarrão porque era o único alimento que minha avó conseguia comprar para a família! Saiu de Anápolis aos 16 anos para fazer Odontologia, mas decidiu fazer vestibular para medicina ao perceber que o desafio era maior. Aprendeu a dirigir nas ambulâncias da Santa Casa, no Rio de Janeiro. No Natal, trocava de plantões com os colegas para pegar a ceia natalina na casa dos pacientes. Teve o convite para trabalhar como pesquisador no Instituto Osvaldo Cruz, mas declinou e voltou para Anápolis a fim de trabalhar e cuidar dos irmãos. Esteve durante alguns anos na frente do HEG e trabalhou nesse hospital como ginecologista/obstetra por mais de 25 anos. Ele gostava de lembrar os trabalhos de parto de alguns amigos nossos como Elias Hanna, Rachid Cury, Marcelo Daher, Amir Hajjar, das filhas da Marlene, do Ademar fotógrafo, João Bosco Adorno, Maria Luisa Adorno, Tânia Borges, João Bosco Borges, Jorge Bittar, muitos foram os que nasceram em suas mãos e muito orgulho tinha ele de encontrá-los na rua e falar com eles! Ainda quando chegou do Rio de Janeiro foi dar assistência médica em uma fazenda de café da família Lunardelli, em Goianésia, pois dizia que era mais fácil ele se movimentar até lá do que os trabalhadores chegarem ao HEG. Nessa época ia dirigindo um Jeep e a estrada era de terra, dizia ele que chegava lá pura poeira ou pura lama, mas nessa empreitada fez amizade com o Sr. Lunardelli e aprendeu muitas coisas a respeito dos cuidados da fazenda, cuidados esses que depois eu aprendi com ele.

Taís Louly Quinan

Tinha a profissão como uma transmissão de amor e consideração com o outro e, mesmo aposentado, trabalhava nos postos de saúde da prefeitura e ainda se angustiava com as dificuldades dos pacientes de não terem uma qualidade de vida para que pudessem se prevenir das doenças e ter o conhecimento para terem uma vida mais saudável. Se divertia nessa época visitando os pacientes em suas casas e conhecendo-os melhor.

Trabalhou até o último momento de sua vida sempre com disposição e dedicação. Cuidou de nossa família com amor e quando éramos pequenos também usou a autoridade necessária para hoje sermos pessoas muito agradecidas e reconhecedoras dos valores morais do ser humano. Nos ensinou a estudar e trabalhar e um dia alguém perguntou a ele como ganhar dinheiro. A resposta foi: "Só sei ganhar dinheiro estudando e trabalhando".

Nas horas de lazer cuidava da chácara, onde foi o primeiro a plantar laranjas e mexerica Ponkan comercialmente no estado de Goiás (há mais de 60 anos). Viajou o mundo passando por Israel e Espanha para aprender as mais avançadas técnicas de produção.

Adorava viagens e contava histórias sobre as mesmas. Numa delas, andando pelas ruas e avenidas em Tóquio, escutou a *Aquarela do Brasil* sendo tocada em um teclado eletrônico. Era o lançamento do ano no Japão e isso muito o emocionou.

Nos anos 1960 ele ia de carro, um Aero Willys, para o Rio de Janeiro assistir futebol. Em sua companhia iam o Dr. Josmar Bueno, às vezes o Dr. Arnaldo Kalupiniek, os irmãos Pyragibe e Piranema Moraes, entre outros. Também lembro dele contar que estava no Maracanã quando o Brasil perdeu a Copa do Mundo para o Uruguai em 1950. Segundo ele "fez tanto silêncio que se escutava até as lágrimas caindo no rosto das pessoas, foi uma grande tristeza"! Era torcedor do Botafogo (nada fanático), mas gostava muito do Garrincha. Sonhava e tinha muita esperança na vida, no mundo e nos homens. Tinha tanta esperança que aos 80 anos estava plantando mogno! Foi bom filho, bom marido e excelente pai.

Como avô foi uma pessoa da qual os netos falam com muito amor. Para a Priscila, primeira neta, ele fez maravilhas. Quando ela nasceu e veio passear em Anápolis com os pais Paula e Samir, ele a pegou no colo e com ela ficou enquanto dormiu durante cinco horas. Eles estavam na sala de TV e todos que ali entravam ele não deixava conversar e assim permaneceu até ela acordar. No Natal, alguma conversa entre eles a fez achar que ele era amigo do Papai Noel. E por muitos anos ela acreditou!

Com o neto Filipe Louly Quinan Junqueira foi uma festa. Foi para o Rio de Janeiro esperar ele nascer e quando o Filipe já estava grande eles iam para o centro do Rio de Janeiro ver onde meu pai tinha morado quando era estudante e, de quebra, comer uma comidinha árabe por lá. Meu pai conhecia todos os restaurantes árabes do Rio de Janeiro e São Paulo.

Depois vieram a Michelle Louly Quinan Junqueira, com a qual ele adorava passear de carro, pois sempre gostou da espertеza e inteligência dela, falando que ela sabia de tudo e que resolvia tudo para ele e, logo imediatamente, os gêmeos Elias Hanna Mokdissi Neto e Paloma Quinan Mokdissi. O Elias sempre conversador passava horas contando casos para o avô e a avó. Com a Palominha ele gostava de dividir os sanduíches, mas ela não gostava muito da ideia não!

Fica agora a alegre lembrança de seus risos, brincadeiras e os ensinamentos de vida! Hoje a saudade dói, mas também existe o agradecimento a Deus de ter me dado um pai aqui na terra tão bom, afetuoso e amoroso!

Entrevista realizada em
6 de janeiro de 2009 (Syrio Quinan)

Família Ramez Lutfallah Farah

UMA HISTÓRIA DE VIDA

A chegada ao Brasil

Ramez Lutfallah Farah nasceu na cidade de Miniara, estado de Akkar, no Líbano, por volta de 14 de fevereiro de 1929. Por volta, porque de acordo com as irmãs mais velhas, teria nascido no ano de 1927. A data de 1929, foi inventada na ocasião de sua chegada ao Porto de Santos, por ser obrigatória no preenchimento dos documentos de imigração. Foi a data que lhe veio em mente e assim ficou. Ficou órfão de mãe, Wahiba Farah, ainda recém-nascido e foi criado pelo pai Lutfallah Farah e pelas irmãs Sumaia, Ramza e Meire.

Teve uma infância pobre e difícil. Sem condições financeiras para estudar, cursou apenas o 1º ano do ensino primário. Seu pai muito enérgico, determinou que trabalhasse desde muito cedo. Aos 10 anos de idade já realizava diversas tarefas, inclusive a de levar mercadorias do Líbano para Síria e vice-versa. Essas viagens eram feitas no lombo de um jumento, animal que levava um dia inteiro para chegar ao destino. Era uma luta muito grande. Em uma dessas suas viagens, o único bem que tinha, o seu jumento, veio a cair em uma vala e teve que ser sacrificado. Foi deste evento que iniciou toda a sua história na América.

Inquieto, sonhador e ambicioso, ele queria, a todo custo, mudar aquela situação de pobreza e de falta de perspectiva. Em uma época muito difícil do pós-guerra Ramez popôs aos familiares que iria ganhar a vida na América, escolhendo como destino o Brasil, achando que a América e o Brasil eram uma coisa só.

Os familiares se reuniram, juntaram as suas reservas, e Ramez ou Romes como é pronunciado em árabe, comprou a passagem de navio e trouxe uns trocados. Em sua bagagem só havia determinação, coragem e a única coisa que sabia fazer, negócios, haja visto que pouco frequentou a escola. Fazer negócios foi o que seu pai lhe ensinou, e por toda sua vida utilizou esses ensinamentos.

Desembarque em Santos , 19 de dezembro de 1951.

Passados quarenta dias a bordo de um navio, na terceira classe, Ramez desembarcava no porto de Santos. Um desembarque solitário, não conhecia ninguém, não falava a língua, mas, finalmente, estava na América. E agora, o que fazer?

Começou a perambular pelo porto, sem destino, cantarolando em árabe, angustiado, sem saber para onde ir. Até que, como num susto, ouviu algo familiar, um patrício aproximou-se dele e, conversando em árabe, sua língua materna, indicou uma pensão onde passou a noite. Foi um alívio.

O CAMINHO PARA SÃO PAULO

No dia seguinte foi procurar a única pessoa que conhecia no Brasil, a irmã de seu pai que morava em Guaxupé no Sul de Minas. A ideia era lhe fazer uma visita e voltar para São Paulo, lugar que ficou sabendo ser de muita prosperidade e que lá havia muitos patrícios.

Na compra da passagem para Guaxupé, com pouco dinheiro, indicou os dois dedos através de gestos que queria duas passagens: uma de ida e outra de volta. O bilheteiro entendeu que ele queria duas passagens somente de ida e assim lhe vendeu.

Chegando em Guaxupé hospedou-se na casa de sua tia. Observou um lugar muito pacato, um comércio devagar onde se passava um dia inteiro para vender um retrós de linha. O Ramez, pessoa inquieta, pensou: -"eu não vim para América para ficar aqui praticamente sem fazer nada, sem nenhuma perspectiva".

Já haviam se passado duas semanas quando, passeando pelapraça, encontrou outro conterrâneo que, coincidentemente, viera junto com ele no mesmo navio. Conversaram, ele dizia estar satisfeito no Brasil, que estava em São Paulo e que nos primeiros dias de trabalho já havia ganhado cerca de 200 dólares, pois seu tio o ajudara vendendo mercadorias fiado. Então, Ramez, empolgado, pediu o endereço do tal tio e no dia seguinte com o pouco dinheiro que lhe restava foi para São Paulo.

Chegando em São Paulo foi no tal tio. Era uma loja na 25 de Março, perguntou se não poderia comprar da mesma maneira que o sobrinho havia comprado. A resposta foi a seguinte: "você é um patrício, mas não é meu sobrinho, sem garantia eu não posso vender". Foi como tirar o chão debaixo dos pés - e agora, o que vou fazer nesta cidade cheia de prédios, gente para todo lado e sem dinheiro?

Primeiro, com indicação de outros patrícios, se instalou em uma pensão onde o seu dinheiro dava para pagar umas três diárias. No dia seguinte, foi bater de loja em loja para conseguir que alguém lhe desse um crédito. Passou um dia inteiro e nada, ninguém queria lhe vender, todos viraram as costas, dizendo: mais um para dar prejuízo.

No segundo dia, após andar muito, chegou a uma loja falando só em árabe, já que ainda não havia aprendido quase nada de português, aproximou-se de um vendedor em uma das muitas lojas que havia procurado, por sorte, o vendedor, filho de libanês, falava alguma coisa em árabe, foi quando Ramez explicou a sua situação. Estava desesperado, sem dinheiro, sem perspectiva, sem falar a língua, sem conhecer ninguém em um país estranho, um verdadeiro estrangeiro.

O vendedor se sensibilizou com a sua história, vendo aquele rapaz novo, com o rosto vermelho de tanto andar debaixo de sol, resolveu ajudá-lo. Ele disse: vou falar com o dono para ver se ele concede algum crédito. Em seguida, o vendedor contou a situação ao dono da loja que, por ironia, era um judeu. O judeu olhou para cara dele e disse: "você é libanês e quer trabalhar não é isso? A única coisa que você tem é o modelo 19 – documento usado na época quando desembarcava no Brasil. Pois bem, disse o dono da loja: vou lhe vender duas malas cheias de mercadorias, e vou lhe dar uma semana para você voltar e me pagar, se você não voltar eu já sei o seu nome, vou divulgá-lo em todos os estabelecimentos comerciais de São Paulo, nunca mais você vai conseguir comprar uma agulha, esta combinado?" Ramez respondeu, aliviado: "está combinado, falando árabe e um pouco de português".

Rua 25 de Março, São Paulo.

"WAFÉ, VAMOS MUDAR PARA ANÁPOLIS!"

Já era final do dia quando Ramez saiu com as duas malas cheias e foi para a Avenida São João, indicação do vendedor. Chegando lá, já ao anoitecer, abriu as malas e começou a vender com uma vontade de quem estava lutando pela única chance. Lutava com tanta garra que, até o fim da noite, vendeu tudo, e no dia seguinte estava na loja para comprar mais.

Quando o vendedor o viu, perguntou:

Foi roubado? Ramez respondeu: não, vendi tudo e quero comprar mais.

Daí pra frente, as portas se abriram em outras lojas, porque já tinha uma referência. As coisas foram se ajeitando, até conseguir alugar um pequeno cômodo na sobreloja da Rua 25 de Março, porque o ponto da loja era muito caro.

Como não conseguia vender junto às grandes lojas, comprou uma camionete e começou a mascatear no Sul de Minas. Não sabia dirigir e apreendeu sozinho, por isso sofreu um grave acidente próximo a cidade Caconde Sul de Minas, ficando quarenta dias em estado de coma nesta cidade, foi ajudado pela família Ranieri Mazzilli, a quem ele é muito grato, o patriarca da família descobriu que tinha uma libanês em coma no hospital mandou que seus familiares dessem toda a assistência. Por um milagre conseguiu sair sem nenhuma sequela. Depois do acidente e já recuperado continuou a mascatear, visto que, na sua cabeça, era vencer ou vencer.

Passaram-se cinco anos e o negócio não progredia. Era muita concorrência e pouco poder de compra. Foi quando recebeu uma carta de seu pai dizendo que sua vizinha Wafe Anis El Hosni havia vindo para o Brasil e estava em Ceres, no interior de Goiás.

Ramez pensou: estou sozinho e preciso de uma companheira e nada melhor que Wafé, que conhecia e tinha sido sua vizinha. Decidiu ir ao seu encontro em Ceres, viagem essa que durou dias. Durante viagem passou por Anápolis e ficou impressionado com o movimento, isso no fim de 1957, e pensou se eu casar vou mudar para cá.

Casou-se e continuou morando em São Paulo, num único endereço que possuía o da sala na sobreloja da 25 de março. Lá, dividiu o cômodo em duas partes: uma para mercadoria e outra para cama. As coisas não melhoravam. Foi quando ele falou: "Wafé, vamos mudar para Anápolis!". De certa forma, para ela era melhor, pois tinha parentes morando naquela cidade. Na mudança foi usado um caminhão e em apenas meia carga foram colocadas as mercadorias e a mudança.

Chegando em Anápolis, em 1957, alugou um cômodo na Rua General Joaquim Inácio, à época um ponto fraco. Mesmo assim continuou a mascatear e a vender de porta em porta nas cidades vizinhas, enquanto sua esposa Wafé ficava na lojinha.

Casamento de Ramez e Wafé em 25 de janeiro de 1958.

A CASA SÃO GERALDO

No final de 1958 nasceu seu primeiro filho: Lutfallah, nome de seu pai. Neste mesmo ano mudou de endereço. Foi para frente do Mercado Municipal, um ponto pequeno, mas de mais movimento, e também neste mesmo ano teve que mudar o nome da loja que se chamava Ramez L. Farah Armarinhos Ltda. Foi quando encontrou um viajante descendente de italiano e lhe falou:

– Você não pode colocar o seu nome com mesmo nome da sua loja!
Ramez disse: eu não sei nenhum nome, por isso eu coloquei o meu nome.
O italiano retrucou: posso sugerir um nome?
Ramez perguntou qual, e ele disse São Geraldo, que era seu santo devoto.

Ramez nem sabia que santo era aquele e pediu pra ele escrever no papel direitinho, e disse: "amanhã eu vou pedir para meu guarda-livros, Abraão Asmar, pedir para mudar o nome".

Foi assim que surgiu a Casa São Geraldo.

No ano seguinte nasceu o segundo filho, Nelson.

As despesas aumentavam, e o trabalho era dia, noite, os os feriados. Era a única alternativa. Não tinha a quem pedir ajuda, era ele e Deus.

As coisas foram melhorando, até que, em 1961 nasceu a primeira filha Sônia e dois anos depois o caçula Ramez.

Já estabelecido, porém muito ambicioso, queria mais, até que surgiu Brasília, em 1960. Antes da inauguração Ramez já estava presente, acreditando na mudança da Capital como poucos, incentivava os outros conterrâneos e sentia que era ora de fazer a América.

Continuava mascateando, agora na Cidade Livre – atual Núcleo Bandeirante – canteiro de obras da Capital Federal do Brasil. Vinha todo o final de semana vender armarinho, perfumaria e bugigangas para os candangos, e na segunda feira pela manhã ia até à NOVACAP – Cia Urbanizadora da Nova Capital – comprar terrenos. Comprava apenas olhando a planta, já que era tudo um verdadeiro cerrado.

Em 1982, já com muitos investimentos em Brasília, mudou-se definitivamente para a Capital, deixando muitas saudades em Anápolis. De lá pra cá, se dedicou a tocar seus negócios e a aconselhar os filhos.

Demorou algum tempo a se acostumar com Brasília, mas existem três lugares que mais gosta na vida: Miniara, Anápolis e Brasília.

Construiu uma bela família com 10 netos, que estão se formando, e se preparando para assumir as empresas que foram construídas com muita luta, trabalho e dedicação.

Estação Ferroviária de Anápolis.

Cidade Livre, atual Núcleo Bandeirante.

Ramez com sua esposa Wafé, seus filhos Sônia, Lutfallah, Ramez e Nelson,

Ramez com seus 10 netos: Liliana, Martha, Felipe, Rebeca, Gabriel, Patrícia, Nathalia, Amanda, Bruna e Ramez Liliana, Martha, Felipe, Rebeca, Gabriel, Patrícia, Nathalia, Amanda, Bruna e Ramez.

AS GRANDES LIÇÕES

Decorridos 10 anos desde que essa história foi escrita pela primeira vez, Ramez continuou cuidando da família e aconselhando os filhos e as pessoas que ele gostava, dizia:

"Deus está comigo";
"Comércio é sagrado";
"Faz economia e compra propriedade"; "Seja uma pessoa humilde, porém esperta";
"Não deixa pessoas ruins entrarem na família";
"Se Deus quiser Ele mandará paz entre árabes e judeus"; "Tudo de bom para você e para sua família".

Em 2015, avesso a homenagens e com a insistência do Ramez Filho, achava bobagem, mas concordou em receber o prêmio de Mercador Candango.

Em 2016, começou a ter sua saúde declinando e todos os cuidados foram dados a ele. Permaneceu quase todo o tempo em casa sob o cuidado da família, todos os filhos deram sua contribuição. Foi nesse ano que Deus colocou na vida do Ramez, três cuidadoras servas do Senhor, Fernanda, Silvia e Jaqueline que cuidaram dele o evangelizando, ele passou esses três anos se preparando para ter um encontro com Deus.

Na sua primeira internação, ele chamou o filho mais velho e revelou a ele que era muito feliz, o filho perguntou, porque pai? Ele respondeu: eu tenho os melhores filhos do mundo, este é com certeza a maior realização e um imenso orgulho que um pai e uma mãe podem ter, era grato a Deus por isso.

Há uma passagem Bíblica que resume bem a vida do Ramez, em 2 Timóteo capítulo 4 versículos 7 e 8:

"Combati o bom Combate, acabei a carreira, guardei a fé. Desde agora, a coroa da justiça me está guardada, a qual o Senhor, justo juiz, me dará naquele dia; e não somente a mim, mas também a todos os que amarem a sua vinda".

No dia 04 de maio de 2019, aos noventa anos, o Senhor, justo juiz, chamou e deu a ele a coroa da justiça. Sentiremos muitas saudades, mas temos certeza de que ele está na presença de Deus e essa certeza nos conforta muito.

Não podemos deixar de agradecer o Dr. Denizard pela sua dedicação nestes quase três anos de intenso cuidado, propiciando que Ramez estivesse no maior conforto que a situação permitia. Agora a Wafé passa a ser a cabeça de uma bela família formada por quatro filhos, dez netos (Liliana, Martha, Felipe, Rebeca, Gabriel, Patrícia, Nathalia, Amanda, Bruna e Ramez), e um bisneto, Benjamin.

Nesses 61 anos e quatro meses de casados, soube com sabedoria ser a esposa que Deus escolheu para o Ramez. Nos últimos três anos podíamos observar o grande amor que sentia, cuidando e não saindo de perto dele um dia sequer.

O maior legado deixado por Ramez, carinhosamente chamado pelos netos de Gido, que significa avô em árabe, é a honestidade e a crença na força do trabalho.

Gido, muito obrigado por esse exemplo de vida.

Dia em que recebeu o prêmio Mercador Candango.

Família Razem Elias

Foi trazido da Síria juntamente com Carlos Elias pelas mãos do pioneiro Miguel João no início do século passado. Posteriormente vieram Achilles e Miguel Elias. Como grande parte dos descendentes, ele mascateou, levando a si próprio e as mercadorias no lombo de três mulas cedidas por Miguel João, além de um pequeno capital para adquirir as primeiras mercadorias. O negócio foi prosperando e ele se tornou sócio de Zacarias Elias, montando uma loja que vendia inclusive de tudo, inclusive arreios, que eram muito utilizados na época. Com o passar do tempo Zacarias deixou a sociedade que seguiu com o Sr. Razem, o Achilles e o Miguel. Um tempo depois aconteceu nova separação, com Achilles e Miguel seguindo outro rumo. A partir daí o Sr. Razem prosseguiu ao lado dos filhos mais velhos, Alfredo Elias e Miguel Abrahão e foram para o ramo de cereais, cuja imponente fachada tinha os seguintes dizeres com grafia da época: Machina de Beneficiar Arroz de Razem Elias & Filhos. Eles produziam o famoso "Arroz Marize"; na distribuição das tarefas, o filho Miguel ficava no armazém e o Alfredo na beneficiadora. Casado com Kouqueb, parente em segundo grau de Miguel José da Silva, ela no primeiro momento ficou na Síria. Chegando ao Brasil, dedicava-se à missão de cuidar de uma casa com nada menos que nove filhos.

Constituição familiar

Filhos do casal Razem Elias e Kouqueb Miguel Bachur, por ordem cronológica de nascimento:

1. ARAXA ELIAS ALVES. Nasceu na Síria.
2. NABIRA ELIAS ABRAHÃO. Nasceu na Síria.
3. MANIR ELIAS. Casou-se com Maria Helena Abrahão.
4. ALFREDO ELIAS. Casou-se com Ivone Zacarias Alves Abrahão.
5. MIGUEL ABRAHÃO. Casou-se com Norma Calixto Abud Abrahão.
6. JERÔNIMO ABRAHÃO. Casou-se com Odete Zac Zac Abrahão.
7. MANIRA ELIAS. Casou-se com Braim Elias Dib.
8. ODETE ELIAS. Casou-se com Rodolfo Ghannan.
9. JARBAS RAZEM ELIAS. Casou-se com Matilde Feres Aidar.

Depoimento de Jarbas Razem Elias

"Meu pai chegou aqui em Anápolis, em 1910, com 18 ou 19 anos de idade. Foi Miguel João quem o trouxe, para depois de uns três anos trazer também meus tios Achilles Elias e MiguelElias, além de minha mãe e das minhas irmãs Araxa e Nabira. Quando meu pai veio para o Brasil, além de ele deixar na Síria as minhas duas irmãs, também deixou a minha mãe grávida.

Porém, esse meu irmão, de nome José Elias, faleceu na Síria antes de eles imigrarem para Anápolis. Quando meu pai chegou, foi trabalhar como mascate junto com Zacarias Elias, que era seu conterrâneo, da mesma aldeia e muito seu amigo. Porém, não eram parentes.

Trabalharam como mascates, de fazenda em fazenda, com a ajuda financeira de Miguel João.

Os fazendeiros acolhiam muito bem meu pai e seu amigo Zacarias. Querendo ou não iam conhecendo um aqui, outro ali, eles eram danados, sabiam agradar as pessoas. Sempre traziam um presente para alguém da família dos fazendeiros. De modo que todo mundo ficava gostando deles. Os fazendeiros ficavam marcando o dia deles chegarem. Era uma contecimento. E o dia em que chegavam tinha tudo de bom para recebê-los: pão, leitoa assada, meu velho me contava. Mas, meu pai gostava mesmo era de arroz e ovo, não sei porquê? Ele, por sua vez, levava pão sírio dentro da mala e dava para as famílias dos fazendeiros.

Um agradava o outro. Depois de uns três anos mascateando, meu pai parou com esse tipo de comércio e abriu uma loja de roupas feitas e de venda de arreios em Anápolis. Ela tinha de tudo, tipo era um armazém, mais para o povo da lavoura. Seu nome era Casa dos Bons Artigos, ficava localizada na Rua 7 de Setembro, 589, até hoje (2008) tem a casa lá. Ele ficou com a loja muitos anos. Depois o Alfredo cresceu, o Manir foi pro Rio estudar, o Jerônimo também.

Aí ficou Alfredo, Miguel e eu no dia a dia da loja. Depois, nós fomos incentivados pelo Miguel Pedreiro e abrimos um armazém de atacado, além de uma máquina de arroz. Miguel Pedreiro era justamente o nosso comprador de cereais. Quanto à minha mãe, ela era muito enérgica, hora de almoçar era almoçar, de jantar era jantar, tinha horário para tudo e se os filhos não se alimentassem direito tinha um chicotinho do lado para garantir."

(Nosso entrevistado Jarbas Razem Elias é casado com Matilde Feres Aidar e são pais de Tereza Elias Quinan, Paula Elias, Cynthia Elias Hajjar, Anne Caroline e Tatiana Elias).

Jarbas Razem Elias

Entrevista realizada em 24 de janeiro de 2009

Família Sabbag

Calil Miguel Sabbag era de origem síria e a sua esposa Afiza Abdalla Sabbag veio do Líbano, de Baino Akar, tendo chegado ao Brasil recém-nascida, conforme depoimento da filha caçula do casal Hilda Sabbag Cunha.

Calil Miguel Sabbag, filho de Miguel José Sabbag e Agia Mussi Cheade, teria emigrado para o Brasil por volta dos seus 16 anos para cidade mineira de Guaxupé. Lá conheceu a sua futura esposa quando esta estava ainda na primeira adolescência, aos 13 anos de idade.

> A diferença da idade da minha avó para o meu irmão mais velho Farid, era de 15 anos. Para se ter uma ideia, tenho sobrinhos que são mais velhos do que eu. (Hilda Sabbag Cunha)

Depoimento de Teresa Cristina Sabbag Cunha
(Filha de Hilda Sabbag Cunha)

> Minha avó nasceu em 1900, já meu avô era dez anos mais velho que ela. Ela era muito bonita e gostava de comentar que havia nascido na virada do século XIX para o XX e faleceu aos 82 anos, aqui em Anápolis. Meu avô faleceu mais cedo, em 1957, nem cheguei a conhecê-lo. Minha avó tinha treze anos quando eles se casaram e eles tiveram um total de 17 filhos. Entretanto, dessa farta prole quatro deles morreram precocemente.

Calil Miguel Sabbag, depois de se casar em Guaxupé, município de grande concentração árabe, e mascatear pela sua região por vários anos, mudou-se acompanhado da família para a cidade de Campinas, atual Bairro de Goiânia, onde abriu uma loja de tecidos, montando outra loja

também de tecidos a seguir, na cidade de Anápolis. Quando da vinda para Goiás, dos 13 filhos do casal, apenas a filha primogênita, Violeta Olga Sabbag, ficou morando em Guaxupé, em razão de estar casada.

O comércio aberto em Anápolis, na Avenida Barão do Rio com a Manoel d'Abadia, no local onde hoje está construído o Hotel Itamaraty, recebeu o nome de Loja das Sedas e por um bom tempo prosperou. Com a decadência da loja, arrendou do cunhado João de Faria, e passou a administrar o restaurante do Hotel Comercial, de sua propriedade, tomando conta da cozinha a esposa Afiza. Paralelamente ao arrendamento do restaurante, em sociedade explorou a extração de pedras preciosas, no interior de Goiás.

Hilda Sabbag Cunha e seus filhos Teresa Cristina e Mário Sérgio

Filhos do casal Calil Miguel Sabbag e Afiza Abdalla Sabbag, por ordem cronológica de nascimento:

1. FARID CALFIZ SABBAG
2. VIOLETA OLGA SABBAG
3. ALICE ODETE BERNARDES
4. ADÉLIA ELZA SABBAG DE FARIA
5. EDNA SABBAG WERNER
6. MARIA DE LOURDES SABBAG CAMARGO
7. ROMES SABBAG
8. AMIR SABBAG
9. CÉLIO SABBAG
10. CÉLIA SABBAG DA SILVA
11. NEIDE SABBAG DOS SANTOS
12. RONALDO SABBAG
13. HILDA SABBAG CUNHA – professora aposentada, casada com o empresário Mário Carmelino Cunha, são pais de:
    1 – Teresa Cristina Sabbag Cunha, odontóloga
    2 – Mário Sérgio Sabbag Cunha, analista de sistemas e professor universitário
    3 – Ana Beatriz Sabbag Cunha Pereira, funcionária pública federal

 Entrevista realizada em 4 de fevereiro de 2009

Família Sahium

De origem libanesa, os Sahium chegaram a Anápolis (GO) no começo da década de 1910, procedentes da cidade goiana de Catalão, que era então o maior portal de entrada árabe no estado de Goiás. Vieram os irmãos Antônio, Elias, Gebrim, João e José, considerados como uns dos primeiros libaneses a fixarem residência no município.

No entanto, o único dos irmãos Sahium que permaneceu em Anápolis foi Antônio Jorge Sahium, que se casaria com Júlia, da família Isaac, que veio por coincidência, no mesmo navio da viagem imigratória.

Constituição familiar

Filhos do casal Antônio Jorge Sahium e Júlia Isaac, por ordem cronológica de nascimento:

1. HANNA
2. JORGE ANTÔNIO
3. ELIAS ANTÔNIO
4. JAMIL
5. BARRIJO
6. NÁDIMA
7. JÚLIA (ZULEIKA)
8. JOSÉ ANTÔNIO
9. JAMILA

10 SAHIUM
11 RUDE

Jorge Antônio Sahium[1] o segundo filho do casal, nasceu em Anápolis, no dia 17 de abril de 1914. Seu padrinho de batismo foi Joaquim Ispir (Charrud), o primeiro árabe a fixar residência em Anápolis, no ano de 1903. Graduado em Farmácia, foi proprietário de farmácias, em Anápolis e no seu antigo distrito de Ouro Verde. De militância política, nas décadas de 1940 e 1950 foi vereador. Mais tarde foi um dos fundadores dos partidos políticos: UDN, PDC. Nos anos 1960 e 1970, assumiu a presidência da Loteria do Estado de Goiás e a diretoria-Adjunta da Caixa Econômica do estado de Goiás.

Depoimento de Jorge Antônio Sahium

Eu nasci aqui em Anápolis, ali na casa da família do Dr. Bonfim da Abadia. O pai dele morava ali. Meu pai alugou uma casa dele, onde e eu nasci, em 17 de abril de 1914. Nunca saímos daqui, onde meu pai criou seus filhos. No entanto, grande parte dos irmãos dele foi para Inhumas (GO).

Na época havia uma convivência muito restrita, a família se comunicava mais com seus familiares. Quanto à comunicação externa, costumo dizer em meus pronunciamentos que os integrantes da família Pina, que era muito amiga dos meus pais, soletravam algumas palavras árabes. Sem dúvida ela foi uma das famílias que abriu portas e janelas para a imigração sírio-libanesa em Anápolis.

O nível de convivência da população era muito restrito, às vezes era até violenta. Tive um tio, de nome José Sahium, que assim que chegou aqui foi residir numa cidade perto de Anápolis. Lá chegando, foi advertido no dia seguinte pelo chefe político local, que mandou chamá-lo e disse:

— Aqui nós não aceitamos turcos.

Eles nos chamavam de turcos porque na época em que eles vieram, o Líbano estava dominado pelos turcos, então, o passaporte deles era turco.

A situação dos árabes em Anápolis, no entanto, era diferente. Os chefes políticos que comandavam aqui eram favoráveis aos imigrantes, o que era objeção e preconceito em outras cidades. Os Pina nos acolheram com carinho, ajudaram e também progrediram. A energia elétrica era deles, a usina era deles, o banco era deles, as máquinas de arroz e café, o maior armazém era deles, a maior casa comercial era deles.

Os sírio-libaneses são comerciantes natos. Meu pai foi mascate durante alguns anos, depois montou uma lojinha. Nunca foi comerciante de categoria, lutava com muita dificuldade. A família era muito grande, muitos filhos pra criar, mas todos estudando.

---

[1] Faleceu em Anápolis em 19 de fevereiro de 2010.

A presença árabe em Anápolis

Jorge Antônio Sahium e a esposa Loide Sahium

Quando eu estudava no ginásio de Uberaba, junto com o Alderico Borges de Carvalho, filho de família tradicional anapolina, viemos no primeiro trem em 1935, o trem que inaugurou a Estação Ferroviária de Anápolis.

Eu fiz o curso de Farmácia. Os medicamentos para suprir a minha farmácia, eu os comprava em São Paulo, Ribeirão Preto (SP) e Uberaba (MG). Não tinha viajantes (representantes) nesse ramo, tinha de comprar direto. A grande parte era manipulação, eram poucos os produtos prontos e embalados e com registro. A evolução dos remédios genéricos foi tão rápida que

Anúncio comercial da Farmácia Sahium

Fonte: Revista *A Cinquentenária*, edição comemorativa do Jubileu da cidade de Anápolis, 1957

eu nem tenho opinião. Assim como os medicamentos, as doenças também mudaram muito. Naquele tempo se morria de doença venérea, depois é que veio a penicilina, a coisa mudou muito. Eu fui um dos primeiros a receber a penicilina em minha farmácia.

No início nossas mulheres só aceitavam casamento com descendentes árabes, pois havia um acordo entre as famílias. Hoje, isso acabou, cada um casa com quem quiser. Nós somos muito trabalhadores e o brasileiro gosta disso.

Constituição familiar

Jorge Antônio Sahium, casado em primeiras núpcias com Maria Aparecida, teve os seguintes filhos:

1 JOSÉ SAHIUM
2 ANTÔNIO JORGE SAHIUM NETO

Casado em segundas núpcias com Loide da Silva, teve os seguintes filhos:
1 JÚLIA CRISTINA
2 JORGE MAURÍCIO
3 PAULO HENRIQUE E
4 PEDRO FERNANDO SAHIUM – (ex-prefeito de Anápolis)

Pedro Fernando Sahium, prefeito de Anápolis entre 2005 e 2008

Entrevista realizada em 9 de setembro de 2008

Família Salomão

Jad Salomão (1886-1974), pai de Jorge Salomão e avô de Jorge Salomão Filho, é um dos maiores intelectuais que aportaram para fazer história em Anápolis (GO). Poliglota, ele era fluente em 7 idiomas.

Nascido na Síria, numa região que anteriormente fazia parte da Palestina, lá estudou numa escola que pertencia à Rússia. Por ter se destacado como o melhor aluno da escola, foi condecorado pelo Czar Nicolau II, que o nomeou diretor das escolas russas na Síria. Inspecionando essas escolas, conheceu e se casou com Catarina Badra Salomão, de cuja união nasceram Jorge Salomão e a irmã Olga Salomão.

Jad Salomão

Com o advento de uma revolta contra o Czar, e por causa do seu bom relacionamento com o mandatário russo, ele começou a ser perseguido, e com medo de que fosse assassinado, em 1909, imigrou para a América do Sul, com destino à Argentina. No entanto, durante a viagem, ele se encontrou com uma pessoa com a qual mantinha correspondência e que morava em São Paulo (SP). Convencido por ela de que o Brasil seria a sua melhor opção para reiniciar a vida, optou por desembarcar, acompanhado de sua família, em terras paulistas. Depois de residir no estado de São Paulo, na cidade goiana de

Goiandira e em Araguari (MG), Jad Salomão acabou fixando residência em Anápolis. Seu neto, Jorge Salomão Filho, graduado em Engenharia pela tradicional Universidade de Ouro Preto, fundada por D. Pedro II, em 1876, e que atualmente reside em Brasília (DF), contou ao livro sua história familiar:

> Meu avô, chegando a São Paulo (SP), e como era o comércio o destino da maioria dos imigrantes da colônia árabe, começou a mascatear e acabou parando em Goiandira (GO), onde ficou até 1912, quando abriu uma loja em Araguari (MG). Nesse período já haviam nascido minha tia Najla e o tio Alexis, irmãos do meu pai.
> Em 1930 ou 1932, com a revolução de Getúlio Vargas, o armazém dele foi saqueado. Logo em seguida, ele recebeu como forma de pagamento de certa dívida uma fazenda em Anápolis (GO), de nome Catingueiro. Nessa época, meu pai estudava em Araraquara (SP), no Mackenzie, e teve que deixar os estudos e voltar para Araguari (MG) para trabalhar. Depois, resolveram se mudar para Anápolis (GO), porque a fazenda recebida como dívida tinha uma olaria e lá eles passaram a produzir tijolos, na época em que Goiânia (GO) estava em construção e a venda de tijolos era boa para a futura capital de Goiás.

Jorge Salomão e o irmão Alexis Salomão

Evidente que isso tudo foi um choque para meu avô, ainda mais porque ele era uma pessoa acostumada com a cultura, escolas, ensinamentos e de repente passou a mexer com operários, animais e comércio de indústria. Mas, existe a garra do estrangeiro, não só do árabe. Quando ele sai do seu país, tem que manter a sua família; sem alternativa, meu avô foi obrigado a trabalhar dessa forma. Depois, eles saíram da fazenda e vieram residir em Anápolis, numa casa alugada na esquina da Barão do Rio Branco com a 14 de Julho, que pertencia a Joaquim Firmo de Velasco, isso no ano de 1937. Dois ou três anos depois meu avô sofreu derrame cerebral e ficou paraplégico. A partir da sua enfermidade, meu pai assumiu a direção da família, e resolveu montar a Cerâmica São Jorge, a primeira de telhas de Anápolis, iniciando a fabricação das telhas francesas.

Mesmo com o incômodo natural da sua doença, meu avô continuou com suas atividades intelectuais e a praticar filantropismo, ajudando na criação do Asilo São Vicente de Paulo. Ele foi o idealizador e principal fundador da União Sírio-Libanesa, que congregava os árabes que estavam, até então, dispersos em Anápolis.

Meu avô foi sempre um aglutinador porque, sendo ele um homem culto, servia de tradutor das cartas que chegavam das várias regiões do Oriente e, como grande parte dos patrícios não sabia ler nem escrever, ele lia e escrevia por eles, providenciando o retorno dessas correspondências. Desta forma, ele se tornou bastante popular, dando muita opinião nos negócios e ficou conhecido como professor Jad Salomão.

Ele também foi o fundador da Casa da Criança de Goiânia, cuja benfeitora era dona Gercina Borges, esposa de Pedro Ludovico, o construtor de Goiânia. Tenho em mãos cartas de dona Gercina, agradecendo ao meu avô por ele ter feito o que fez. Ele foi ao Rio de Janeiro (RJ), São Paulo (SP) e Belo Horizonte (MG) buscar ajuda de toda colônia árabe do Brasil para fundar a Casa de Criança de Goiânia. Ela foi feita exclusivamente com o apoio da colônia árabe.

A foto de Jad Salomão no anúncio comercial de cerâmica

Mesmo com toda dificuldade de se locomover, meu avô foi atrás dos patrícios e conseguiu esse feito.

Meu avô foi agraciado com o título de cidadão anapolino, doou terrenos para a construção do Clube Recreativo Anapolino e de um grupo escolar que hoje tem seu nome, na Vila São Jorge: Grupo Escolar Jad Salomão. Ele recebeu várias homenagens durante a sua vida e meu pai sempre o colocava à frente da família. Todo trabalho que meu pai fazia, era no sentido do engrandecimento de meu avô. Se um terreno era doado por ideia do meu pai, era meu avô que estava fazendo a doação, tudo era em seu nome.

Meu avô tinha um sobrinho chamado Calixto Abrão, filho da irmã dele que também veio para o Brasil, e que foi morar onde é atualmente o Bairro de Campinas, em Goiânia. Lá, abriu um hotel, onde meu pai se hospedava quando ia entregar telhas em Goiânia. Calixto Abrão tinha nove filhos homens e duas mulheres, entre elas a Maria Aparecida, que era prima do meu pai em segundo grau, e com a qual ele se casou em 1942. Meu avô Calixto Abrão era da mesma região do meu avô Jad Salomão.

Paralelamente à vinda do meu avô Jad Salomão para Anápolis, meu tio Alexis e minha tia Najla ficaram estudando em Araguari (MG), onde se formaram. Depois, tio Alex foi fazer Direito em Belo Horizonte (MG) e a tia Najla veio para Anápolis, lecionando em vários colégios. Meu tio, depois de formado e casado, veio também para Anápolis. Do casamento do meu tio nasceram meus primos Elmer Salomão, Alexis Salomão Júnior e Jad Salomão Neto.

Talvez pelo fato de o meu avô ser tradutor de cartas e presidente da União Sírio-Libanesa e por ser um homem incentivador da cultura, o círculo de amizades dele era muito grande, não só na colônia. Era uma pessoa extremamente respeitada pela colônia árabe e por todas as autoridades brasileiras e não só, que quando iam a Anápolis, visitavam sua casa. Com esse círculo de amizades, nós ficamos muito ligados às famílias da colônia árabe de Anápolis. Os viajantes árabes que vinham para Anápolis nunca ficavam em hotéis e, sim, hospedados com amigos e isso criou um laço de amizade intensa. Eu tive amigos em minha infância, cujas amizades permanecem nos dias de hoje, como Brasil Helou, a família de Jorge Caied, a família Hajjar e tantas outras.

Uma das coisas que mais me marcou e que meu avô disse, foi: "Se existe um céu na terra, ele é o Brasil. Se no Brasil existe um céu, ele é Goiás, porque aqui corre o mel. Quando Dom Bosco falou em seu sonho do mel. Ele, ele disse a verdade, porque estamos no melhor lugar do mundo, vivemos todos em paz, temos comida e trabalho".

A escritora, jornalista e pesquisadora Haydée Jayme Ferreira, filha de Anápolis, em seu livro *Anápolis, sua vida, seu povo,* enaltece em vários momentos a passagem marcante de Jad Salomão na historiografia anapolina. Nesses registros, comenta a edificação da União Síria:

> A 20 de dezembro de 1931, os sírios residentes nesta cidade decidiram formar um núcleo para a defesa da colônia com a denominação de União Síria, que muito viria contribuir para o congraçamento da volumosa classe aqui residente, formada, em sua maioria, de comerciantes.

A primeira diretoria ficou assim organizada:

Presidente: Jad Salomão
Vice-Presidente: Anísio Cecílio
1º Secretário: Gabriel Issa
2º-Secretário: Elias Jorge Sahium
Orador: Amin Beze
Tesoureiro: Antônio José
Chanceler: Zacharias Elias

Diretoria "excelente, especialmente com o Professor Jad Salomão na presidência, cujo fato era a garantia segura do bom êxito a que se destina a organização da Colônia".

A União Síria teve participação em diversos setores da vida anapolina, principalmente no educacional e no de assistência social.

Festejando seu primeiro ano de fundação, a União Síria promoveu, no Cine Goianas, no dia 20 de dezembro de 1932, ao meio-dia, uma festa cívica, em que falaram diversos oradores. Homenageando também o nascimento de Cristo, ofereceu às crianças uma bonita árvore de Natal, com doces de diversas qualidades, bem como uma oferta em dinheiro à Sociedade de São Vicente de Paulo.

Sequência do depoimento de Jorge Salomão Filho

Ausentei-me de Anápolis, em 1961, para fazer o curso de Engenharia em Ouro Preto (MG), junto com um primo. Quando prestei o vestibular, levei bomba, pela primeira vez em minha vida. Ainda mais eu que não sabia o que era tirar menos de nove na minha trajetória estudantil. Eu estava muito chateado, e dentro de um bar onde eu fora tomar um copo de leite, uma pessoa de terno que eu não conhecia me falou que Ouro Preto (MG) não era lugar de paraquedista, e que no seu vestibular só passava, gente que sabia. Não é qualquer um que passava lá. Essas palavras me chatearam mais ainda. Eu fiquei muito magoado. Eu já estava até pensando em fazer vestibular em Belo Horizonte (MG). Mas, depois desse desafio, disse para ele que iria provar que essa escola de Ouro Preto (MG) era uma porcaria. Não sei por que eu disse isso. Retornando a Anápolis, nunca imaginei que meus pais e meu avô me receberiam tão bem e de braços abertos, só me deram palavras de incentivo. Voltando a Ouro Preto, passei no vestibular e fui um dos sete alunos a ingressar no curso de Engenharia Civil. Quando eu estava entre o segundo e o terceiro ano do curso, perguntaram-me se eu queria o título de engenheiro laureado, que é dado ao aluno que consegue em dois terços das matérias a média superior a oito e meio. Eu respondi que isso era praticamente impossível de acontecer. Então, eles falaram que era por isso que tal situação nunca havia acontecido na história da Escola.

Sem me preocupar com isso, continuei estudando muito e comecei a dar aulas para ganhar dinheiro, ao ser nomeado monitor de algumas matérias importantes. Ao entrar no quarto ano da Escola, percebi que a média das minhas notas vislumbrava a possibilidade de eu conseguir a condição inédita de engenheiro laureado. Então me esforcei mais ainda. Nesse ano tive que enfrentar em sala de aula um professor que havia anteriormente reprovado toda uma turma. Mas consegui me sair bem, obtendo com ele a inédita nota de nove e meio. Finalmente, em 1967, terminei meu curso.

Posteriormente, descobri que aquela pessoa que havia me feito desaforo no interior de um bar era um dos bedéis da universidade e acabamos nos tornando grandes amigos. Nunca soube seu verdadeiro nome, apenas que era conhecido pelo apelido de Jacaré. Inclusive, antes das minhas notas serem lançadas, ele entrava na secretaria para ver quanto eu havia tirado nas matérias. Pois bem, assim que me formei, perguntei ao Jacaré sobre a possibilidade de conseguir a minha formatura de engenheiro laureado. Ele disse-me que isso era muito complicado, e que dependia até de autorização de Brasília (DF). Então não pensei mais na ideia.

Jorge Salomão Filho

No dia 9 de março de 1968, aconteceu a nossa formatura, realizada no cinema da cidade, Cine Teatro São José. Quando terminou a colação de grau, o Reitor subiu ao palco e falou que pela primeira vez e em nome do Presidente da República do Brasil, a tradicional Escola de Minas de Ouro Preto, fundada pelo cientista francês Claude Henri Gorceix, a pedido do Imperador Pedro II, concedia o título de laureado a um Engenheiro Civil, o primeiro da Escola fundada há 86 anos. Após a fala do Reitor, o cinema veio abaixo, diante de tantas palmas, foi emocionante demais, nunca vou esquecer esse momento, pois toda a minha família estava presente.

Depois da formatura vim para Brasília (DF) e comecei a receber propostas de empregos, a primeira delas ainda como estudante, quando recebi um telegrama do Dr. Iris Rezende, que era prefeito de Goiânia (GO). Recebi proposta também do Dr. Balduíno de Almeida para Anápolis. Mas escolhi trabalhar na NOVACAP – Companhia Urbanizadora da Nova Capital do Brasil, que construía as obras maravilhosas de Oscar Niemeyer, que eu não considero um arquiteto, e sim um dos maiores artistas plásticos do mundo.

Comecei na divisão técnica da NOVACAP, fazíamos projetos e licitações das obras de Brasília (DF), analisávamos os orçamentos e com isso passei a ter um contato próximo a Oscar Niemeyer. Passados três anos tornei-me chefe da Divisão Técnica. Todas as principais obras de Brasília neste período passaram pelas minhas mãos.

Quando fui convidado para ser diretor de obras da NOVACAP, que era um cargo muito importante na época, pedi ao secretário da empresa um dia para pensar sobre o assunto. No entanto, no dia seguinte, para surpresa do secretário, apresentei meu pedido de demissão da empresa por escrito. Ele rasgou o pedido, disse que eu estava maluco e me perguntou se eu tinha bebido. Eu falei para ele que eu tinha um sonho e que meu sonho era construir Brasília e não ver os outros construírem. Se eu aceitasse a promoção acabaria virando um executivo do governo e essa não era a minha vocação.

Após a minha decisão, trabalhei por nove meses numa empresa em Brasília que pertencia a Juscelino Kubistchek. Depois, fui trabalhar para a colônia árabe construindo grandes edifícios em Brasília. Atualmente, não trabalho mais em construção de obras, mas sim como supervisor delas.

Tempos atrás, recebi a Comenda de Cavaleiro da Ordem do Distrito Federal, Comenda da Igreja Ortodoxa de Brasília e o CREA-DF convidou-me para receber um título por ser o engenheiro de Brasília cuja metragem de obras realizadas é a maior da Capital Federal, ou seja: um milhão, seiscentos e oitenta mil metros quadrados, cadastrados e registrados no CREA, em meu nome (dados da época da entrevista).

Casei-me em 1972 com Rubina de Alencar Salomão. Minha esposa engravidou com três meses de casamento e com seis meses de gestação ela começou a ter dormência nas mãos, somente muitos anos depois é que fomos descobrir que ela tinha um tumor cerebral. Ela conviveu com isso durante 19 anos e ficou paraplégica. Antes disso, nós tivemos quatro filhos, três homens e uma mulher. Quando ela faleceu, eu acabei virando pai e mãe dos meus filhos Ricardo, Leonardo, Eduardo e Ellen.

Constituição familiar

Filhos do casal Jad Salomão e Catarina Badra Salomão, por ordem cronológica de nascimento:

1   OLGA SALOMÃO. Nasceu na Síria, em Lattaquié, no dia 26 de junho de 1907.
2   JORGE SALOMÃO. Nasceu no dia 21 de janeiro de 1909, na mesma localidade da irmã Olga. Casou com Maria Aparecida. Pais de:
    2.1   Jorge Salomão Filho
    2.2   Janete Salomão
    2.3   Maria das Graças Salomão
    2.4   Roberto Salomão
    2.5   Paulo Salomão
3   ALEXIS SALOMÃO. Nasceu em Goiandira (GO), no dia 8 de dezembro de 1914.
4   NAJLA SALOMÃO. Nasceu em Goiandira (GO), no dia 13 de julho de 1919.

Entrevista realizada em 19 de dezembro de 2008

Família Skaf

O sírio David Skaf, pai de José David Skaf, natural de Andebesh, Safita, sem apoio de amigos ou familiares para "fazer a América, e com a cara e a coragem de vencer no Brasil, em nosso litoral desembarcou no ano de 1913, juntamente com a sua família. A cidade de Anápolis (GO), durante uma curta permanência, foi a primeira localidade que a família experimentou para iniciar a mascateação. No entanto, os Skaf acabaram optando por residir em Paracatu (MG), onde abriram uma loja, que ficou sob a responsabilidade do adolescente de 14 anos José David Skaf, enquanto o pai mascateava pela região e seu irmão mais velho Dib Skaf viajava para São Paulo (SP), para comprar produtos que abasteciam a loja e a mascateação do pai.

José David Skaf aos 70 anos de idade

De Paracatu (MG), a família mudou-se para Ipameri (GO), às margens dos trilhos da Estrada de Ferro Goyaz. Nesta cidade, José David Skaf, que já era sócio na loja que abriu juntamente com seu pai e seu irmão Dib Skaf rompeu essa sociedade para estabelecer laços comerciais com Eduardo Cozac. O motivo da separação da sociedade familiar foi a falta de harmonia com seu irmão Dib Skaf, na condução dos negócios.

De Ipameri (GO), José David Skaf estabeleceu-se em Pires do Rio (GO), também localizada às margens da ferrovia. Embora seu irmão também tenha se mudado para lá, cada um montou seu próprio negócio. Ambos se tornaram comerciantes pioneiros da cidade que se erguia no ano de 1926. José David Skaf foi o primeiro comerciante a abrir uma serraria na cidade e foi membro-fundador da Associação Comercial de Pires do Rio.

Em Pires do Rio (GO), José David Skaf foi sócio do seu cunhado Elias Daguer e de Barbahan Helou na abertura de lojas. Conforme ia progredindo nos negócios, também ia, de forma generosa, trazendo seus parentes para iniciarem uma nova perspectiva de vida no Brasil.

Quando já estava bem resolvido financeiramente, José David Skaf entendeu que já era hora de constituir a sua família. Casou-se com Zakias Pedreiro (Hajjar) Skaf. Após viver vários anos em Pires do Rio, onde teve seus seis primeiros filhos, mudou-se com a família para Araguari (MG). Lá, diversificou a sua forma de atuar no comércio, com a abertura de uma indústria de laticínios de nome fantasia *Primor e Paladar*. Essa indústria chegou a ter dez filiais no estado de Goiás. Seus produtos, de excelente aceitação no mercado, eram exportados até para os Estados Unidos da América. Na década de 1950, José David Skaf já era um empresário muito bem-sucedido.

No início dos anos 1960, mudou-se para a cidade de Anápolis. Em 1970, começou a investir no mercado de imóveis em Brasília (DF). Em 1975, percebendo o declínio da indústria de laticínios, vendeu suas fábricas e passou a residir no Distrito Federal, onde ele e a esposa vieram a falecer. Fátima Skaf e seu filho Anuar Skaf prestaram o seguinte depoimento:

Anuar Skaf

Anuar Skaf

Meu avô era sistemático, por demais da conta, não podíamos beber, fumar, e até para tomar suco de laranja tinha a hora certa. As filhas, as netas não podiam usar vestidos acima dos joelhos. Era muito rigoroso. Gostava de gente que trabalhava, que progredia. Por outro lado era muito generoso com seus familiares e com os menos abastados.

Fátima Skaf

Meu pai era muito metódico. Só nos deixava passear, ir ao cinema, se primeiro fôssemos à missa, na igreja Matriz de Pires do Rio, que ficava de frente à casa onde residíamos. Nós filhos tínhamos horário pra voltar para casa, para almoçarmos, horário para tudo. Generoso era por demais também. Ajudou seus parentes que vieram da Síria, deu condição de estudo para todos eles, filhos e netos. Quanto à minha mãe, ela era também muito boa. Muito trabalhadora. Embora tivesse várias empregadas, trabalhava junto delas. Gostava de ler, escrever e tocar piano. Não permitiu que nenhum dos seus filhos e netos ficassem sem estudar e sem se formar. Só não estudou quem realmente não quis.

Fátima Skaf aos 18 anos de idade

Meu pai, para aprender a falar corretamente o português, contratou uma professora, que era vizinha de nossa casa. Ele aprendeu tão bem o português que não trazia em sua fala nenhum sotaque árabe. Minha mãe também falava bem o português e chegou a estudar em nosso colégio, em Pires do Rio, o Sagrado Coração de Jesus.

Graças a Deus, em nossa casa havia muita fartura. Quando era época de inverno (hoje já não tem mais inverno), meu pai e minha mãe iam às Lojas Pernambucanas e compravam uma porção de fardos de cobertor, para distribuir aos carentes, e não era o "sapeca negrim", era de melhor qualidade. Minha mãe tinha uma costureira, era em casa que fazia pijamas e camisolas. Meu pai anunciava no rádio que ia fazer a doação e em casa chegava um monte de gente para pegar os cobertores, pijamas e camisolas. Distribuía também, aos pobres, leite e manteiga. Eles gostavam sempre de ajudar as pessoas carentes. Mas só gente honesta, malandro, não.

Constituição familiar

Filhos do casal José David Skaf (18.02.1900, falecido em Brasília, em 15.03.1991), com Zakias Pedreiro (Hajjar) Skaf (falecida em Brasília, em 1981), por ordem cronológica. Os seis primeiros nasceram em Pires do Rio e os dois últimos, em Araguari (MG):

1   SALUA SKAF HAJJAR
2   FÁTIMA SKAF
3   NAJLA SKAF MELO

4   NAILA SKAF
5   DAVID JOSÉ SKAF
6   OLGA SKAF ABDALLA
7   ZAIDA SKAF KALAH
8   JOSÉ DAVID SKAF FILHO

Fátima Skaf, casou-se com Salomão Skaf, seu primo em segundo grau, que ela conheceu em 1959 quando ele chegou, aos 16 anos, da Síria, para trabalhar com seu irmão na fábrica de manteiga do seu pai, em Pires do Rio. Da união nasceram Soraya Skaf, Anuar Salomão Skaf e Munir Salomão Skaf.

1   SORAYA SKAF
2   ANUAR SALOMÃO SKAF – Empresário. Casou-se com Abigail Ferreira Duarte Skaf. Pais de:
    2.1   Pedro Henrique Ferreira Duarte Skaf
    2.2   Eduardo Ferreira Skaf
3   MUNIR SALOMÃO SKAF – Graduado em Física com PHD. Casou-se com Maria de Fátima Couto Skaf. Pais de:
    3.1   Bruno Couto Skaf
    3.2   Fernando Couto Skaf

Família Issa Saad Dib Skaf

A origem desta família é a cidade de AinDabich na Síria, de onde saíram ao final do ano de 1950 chegando no Brasil ao Porto de Santos em 1951. De lá o casal Issa Saad Dib Skaf e Caduce (Koudsie) Abrahão Tealk, que já tinha o filho mais velho Mikhail nascido na terra de origem, foi para a cidade de Araguari-MG onde tinha como referência o primo José Davi Skaf, de fundamental importância para a vinda deles a fim de t entarem uma nova vida. Contando com a ajuda dele foram para a cidade de Ceres-GO onde se estabeleceram no comércio de secos e molhados, atividade na qual ficaram cerca de um ano, mas sem sucesso. De lá partiram para Pires do Rio-GO por volta do ano de 1953, onde nasceu a segunda filha, Laila Issa Skaf, e posteriormente o José e também a Catarina. Mais uma vez montaram um armazém, o qual

Entrevista realizada em 25 de abril de 2009

permaneceu por 15 anos, até que no ano de 1968 a família se mudou novamente, desta vez para Anápolis-GO, onde o sr. Issa chegou a mascatear na própria cidade e em outras próximas. Detalhe importante é que apesar do pouco estudo do casal eles sempre fizeram questão de que os filhos estudassem e se formassem, tendo todos passado pelo Colégio Sagrado Coração de Jesus na infância. A sra. Caduce tomava conta do lar, até tinha uma horta e era muito rígida, enquanto o esposo era mais maleável no dia a dia da criação, gostando de cânticos repentistas no idioma natal durante encontros de familiares, ocasião em que se exibia ao lado do seu irmão Zacarias provocando fortes emoções em todos. A tradição da cultura árabe se preservou na alimentação com o pão sírio e o quibe entre outras iguarias, mas deixou a desejar quanto ao idioma. De acordo com o relato dos filhos já ao final da vida a matriarca se comunicava apenas em árabe misturando algumas vezes com o português, idioma no qual nunca teve boa fluência ao contrário do sr. Issa, que tinha muito contato com os brasileiros por força da atividade comercial. O grande legado do casal para seus filhos e descendentes foi uma vida por vezes dura, mas de muita dignidade e respeito.

Constituição familiar

Issa Saad Dib Skaf, casado com Caduce (Koudsie) Abrahão Tealk, tiveram os filhos Mikhail, Laila, José (Zezinho) e Catarina.

Mikhail Skaf teve com Maria Salomé os seguintes filhos: James e Michel Issa Skaf, que são gêmeos.

Laila Issa Skaf, casada com Eugênio Artuso, não tiveram filhos.

José Skaf casado com Elisabeth Nascimento Skaf, teve o casal os filhos: Suzana Nascimento Skaf, Silvana Aparecida Skaf e Rafael Issa Skaf.

Catarina Skaf é solteira.

Catarina, José, Laila e Mikhail.

Família Squeff

Jorge Squeff, de origem Libanesa, da aldeia de Hakour, veio para o Brasil por volta de 1908. Aos 35 anos, casou-se com Maria Cecílio Dib, de 20, em São Paulo (SP), no ano de 1917. Depois de o casal morar e Jorge trabalhar mascateando no estado do Paraná e de Minas Gerais, veio para Goiás, residindo nas cidades de Catalão, Urutaí e Anápolis (GO), local do nascimento das duas últimas filhas: Helena Squeff e Carmem Squeff.

Em Anápolis, onde a família fixou raízes em 1927, ele comprou uma chácara, iniciando a produção de hortaliças que eram acondicionadas em jacás transportados por animais e vendidas nas ruas da cidade. Posteriormente, sem desfazer-se da horta, adquiriu um açougue, na Rua 15 de Dezembro, onde de forma geminada ao comércio residia a sua família.

Jorge Squeff continuou trabalhando com a sua horta, afamada não apenas em Anápolis, mas em toda região, na companhia de seus filhos, incluindo as mulheres, até a sua morte, ocorrida em 16 de novembro de 1949.

Depoimento de Carmen Squeff

Eu nasci em casa pelas mãos de uma parteira chamada Dona Bela, que botou mais de três mil crianças no mundo. Cinco meses depois que eu tinha nascido minha mãe faleceu.
Meu pai levantava às três horas da manhã para cuidar da horta e do pomar. As verduras, legumes e frutas que ele vendia na cidade era a coisa mais linda do mundo. Em 1942, quando nós estávamos começando o ginásio, mudamos para a cidade e fomos residir na rua General Joaquim Inácio.

Nós ajudávamos em tudo na horta, capinávamos, lavávamos verduras, a família inteira trabalhava. Não tinha nada de químico, era tudo no esterco, tinha um pomar e uma horta maravilhosos. Todo mundo estudou e foi a horta e o pomar que nos criaram.

Naquele tempo não tinha universidade aqui em Anápolis, a gente fazia o Normal e já era professora. Quatro anos de primário, quatro de ginásio e três de Normal. Eu estudei no Ginásio Auxilium, primeiro foi no GAMA (Ginásio Arquidiocesano Municipal de Anápolis) que ficava na rua Manoel da Abadia, onde hoje é o pátio da Igreja Santana. Depois que foi proibido o estudo de mulher com homem, fomos transferidas para o Auxilium, cujo diretor era o professor José Jayme, irmão do escritor Jarbas Jayme. O diretor do GAMA era o padre João Olímpio Pitaluga, que depois foi promovido a Monsenhor.

Quando meu pai faleceu, em 1949, o Miguel, a Linda e o João já eram casados, e eu fiquei com a Jamila. Ela não se casou e tomou conta dos irmãos, eu também nunca me casei. A Olga era professora, eu e a Helena éramos contadoras. Trabalhei trinta anos com o senhor Salim Caied e lá me aposentei. Eu tinha a fama de ser a melhor contadora da cidade. Éramos nós que mantínhamos a casa.

O João se casou alguns meses antes do meu pai falecer e o Alfredo se casou seis meses após o seu falecimento. Alfredo tinha uma banca de verduras no Mercado Municipal. O João era professor e, posteriormente, diretor do colégio estadual. Depois foi fiscal da receita estadual. O Alfredo há uns dez anos se mudou para Rondonópolis, no Mato Grosso, onde seus filhos residiam.

Tenho saudade do meu pai, do tempo que a gente era jovem, sinto falta de não ter tido meus próprios filhos, a vida sozinha na velhice é dura. Hoje, moramos juntas, eu e a Olga, temos nossos horários, tudo no lugar certo. Sempre fui independente, até hoje sou assim. Sempre tive respostas na ponta da língua, não é porque eu era bonita que tinha que aguentar desaforos.

Miguel Jorge Squeff entrevistado por Guilherme Verano

Meu pai nunca foi pão-duro, o que precisávamos em casa, de alimentos e vestimentas, sempre havia, é claro que não tinha luxo. Meu pai criou oito filhos sem a ajuda da esposa, sem colocar outra mulher em casa. Ele era maravilhoso, era o herói da família. Todos nós estudávamos em escolas particulares e tudo isso era tirado das hortaliças. Era de uma honestidade inabalável e não levava desaforos para casa. Tinha o apelido de Jorge "Careca" e se alguém mexia com ele, dava o troco.

Constituição familiar

Filhos do casal Jorge Squeff e Maria Cecílio Dib, por ordem cronológica de nascimento:

1. LINDA JORGE
2. MIGUEL JORGE
3. JAMILA JORGE
4. JOÃO JORGE
5. ALFREDO JORGE
6. OLGA (MERCEDES) JORGE
7. HELENA SQUEFF
8. CARMEM SQUEFF

Depoimento de Miguel Jorge Squeff

Miguel Jorge Squeff nasceu em Anápolis e morou no Jardim das Oliveiras durante sua infância. De origem árabe por parte do pai (Squeff) e italiana por parte de mãe (Almerinda, de sobrenome Miotto, cujo patriarca era o senhor Guarino, mas nascida em Ouro Fino-MG), iniciou seus estudos na Escola Paroquial de Santana e, logo depois, foi fazer o Ginásio no Colégio São Francisco de Assis, onde teve forte e decisiva influência dos frades franciscanos em sua formação. Miguel se considera um autodidata e tem orgulho disso, mas destaca que sua inclinação para o meio esportivo, em especial para o radialismo, foi adquirida com seu pai, torcedor ferrenho do Botafogo (RJ), que escutava rádio o dia todo. Isso provocou uma situação inusitada, pois no dia 28 de junho de 1958 sua irmã caçula, Miriam, estava nascendo no momento em que o Brasil conquistava seu primeiro título mundial de futebol na Suécia. Além dela, são seus irmãos Maurício e Maria Cecília.

Seu ídolo como narrador era Oduvaldo Cozzi e entre os maiores jogadores que passaram pela cidade de Anápolis (GO) ele destaca Ney Ladeira, Paulo Chôco e Carlinhos "Fera". Dentre

suas maiores emoções no rádio cita o título goiano de 1965 do Anápolis, o qual acompanhou como plantonista, e o grande time dos anos 1980, da Anapolina.

Miguel também foi pioneiro na TV aberta, apresentando durante muitos anos o Programa Esporte no 7, na TV Tocantins, afiliada da Rede Globo, além de ter passado por todos os prefixos do rádio anapolino. Seu lado de empresário do ramo ceramista veio da convivência com seus tios maternos, João Miotto, vascaíno de coração, Hélio e Zito.

Narrador esportivo com mais de 50 anos de atuação na crônica esportiva, Miguel Jorge Squeff descreve assim seu pai, Miguel Jorge:

> Meu pai nasceu numa cidade chamada Prudentópolis (PR), próxima de Ponta Grossa (PR), no ano de 1920. Quando veio para Anápolis guiado por meu avô, Jorge Squeff, no final dos anos 20, logo começou no ofício da família, trabalhando com hortaliças e também com bar. Depois, por influência de meus tios por parte de mãe, que eram de origem italiana, os "Miotto", se aventurou no ramo de olaria. Sempre que falo dele me vem uma emoção muito forte, pois acredito que ele foi um homem fora do contexto de sua época, com ideias muito avançadas e que exigiu sempre que seus quatro filhos estudassem. Para ficar num exemplo simples, numa das intermináveis discussões com meu avô, ele afirmava, ainda nos anos 1940, que o homem iria chegar à lua e avançar no desbravamento do Universo. Ao final da conversa, quem estivesse por perto sempre falava que ele deveria ser internado num hospício. Sua visão de mundo era tão avançada que ele, em 1958, queria que eu aprendesse inglês. Tenho de destacar também que, se minha mãe era exímia cozinheira das especialidades italianas, ele não ficava atrás na cozinha árabe não. Ele faleceu no ano de 1982 e minha mãe em 1994.

Miguel Jorge Squeff faleceu no dia 17 de junho de 2018.

 Entrevista realizada em 3 de fevereiro de 2009

Família Tahan

Aryowaldo Tahan, filho de Raqueb Tahan e Maria Neme Tahan, nasceu em Ribeirão Preto (SP), no dia 5 de outubro de 1916. Empresário, na década de 1940 estava residindo em Anápolis, onde se casou com Carmen Campos Tahan, filha de Cristóvão Campos, chefe político no município. De atuação política, iniciada na União Democrática Nacional (UDN), depois migrou para o Partido Social Democrático (PSD), sigla pela qual foi deputado estadual, suplente, (1951-1955). Assumiu o mandato em 20.07.1954, na vaga do deputado José Feliciano Ferreira, ao ocupar a Secretaria de Estado da Educação e Cultura, no governo do anapolino Jonas Duarte.

Exemplar maçom, foi venerável da Loja Maçônica "Lealdade e Justiça II", de Anápolis e do Grande Oriente, em Goiânia (1963/1966):

Aryowaldo Tahan, segundo Grão Mestre do GOEG-03

> Esteve à frente do Grande Oriente numa época política particularmente difícil, quando demonstrou a sua coragem na defesa das questões que julgava justas, como a sua posição contrária à intervenção federal em Goiás.
>
> *Site do Grande Oriente*

Foi um dos principais fundadores do Abrigo dos Velhos "Prof. Nicephoro Pereira da Silva, em Anápolis, e o primeiro presidente da Instituição, inaugurada em 1948.

Residindo em Goiânia, presidiu como interventor a Companhia Brasileira de Alimentos – COBAL e o SAPS.

Abrigo dos Velhos Prof. Nicéforo Pereira da Silva, construído na administração de Aryowaldo Tahan
Fonte: Revista *A Cinquentenária*, edição comemorativa do Jubileu da cidade de Anápolis, 1957

Constituição familiar

Filhos do casal Aryowaldo Tahan e Carmen Campos:
1. CARLOS GUILHERME
2. MARCO TÚLIO
3. PAULO DE TARSO

Faleceu em Goiânia, no dia 17 de novembro de 1989, onde é homenageado emprestando seu nome a um dos logradores da capital.

Família Toufic Bittar

A origem desta família é a Síria, região de Safita, aldeia de Ain-Dabich. O depoimento a seguir é de Esper Bittar, filho mais novo do casal Toufic e Badia.

"Meu pai Toufic foi o primeiro da família a se aventurar na América no ano de 1923, mas não veio para o Brasil. Ele foi para a Argentina e se estabeleceu na cidade de Buenos Aires, na casa de parentes. O primeiro emprego dele foi numa fábrica de calçados, ofício que ele já dominava. Ganhando um salário razoável ele, porém, resolveu escutar outros patrícios que estavam ganhando muito mais na colheita de milho e foi se aventurar no ramo também. O problema foi que com o final da safra ele não teria mais serviço e quis retornar para a fábrica,

Kasser Bittar com a esposa Badia e os filhos, Toufic e Leila.

que não o aceitou de volta. Por causa disso e com medo de acabar com suas economias acabou retornando para a Síria onde constituiu família e de onde nunca mais saiu. Os filhos foram nascendo e o mais velho, o Kasser, foi servir ao exército francês, pois teria um soldo garantido para ajudar nas despesas. Minha tia Zarife, mãe do Salim Caied, já estava no Brasil e enviou uma carta para o Kasser sugerindo que ele viesse em busca de melhores condições de vida. Neste primeiro momento ele partiu sozinho numa viagem com cerca de sessenta dias de duração naquelas condições bem precárias em um navio italiano onde, naturalmente, o prato do dia era sempre macarronada. Desembarcando no Porto de Santos ele foi para a casa de nossa tia Zarife e começou a trabalhar com o primo Salim Caied num armazém de secos e molhados que ficava na rua Engenheiro Portela próximo ao hoje atual prédio da Caixa

Econômica Federal. O negócio expandiu e logo depois o Kasser se casou com sua prima Badia e resolveu começar a trazer os outros irmãos, sendo Issa o primeiro. Na sequência viemos eu e o Nassim e todos fomos trabalhar juntos com o Sr. Salim para depois abrirmos nosso próprio negócio. Constituímos família e sempre fomos bem recebidos sem nenhum preconceito aqui em Anápolis. Foi muito melhor do que seria se tivéssemos ficado na Síria, que passava por momento de grande crise econômica. Meu irmão Kasser retornou para lá a passeio por diversas vezes e eu apenas uma vez. Mesmo sendo difícil para meus pais nos deixar vir em nenhum momento eles se opuseram, pois teríamos a referência da tia Zarife e seu esposo Caied Salim e do nosso primo Sr. Salim Caied."

Kasser e Badia.

Constituição familiar

Toufic e Badia tiveram os seguintes filhos: Kasser, Safira, Tamara, Issa, Nassim, Nacima, Suleiman, Naha e Ésper.

Toufic e Afif, tiveram: Janete, Leila, Najwa e Akrom.
Constituição familiar dos filhos:
Kasser e Badia Caied tiveram: Leila e Toufic.
Safira e Mikhail Farah tiveram: Jorge, Elias, Abed, Issa, Badia e Nassim.
Tamara e Issa Habka tiveram: Sohel, Mário, Soheila, Alberto e Nádia.
Issa e Leila tiveram: Paulo.
Nassim e Samira tiveram: Roberto, Sérgio e Flávio.
Nacima não teve descendentes.
Suleiman e Claudine, residentes na França, tiveram: Nicolas.
Naha e Auad Hanna, residentes na Síria, tiveram: Rimon e Robert.
Ésper e Maria Hajjar tiveram: Karla, Adriana e Eduardo.
Janete e HedoBanut tiveram: Ricardo e João.
Leila e Jorge Caied tiveram: Jorge, Renato, Ania e Luciana.
Najwa e Jorge Ama tiveram: Nagan, Zeyna, Hala e Uala.
Akrom e Leila tiveram: Afif, Abeer e Toufic.

Entrevista realizada no dia 18 de setembro de 2019.

Toufic Bittar na Síria.

Esper, Adriana, Maria, Eduardo e Karla.

Família Tuma

Em 1955, a convite dos primos Jibran El Hadj e José NackleHadj, o jovem Sr. Fued Tuma, então com 25 anos, filho de José Abdalla Tuma (nascido em Damasco na Síria) e **Rosa Milki Tuma (nascida em Trípoli no Líbano), casado com Ilca Rodrigues Tuma, veio para Anápolis, juntamente com a esposa e os dois filhos José Abdala Tuma Neto (1949-2014) e Ulisses Tuma (1951-2016) em busca de melhores condições de vida para a família. Isso se deu por conta do falecimento de seu pai uma década antes. Como curiosidade vale relatar que o Sr. José Abdalla Tuma foi um dos poucos que chegou ao Brasil com formação superior, tendo estudado na Universidade de Damasco, onde se formou em Economia, e passou por cidades como Ipameri, Pires do Rio e Cristianópolis. Fued Tuma inicialmente trabalhou como gerente na empresa Cerealista Alvorada, propriedade dos primos. Em 1960, nasceu em Anápolis o filho caçula do casal, Jued Tuma. Em 1970, abriu em sociedade a Empresa Central de Cereais LTDA, tendo se desligado da mesma em curto espaço de tempo. Em 1971, adquiriu a Empresa Cereais Planalto LTDA, que cresceu rapidamente; então, passou a abastecer com arroz beneficiado e empacotado os mercados do Distrito Federal, Norte de Goiás e interior de MG. Em 1973 seu filho primogênito, formou-se em Medicina pela UFGO, em 1977 seu segundo filho se formou em Farmácia e Bioquímica pela UFGO e, por fim, em 1984, seu filho caçula formou-se em Medicina pela UFGO. Com a abertura política, além de atividade empresarial, Fued Tuma se destacou no âmbito da política (tinha fortes ligações de amizade com o então Governador de Goiás Henrique Santillo e tem fortes ligações de amizade com Iris Rezende Machado, Ex- Governador, Ex- Ministro da Agricultura e atual Prefeito de Goiânia), tendo sido Diretor de Operações da CASEGO (Cia de Armazéns e Silos de Goiás) de 1983 a 1985, Presidente da Cobal (Cia Brasileira de Alimentos) de 1986 a 1989, Presidente do PMDB anapolino de 1996 a 1998. Maçon em atividade até hoje da loja União e Justiça Anapolina.

Da união de seu filho José Abdala com Liane Andrade Araújo vieram os netos: Juliane A. Tuma (Médica Otorrinolaringologista e professora da PUC-GO), Cristiane A. Tuma (Médica Hematologista e Radiologista, professora da Universidade do Mississipi USA), José Abdala Tuma Filho (Médico Anestesiologista), Ilka Helena A. Tuma (Médica Radiologista no RJ).

Da união de Ulisses Tuma com Ilenir Arantes Leão vieram os netos: Letícia L. Tuma (Médica Endocrinologista), PatriciaL. Tuma (Médica Pediatra-intensivista em SP) e Priscila L. Tuma (Promotora de Justiça em Jaraguá-GO).

Da união de Jued Tuma com Eldimária Camilo Marques, vieram os netos: Caroline C. Tuma (Médica Dermatologista em São José dos Campos-SP) e Fued Tuma Neto (Médico pós-graduado em Cardiologia, Hospital Albert Einstein-SP, Nutrólogo Hospitalar, Gestor de UTIs da Prevent Senior em SP).

Atualmente FUED TUMA e ILCA R. TUMA residem no Setor Oeste em Goiânia (desde 2014) Fued dedica sua vida em cuidar de sua esposa e da Fazenda Praia Grande. Tem 9 netos, já citados acima, 12 bisnetos e um trineto.

**Irmã de João Milki, que já residia em Anápolis.

José Abdala Tuma e Rosa Milki Tuma, pais do Sr. Fued Tuma.

Fued Tuma e Ilca Rodrigues Tuma.

Jued e Eldimária.

Família Wagih Dib Tannous Nassar

A origem desta família é a cidade de Mashta Al-Helou na Síria. Wagih Dib Tannous Nassar se casou com Najla Elias Zac Zac e foi morar em Damasco, onde trabalhavam como professor de matemática e enfermeira, respectivamente. Tiveram uma filha na Síria, Ruba Wagih Nassar (1960). Em 1961, o pai da Najla, que havia se mudado para o Brasil em 1952 e já estava bem estabelecido em Anápolis-GO, enviou uma passagem para a filha e o marido. Ela era a única dos oito filhos que havia ficado na Síria por ter se casado.

Saíram então de Damasco em 1961, em um voo da Alitalia para o Rio de Janeiro e em seguida Brasília, chegando finalmente em Anápolis. Wagih trabalhou com o sogro como balconista na Casa Bom Dia por pouco mais de um ano. Tiveram sua segunda filha em Anápolis em 1962, Dalia Wagih Nassar.

Em busca de uma vida melhor, mudaram para Rubiataba em 1963, com ajuda do senhor Barbahan Helou, e abriram seu próprio negócio, um pequeno mercado chamado Casa Anápolis, onde Wagib trabalhou por pouco mais de um ano.

Grávida do terceiro filho, Najla quis voltar para Anápolis, onde tiveram em 1964 seu filho mais novo, Jorge Wagih Dib Tannous Nassar. Wagih abriu então a Casa Anápolis na Rua 14 de Julho, número 727. Após sete anos, mudou o nome do negocio para WNassar.

Sua filha mais velha Ruba casou na Síria com o Nawaf Agi, mas depois de alguns anos retornaram à Anápolis. Dalia casou-se com Amim Issa Kallouf e moram em Goiânia. E Jorge casou-se com Erika Hajjar e mora em Goiânia.

Constituição familiar

Wagih Dib Tannous Nassar, casado com Najla Elias Zac Zac, teve os filhos Ruba, Dalia e Jorge.

Ruba Wagih Nassar teve com Nawaf Agi os seguintes filhos:
    Mara Agi, casada com Roberto Pigini, teve os filhos: Daniel, Giovana e Lucas.
    Dalia Agi, casada com Reinaldo Maluli Filho, teve as filhas: Isabela e Rafaela.
    Jorge Agi, casado com Julia Farah.
    Samer Agi, solteiro.

    Dalia Wagih Nassar teve com Amim Issa Kallouf os seguintes filhos:
    Amim Issa Kallouf Neto, casado com Fabiana Maroclo.
    Vanessa Kallouf, casada com Alexandre do Espirito Santo, teve os filhos: Rafael e Marina.
    Gabriela Amim Kallouf, casada com Thiago de Bortoli Nogueira.

Jorge Wagih Dib Tannous Nassar, casado com Erika Hajjar, teve os seguintes filhos:
    Wagih Nassar Neto, solteiro.
    Bruna Hajjar Nassar, casada com Roberto Rodrigues da Cunha. Rafael Hajjar Nassar, solteiro.

Família Youssef Bittar

A origem deste clã especificamente, dentre outros vários de sobrenome Bittar, é a cidade de Mashta al-Helou na Síria e foi fruto do casamento entre Youssef e Marta Helou Bittar. O primeiro dos filhos a se mudar para o Brasil no início dos anos 20 foi o Abdalla Badauy que, de acordo com o depoimento de seu filho Zezinho, constante desta obra e designado Família Badauy, adotou este sobrenome para fugir da guerra. Badauy é um apelido da família adquirido pelo pai, que negociava com os beduínos do deserto, porque Badauy quer dizer beduíno. Como ele veio com esse apelido, acabou virando sobrenome. No entanto, ele não existe na Síria, lá são designados Bittar. Na sequência e já com o sobrenome correto, veio primeiro o Dib. Quase uma década depois, já em 1951, vieram os outros irmãos, Azet, Jarjura e Filomena, sendo que todos tiveram o apoio do pioneiro Abdalla, primeiro trabalhando junto dele e posteriormente cada um tocando seu próprio negócio. Dib estabeleceu comércio em Ceres-GO e posteriormente comprou o Empório das Sedas em Anápolis-GO, na Barão do Rio Branco. Azet primeiro e depois Jarjura tomaram o rumo de Jaraguá, onde se associaram numa fábrica de manteiga. Em Anápolis Azet acabou, entre outros negócios, adquirindo notoriedade pela qualidade dos serviços do Posto e Churrascaria Estrela Dalva, ponto de encontro da família Anapolina nos finais de semana. São seus filhos do casamento com Salma Bittar: Amira, Amir, Sulaimen, Mário, Marta e Marcelo. Jarjura, casado com Elci Rios Barbo Bittar, teve os filhos: Eduardo, Nádia, William, Maurício, Soraia e Selma. Ele será retratado logo abaixo através do depoimento de seu filho Eduardo Bittar, casado com Andreia Bittar tendo como filho Mário Jorge Bittar.

Entrevista com o advogado Eduardo Bittar, filho de Jarjura Youssef Bittar e Elci Bittar, ao programa "Árabes no Centro-Oeste".

Seu pai veio da Síria. Ele já veio casado com sua mãe ou veio sozinho de lá?
Não, ele veio solteiro, com 22 anos de idade, em 1951. Quando veio pra cá, começou a trabalhar com o meu tio Azet, em uma fábrica de manteiga em Jaraguá. Posteriormente, veio também meu tio Abdallah, dando uma força para o meu pai e para o meu tio Azet, então eles montaram o Empório da Seda, que até pouco tempo era o Rei do Linho, uma loja de tecidos. Depois desmanchou-se a sociedade, e aí o meu pai comprou uma máquina de arroz que foi do Jorge Pedreiro, na Benjamin Constant, e começou a trabalhar com cereais. Na época em que meu pai estava em Jaraguá, ele conheceu minha mãe, que estudava no Rio de Janeiro, filha de um advogado.

Sua mãe não tem origem árabe?
Minha mãe é brasileira mesmo, de Jaraguá.

E qual o nome dela?
Elci Bittar. Ela veio passar férias em Jaraguá, sua cidade natal e, lá, conheceu o meu pai. Inclusive houve uma polêmica muito grande em torno do casamento deles, em Jaraguá. A família da minha mãe, principalmente a minha avó, não aceitava essa união, dizendo que "minha filha não vai casar com esse turco, porque esse turco vai levar ela embora daqui", e ela não aceitou. Então, minha mãe saiu de casa com a roupa do corpo e casou com o meu pai. Ela ficou na casa de uma parenta dela, pedindo guarida, ficou a semana toda, até providenciar o casamento. E fizeram o casamento na fábrica de manteiga, do meu tio Azet, em Jaraguá.

Quais os nomes dos pais dela?
Emanoel Barbo de Siqueira e Circe Barbo de Siqueira.

O que lhe mais marcou na educação dada por seus pais a você e a seus irmãos?
O que mais marcou foi a personalidade que meu pai tinha, a perseverança de formar o filho e dar uma educação boa. O meu pai era um escravo do trabalho. Para meu pai e meus tios, em primeiro lugar estava a família e o trabalho. Época de férias, minha mãe brigava, pedindo para nos levar para passear em algum lugar. O lugar mais longe que o meu pai ia, era a Pousada do Rio Quente. A vida do meu pai era a firma, a máquina de arroz e a fazenda, que ele comprou aqui perto, e na qual começou a criar gado de leite e foi indo. No final de semana, pegava todos os filhos e ia para a fazenda, voltando somente domingo à noite.

 Entrevista realizada em 14 de agosto de 2010

No Brasil tem muitos estrangeiros que vieram para ajudar no desenvolvimento do país, mas Anápolis tem essa marca da imigração sírio-libanesa. Seu pai já foi do meio empresarial aqui, e você do meio jurídico, advogado renomado na cidade. Anápolis seria a mesma sem a presença da imigração sírio-libanesa?

Não seria não, porque, graças a Deus, hoje você pode notar que os grandes atacadistas aqui, não desprezando a família brasileira, a gente pode dizer que os grandes atacadistas, hoje, são descendentes de árabes, filhos de árabes que chegaram aqui, e que deram continuidade ao trabalho, como é o caso do Armazém Goiás. Então, eles pegaram esse segmento do pai. Inclusive, hoje também eu estou no meio jurídico, mas no sangue está correndo o sangue azul, o sangue de negociação. Eu e o meu irmão compramos uma distribuidora de bebida, o comércio está no nosso sangue.

Constituição familiar

Filhos do casal Jarjura Youssef Bittar e Elci Bittar:

1 EDUARDO JORGE BITTAR
2 NÁDIA BITTAR
3 WILLIAM BITTAR
4 MAURÍCIO
5 SORAIA
6 SELMA

Constituição familiar

Eduardo Bittar entrevistado por Guilherme Verano

Filhos do casal Abdalla Badauy e Helena Calixto Badauy, por ordem cronológica de nascimento:

1 JOSÉ ABDALLA BADAUY casado com Celina Ceccon são pais de:
   1.1 Fernando Abdala Badauy, solteiro.
2 CALIXTO ABDALLA BADAUY, casado com Rosa Marlene Seabra Badauy. Pais de:
   2.1 Abdalla Badauy Neto, casado com Francisca Lilian Salvador Badauy. Pais de:
   2.1.1 Rafael Abdalla Badauy, casado com Josimeire Badauy, pais de, Rafael Abdalla filho e Gabriel Badauy.
   2.1.2. Helena Calixto Badauy, casada com Bruno Siqueira. Pais de: Breno Badauy Siqueira, Felipe Badauy Siqueira e Cauã Badauy Siqueira e Vitória Calixto Badauy.

2.2   Renato Calixto Badauy, casado com Lígia Helena Badauy. Pais de: Samira Badauy e Jamil Badauy.

2.3   Ricardo Calixto Badauy, casado com Sheila Oliveira Dujardin Badauy. Pais de: Yarym Dujardin Badauy, Yago Dujardin Badauy, Ylloy Dujardin Badauy, Yann Dujardin Badauy.

2.4   Reinaldo Abdala Badauy, solteiro e falecido.

2.5   Denise Calixto Badauy mãe de: Bruno Mendes Badauy. Casada com Francinaldo Antônio de Sousa, pais de Amanda Badauy Sousa.

2.6   Calixto Abdala Badauy Júnior, solteiro.

2.7   Flávio Calixto Badauy, solteiro.

2.8   Leonardo Calixto Badauy, casado com Cristina Nunes Badauy, pais de: Maria Eduarda Nunes Badauy.

3   JAMIL ABDALA BADAUY, casado com Amarílis Macabu Badauy, pais de:

3.1   Cristiano Macabu Badauy, casado com Carla Daniela Badauy, pais de: Isabela Badauy e Maria Badauy.

3.2   Gisele Macabu Badauy, separada, mãe de Pedro Badauy Copoo.

Família Azet Bittar, casado com Salma Bittar, pais de:

1   AMIRA BITTAR, casada com Álvaro Tronconi, pais de: Alessandro Bittar Tronconi, Andre Bittar Tronconi e Anne Bittar Tronconi.

2   AMIR BITTAR, casado com Nina Bittar, pais de: Gisele Bittar, Aline Bittar, Amir Bittar Júnior, Guilherme Bittar.

3   SULAMEM BITTAR, casado com Marise Bittar, pais de: Leopoldo Bittar, Juliana Bittar e Guilherme Bittar.

4   MARIO BITTAR, casado com Cristina Quinan Bittar, pais de: Mariana, Gabriela, Natália e Matheus.

5   MARTA BITTAR, casada com Waldemar Martins Júnior, pais de: Bruna e Ochoran.

6   MARCELO BITTAR teve com Lorena Porto Farinha os filhos Rodolfo e Felipe. Posteriormente, teve com Juliana os filhos Arthur e Ana Luísa.

Família Youssef Salomão

Youssef (José) Salomão, natural de Sharbila, Líbano, onde se casou com Maria Zacharias Salomão (nascida em Trípoli, Líbano), contou com o apoio inestimável do seu cunhado Luiz Zacharias, que residia no Brasil, em Araguari (MG), para vir tentar a sorte no chamado "Novo Mundo".

Depois da longa viagem de navio, o casal desembarcou no Porto de Santos (SP). De lá seguiram para Araguari, em companhia de Luiz Zacharias, onde este residia, para em seguida o casal iniciar a sua trajetória de trabalho e constituição familiar em terras goianas, na vizinha cidade de Catalão.

Constituição familiar

Filhos do casal Youssef (José) Salomão e Maria Zacharias Salomão, por ordem cronológica de nascimento:

1   HELENA
2   ALICE
3   NAGIB
4   MOISÉS
5   BENJAMIM
6   JORGE
7   ELIAS

    8   JAMILE
    9   RAMOS
   10   MARIINHA

Filhos do casal Jorge Salomão e Elza de Faria Salomão[1], por ordem cronológica de nascimento:

    1   MARIA LÚCIA SALOMÃO HAJJAR
    2   HELENITA SALOMÃO EL-HAJJ
    3   SALMA SALOMÃO DE CASTRO
    4   ROBERTO DE FARIA SALOMÃO
    5   JORGE SALOMÃO FILHO
    6   GUILHERME DE FARIA SALOMÃO

Depoimento de Mariinha da Conceição Salomão
(Filha do casal Youssef (José) Salomão e Maria Zacharias Salomão)

Durante os anos em que meu pai morou em Catalão (GO), ele trabalhou mascateando. Minha mãe contava que ele só tinha um cavalo para levar a carga e que permanecia de dois a três meses nas fazendas para vender as mercadorias. Depois eles mudaram de Catalão para Santa Luzia (atual Luziânia (GO), onde ele continuou a mascatear para, posteriormente, abrir uma loja de secos e molhados. Todos os meus irmãos mais velhos ajudavam no comércio do meu pai.

Quando eu tinha uns três ou quatro meses aconteceu uma tragédia que marcou a vida dos meus pais, principalmente, a do meu pai. Eles perderam meu irmão Moisés, vitimado por doença venérea aos 17 anos, e que naquele tempo não tinha tratamento. Depois disso meu pai foi perdendo o interesse pelas coisas, acabando com o que ele havia construído com muito esforço. Diante dessa situação minha mãe foi trabalhar com hortaliças e quitandas, assumindo a responsabilidade da sustentação econômica da família. Porquanto meu pai só ficava dentro de casa e bebendo. Nesse meio tempo, minha mãe havia mandado meu irmão Jorge para estudar em Ipameri (GO).

Minha mãe, Maria Zacharias, foi uma grande mulher, ela fazia questão de que os filhos estudassem e tivessem sua crença, fomos todos batizados na Igreja Católica. O Jorge gostava da escola, ele ficava até tarde da noite estudando no quarto sob luz de lamparina. Já o Elias, abaixo do Jorge, não gostava de estudar, era o contrário. Ele gostava era de ir para o pasto montar em cavalo em pelo e minha mãe ficava louca atrás desse menino.

---

1   Natural de Inhumas (GO).

A presença árabe em Anápolis

Nessa ocasião, Nagib, meu irmão mais velho, conheceu um senhor chamado Aziz Cosac, que fazia a linha do correio de Formosa (GO) para Vianópolis (GO) com um caminhãozinho. Quando ele passou por Luziânia, certa vez, e viu o Nagib dirigindo um carro, procurou se informar sobre quem era aquele moço. Obtendo a resposta, soube que ele era filho do "Seu Zé Turco", como meu pai era popularmente conhecido em Luziânia. Deus encaminhou Nagib e ele foi trabalhar com esse senhor. Foi quando ele começou a sustentar a família inteira, inclusive os estudos do Jorge em Ipameri.

Meus pais eram muitos queridos, tanto em Catalão, quanto em Luziânia. Nós nunca sofremos qualquer espécie de preconceito por causa da nossa origem árabe. Tanto é que todos nós tivemos padrinhos brasileiros em nossos batismos.

Tinha um médico do Rio de Janeiro (RJ) em Luziânia, Dr. Clóvis Acelim. Ele, observando o esforço do meu irmão Jorge nos estudos, disse para minha mãe: "Vamos mandar o Jorge para o Rio de Janeiro (RJ), para fazer Medicina. Eu ajudo a senhora a pagar o curso dele".

Minha mãe agradeceu a boa vontade do médico, e disse-lhe que ela não daria conta, porque a horta não lhe dava dinheiro suficiente para isso. Mas o médico acabou convencendo minha mãe e o Jorge foi para o Rio, e de imediato conseguiu entrar na Faculdade de Medicina. Quando ele cursava o terceiro ano do curso, Dr. Clóvis foi para o Rio de Janeiro passar férias, e ao se deparar com o Jorge encontrou-o acamado, febril e tossindo muito. Depois de fazê-lo passar por alguns exames, constatou-se que ele tinha uma mancha no pulmão. Então, o Dr. Clóvis enviou um telegrama para minha mãe avisando-lhe que ele iria trazer o Jorge de volta para Luziânia para melhor ser cuidado. Ali ele permaneceu até a sua recuperação. No entanto, não retornou mais ao Rio de Janeiro para reiniciar seus estudos na Faculdade de Medicina.

Nessa época meu irmão Nagib residia em Catalão. Recebendo em sua casa a visita do Interventor de Goiás, Dr. Pedro Ludovico, comentou com ele que gostaria de levar seu irmão Jorge para Goiânia, para trabalhar e fazer um curso superior. Dr. Pedro Ludovico atendeu ao pedido do meu irmão, empregando Jorge para trabalhar no *Diário Oficial do Estado,* na função

Jorge Salomão e a esposa Elza de Faria Salomão

de editor. Como em Goiânia, naquela época, não tinha Faculdade de Medicina, Jorge optou por fazer Direito. Depois de formado, aos 26 anos, ele se casou com a Elza, mãe da Maria Lúcia e que tinha 18 anos, e o Dr. Pedro o enviou para a cidade de Tocantinópolis, que hoje pertence ao estado do Tocantins (TO). Posteriormente, ele foi transferido para Jaraguá (GO) e depois Silvânia (GO).

Anos mais tarde, quando Jorge era Juiz de Direito aqui em Anápolis, ao retornar do Fórum, depois de trabalhar, ele ia direto para a minha casa, que ficava na rua Quintino Bocaiúva. Havia em casa uma cadeira do papai antiga, que ele adorava. Ele ia chegando e eu já ia colocando a banquetinha para ele espichar as pernas. Eu tirava o sapato dele e deixava-o na cadeira, até os nossos outros irmãos chegarem. Ele cochilava e descansava um pouquinho. Foram anos e anos, ele saindo do Fórum e indo lá para casa. Quando nossos irmãos chegavam, eles se juntavam para jogar um baralhinho, e ficavam jogando caixeta, sem aposta de dinheiro, só para passar o tempo. Sua principal virtude era tratar a todos de forma igual, reflexo direto de sua postura de magistrado.

Depoimento de Maria Lúcia Salomão Hajjar
(Filha de Jorge Salomão e Elza de Faria Salomão)

Conforme o que foi dito pela tia Mariinha, meu pai era muito inteligente. Depois de exercer o cargo de editor do *Diário Oficial do Estado de Goiás* e se formar em Direito pela Faculdade de Direito de Goiás, que funcionava na rua 20, centro, Goiânia, e passar pelos lugares já citados, meu pai foi para Goiânia nomeado desembargador, sendo ele o primeiro filho de árabes a ocupar esse cargo em Goiás.

Apesar de meu pai ter passado por várias comarcas, todos os filhos nasceram em Goiânia, era para lá que minha mãe se dirigia para dar à luz.

Papai era um grande homem, o melhor homem do mundo. Era uma pessoa que sabia receber e bem todos em sua casa. Desde o mais humilde, pessoa mais importante. Ele recebeu muita gente importante, inclusive, Alfredo Nasser, na época em que era ministro da Justiça, do presidente Juscelino Kubitschek. Quando estava sentado à mesa almoçando, se porventura chegasse uma

Maria Lúcia Salomão Hajjar e Mariinha da Conceição Salomão

pessoa humilde, ele saía da mesa para atender. Essa era a hora em que minha mãe brigava com ele. Compreensivo, nunca gritou com os filhos. A gente se abria muito mais com meu pai do que com minha mãe. Ainda bem que encontrei o José Miguel Hajjar[2], meu marido, que é parecido com ele. Toda vez que ele ia preparar o júri, se envolvia tanto que emagrecia e sofria junto com a família. Sempre acreditava nas pessoas, que elas podiam se recuperar. Ele tentava se colocar na posição da pessoa. Meu pai era uma pessoa muito caridosa.

Minha mãe também foi uma pessoa muito caridosa. Na época em que papai era Juiz, ela ajudou muitos orfanatos. Ela era mais difícil de relacionamento com os filhos, ao contrário do papai, que era uma pessoa mais aberta. Mamãe pouco estudou, fez somente o Ginásio na época. Era dona de casa em tempo integral, mas fazia ações sociais, sendo cofundadora do Patronato Madre Mazzarello e ativa colaboradora do Leprosário de Anápolis.

Tem uma passagem curiosa que aconteceu com o meu pai quando ele era criança. Quando ele tinha uns 10 anos, adquiriu o tique nervoso de piscar os olhos e gaguejar. Certo dia, quando meu pai estava na loja do seu tio Estêvão, que era casado com sua irmã mais velha Helena, em Luziânia, chegou um senhor que, por coincidência, também piscava os olhos e gaguejava para comprar mercadoria. Nisso ele olhou para meu pai e viu-o piscando e gaguejando feito ele. Demonstrando nítida contrariedade, ele falou para meu tio assim: "Olha seu Estêvão, eu venho aqui na sua loja para comprar e esse menino fica me remedando, não, quero isso não"! Então meu pai com medo que meu tio perdesse a venda e ficasse bravo com ele, ficou piscando mais ainda e tentou consertar a situação falando para o freguês: "Não...tô...tô...te...te...re...re...me...dan..dan...ndo...não!   É...que...é...que...eu...tam...tam...bém...ga...ga...gue...gue...jo...e pis...pis...co"!

A situação foi ,ais ou menos resolvida assim, com a devida explicação, antes que o homem desse uns "cascudos" nele.

Um pouco mais sobre o Desembargador Jorge Salomão

Jorge Salomão nasceu em Catalão (GO), no dia 15 de agosto de 1916. Começou a exercer a magistratura na cidade de Anápolis (GO), no dia 20 de outubro de 1953, ao tomar posse no cargo de juiz de Direito da Segunda Vara, da Comarca deste município. Pertenceu à maçonaria. Aos 91 anos, na noite de 02 de abril de 2008, faleceu em Goiânia, de falência múltipla de órgãos, no hospital Anis Rassi, sendo enterrado em Anápolis, no cemitério São Miguel.

 Entrevista realizada em 12 de maio de 2009

2   Faleceu no dia 31 de março de 2017.

Família Zac-Zac

Elias Zac-Zac, natural de Mashta Helou, Síria, nasceu no ano de 1912. Filho de pai comerciante bem-sucedido de sedas, teve condições de estudar em bons colégios, como o da direção francesa, na cidade de Homsi.

Casado com Nagiba Daoud Issa Zac-Zac, também de Mashta Helou, tiveram oito filhos, todos eles nascidos na Síria.

Elias Zac-Zac trabalhava junto ao pai no comércio de sedas, no entanto, visando a um melhor entendimento entre a sua esposa e a sua mãe, resolveu deixar a casa do seu pai, onde residiam, para alugar uma casa e continuar a trabalhar no segmento de sedas, porém, independente do seu pai.

Elias Zac-Zac

Constituição familiar

Filhos do casal Elias Zac-Zac (1912-1995) e Nagiba Daoud Issa Zac-Zac (1912-2007), por ordem cronológica de nascimento:

1   NAJLA ZAC-ZAC.
2   MAANI ZAC-ZAC[1].
3   MICHEL ZAC-ZAC.

---

1   Genealogia registrada na Família Hanna, página 209

4   RYAD ZAC-ZAC.
5   WIDAD (Odete) ZAC-ZAC.
6   GEORGE ZAC-ZAC.
7   MOUNA ZAC-ZAC.
8   NABIH ZAC-ZAC.

Depoimento de Mouna Zac-Zac Homsi
(Filha de Elias Zac-Zac e Nagiba Daoud Issa Zac-Zac)

Meu pai viu que não tinha condições de prosperar ali (Síria) sozinho e ele sempre ouvia a frase: "Fazer a América", tentar a sorte na América, que era um continente novo, próprio para receber imigrantes. Meu pai queria primeiro ir para a Argentina, só que minha avó soube da sua intenção e fez o maior escândalo e não deixou meu pai vir. No entanto, minha mãe ficou insistindo para que ele viesse e meu pai saiu praticamente escondido.

De lá, ele foi para o Líbano e pegou o navio, com a cara e a coragem, cinquenta dólares no bolso. No navio ele começou a trabalhar como intérprete porque falava o francês. A viagem durava mais ou menos trinta dias e ele já chegou aqui com uns trezentos dólares. Sua primeira providência foi mandar cento e cinquenta dólares para minha mãe, que tinha ficado na Síria com os oito filhos.

Meu pai chegou ao Porto de Santos (SP) no ano de 1952 e de lá foi para o Rio de Janeiro (RJ), onde a minha mãe tinha um irmão de nome Jorge. Percebendo que meu tio, que era feirante, não tinha uma situação financeira boa e para que a sua presença não pesasse para ele, resolveu pegar sua mala e ir para Curitiba (PR), onde tinha um parente distante. Lá, ele ficou quase um ano e também não deu certo. Ao ouvir falar de Goiás, do Centro-Oeste, sobretudo da cidade de Anápolis (GO), resolveu vir para cá em 1953 tentar novamente a sorte. Aqui, ele tinha algumas pessoas conhecidas como o Halim Helou e Barbahan Helou. Ao explicar a sua situação para o Sr. Barbahan, o mesmo perguntou ao meu pai se ele não queria abrir uma lojinha, porque tinha um ponto na rua Barão do Rio Branco. Era um dia bonito e meu pai falou: "Que bom dia", e daí ele deu o nome à loja de Casa Bom Dia.

Antes de mandar buscar a família, ele trouxe um irmão, o tio Samir, para ajudá-lo na Casa Bom Dia para que pudesse sair mascateando. Depois, eles abriram uma filial na rua General Joaquim Inácio. Em 1955, nós recebemos a notícia de que viríamos para cá. Meu pai mandou a passagem de navio, saímos de lá no fim de junho e chegamos no mês de agosto.

Desembarcamos no Porto de Santos (SP), onde meu pai esperava pela gente, lá dormimos e no outro dia pegamos um avião em São Paulo (SP), para Anápolis. Ficaram na Síria quatro dos meus irmãos, porque ele não tinha condições de trazer todos, então vieram os filhos mais novos: Widad, George, eu (aos 7 anos de idade), Nabih e minha mãe.

Chegamos à noite e dona Emily Helou, esposa do senhor Barbahan, havia feito um jantar para a gente e foi a primeira vez que eu vi mamão em minha vida. Comemos e ela falou que era preciso colocar açúcar, eu achei estranho porque na Síria as frutas eram doces e a gente não precisava adocicar.

Minha mãe trouxe da Síria o trigo, lentilha e grão de bico. Ela achava que não tinha nada disso aqui e quando chegamos, na casa que meu pai tinha arrumado para a gente, já tinha todos os mantimentos lá, que ele havia comprado em São Paulo (SP). Aqui, também, já tinha quase tudo, inclusive, fogão à lenha e aquela tubulação de água quente que era uma coisa estranha para nós, pois isso não existia na Síria.

Meu pai arranjou uma moça para nos ensinar o português, de nome Neila, sobrinha de uma senhora cujo ponto comercial meu pai alugava. Logo ela começou a nos ensinar o português, pois era professora e, como criança tem muita facilidade para aprender, depois de um mês já estávamos falando português. Em seguida nós fomos para o Colégio Santana, e lá eu conheci a professora Lila Curado, que simpatizou comigo e, de uma forma não discriminadora e sim, carinhosa, me chamava de "turquinha". Eu era muito boa em matemática e depois fui estudar no colégio Auxilium, e cheguei até a concluir o curso de normalista. Depois de dois anos meus irmãos mais velhos vieram, só minha irmã mais velha que não quis vir, pois estava terminando o curso de Enfermagem e estava praticamente comprometida com um rapaz. Ela chegou em 1961 e nesse período meu pai já havia prosperado, tinha três lojas, meus irmãos trabalhavam com ele. Nossa colônia era muito machista, mulher não podia trabalhar fora e meu pai, que era um desbravador de ideias, permitiu que a gente trabalhasse.

Mouna Zac Zac

Quando eu fazia o ginásio no Auxilium, à tarde ficava na loja trabalhando juntamente com minhas irmãs. Ele queria que as filhas fossem independentes, depois de nós muitas começaram a trabalhar e tomar a iniciativa de estudar também.

Somos cristãos ortodoxos e minhas amizades eram com brasileiros. Nunca fui discriminada, tanto que uma amiga que viajou certa vez comigo para Síria foi minha primeira amiga aqui, a Maria Cristina de Pina. Somos amigas há mais de cinquenta anos e tive muita facilidade para frequentar a casa deles, pois nunca me senti discriminada.

Algumas coisas pitorescas aconteceram conosco, nos nossos primeiros meses aqui em Anápolis. Um dia que estava em casa bateu na porta uma senhora vendendo sabão de bola, aquele preto e que parece muito com o ariche. Aí minha mãe falou: "Eu não sabia que aqui também se fazia ariche". Depois é que nós que fomos descobrir que aquilo era sabão. Outra vez uma senhora ofereceu um gato para minha mãe, só que ela não entendia, porque gato em árabe significa bolo.

Mouna Zac-Zac, falecida no dia 28/8/2017, casou-se com Fued Afif Homsi, falecido no dia 21/10/2017. Foram pais de Roberto Homsi, também falecido, e Afif Homsi Neto, casado com Daniela Cividanes Homsi e pais de Luíza e Vítor.

Casamento de Faouaz e Mouna.

Najla Elias Zac Zac

Najla Elias Zac Zac

Entrevista de Najla Elias Zac Zac e sua filha Ruba Nassar Agi, ao programa "Árabes no Centro-Oeste"

Qual a origem da sua família e a vinda da sua família para o Brasil?

Najla Elias Zac Zac – Meu pai era sírio, da cidade Machta El Helou. Veio primeiro para o Brasil e depois buscou minha mãe, Nagiba Daoud Issa Zac Zac e meus irmãos. Meu pai se chamava Elias Zac Zac, filho de Mikhael Zac Zac e Milia Zac Zac. Ele foi durante toda vida um homem trabalhador. Veio para o Brasil fugindo do governo da Síria. Primeiramente, meu pai foi para Curitiba, pois lá tinha um parente. Esse parente disse que se ele fosse trabalhar no estado de Goiás seria melhor. Então, ele veio para Anápolis. Chegando aqui, montou uma loja, na rua General Joaquim Inácio, que se chamava Casa Bom Dia, de comércio de roupas feitas. Posteriormente, ele trouxe um irmão, Samir Zac Zac, que trabalhou com ele. Depois, buscou minha mãe e mais quatro irmãos, George, Naby, Mouna e Widad (Odete), deixando mais quatro na Síria. Entre os que ficaram, estavam eu, Maani, Michel e Ryad. Ela trouxe os quatro menores, pois os maiores estavam estudando na Síria. Eu fiquei lá, e disse que não vinha para o Brasil, pois estava estudando, eu estava na faculdade, lá na Síria eu me casei e só vim para o Brasil quando minha filha Ruba Nassar Agi tinha 1 ano e 7 meses.

A senhora quando veio para o Brasil já estava formada na faculdade, estava empregada, seu marido estava empregado, por que então vieram para cá?
Najla Elias Zac Zac – Meu pai ficava chamando a gente para vir para o Brasil, dizendo que aqui teríamos mais futuro. Então, nós viemos. Gostei do Brasil logo que cheguei. Considero aqui a minha segunda pátria. Onde a gente vence na vida, esse lugar é a terra da gente.

Como você poderia complementar, enriquecer com informações a história familiar que sua mãe estava contando?
Ruba Nassar Agi – Minha avó veio para o Brasil e deixou na Síria os quatro filhos maiores, com certeza isso aconteceu pelas condições financeiras, pois não podia trazer todos de uma só vez. Mas, dois anos depois, trouxe os outros quatro. Hoje, quando se tem um filho distante, a comunicação é mais fácil, já não tem mais aquela distância. Os árabes, quando vieram, sofreram muito. Primeiro, porque eles deixavam a terra natal e vinham para um país totalmente diferente e muito distante. As cartas levavam de 21 a 28 dias para chegarem. Às vezes, quando as cartas chegavam, o acontecido já tinha se passado há um mês. Minha mãe, quando chegou a Anápolis, já foi gostando. Já com meu pai foi o oposto. Ele carregava aquele amor pela terra dele dentro dele, a vontade de voltar, sempre tinha isso na cabeça, desde que pisou no Brasil em 1961. Ele foi um exemplo de pai, um filho bom. Ele falava para a minha mãe que, quando tivesse uma condição financeira melhor, iria voltar para a terra dele. Minha mãe que estava gostando do Brasil, falava que se ele quisesse voltar para a Síria, voltaria sozinho, pois não voltaria com ele para lá, não largaria o Brasil. Contudo, após alguns anos, ele começou a

Ruba Nassar Agi

Entrevista realizada em 30 de setembro de 2008

se acostumar com o Brasil, passou a gostar daqui como a pátria dele. Virou goiano, gostava de arroz com pequi, de uma pamonha. Depois de uns nove anos de Brasil, meu pai voltou à Síria para passear. E a cada três anos ele retornava à sua terra natal para visitar nossos parentes. Ele tinha uma ligação muito forte com eles.

Anápolis foi uma cidade muito bem-aventurada pelos árabes que vieram, pois estes trouxeram com eles o amor ao trabalho. Meu pai foi um vencedor em todos os sentidos, tenho muito orgulho em ser filha dele. Você pode ver que todos os árabes que vieram, eles venceram. O Brasil é um país onde os estrangeiros se sentem em casa. Os árabes influenciaram muito a cultura Anapolina. Os árabes eram homens lutadores, bons pais de família. As pessoas de Anápolis veem os árabes como exemplo. Eu sou muito grata ao meu pai e ao meu avô, que abriram os caminhos. Graças a Deus nós tivemos muita sorte de ter vindo para uma terra tão abençoada. Deus, na sua generosidade, preparou essa terra para nós. Aqui vamos deixando nossas marcas. A família, hoje, tem médicos, advogados, dentistas, homens cultos, cada qual dando sua contribuição para o desenvolvimento de Anápolis.

Da direita para esquerda estão: Bedran Afif Homsi, Mara Zac-Zac Ribeiro, Zakeh Homsi, Beatriz Zac-Zac Neitzert, Riad Zac-Zac e Elias Zac-Zac.

Família Zacarias Elias

O berço natal de Zacarias Elias é Safita, na Síria. Na época da Primeira Grande Guerra Mundial, ele foi prefeito da cidade de Ain El Jorn, sendo a sua administração responsável pelas primeiras construções em pedras de calcário. Após o conflito mundial, na década de 1920, sem perspectivas de trabalho, deixou na Síria a esposa e três filhos: Zacur, Sucar e Nagib, para tentar a sorte na América.

Depois de um ano nos EUA, recebeu a notícia de que a esposa havia falecido. Retornou à Síria, permanecendo ao lado dos filhos até 1928, quando resolveu imigrar para o Brasil, diretamente para Anápolis (GO), onde tinha parentes.

Depois de mascatear durante alguns anos, Zacarias abriu um armazém atacadista, localizado na rua 15 de dezembro, onde se vendia de tudo e ainda foi distribuidor da Antarctica em Anápolis.

Zacarias Elias

Pertenceu à maçonaria e foi membro-fundador da associação denominada União Síria, fundada em 20 de dezembro de 1941, ocupando as funções de Chanceler. Os demais membros foram: presidente (Jad Salomão), vice-presidente, (Anísio Cecílio), 1º secretário (Gabriel Issa), 2º secretário (Elias Jorge Sahium), orador, (Amin Beze) e tesoureiro (Antônio José). A entidade trabalhou assiduamente pelo bem-estar social dos membros da colônia.

Embora Zacarias Elias tenha tentado trazer seus filhos que nasceram na Síria para o Brasil, a família da sua primeira esposa, que havia falecido na Síria, não permitiu que eles viessem. No entanto, ele os mantinha financeiramente. Eles nunca vieram ao Brasil e nem Zacarias Elias foi

Zacarias Elias e Carime Elias

Líbano para encontrá-los. Ele morreu sem rever os filhos. Somente seus descendentes foram ao Líbano para conhecê-los.

Na cidade de Uberlândia (MG), conheceu e se casou pela segunda vez com a também viúva, Carime El Chaer, natural de Trípoli, no Líbano, que já tinha uma filha chamada Ramza.

Constituição familiar

Filhos do segundo casamento de Zacarias Elias com Carime El Chaer, por ordem cronológica de nascimento:

1. NAJLA ELIAS
2. JAMILA ELIAS
3. LÍDIA ELIAS

Ramza Abdalla, filha do primeiro matrimônio de Carime Chaer casou-se com João Gomide. Eles são pais de:

1. IÊDA
2. EDNA
3. ANA MARIA
4. VIRGÍNIA

Depoimento de Lídia Elias Milki
(Filha caçula do segundo casamento de Zacarias Elias)

Estive na Síria em 1998, visitando a cidade onde meu pai fora prefeito, e pude presenciar as construções que ele fez. Emocionou-me muito também conhecer meus irmãos que lá ficaram quando meu pai veio para Brasil.

Meu pai era muito querido, muito amoroso e um grande comerciante. Dedicado aos filhos, nos ensinava a falar inglês e nos ajudava nas tarefas da escola. Mesmo depois de trabalhar o dia todo, esperava pela gente na porta de casa para brincar, nos jogando para cima. Ele era uma pessoa muito esclarecida, assinava vários jornais e revistas árabes, que depois de lidos eram repassados à colônia árabe.

Era um autêntico contador de histórias e exigia que nós sentássemos à mesa com ele nas refeições. Ali, contava histórias de sua vida, passagens pelos EUA e de quando chegou ao Brasil. Uma delas aconteceu nos EUA. Ele nunca tinha visto um túnel de passagem de trem e, sem saber inglês, entrou no túnel com a malinha de mascate. Mas no túnel só cabia o trem que passava por ali. Quando ele ouviu o barulho do trem, ele se desesperou, não tinha para onde ir. Ele pulou e se deitou debaixo do trilho, e por sorte sobreviveu. Então, ele soube o que era um túnel de passagem de trem.

Outra história aconteceu aqui na região de Anápolis. Mascateando nos ermos dos cerrados e estando com muita fome, ele e seu companheiro de ofício bateram num casebre para pedir alguma coisa para comer, esforçando-se na medida do possível para se comunicarem para dizer que pretendiam pagar pela comida. O morador pegou um pedaço de rapadura e cana para servi-los. No entanto, eles pensaram que fosse uma pedra e um pau, pois nunca tinham visto rapadura e nem cana, então saíram correndo pensando que seriam atacados.

Minha mãe, ao contrário do meu pai, era muito rígida, muito brava. Acredito que ela tenha ficado assim por causa de todas as dificuldades que passou. Quando ela enviuvou, veio para Brasil, passando a morar em Uberlândia praticamente de favor, ora na casa da irmã, ora da casa de outro irmão, trabalhando duro para sustentar a filha.

Lídia Elias Milki

Certa vez tomei bomba na escola, chegando a minha casa contei ao meu pai já chorando. Quando minha mãe ouviu que eu tinha sido reprovada na escola, veio para meu lado querendo me bater, meu pai lhe disse: "Só toma bomba quem estuda, quem é estudante". Com essa fala meu pai desarmou minha mãe. Esse era meu pai, muito amoroso, e minha mãe sempre muito brava.

Lídia Elias Milki foi casada com Youssef Milki. São seus filhos: João Milki, Marcos Vinícius e Fernando.

Entrevista realizada em 24 de outubro de 2010

Família Zakhour

Aida Naoum

Entrevista de Aida Naoum (filha de Abdalllah Habib Naoum e Anisseh Mokdissi Naoum) e seu esposo Nijed Zakhour[1] (filho de Zakhour Georges Zakhour e Wadiha El Mokdisse Zakhour), ao programa "Árabes no Centro-Oeste"

Qual é a sua origem familiar?
Aida Naoum – Nossa família veio do Líbano, da cidade de Trípoli. Nós viemos de lá em 1958, vim com meus pais, minha irmã e meu irmão. Meu pai é Abdallah Habib Naoum e minha mãe, Anisseh Mokdisse Naom, e meus irmãos Huda e Habib Naoum. E os meus dois outros irmãos nasceram em Anápolis, o Hamez e o Elias. Três nasceram no Líbano e dois nasceram aqui, em Anápolis.

E a origem familiar do seu pai?
Nijed Zakhour – É de Trípoli, onde nasci. Vim para o Brasil com três anos de idade. Meu pai decidiu vir para o Brasil em 1950. O que motivou, naquela época, a vinda de meu pai, creio que foi a necessidade de abrir um campo econômico de trabalho. A história do meu pai é um pouco ousada. Ele tinha emigrado duas vezes para a África, em sua juventude. Veio ao Brasil pela primeira vez em 1920. O meu avô, pai dele, veio pela primeira vez em 1889. Em 1950, depois da Segunda Guerra, situação pós-guerra, naquela região, foi muito sofrida. Havia um estado de necessidade, talvez de pobreza, e isso trouxe o meu pai ao Brasil. Na vida do meu pai já tinha uma história, desde 1920, quando ele veio pela primeira vez. Na primeira vinda, ele tinha somente 14 anos. Quando veio, já tinha irmãs aqui. Em 1950, a vinda nossa para Anápolis tem como referência alguns amigos e parentes que já estavam morando em Anápolis. Quando

---

[1] "Zakhour", em árabe, significa memória.

meu pai veio para Anápolis, já tinha uma irmã que morava em Araguari, Minas Gerais, já tinha algum contato com Formosa e Catalão, mas preferiu morar em Anápolis, porque aqui ele teve a receptividade de alguns parentes. Uma das pessoas que ajudou muito o meu pai, naquela época, foi Salim Caied. Teve muito apoio também do Barbahan Helou, do Jibran El Hajje e da família Hajje e foi sócio de Aziz Curi e também de Elias Mokdissi. Então, ele fez parte desse comboio que veio morar aqui nessa cidade. Meu pai ficou em Anápolis até 1964. Eu trabalhei com o meu pai no armazém desde os dez anos de idade. Meu pai tinha perdido um filho na África, então, ele tinha muito zelo comigo, pelo fato de eu ser o único filho homem. De manhã,

O casal Nijed (Nagad) Zakhour e Aida Naoum Zakhour, na década de 1970

eu estudava no Colégio Couto Magalhães e na parte da tarde ficava com ele no comércio de secos e molhados.

Em 1964, sua família retornou ao Líbano. O fato de esse ter sido um ano conturbado no Brasil teve alguma influência nesse retorno?

Nijed Zakhour – Tem tudo a ver. Meu pai não sabia como iria ficar a situação política e econômica do Brasil, falava-se no retorno da capital para a cidade do Rio de Janeiro. Então foi a oportunidade que o meu pai viu para que eu pudesse estudar Medicina, no Líbano. Entendia que eu como médico poderia ser muito mais útil à sociedade do que trabalhando no comércio. Ele tinha uma preocupação social muito forte, mas frustrou-se. No primeiro ano em que eu cursava Medicina em Beirute, ao entrar num centro-cirúrgico e me, deparar com sangue, quase desmaiei, então voltei para casa e disse ao meu pai que eu não dava conta dessa profissão. No Líbano, eu aprendi o inglês e o árabe, além de ter estudado em uma universidade americana, que é uma instituição de nível internacional. Retornamos, em 1974, eu e a Aida, pois já estávamos casados. Eu tinha me formado em Administração de Empresas e trabalhava em uma empresa de auditoria externa, no Líbano. Em 1974, quando decidimos voltar para o Brasil e restabelecer uma nova vida, fomos para Brasília.

Abdallah Habib Naoum e a esposa Anisseh Mokdissi Naoum

Por que a opção do retorno para Brasília?

Nijed Zakhour – Eu queria um campo maior de trabalho, uma cidade maior, uma metrópole, onde pudesse me desenvolver aplicando meu conhecimento profissional. Então, surgiu uma oportunidade. Arrendamos um prédio, que era um hotel, reformamos, mobiliamos e comecei uma atividade totalmente nova para mim, que era hotelaria. Os negócios do hotel estavam prosperando, mas em 1988 teve a morte do meu pai, que foi um grande impacto na minha vida. A partir desse momento, resolvi fazer aquilo que o meu pai sempre quis que eu fizesse, que fosse útil à sociedade, e a forma que encontrei para atender a esse desejo do meu pai, foi entrar para a política e então assumi um mandato de deputado Distrital. Hoje, eu continuo político, sou político. Entendo que esse é o melhor caminho no qual um ser humano pode se sacrificar para o bem, essa nação merece. Nós, libaneses de todo o Centro-Oeste, temos muito a agradecer a esta nação.

Constituição familiar

O casal Nijed (Nagad) Zakhour e Aida Naoum Zakhour, nascidos em Trípoli no Líbano, pais de: Lara, Nijed, Daniella e Anisse.

O casal Nijed (Nagad) Zakhour e Aida Naoum Zakhour, em 2009

 Entrevista realizada em 16 de setembro de 2009

Família Zeke Nicolau Sabbag

Filho de pai libanês, Zeke, e mãe grega, Alfredica Nikopoulos, que vieram para o Brasil no começo do século XX e se estabeleceram na cidade mineira de Guaxupé, Zeke Nicolau Sabbag nasceu nesse município do estado de Minas Gerais. Acabou se mudando para Anápolis-GO com a família Feres, que tinha estabelecimento comercial na rua 15 de Dezembro, no final dos anos 1920 e chegou a mascatear ao mesmo tempo em que se casou com dona Zuleika, nascida em Pirenópolis-GO. A vida melhorou e ele montou sua residência e uma loja de venda de tecidos, a "Casa Goiana", na rua Engenheiro Portela, sendo um dos pioneiros neste ramo de negócios. De acordo com relato do Dr. João Asmar, o Zeke era alto, claro, muito educado, de fala compassada que disfarçava sua origem árabe e ótimo comerciante, pois recebia todos muito bem em sua loja. Sempre ativo, participou de vários empreendimentos e foi sócio da Associação Comercial, criando vasto círculo de amizades. De sua união com Zuleika nasceram os filhos: Heryna, Marcos, Janete, Carlos, Zeke Jr. e Ricardo.

Lideranças religiosas

Padre Firas Bistati

Natural da aldeia de Mashta Helou, distrito de Safita, Síria, próximo ao mar. Local de muita imigração de pessoas para os Estados Unidos, Europa e o Brasil, tanto para estudar como para trabalhar. Desde os seus dezoito anos, padre Firas demonstrava vocação para o sacerdócio. Estudou Teologia no Líbano, durante cinco anos, e lá se formou. Depois foi para a Grécia. Neste país a sua permanência foi curta, pois logo aceitou o convite da comunidade árabe de Anápolis para assumir a Igreja Ortodoxa Antioquina São Jorge, que estava sem pároco.

> Da minha família, não veio ninguém para o Brasil, somente eu. Quarenta dias após a ordenação, vim para cá. Estudei cinco anos, e nesse período de estudo, também fui para a Grécia. Fiquei por lá durante nove meses. Quando cheguei aqui, não falava o português. Quando a gente não conhece a língua de um país, vê as coisas de forma diferente. Mas quando se aprende a língua tudo muda.

Padre Firas Bistati chegou a Anápolis no dia 26 de setembro de 1991. A Igreja já funcionava desde 1958, sendo ampliada em 1984, por causa da enorme comunidade de libaneses e sírios: os cristãos Ortodoxos e Maronitas. O pároco considera a igreja um grande referencial da religiosidade, da cultura espiritual dos árabes procedentes do Líbano e da Síria.

Padre Firas Bistati

Fachada da Igreja Ortodoxa de Anápolis e, no detalhe, interior da igreja

Cidade de Anápolis nos anos 60, na visita do Patriarca Grego Ortodoxo Inácio IV de Antioquia. Nela aparecem, entre outros:

Nabil Bittar, João Milki, Jamil Miguel, Youssef Simaan, Jarba Issa Atiê, Zacharias Skaff, Moussa Bittar, Padre José Homsi, Salim Caied, Kasser Bittar, José Nacle Hajj, Salim Bittar, Nazir Hajj, Jibran El Hajj, Mounir Naoum, Nacim Bittar, Abdallah Badauí, Jarjoura Bittar, Rodolfo Ghannan, Jorge Aziz, Jorge Aji Kouboz, Zacharia Skaff, Michel Kallouf, Fayad Hanna, Roberto Hajje, Nabil Bittar, Habib Naoum, Alberto Bittar, Anis Khalouf e Jumana Khalouf

A presença árabe em Anápolis

No entanto, Padre Firas revelou certa preocupação com o futuro da Igreja por causa da nova geração, que vem se ausentando dela, distanciando-se gradativamente do templo erguido pelos seus ancestrais. Em sua entrevista, assim se manifestou:

> Com o falecimento dos mais velhos, os pioneiros, os que realmente construíram a igreja, a geração que os sucedeu tem pouco contato com a sua origem. Então, o número de frequentadores da igreja começou a diminuir porque não se tem interesse muito grande em saber a sua origem. Nós temos uma comunidade muito grande, poderosa, no campo da medicina, engenharia, professores, em todas as áreas. Mas no campo religioso não houve esse sucesso. Não se dá muito valor a esse campo, estão dando valor ao campo econômico, ao material.

As celebrações na Igreja Ortodoxa Antioquina São Jorge ocorrem aos domingos, às 10 horas. Mas um bom número de pessoas no templo é algo que só acontece em certas ocasiões como batizados, casamentos ou falecimentos. Fora dessas circunstâncias a presença dos membros não é muito grande, apesar da beleza do rito da celebração ortodoxa que o padre Firas enaltece, preocupado de que isso tudo possa virar uma peça de museu.

Padre Firas celebrando missa na Igreja Ortodoxa de Anápolis

Entrevista realizada em 13 de outubro de 2008

Padre Rafael Javier Magul

De origem síria, por parte de pai (ortodoxo) e de origem materna egípcia (maronita), padre Rafael Javier Magul, filho primogênito de quatro irmãos, nasceu em Santiago del Estero, reduto de árabes, na Argentina, num ambiente familiar religioso ecumênico, tal qual deveria ser no mundo todo. Santiago del Estero, localizada a 1.100 km de Buenos Aires, é o local onde foi fundada a primeira Igreja Ortodoxa Antioquina da Argentina.

A sua vocação religiosa teve início dentro da Igreja Ortodoxa, integrando um grupo de jovens em sua terra natal, por volta de 1982. "Acredito que a vocação em si, nasce no dia do batismo, nesse momento Jesus outorga os dons nas pessoas". Durante quatro anos passou por trabalhos pastorais sociais na Argentina, com acompanhamento de padres que faziam a sua avaliação para testar a sua real vocação sacerdotal, entre seus 14 e 18 anos de idade.

Padre Rafael Javier Magul entrevistado por Guilherme Verano

Igreja Ortodoxa Antioquina São Nicolau de Goiânia

Em seguida foi para Líbano estudar, lá permanecendo por cinco anos. Formou-se em licenciatura plena em Teologia na Universidade de Balamand – St. John of Damascus Institute of Theology, no ano de 1991. Lá, conheceu o colega de sacerdócio padre Firas, atual condutor da igreja Ortodoxa de Anápolis, coincidentemente vizinhos e de quem se tornou amigo.

De volta à Argentina, estabeleceu-se em Buenos Aires, sendo ordenado diácono, em 1992 e presbítero, em 1995, pelo arcebispo metropolitano da Argentina Dom Kirilos Doumat, na Catedral São Jorge, em Buenos Aires. Na capital argentina, onde ficou por dez anos, criou uma importante instituição social que amparava crianças de rua em situação de risco.

Desde 2008, padre Rafael Magul encontra-se em Goiânia, com a dupla missão de paroquiar a Igreja Ortodoxa São Nicolau, localizada na Avenida República do Líbano e a Igreja São João Batista[1], na cidade de Ipameri. Reduto histórico da presença árabe em Goiás, ela estava abandonada espiritualmente e fisicamente há várias décadas, com a sua sede bastante danificada. Agora restaurada nos dois sentidos, abre regularmente suas portas para cumprir a sua finalidade espiritual e social.

Para essa missão ser cumprida, foi imprescindível a luta de Jean Domat, membro da comunidade ipamerina, que iniciou uma campanha para esse fim, em 2008, com o apoio da

---

1 Construída pela comunidade árabe de Ipameri, inaugurada em 1964.

colônia sírio-libanesa e de pessoas sensíveis à preservação de bens materiais e espirituais. A Igreja São João Batista de Ipameri foi reinaugurada em 27 de agosto de 2011.

Padre Rafael Javier Magul, cidadão goiano, com a concessão do título honorífico concedido pela Assembleia Legislativa do Estado de Goiás, é capelão dos hospitais Santa Mônica, Materno-Infantil e Maternidade Nossa Senhora de Lourdes, conselheiro do Instituto de Desenvolvimento Tecnológico e Humano (Idtech), membro do Comitê de Ética e Pesquisa do Hospital Geral de Goiânia Alberto Rassi (HGG), fundado pelos irmãos Rassi, de ascendência árabe.

"Dentro da nossa teologia, a família representa uma pequena igreja, cultura árabe, se não há família, não há igreja, não existe sociedade. Na família começa a igreja. Se eu tenho algo de bom, é graças aos meus pais".

Padre Rafael Javier Magul

Constituição Familiar

No Líbano, padre Rafael Javier Magul casou-se com Souad Afif Saba. Filhos do casal nascidos na Argentina, por ordem cronológica de nascimento:

1 MICHEL AFIF MAGUL
2 PABLO JAVIER MAGUL

Reinauguração da igreja São João Batista de Ipameri. Da esquerda para direita: Arcebispo Metropolitano Damaskinas Mansour, bispo da Diocese de Ipameri, D. Guilherme Antonio Werlang e o padre Rafael Javier Magul

Entrevista realizada em março de 2012

Líder Islâmico Kamal Hamida

Entrevista de Kamal Hamida, líder religioso mulçumano em Anápolis, ao programa "Árabes no Centro-Oeste"

Vamos falar um pouquinho da origem da família do senhor.

Primeiro em nome de Deus misericordioso. Meu nome é Kamal Hamida, nasci na Palestina em 1943, no auge da II Grande Guerra Mundial. Meu pai já morava no Brasil, nesse imenso território abençoado. Nessa época eu tinha 17 anos. De repente, ele me mandou uma papelada, me chamando para cá. Vários parentes do meu pai já moravam aqui em Anápolis, e mandaram a passagem para ele vir para cá.

Líder islâmico Kamal Hamida

Qual é o nome do seu pai?

Mohamed Hamida.

E o que animou o senhor a vir para cá? Foi somente a presença do pai ou a perspectiva de alguma coisa diferente?

Naquela época o meu pai era comerciante. Tinha uma loja em Anápolis, na rua General Joaquim Inácio. Era comerciante igual aos outros patrícios nossos. Tinha a loja, mesmo assim mascateava. Assim que começou Brasília, nós mascateávamos por lá e em cidades pequenas, como Petrolina, Nova Veneza. Naquela época tinha estrada de ferro dentro da cidade, e meu pai gostava de vender para aqueles fregueses que iam para lá, e recebia tudo, sem problemas. Vendia na caderneta e recebíamos sem nenhum problema. Com isso, os

fregueses foram aumentando, e fomos vendendo mais e adquirimos uma loja em Anápolis. A loja chamava-se Casa Feliz, na rua General Joaquim Inácio.

Quando o senhor veio da Palestina, veio sozinho ou com mais algum irmão?

Meu pai já morava aqui, e eu vim em seguida. Lá, ficaram minha mãe, minhas irmãs e meus irmãos. Inclusive, elas não queriam que eu viesse, pois achavam que eu era muito novo.

Foi difícil essa saída?

Foi difícil. Eu lembro que eu chorava muito. Jamais vou esquecer o dia em que saí da Palestina, mas o destino me chamou e eu vim para cá, por ordem de Deus. Meu pai tinha uma loja e me chamou. Naquela época o comércio era bom, e a intenção era ganhar mais dinheiro. Minha intenção, na verdade, era voltar, mas não é a gente que traça o nosso destino, e acabei ficando. Mudei para Nerópolis, e estou morando lá até hoje, com a graça de Deus.

A sua mãe veio também, com os irmãos?

A minha mãe veio depois de uns quinze anos depois que eu já estava aqui. Depois, ela foi embora e continuamos eu e o meu pai. Posteriormente, meu pai também retornou para a Palestina, o seu país de origem. Mas meu pai nunca se esquecia de Anápolis, de seus amigos. Sempre me perguntava como eles estavam. Depois da guerra de 1967, eu visitei a Palestina.

Como foi a sua adaptação no Brasil, o aprendizado do nosso idioma, conviver com uma cultura tão diferente da sua?

Quando cheguei ao Brasil, nos primeiros meses, eu ficava ouvindo as pessoas conversarem em português, e eu ficava pensando se um dia iria conseguir falar em português, e achava que esse dia não iria chegar nunca. Mas, com o tempo, eu fui falando algumas palavras, praticando, e falando cada vez melhor. O curioso é que todos os dias aprendo um pouquinho mais de português e vou esquecendo o árabe.

O senhor falou que trabalhou no comércio com o seu pai. Em que momento surgiu a parte religiosa?

Eu morava aqui, já tinha comércio e fui para a Palestina rever amigos. Fui a uma mesquita, cheia de gente nova, meninos de 7 a 8 anos e eu já era rapaz e nunca tinha rezado. Então, resolvi aprender a rezar, e isso foi em 1972. Quando voltei para Anápolis, fui procurar um conterrâneo, e pedi a ele que me ensinasse a rezar. E ele me ensinou. E de lá para cá nunca deixei de fazer uma oração no seu tempo determinado.

Como é o rito das orações islâmicas?

Nós temos cinco horários para as orações da religião islâmica. A primeira é praticada na alvorada, das cinco às seis horas da manhã. A segunda, entre uma e duas da tarde. A terceira, das quatro às seis horas. A quarta, das seis às sete horas. A última, das oito horas em diante.

E a razão de tirar os calçados quando se entra um num templo islâmico?

É permitido orar com os pés calçados apenas durante as orações. Mas jamais dentro da mesquita. Os calçados são portadores de sujeira. Então, para entrar numa mesquita tudo tem que estar limpo. Da mesma forma a calça, a camisa. Tudo tem que estar limpo. Se você estiver viajando e estiver chovendo, e onde você fará a oração estiver molhado, pode ficar de calçado. Mas, se estiver seco o lugar, então o calçado deverá ser retirado.

Qual mensagem que o senhor gostaria de deixar para a comunidade mulçumana?

Eu moro em Nerópolis, a 30 quilômetros de Anápolis, e toda sexta-feira venho para Anápolis com a graça de Deus, fazer a minha obrigação para com meu Deus. Esse meu trabalho é voluntário, não cobro nada por ele, apenas é uma forma de agradecer a Deus por mais um dia de vida. Então, convido meus irmãos, árabes, brasileiros, faço o chamamento de todos para essa mesquita, nos dias de sexta-feira, das 12 horas às 14 horas, com a nossa porta aberta para o irmão brasileiro que queira entrar no islamismo ou apenas conhecer um pouco da nossa religião. Nós estaremos esperando por você com a ajuda de Deus.

 Entrevista realizada em 1º de abril de 2011

Árabes e o futebol Anapolino

Os descendentes e o futebol anapolino

A cidade de Anápolis teve dezenas de clubes de futebol, entre amadores e profissionais. Os de maior destaque acabaram sendo o Anápolis Futebol Clube, a Associação Atlética Anapolina e o já extinto Ipiranga Atlético Clube. Todos tiveram grande influência da colônia árabe e, claro, histórias envolvendo seus integrantes. Segue agora o depoimento de três personalidades que, muito embora não sejam descendentes, foram testemunhas dos acontecimentos. Por se tratar de um livro sobre a imigração árabe, se atém aos nomes destas testemunhas, omitindo por vezes os demais, que foram igualmente importantes na história do futebol anapolino.

Anápolis Futebol Clube

Fundado com a denominação de União Esportiva Operária em 1946, inspirado nos trabalhadores braçais, em especial os chamados "chapas" e os "carroceiros", o primeiro nome do Anápolis Futebol Clube não poderia ser outro, mesmo porque o fato se deu na data de 1º de maio, o dia do trabalho. Da década de 1950 em diante, já com o atual nome, que foi mudado em abril de 1951, a colônia síria e libanesa, representada por personalidades como o Dr. Amim Antônio, Munir Calixto, João Beze, Dr. Osvaldo Abraham, Amim Gebrim, Issa Daguer, Fadel Skaff, Erasmo Cozac, Hado e Samir Hajjar, Jamil Isaac, Salim Bittar e José Miguel Hajjar[1], entre outros, e posteriormente por Benjamin Beze Júnior, Rachid Cury Neto, Nassin Farah, Karim Abrahão, Ricardo Naben, Nacim Hajjar, Messias Hajjar e André Luís Hajjar. O clube se tornou uma paixão de grande parte dos árabes, sendo apelidado de "Time dos Turcos". ...

---

1   Faleceu no dia 31 de março de 2017.

Campeão Goiano de 1965

Realizando uma campanha digna de elogios, o Anápolis conquistou pela primeira vez um campeonato, já no profissionalismo. Foi em 1965. A decisão foi diante do Vila Nova, tendo como palco o Estádio Jonas Duarte repleto de torcedores. O Vila Nova saiu na frente e chegou a estabelecer 2x0, através de Éverton e Elvécio. O Anápolis reagiu sensacionalmente, virando o marcador para 3x2, num jogo memorável. Morais, Nina, Osmar, Wilson e Áli; Genésio e Eudécio (falecido); Zezito, Dida, Nelson Parrilha e Deca, formaram a equipe vencedora. Altino Teixeira de Morais era o presidente; Ronaldo Jaime, o diretor de futebol; Caxambu, o técnico; Amim Antônio, o médico e os jogadores: Morais, Nelson Gama, Nina, Osmar, Wilson, Áli, Genésio, Eudécio, Dida, Nelson Parrilha, Deca e outros, que contribuíram para a inolvidável conquista.

O bravo Galo da Comarca

O Anápolis ao longo da história do futebol de Goiás, vem sendo uma equipe de garra e muita valentia. Campeão várias vezes nos certames anapolinos e campeão profissional do Estado em 1965 numa jornada memorável. Disputou o jogo final contra o Vila Nova em 1980 e perdeu pela contagem mínima. Na foto, uma das formações do tricolor anapolino no ano de 1980, aparecendo de pé, da esquerda para a direita: Erley, Batista, Roberto Chaves, Vinícius, Zé Mário e Caxias; agachados: Dadinho, Juca, Alencar, Esquerdinha e Roberto Carioca.

Trata-se de uma verdadeira saga recheada de histórias envolvendo especialmente o Hado Hajjar, descendente de extraordinária força física.

Depoimento de Sebastião Richelieu da Costa (Gegê), advogado, ex-presidente do Anápolis Futebol Clube:

> Certa vez eu, o Issa Daguer e o Hado, numa viagem, paramos no Posto do Japonês para tomarmos "algumas". Na hora de ir embora o Issa deu ré com a camionete e não viu que o Hado ainda estava tentando subir na cabine. Sem querer, e já devidamente "calibrado", ele passou por cima do peito do Hado que, apesar de não se machucar, ficou louco de raiva e queria bater no Issa. Este saiu em desabalada carreira até que os nervos se acalmassem.
>
> Em outra passagem, o Hado estava em um jogo no Estádio Olímpico. O Anápolis perdia por 4 a 1 para o Goiânia quando um grupo de torcedores do galo da capital provocou o jogador Wilson Preto, que estava machucado e sem condições de jogo vendo a partida das arquibancadas, falando que era muito feio um "negão" daquele tamanho chorando uma derrota. Por conta disso, Hado Hajjar tomou as dores de Wilson e resolveu encarar os torcedores. Nesse meio tempo apareceu um outro, chamado Orlando, bradando: deixa esse turco comigo que eu dou um jeito nele! Ato contínuo, Hado o pegou pelo colarinho, ergueu-o acima da cabeça como um halterofilista levantando peso e o arremessou no chão; subiu uma poeira de imediato, fruto da queda. O corpo do valentão ficou inerte, mas os gemidos se ouviam ao longe. Com isso os outros brigões desistiram da luta e fugiram. De tão nervoso e estressado o Hado retornou a pé para Anápolis.

Sebastião Richelieu da Costa (Gegê) entrevistado por Guilherme Verano

Associação Atlética Anapolina

Fruto da fusão entre Bahia Sport Club e Cruzeiro do Sul, a Anapolina, como hoje é conhecida, teve como primeiro nome Annapolis Sport Club, no ano de 1931, e como primeiro presidente o Dr. Manoel Gonçalves da Cruz. Entre os anos de 1942 e 1946 foi cognominada de "Pantera Goiano". No ano de 1947 se chamou Anápolis Esporte Clube para, finalmente, em 1º de janeiro de 1948, sob a batuta dos irmãos descendentes de italianos Laudo, Zeca e Júlio Puglisi, ser refundada como Associação Atlética Anapolina.

Depoimento do Dr. Pedro Chaves Canedo

(Médico oftalmologista, ex-presidente da Associação Atlética Anapolina)

Pedro Chaves Canedo

Considero que foi um integrante da colônia árabe, o radialista Miguel Jorge Squeff, o responsável pela minha entrada no futebol, juntamente com outros descendentes como o Dr. Fernando Faria, da família Sabbag, o Dr. Abrahão Issa Neto e o não descendente Dr. Paulo Augusto de Souza. A Anapolina acabou conseguindo vaga no campeonato brasileiro de 1978 pelas mãos do então deputado estadual Habib Issa, que convenceu o presidente da CBD, Almirante Heleno Nunes, da necessidade de uma cidade como Anápolis ter um representante na competição. Lembro-me bem de nomes como os do ex-presidente Wahib Elias Aidar, de Fued Bittar, Cecílio Rassi, Jamil Abrão, José Elias Isaac e Salim Caied, que eram conselheiros. Somente citando os descendentes de árabes tenho de falar também do José Abdalla e seus filhos Carlos Alberto e Júnior, grandes colaboradores, assim como os irmãos Caixe, Munir e Jamil. Sempre presentes estavam o William Ghannan, Camilo El Bazi

(ex-presidente), os irmãos Naoum, o ex-presidente Nélio Carneiro, também descendente, os irmãos, filhos do Gibrail Hanna, Nabil, Nadim e Elias (ex-presidente), o Afif Homsi, entre outros. Posso citar ex-jogadores como os irmãos Sabbag, Ronaldo e Amir, o popular "Fogueira", e o ex-senador Lindberg Aziz Cury (Lande). O então prefeito Jamel Cecílio foi fundamental para a entrada da "Xata" (com xis mesmo) no Campeonato Brasileiro de 1978, ao dobrar a capacidade do Estádio Jonas Duarte.

Como fato pitoresco me lembro que o Sebastião Seabra, que tinha uma lanchonete em frente à antiga estação rodoviária, local onde os jogadores desembarcavam, observava os atletas que chegavam, seja para a Anapolina ou para o Anápolis. Ele tinha um "olho clínico" muito bom e sempre aproveitava para prestar atenção no jeito de andar de cada um, característica, segundo ele, quase infalível para determinar se o sujeito era ou não bom de bola. Sendo aprovado neste primeiro quesito ele logo puxava conversa para saber por qual time o jogador seria contratado. Caso fosse para o Anápolis ele sempre dava um jeito de mudar a ideia do atleta e o convencia a assinar com a Anapolina. Por outro lado, caso ele não gostasse do jeito de andar ou da conversa, logo avisava aos dirigentes da Anapolina para desistir do contrato e o recomendava a procurar o Anápolis.

Ipiranga Atlético Clube

Fundado no dia 15 de novembro de 1952, o Ipiranga Atlético Clube, apelidado de "Gigante do Jundiaí" e também de "Clube das Garotas", se destacou por ser formado por jovens estudantes. Seu primeiro presidente foi o libanês Dahas Nicolau Bittar, que imigrou para o Brasil juntamente com os pais e os nove irmãos em 1934, tendo se estabelecido em Anápolis no início dos anos 1940, depois de passar por Santa Rita do Passa Quatro-SP e Ituiutaba-MG. O clube era muito organizado e foi o primeiro a ter um campo gramado, onde hoje se localiza o Parque Ambiental Ipiranga e se situava o Estádio Irani Ferreira Barbosa. Um dos mais apaixonados integrantes da colônia árabe era o Rodolfo Ghannan, que atuou como tesoureiro e diretor de futebol, dando apoio ao eterno presidente Davi Esteves. Outro nome sempre lembrado é o do Dr. Syrio Quinan, que por muitas vezes deu a devida assistência médica aos atletas, e também o Lindberg Aziz Cury (Lande), que começou no esporte através do clube, antes de se transferir para a Anapolina. Participaram de diversas diretorias também o Dr. Amim Antônio, José Gadia, Dr. Kalil Dib Zakhour, João Daguer e Abdão Sead. Um dos grandes craques da equipe foi Eluff "O Mestre".

Depoimento de Adhemar Santillo
(Ex-prefeito de Anápolis e atleta do Ipiranga)

Adhemar Santillo entrevistado por Guilherme Verano

Na final do campeonato anapolino de 1959, entre Anápolis e Ipiranga, em melhor de três jogos, aconteceu empate nos dois primeiros. Na terceira partida, que teimosamente também seguia empatada, o árbitro Joaquim Diogo deu um pênalti contra o Anápolis. O presidente do Galo da Comarca era o João Beze, que ficou furioso com a marcação. Ele desceu a arquibancada, invadiu o gramado e, com um revólver calibre 38 na cintura, foi para o gol onde seria batido o pênalti e perguntou quem cobraria o mesmo. Como não apareceu ninguém o jogo acabou ali. A penalidade somente foi batida depois, sem público, pelo Glicério, e o Ipiranga acabou como campeão.

Em pé, da esquerda para direita, os campeões de 1959: Issinha, Roberto, Pepey, Luis Pavão, Adhemar Santillo e Zanoni; agachados: Glicério, Guerrinha, Édson Galdino, Dadá e Tibico.

Entrevistas realizadas em
Abril de 2013 (Pedro Canedo)
Maio de 2013 (Sebastião Richelieu da Costa)
Junho de 2013 (Adhemar Santillo)

Convidados Especiais

Alex Abdallah

Entrevista com Alex Abdallah, fundador da cidade de Alexânia, ao programa "Árabes no Centro-Oeste"

De origem Libanesa e Síria, como a sua família veio parar no Centro-Oeste brasileiro?
A história da família foi pesquisada pelo ilustre professor de Corumbá de Goiás, que se tornou meu amigo, professor Ramiro Curado. Ele pesquisou e procurou resgatar a parte mais recente de Corumbá, e eu tive a oportunidade de participar da lide política, mais por necessidade, e não por vontade ou por gosto. Fui vereador, presidente da Câmara. Fui eleito vereador em 1958 e, imediatamente, fui conduzido à presidência da Câmara. Fiquei dois anos como presidente. Renunciei ao mandato para me candidatar a prefeito de Alexânia, porque já tinha sido criada a comarca e o município. O Tribunal Regional Eleitoral marcou eleições para o novo município.

Vamos voltar um pouquinho no tempo. Seu nome é Alex, e a cidade se chama Alexânia, não por outra razão. Como foi essa questão da fundação de Alexânia?
Eu alimentava esse sonho desde os meus 8 e 9 anos de idade de fundar uma cidade. E eu me espelhei na história que Pedro Ludovico escreveu para nós, goianos, da construção de Goiânia. Então, dos fatos que mais prendiam a minha atenção, destacava-se, principalmente, a construção de Goiânia, pois Goiás era quase que uma província. Só começou a modificar completamente a fisionomia geoeconômica com o advento de Pedro Ludovico, no comando da administração estadual.
Então, às vezes, o pessoal do círculo mais íntimo brincava. O pessoal até brincava com o meu irmão mais velho, o José Abdallah, pai do Ruy Abdallah, que foi presidente da Associação Comercial e Industrial de Anápolis, e participou ativamente da criação do Daia. Falavam "que eu era doidão", que falava em construir uma cidade. Para os mais íntimos da família, era caso

de internação em uma clínica de repouso. Mas eu não ia pela crítica daqueles que estavam ao meu redor. Para mim, eu fazia a seguinte crítica: se enxergam apenas um palmo depois da ponta do nariz, eu enxergo a Cordilheira dos Andes. Então, eu tenho que acreditar na minha capacidade de trabalho e na minha visão. Eu sei que é uma epopeia, do nada, só da vontade, você partir e construir uma cidade.

Realmente, hoje, olhando *a priori*, olhando para trás, com o advento de Brasília, o meu grande lucro foi ter ocupado uma porção do sertão inóspito do meu estado e criado condições de vida para centenas ou milhares de famílias. Hoje eu me sinto realmente realizado, não financeiramente, pois o meu sonho não esse; atendendo ao vislumbre do poeta, meu sonho era de não passar a vida em brancas nuvens, mas deixar marcas por aqui, pelo menos, de uma árvore plantada. E muito mais do que plantar uma árvore, eu queria plantar uma floresta de casas. Consegui, esse é o meu grande lucro.

Qual a visão que o senhor tem do Alex mais jovem daquela época.

Um sonhador, um bandeirante, um plantador de cidade. Isso me orgulha muito. Sempre levando uma vida muito modesta. Mas você perguntou antes sobre a origem da palavra Alexânia. Eu tinha um professor, quando eu estudei no Colégio Anchieta, em Silvânia, que se chamava professor padre Lobo. Ele era muito culto, estudioso, e ele falava que Silvânia, antiga Bonfim, deveria mudar de nome. Ele então sugeriu, através do que restava da história de Bonfim, pois ela surgiu à margem de um córrego, que se chamava Lava-pés, e de uma mata, que foi doada a Nossa Senhora. Então, ele pegou o nome dessa mata, que era de Nossa Senhora, e pesquisou no latim e encontrou a palavra silva, que significava floresta, mata, e procurou o sufixo que tivesse o mesmo sentido de pólis, do grego, que significa cidade. Então, ele pegou do hebraico a palavra "ania", que queria dizer povoado, cidade. E eu, automaticamente, fui formando um nome daquela que, através dos meus sonhos, eu estava montando. Bom,

Alex Abdallah entrevistado por Guilherme Verano

eu pensei em Alexânia, e achei que ficava bem, já que eu sou o fundador. Não é culto à personalidade, bem dirá a história. Então, eu parti para construir a minha cidade.

Mas começou como? Seria um loteamento, alguma coisa assim?
Eu comecei colhendo subsídios. Eu tinha vontade de fazê-la, em termos de colonização, como Ceres. As cidades que existiam mais próximas de Anápolis eram Jaraguá, Ceres, Uruana e outras mais, eu fui até lá. Como eu era amigo de caminhoneiros, peguei uma carona e fui até lá, para saber como havia sido construída a cidade. A primeira delas foi Uruana, a "Terra das Melancias". Lá, fiquei conhecendo um genro do coronel José Alves Toledo, o fundador de Uruana. E ele marcou audiência com seu sogro para que eu pudesse entrevistá-lo. Na entrevista perguntei como é que ele conseguiu fazer aquela cidade. Então ele me disse:
Olha, eu vim aqui visitar uns conterrâneos meus, de Minas Gerais, eu e minha senhora, e gostei muito dessa região. Então, eu e minha senhora resolvemos vender as terras que tínhamos lá e comprar aqui, às margens do rio Uru, terras férteis, e tudo mais, aí nós mudamos para cá. Quando eu já havia tomado posse da fazenda, nas minhas andanças por ela, a cavalo, sempre passava por esta região onde nos encontramos hoje, e achava o local muito propício para construir uma cidade. E com ela (esposa), trocando ideias, nós resolvemos, então, construir uma capela. Eu conhecia o padre lá de Jaraguá, que se prontificou a dar assistência religiosa. Então, assim nasceu Uruana. Eu comecei a construir a minha casa, e nós começamos a fazer as novenas, o pessoal começou a frequentar as solenidades religiosas e outros proprietários aqui da região resolveram montar algum comércio. Um montava um boteco, outro montava um pequeno armazém, e aí a cidade foi crescendo.
Então, eu andava, na verdade, procurando subsídios. Fui a outras localidades, como Diolândia, e me tornei amigo do fundador, Dionísio, um baiano. Também lá ele era delegado, e me convidou para me hospedar na casa dele. Eu era garoto ainda, rapazinho. E a senhora dele resolveu então construir uma capela. Se você estudar a origem das cidades no Brasil, as cidades planificadas, planejadas, são poucas. Diz a história que essas cidades nasceu ao léu.
Membros da minha família materna (Souza), vindos de Silvânia, resolveram também construir uma capela. Então eu acho que não nasceram ao léu, nasceram à sombra de uma força maior, que era o sentimento religioso, predominante na época, que era, principalmente, a igreja católica.
Ao longo da história da construção da cidade, eu sempre recebi caravanas de estudantes procurando subsídios para fazerem trabalhos escolares. Tomavam boa parte do meu tempo, mas eu fazia com satisfação. Então, diante desses sucessivos assédios e solicitação de entrevistas, senti a necessidade, também, de resgatar a história da minha cidade. Assim essa história ficaria aí para a posteridade, para todos os interessados, estudantes...
Mas baseado na história de Pedro Ludovico, com a construção de Goiânia, cheguei à conclusão de que.... Buffon – na verdade, ele quis dizer Rousseau (Jean Jaques Rousseau, definiu o homem como produto do meio. Eu fiz uma ligeira crítica às suas colocações,

acreditando que o homem é muito mais produto de sua própria vontade do que produto do meio, pois a história nos mostra que, quando há coragem e determinação e uma dose grande de patriotismo, nós podemos mudar a maneira de pensar e de agir até de uma comunidade, como aconteceu com a construção de Goiânia. Goiás era um dos estados mais atrasados da federação e tornou-se um centro que passou a transferir para todo o Brasil uma imagem diferenciada. E nós sentimos nesse período uma transformação muito grande, econômica e social.

Nietzsche (Friedrich Wilhelm Nietzsche, filósofo alemão), que era tido como louco, sonhador... dizia que "onde houver uma vontade haverá também um espaço, um lugar". É só procurá-lo, aí eu completo, e vamos encontrar. Essas foram as minhas pegadas, que nortearam a minha história. Eu acho que o homem é mais produto da sua vontade. Com relação ao Brasil, como estivemos comentando, eu acho que a história desse país está dividida em dois períodos: antes e depois de Juscelino Kubitschek. O que era o Brasil antes de Juscelino? Era uma província. A sua grande arrancada começou com Juscelino. Juscelino, quando ainda em campanha política, em outubro de 1955, saiu candidato à presidência da República. E nesse mesmo ano foi eleito. E quando de sua viagem pelo Brasil, ele visitou Goiânia pela primeira vez. Ficou estupefato de ver aquela beleza de cidade, embora ainda muito jovem, e perguntou ao símbolo maior da nossa história, Pedro Ludovico, como havia conseguido, com parcos recursos, sem meio de comunicação e estradas, a situação financeira do Estado muito ruim, construir uma cidade tão bela, tão aconchegante. Então, Pedro Ludovico disse: "Quando há determinação, coragem e, principalmente, uma dose grande de patriotismo, nós podemos, até mesmo no lombo dos burros, transportar todo o material necessário para construí-las". Eu tive a honra de ser amigo e correligionário de Pedro Ludovico, e ouvi dele muitas vezes fatos históricos que ele narrava correligionários que frequentavam a sua casa, localizada hoje onde é o Museu Pedro Ludovico Teixeira. Então, foi aí que eu comecei a sentir a possibilidade, mesmo sem nenhum recurso financeiro. Mesmo não podendo fazer em termos de colonização, como eu tive a oportunidade de conhecer Ceres, nação que estava empenhada em construir uma colônia agrícola, a pedido do nosso governador, que era o Pedro Ludovico.

O senhor teve convivência com o engenheiro Bernardo Sayão?
Tive convivência com ele e amizade. Ele acabou vindo para Alexânia e adquiriu uma fazenda. Teve um historiador de Brasília, que lançou um livro no ano passado, e que chegou a fazer uma crítica, dizendo que a estrada que hoje demanda à Brasília poderia ser muito mais curta do que a atual. E que essa atual só foi aumentada no seu comprimento, porque estava em jogo o interesse de duas pessoas importantes, que seriam Bernardo Sayão e Alex Abdallah. Eu nunca fui importante, sou um humilde trabalhador. Então, o cidadão queira me desculpar, mas é falta de cultura, pois, observando, na verdade, o mapa da região onde está o quadrilátero do Distrito Federal, e a cabeça de ponte, que é Anápolis, que é de onde deveria sair a futura ligação entre Goiás e o Distrito Federal, ela entra pelo sul do quadrilátero e não pelo oeste,

que seria a distância mais curta. Mas Juscelino disse da prioridade e da pressa em construí-la, pois tudo que demandava à Brasília passava pela estrada de terra a partir de Corumbá e Anápolis. Então, ela foi construída procurando o caminho mais curto entre dois pontos, o que tecnicamente está absolutamente correto por causa da topografia do vale do rio Areias e a do rio Descoberto, pois, a movimentação de terraplenagem seria muito grande e a demora, evidentemente, teria que acompanhar as dimensões da construção, principalmente de todo o material necessário.

Então, a tese de que a estrada passa, teoricamente, na porta da fazenda de Bernardo Sayão, vai por água abaixo?
É vazia, são aqueles que procuram aparecer e vão escrevendo sem base técnica ou científica, sem procurar fazer justiça.

Vamos falar um pouquinho da convivência com o Juscelino.
O que era o Brasil quando ele foi ele foi eleito em 1955 e tomou posse em 31 de janeiro de 1956? A indústria automobilística praticamente não existia. Fabricava-se um caminhão que o povo chamava de Fenemê (FNM), da Fábrica Nacional de Motores, e nada mais. Então, foi ele o responsável pela introdução e o crescimento da indústria automobilística no Brasil. Foi ele o responsável pela construção dos primeiros estaleiros e pela fabricação de navios no país. A indústria petroquímica nasceu e cresceu com ele. A indústria automobilística, a indústria naval, a construção de Brasília e a transformação gigante pela qual o país passou a ter surgiram a partir da administração do saudoso presidente Juscelino Kubitschek. Eu tive a honra de recebê-lo aqui em Alexânia.

Como era o presidente Juscelino no trato pessoal?
Era uma pessoa simpaticíssima e muito educada. Ele tinha lances rápidos de raciocínio, que só uma pessoa muito inteligente pode mostrar. Nós estávamos conversando com ele, mas seu pensamento já estava lá pelos lados da Cordilheira dos Andes. Tenho as fotografias de quando os recebi; elas irão fazer parte do meu livro. E ao recebê-lo aqui para almoçar com a gente, sua família, incluindo dona Sarah, também o responsável pela campanha dele para a presidência da República, e depois a senador por Goiás, o deputado federal Carlos Murilo, eu disse a ele: "Olha, excelência, é uma grande honra recebê-lo na minha humilde cidade, gostaria que ela estivesse à altura de seus grandes méritos". Então ele me disse: "Olha, a honra é toda minha", porque o Vilas (Antônio Martins Vilas Boas), que era um dos braços direitos de Juscelino, e que foi presidente do Supremo Tribunal Federal, presidente do Superior Tribunal Eleitoral, foi seu colega quando começaram a vida em Belo Horizonte. O ministro Vilas Boas começou com Juscelino, quando ele foi interventor e prefeito em Belo Horizonte, quando surgiram as obras famosas da Pampulha, a igrejinha. E ali começaram a aparecer os grandes vultos da nossa arquitetura, como Oscar Niemayer, Lúcio Costa e outros. Dali em diante eles sempre estiveram juntos até o final. Então, ele me disse: "Como me

contou o Vilas, a sua história, eu é que tenho muito a admirá-lo por estar construindo uma cidade só com determinação e coragem. E eu não, eu conto com os recursos da nação". Isso foi muito gratificante, e ficou gravado na minha memória.

Vamos falar um pouquinho de natureza, até aproveitando esse visual maravilhoso da sua residência, pois é sempre importante o lado da preservação ambiental. Como foi a ocupação desse espaço aqui?

Quando eu vim conhecer a região que eu mais ou menos calculava ser o sítio ideal para construir a cidade dos meus sonhos, não tinha acesso por estrada de rodagem. Todo o acesso era feito a cavalo e chegando a Aparecida de Loiola, na divisa com Corumbá, conheci um cidadão chamado Elpídio Rosa. Conversando com ele, falei que precisava vir à região da fazenda Mutum, São Tomé, então ele disse que para chegar lá, somente a cavalo, mas que tinha uma chácara aqui, na periferia da cidade e se eu precisasse dos animais e da sua humilde pessoa, ele poderia me acompanhar e me levar aonde eu quisesse. Então, as primeiras viagens para conhecer a região onde hoje se encontra Alexânia, nós fizemos a cavalo. Eram viagens lentas e vagarosas e, procurando ocupar da melhor maneira o tempo, eu namorava o bioma, o cerrado, até então o casto cerrado da minha região. Ficava olhando algumas árvores, como o vinhático, a madeira melhor do bioma para cerca e para solo. A sucupira branca, também, da família das leguminosas. Mas aquela que sobressaía, sobremaneira, era o pequizeiro, muito abundante na região. Esse fazia parte dos hábitos alimentares da minha família. Então, eu começava a imaginá-los, para preencher o tempo, carregados de frutos, e os frutos caindo, e muitas vezes debaixo de seus pés para matar a fome. E o meu companheiro esquecia-se de trazer a matura ou merenda. Era debaixo dos pés de pequi que nós ruíamos uns caroços e aquilo acabava nos alimentando. Eu tinha muito prazer em ver a vegetação do meu município. E vi com muita tristeza as mudanças acontecerem. Eu vi a chegada dos primeiros pioneiros, eu vi de perto a mecanização da lavoura para o plantio de soja e milho. Eu vi a aplicação e a mudança da qualidade do solo, que era uma das terras mais baratas do meu Estado, crescerem e atingir o máximo de valorização. Como diz o nosso secretário da Agricultura, de Alexânia, Marcelo, "hoje as nossas terras estão equiparadas entre as melhores do país. Em termos de produtividade e qualidade". Então, eu vi com tristeza a mecanização levar o nosso cerrado, muitas vezes sem consciência e falta de conhecimento; até os pequizeiros e tudo mais que existia foram sendo varridos do nosso bioma.

Então, alegria por um lado, mas vendo pelo outro lado as produções empresariais acontecerem e as mudanças na economia do município, principalmente na área social e a valorização imobiliária.

A presença árabe em Anápolis

Aqui nos bastidores, antes da gravação do programa o senhor falava da importância da água da sua propriedade, para o próprio município de Alexânia. Como é ela se dá?

Uma das maiores riquezas que nós temos na região é a bacia hidrográfica. Então, aqui nós temos as nascentes das principais bacias da América do Sul: a bacia Amazônica, a bacia do Prata, e a genuinamente brasileira, a do São Francisco, a do velho Chico, as carrancas, dos dourados e surubins, da sua fauna. Aqui esteve um dos maiores geólogos do país, que fazia parte da Comissão Cruls para os estudos e demarcações dessa futura região onde deveria ser construída a futura capital do Brasil, como diria Juscelino: "Em cumprimento a um preceito constitucional, vamos erigir no Planalto Central Goiano o grande e sonhado desejo da maioria dos brasileiros, que anteviu o crescimento e o aproveitamento das riquezas do Planalto Central Goiano". Eu estive aqui 10 anos antes da construção de Brasília, quando ainda fazia o ginásio na cidade de Anápolis, no Colégio São Francisco, eu tive lá um colega de nome Mário Dutra, que era natural da cidade de Planaltina. E eu manifestei em uma oportunidade a vontade de conhecer a pedra fundamental, que foi erigida no governo de Epitácio Pessoa, em 1922, por determinação de Floriano Peixoto. E ele me disse: "Mas é muito fácil, eu moro perto da pedra fundamental, eu sou lá da cidade de Planaltina, você sabe disso. Por quê?" Eu respondi que tinha muita vontade de conhecer, é um marco histórico. Eu não sei por que me atrai muito, mas eu tenho vontade.

E ele me disse que isso seria muito fácil, e me perguntou como faríamos para ir até lá. Eu respondi que iria ver. Seria uma turma que estaria indo ao Planalto fazer estudos, nós éramos estudantes, seria mais conhecimentos e mais cultura para todos nós. "Se vocês confiarem!". eu disse. Aí, outros colegas se interessaram. Então eu falei que poderíamos formar uma comissão e iríamos até o prefeito. E fomos ao prefeito de Anápolis. Ele disse que poderia ajudar, mas só com o caminhão da prefeitura, o motorista e o ajudante, mas o combustível, não, seria por nossa conta. Eu disse que estaria ótima a ajuda.

O senhor se lembra quem era o prefeito na época?

Parece que era Carlos de Pina, mas eu não posso precisar, pois a memória está cansada. Então eu falei: olha, a gasolina, nós vamos ver com os comerciantes.

Tinha um parente nosso, da família Abdallah Helou, Barbahan Helou, do Armazém Brasil, que era um diplomata, não parecia um comerciante. Era muito educado, comunicativo. Então, eu falei: como ele era o maior comerciante aqui de Anápolis, vamos procurá-lo, falando do nosso desejo e da nossa vontade, eu tenho certeza que ele vai nos ajudar. Ele me chamava de primo, porque realmente somos parentes. Então, ele perguntou: "O que foi brimo (primo), que você está com essa rapaziada toda aí?" Eu falei para ele que a gente estava com vontade de conhecer a pedra fundamental, onde se pretende construir a futura capital do Brasil, então, o caminhão nós já tínhamos arrumado com a prefeitura. Era a turma do Colégio São Francisco, a turma toda dos colegas, mais dois ou três professores que ficaram entusiasmados, e também queriam fazer parte. Aí o Barbahan disse: "Primo inteligente, coisa boa aprender mais umas coisas. Eu vou colaborar." Então, eu disse a ele: "Nós estamos aqui com um caderninho para o senhor assinar pra nós." Aí ele assinou: Barbahan Helou, um tambor de gasolina – 200 litros. E a turma ficou muito satisfeita. Teve um que falou que já dava. Eu fiz sinal para ele ficar calado. É melhor sobrar do que faltar. Como ele assinou o caderno, nós fomos a outro comerciante, que disputa com ele a primazia comercial de Anápolis, Salim Caied. Cheguei nele e falei que o seu Barbahan já tinha colaborado. Mostrei o caderno, e ele amarelou, pois viu que o Barbahan já tinha dado 200 litros. Ele também, para não ficar em desvantagem, deu a mesma quantidade de gasolina, ou seja, mais 200 litros, totalizando 400 litros.

Quando nós saímos, a turma disse: "Alex, você é o capeta." Eu disse, não, o capeta não está presente, quem está é Deus, nos orientando. Temos que agradecer lá em cima e não cá embaixo. Marcamos a data e saímos. Hospedamo-nos na casa do Mário Dutra, e de lá fomos até a pedra fundamental, a cachoeira do Pipiripau, a cachoeira do Paranoá. Eu tenho até fotos tiradas nessa oportunidade. Fomos à Lagoa Feia, próximo à cidade de Formosa, onde nasce o rio Preto, que é um dos principais afluentes do rio São Francisco, pela margem esquerda.

E nos realizamos nessa aventura cultural. Aprendi muito. E quando nós voltamos, o motorista resolveu passar pelo funil, passando por dentro, onde já existia o povoado de Olhos d'Água, que mais tarde eu ajudei a emancipar, mudando a sede do município para o povoado de Alexânia. E essas modificações não podiam acontecer. Elas fugiam de nossas atribuições do legislativo e executivo municipais. Como o progresso maior passou a ser em Alexânia, os principais comerciantes começaram a pedir lotes, e eu fui doando lotes, foi instalada a Coletoria Estadual e a Delegacia de Polícia. Enquanto Olho d'Água estava com mais ou menos 130 habitantes, Alexânia já passava de 800. Então se ventilou a ideia de mudar a sede do município. A Câmara votou o projeto, e eu, como maior interessado no progresso da região, sancionei a lei. E ficou, município de Olhos d'Água, com sede no povoado de Alexânia, pois as atribuições para mudar o nome do município já fugiam às prerrogativas municipais, era algo de estrita competência dos poderes legislativo e executivo estaduais. E como essas modificações territoriais só podem acontecer de cinco em cinco anos, tivemos que aguardar o ano certo para que a Assembleia Legislativa do estado se decidisse pela mudança do nome. Eu não participei de injunção política, mas a essa altura já havia chegado a Alexânia o senhor Nelson Santos, que era conhecido como o rei do diamante, eu o ajudei a adquirir terras aqui no entorno, e eles queriam comprar também Alexânia, mas Alexânia não estava à venda, não era de negócio. Eles resolveram entrar na política para defender interesses deles, e sugeriu através da sua representante na Assembleia Legislativa, Almerinda Arantes, que entrasse com outro nome para concorrer com o nome de Alexânia. Tentaram jogar Pedro Ludovico na questão, queriam que botasse o nome de Cidade Pedro Ludovico. E o que defendeu a ideia de Alexânia foi Celestino Filho, a quem Pedro Ludovico disse: "Olha, quem fez tudo lá foi o Alex, meu amigo, nosso correligionário". Eram 32 deputados, Almerinda votou num nome qualquer, um se absteve e 30 votaram a favor de Alexânia, em homenagem ao modesto e humilde fundador de Alexânia.

Entrevista realizada em abril de 2013

Jibran Salem Barbar

Entrevista com o professor Jibran Salem Barbar, filho de Salem Jamil Sleiman Barbar e Saodi Barbar, ao programa "Árabes no Centro-Oeste"

Jibran, seja muito bem vindo e muito obrigado pela deferência conosco e de estar abrindo a sua casa para contar a história da sua família.

Eu é que agradeço. O árabe, no Brasil, deu uma contribuição muito grande. E vocês estão resgatando essa cultura, essa história. Isso é muito importante para o registro do desenvolvimento do Brasil.

Qual o nome e o sobrenome da sua família e a origem?

O meu pai chegou aqui no final da década de 1950. Meu pai chamava-se Salem Jamil Sleiman Barbar e minha mãe, Saodi Barbar. Ele veio da região de Hakur, que fica no estado de Akkar, no norte do Líbano. A minha mãe já estava aqui, pois o meu avô, que é Hanna Saud e minha vó, Joana Kadice, moravam no Brasil. Então, temos aí as duas famílias que vieram para cá, a família Barbar e a família Kadice, que formam a nossa família. Então, eles se conheceram. Meu pai veio para cá com 17 anos. Segundo o meu pai, ele veio conhecer o dinheiro do Líbano aqui no Brasil. Na verdade, muitos árabes vieram para cá com a intenção de vencer, para "fazer a América". Eles pensavam que o Brasil tinha os frutos igual aos Estados Unidos. Quem veio para cá, achou que poderia ser fácil a vida, mas tiveram que trabalhar muito, tiveram que mascatear. Meu pai veio para cá com 17 anos, e começou a vender roupa em armarinhos, na região do Triângulo Mineiro, em Uberlândia, onde tinha um tio foi trabalhar. Algumas vezes viajei com ele para ajudá-lo na mascateação, da mesma forma meu irmão. Ele fazia algumas regiões, que a gente chamava de zonas, que eram aproximadamente de 10 a 15 cidades, e ficávamos de uma a duas semanas fora. Meu pai era um dos grandes comerciantes do Triângulo Mineiro. Teve período em que chegou a vender 10, 20 mil peças.

Na época ele abriu uma loja com o nome de "A Libanesa"; posteriormente, ele fez parte de uma fábrica de camisas e, depois, ele voltou para a loja, e trabalha até hoje. Ele diz que se ficar em casa, vai ficar doente. Com 77 anos, ele levanta cedo, vai trabalhar, e juntando tudo, tem 50 anos de comércio.

E sua mãe, ela chegou a participar ou participa do dia a dia dos negócios ou era mais aquela mãe de ficar em casa e cuidar da casa e dos filhos?

Além de ter criado seis filhos, ela ainda participa dos negócios do meu pai e é vendedora também, e já foi consagrada como a melhor vendedora, em um shopping que a gente trabalha lá em Uberlândia. Ela está com 70 anos. E nesse ano (2011) estão completando 50 anos de casamento.

E a importância que o árabe dá aos estudos?

Essa era uma das exigências do meu pai. Todos seus filhos teriam que ter o curso universitário. Era uma questão de honra. Inclusive, no Líbano meu pai havia estudado Desenho Industrial, ele tinha essa vontade de ter concluído o curso superior, mas não pôde seguir adiante. Ao lado do estudo ele dizia "se você quer vencer na vida, você tem que trabalhar".

Pegando mais a sua história, particularmente, como foi que você saiu lá do Triângulo Mineiro e veio parar aqui em Goiânia?

Aí é outra história de mascate. Eu comecei a dar aulas com dezoito anos. Eu já dava aulas na região de Uberlândia e em outras cidades da região do Triângulo Mineiro. Apareceu uma oportunidade em Goiânia, em 1997, e fiquei aqui até 2000, retornando para Uberlândia. Em 2003, surgiu outra oportunidade, e agora estou aqui, praticamente fixo. Então, buscando uma analogia com meu pai, eu também me tornei um mascate, mascateando aulas, mascateando o conhecimento, de cidade em cidade.

Jibran Salem Barbar entrevistado por Guilherme Verano

Entrevista realizada em 2 de novembro de 2011

Luiz Rassi

Entrevista com o médico Luiz Rassi ao programa "Árabes no Centro-Oeste"

Primeiro eu queria agradecer ao senhor por estar participando do programa, acho uma deferência muito grande, uma figura tão ilustre da Medicina estar falando com a gente.

É sempre um prazer poder contribuir para relembrar a história dos libaneses e filhos que vieram desde o início do século XX para Goiás. De forma que isso é honroso para a gente, principalmente porque nós temos aqui um ponto bastante importante do ponto de vista da imigração libanesa e síria.

Luiz Rassi entrevistado por Guilherme Verano

425

Qual a origem da família Rassi?

A origem da família Rassi é exclusivamente libanesa. E ela é alusiva a um morro que existe no norte do Líbano, que mesmo em árabe, quando se fala da família é Rassi. Rassi significa a cabeça do morro, por isso que dentro daquela lei patronímica, eles adquiriram esse sobrenome graças ao cume da montanha da zona norte do Líbano, da mesma forma que o nome Daher significa encostas da montanha. A origem da família Rassi, Daher e Nabut sofreu modificações ao longo de muitas gerações; há várias versões, que hoje talvez sejam mais lenda do que realidade. Ela veio e ficou. Minha esposa, Lígia de Moura Rassi, veio quando era mocinha, já casada. Aqui eu permanentemente rendo uma homenagem a ela por ter escrito a história da família, em uma época em que era um verdadeiro desafio, pois a internet ainda não estava ajudando como agora. Hoje é fácil identificar as pessoas, origens, nomes etc. Esse foi um trabalho de pesquisa. Inclusive, eu a acompanhei várias vezes ao Líbano. Fomos à Cuba várias vezes, para onde foram os primeiros emigrantes libaneses. E, também, da mesma forma com relação aqueles que foram para os Estados Unidos, principalmente para o estado da Flórida, que é o estado mais próximo de Cuba, como também para outros países da América do Norte e do Sul, como outros que emigraram para a Austrália, outros que emigraram, posteriormente, para o Brasil e para a Argentina. Então ela fez sucessivas quase todas elas comigo, fomos mais para Cuba e para o Líbano.

E o que vocês encontraram por lá?

Como nós já tínhamos parentes, ela não teve dificuldades em contatá-los, pois ela falava várias línguas, inclusive, arranhava razoavelmente o árabe. Ela nunca tinha entrado nessa

O casal Abrão Khalil Rassi e Mariana Salim Tannus Rassi e seus filhos. Da esquerda para a direita: Aurora, Luiz, Glória, Salvador, Alberto e Jamil. Union de Reyes, Cuba, 1923

área de história familiar, era mais uma poeta, escritora, mas, como biógrafa, esse foi o primeiro trabalho que ela fez, levou entre cinco e seis anos, fazendo essas pesquisas [in loco]. Então, permanentemente, rendo essa homenagem, pois ela deixou de fazer a história da família dela para fazer a da minha família. Isso mostra o grau de aproximação que ela teve desde o início comigo. O pai dela, Pedro Moura, foi meu professor de cirurgia na Faculdade Nacional de Medicina do Rio de Janeiro. Ela perpetuou a memória da família. Hoje, tanto a família Daher, Rassi e Nabut, estão na quinta ou sexta gerações. Elas já se confundem com a família propriamente dita brasileiras. Restam alguns que ainda mantêm contato familiar com a origem, o Líbano ou a Síria. Mas a origem da família Daher, Rassi e Nabut, ela se perde no tempo, por isso é que eu disse no início, que há um pouco de lenda em torno disso.

Vamos falar de fatos que o senhor conhece. Como é o nome do seu pai e da sua mãe?
Tanto meu pai como a minha mãe são da família Rassi, muito entrelaçada com Daher lá e Daher aqui no Brasil. O grau de parentesco é muito próximo. Meu pai chamava-se Abrão Khalil Rassi e minha mãe, Mariana Salim Tannus Rassi.

E como a família veio parar no Brasil?
A minha família veio parar no Brasil, fugindo da perseguição muçulmana turco-otomana. Na época, os países árabes como a Síria, o Líbano, a Palestina e a Jordânia tinham uma população majoritariamente cristã. O islamismo entrou com força total para mudar a religião cristã, que eles consideravam infiel. E, por causa disso, a perseguição era violenta. Eles dominaram os países árabes cristãos durante 400 anos seguidos, desde 1520, aproximadamente, até 1918, quando terminou a Primeira Grande Guerra Mundial. Então, o que aconteceu foi que a Turquia foi obrigada a sair do mando violento contra os países árabes, entregando esses países cristãos principalmente para a França e Inglaterra tutelarem durante 15 anos, coisa que não aconteceu, levaram mais de 25 anos depois de muita pressão também.
Então, diante disso, a partir da última década do século XIX, ou seja, entre 1800 e 1900, os que puderam sair, saíram, seja fugindo, seja com o passaporte autorizado pela Turquia. Hoje, isso já pertence ao passado da história universal, da história do Oriente. Mesmo assim ainda se guarda resquícios daquela época. Os que vinham do Líbano ou da Síria não sabiam para onde iam ou iriam permanecer, eles somente sabiam que iriam para a América. Independente da bandeira do navio, que era cargueiro, nunca um navio de passageiro desceu aqui, eles nem queriam saber quem estava descendo. E o os navios que mais contribuíram para transportar essa gente do Líbano, principalmente de Trípoli, de Beirute ou de outro porto árabe, eram de bandeira espanhola. E como a Espanha tinha ainda colônias na América, e Cuba era a principal, o primeiro porto onde iriam descer seria Havana. Então, chegavam lá, e falavam que quem quisesse descer poderia fazer isso. Então, meu pai foi para Cuba solteiro, menino ainda, com 16 para 17 anos.

Foi sozinho ou tinha alguém acompanhando ele?

Tinha os primos, que já estavam com vinte e poucos anos, mas ninguém falava uma palavra em espanhol, somente o árabe, e lá começaram a mascatear. Meu pai foi como emigrante do Líbano para Cuba, quando tinha seus 16 a 17 anos. Não foi fugido, mas quase que saiu de lá às escondidas. Ele foi acompanhando três primos. Esses se "cubanizaram" logo porque casaram pouco depois que chegaram, para serem melhor recebidos pela população. A língua única que eles falavam era o árabe, o árabe é difícil de ser compreendido, mesmo assim eles conseguiram se enraizar, primeiramente como mascates. Era a forma mais prática de ganhar algum dinheiro rapidamente para se manterem. Quando o emigrante saía do país de origem, notadamente o Líbano ou a Síria, saía sem dinheiro nenhum. E a única forma de fazer algum dinheiro era mascatear. E quando perguntavam a eles, diziam que iam fazer a América. E fazer a América significava trabalhar e ganhar dinheiro. Mas o dinheiro também não ficava com eles, mandavam para a família. A preocupação maior era manter a família, que sofria toda espécie de restrição por parte da Turquia otomana. Por isso mesmo que os pais deles, meus avós, preferiram deixá-lo sair, a vê-lo praticamente numa miséria terrível, como era na época. Então, Cuba como colônia espanhola, em 1896 – quando meu pai estava com 16 para 17 anos, pois ele nasceu por volta de 1880 – já era conhecida como América e como um lugar bom para trabalhar e ganhar dinheiro. Da mesma forma outras famílias foram para lá também, sempre uns encostando-se nos outros que estavam há mais tempo. Então, muitos ganharam bastante dinheiro, voltaram para o país de origem e depois retornaram para a América.

E o caso do seu pai, como foi?

Meu pai foi menino, mas meus avós, principalmente meu avô, pediam para ele voltar, para casar no Líbano, e depois retornar, se quisesse. Ele tinha certo cuidado, pois meu pai foi para lá ainda menino, e naquela época o filho obedecia ao pai. Ele voltou para o Líbano, casou-se e ficou por lá um ano e meio ou dois anos, e quando acabou o dinheiro, voltou novamente para Cuba, levando a esposa, provavelmente já grávida do primeiro filho, meu irmão, que se chamava Leonardo. Meus pais vieram para o Brasil para não enfrentar a crise econômica de 1920, que se estendeu por muitos anos. Eles chegaram já com seis filhos: Leonardo (1912), Alberto (1915), Salvador[1] (1916), que faleceu em Vianópolis, para onde fomos, Glória (1918) e eu (1920), como o quinto filho, e Aurora (1922). Depois nasceram mais quatro aqui, que se chamavam: João (1925), em homenagem ao irmão do meu pai que foi assassinado, em Campo Formoso, hoje, Orizona (GO), aí veio Fued Raul (1927), Anis (1929) e o Afif (1932).

Quando eles vieram para o Brasil, em que lugar se estabeleceram?

Em Vianópolis (GO). A família Rassi se fixou primeiramente em Vianópolis, da mesma forma que a família Daher se fixou em Ipameri. Nós ficamos em Vianópolis de 1924 a dezembro de 1942, quando mudamos para Goiânia, em caráter definitivo.

---

1 Hospital São Salvador em Goiânia detém esse nome em sua homenagem.

Tinha alguma referência aqui ou a construção da capital era uma boa perspectiva de negócio?

Meu pai sempre foi comerciante. De mascate que era em Cuba, continuou aqui no Brasil como comerciante, mas não como mascate. E sempre os parentes já bem situados financeiramente, ajudavam, davam esse apoio financeiro, apoio de toda natureza. E, foi assim que ele não teve necessidade de ser mascate, já se estabeleceu como comerciante. E como ele ficou em Cuba durante dois períodos, no primeiro quase 15 anos, e no segundo período mais ou menos 14 anos, ele já dominava bem a língua espanhola, então a língua portuguesa ficou fácil de ser compreendida e falada. A primeira providência que ele tomou foi procurar educar os filhos. Em Goiás, até 1935, só existia curso primário em escola pública, não existia escola particular. Foi a partir daí, e depois vou lhe contar também, a participação da família Daher em Ipameri, em relação ao ginásio. É muito interessante isso aí não só para caracterizar o espírito educacional da família mas porque também o estado deve uma homenagem à família Daher, que foi quem construiu o terceiro ginásio no estado de Goiás, em 1933. Então, como Vianópolis foi a capital dos Rassi, Ipameri foi a capital dos Daher.

Vamos falar um pouquinho do senhor. Como foi parar na Escola Nacional de Medicina, para se formar como médico?

Provavelmente, eu estava fadado a ser comerciante, as circunstâncias é que forçavam para isso. Em 1934, meu pai já tinha estabelecido uma mudança na vida comercial e na vida dos filhos. Então, meu pai já estabeleceu com meus irmãos, que o Leonardo e o Salvador, que tinha o apelido de Farruco (em alusão a Farouk, que era o Faraó), viriam para Goiânia, pois a propaganda na época era tão grande, que não tinha dúvida que todos que habitavam aqui acreditavam na nova capital, assim os dois viriam para cá para abrir um comércio qualquer. Eu, nessa época, tinha 14 anos, teria que ficar em casa, com o meu pai, na loja, pois ele já estava um pouco velho, não digo cansado, mas precisava de alguns cuidados a mais. Eu tinha terminado o curso primário, que era de cinco anos, lá no ginásio, que hoje tem o nome de Americano do Brasil. Terminei e procurava ver com meu pai se eu podia estudar fora, pois ginásio não tinha. E meu pai dizia: "Eu não tenho condições de abrir loja para os seus irmãos em Goiânia, e não tendo condições de você ir, você vai ficar comigo". Eu chorava para poder estudar.

Mas já tinha essa ideia de Medicina na cabeça ou não?

Não, na época eu nem sabia o que era, queria estudar no ginásio. Nessa época, o meu irmão mais velho, que já faleceu, fez uma operação de hérnia inguinal congênita em São Paulo, levado pelo meu tio Cecílio, que foi o grande benfeitor da família Rassi, ao receber e encaminhar todos os familiares na vida comercial. Meu tio, em uma de suas viagens a São Paulo para fazer compras, sentiu que o meu irmão Alberto estava triste por ter que voltar para cá, depois de operado, e perguntou para ele o que era. Um parente nosso disse que o Alberto estava com vontade de ficar para estudar. O meu tio não teve dúvida, o internou no

internato do Ginásio Oriental, onde a maioria dos patrícios estudava. E ele manteve o meu irmão mais velho durante três anos, às suas expensas, até que ele veio a falecer, quase que repentinamente.

O meu irmão Farruco, o Salvador, nesse meio tempo, participava como todos nós de uma festa em homenagem a minha prima que havia se casado com o primo dela, Daher, primo em primeiro grau, e estava em um jantar na casa de outro tio, em Vianópolis. Na volta para casa, ele devia ter bebido alguma coisa, tinha 18 anos, mas todo mundo bebia uma cervejinha, sem gelo, pois naquela época não tinha gelo. E aconteceu um fato terrível. Todo dia 25 de cada mês, a luz elétrica apagava e acendia por três vezes por volta das dez horas da noite. Era o sinal que a companhia de luz tinha para notificar os consumidores de energia elétrica que no dia seguinte eles deviam pagar a contar de luz. Isso ficou como um hábito normal em Vianópolis, como talvez, também em outras cidades. Outra coisa que acontecia, a rapaziada toda andava armada, não para matar nem nada, apenas para dar tiros para o alto, era um hábito. Então, quando apagava a luz, era um tiroteio. Eu tenho a impressão de que o gatilho do revólver do meu irmão estava um pouco mole. Eu acho que ao sacar a arma, ele puxou o gatilho e o tiro acertou no peito, no coração, morrendo instantaneamente, bem em frente à igrejinha que tem em Vianópolis. Com a morte dele, os planos de vir para Goiânia, na época, fracassaram. Então, eu falava com a minha mãe: "E agora, Farruco faleceu, estou demais aqui, a loja não dá para mais de duas pessoas". Minha mãe começou a preparar o meu pai. E, devido à morte prematura do meu irmão, eu pude estudar em Ipameri, onde tinha esse ginásio. Esse ginásio foi fundado pela comunidade libanesa e síria de Ipameri, onde talvez predominava mais de 80 por cento da família Daher, que na época, em 1930, já tinha filhos e filhas em condições de fazer o ginásio e não tinha como. E eles então se reuniram na casa, sempre do mais velho, que era o chefe do clã, e decidiram que iria uma comissão a São Paulo, de umas dez pessoas, para conseguir fundar um ginásio em Ipameri. Mas, também não era muito difícil, porque havia falta de ginásio no Brasil, principalmente no interior, e isso viria ao encontro da política educacional dos governos. E foi o que aconteceu. Em 1933 já estava funcionando o ginásio de Ipameri, como o terceiro ginásio do estado de Goiás. O primeiro era o Lyceu de Goiás, o segundo, o Ginásio Arquidiocesano Anchieta de Bonfim, que é Silvânia hoje, fundado por volta de 1930 ou 1931 e esse terceiro, em Ipameri. Depois disso, demorou alguns anos até fundar outro ginásio.

Eu, então, optei por fazer o curso de ginásio em Ipameri. Em 1935, quando fui fazer o ginásio é que vim a tomar conhecimento e travar relações praticamente familiares com toda a família Daher da época, principalmente os primeiros, que foram os pioneiros que entraram no Brasil, de leste a oeste, até penetrarem no estado de Goiás. Em 1935 e 1936, eu me familiarizei, também por laços históricos dentro do Líbano, de minha família com a família Daher, que era a mais numerosa – por isso muitas vezes Ipameri era chamada a capital da família Daher em Goiás, da mesma forma que Vianópolis foi a capital da família Rassi em Goiás. E aqui a minha convivência com os meus familiares e os familiares da família Daher, me autorizavam e eu autorizo, naturalmente, a falar de um relacionamento muito próximo e muito afetivo. Hoje, os descendentes deles e os meus descendentes vivem na maior harmonia e amizade. Em 1937, a situação comercial do meu pai melhorou sensivelmente, a ponto dele mesmo perguntar se eu queria dar prosseguimento ao ginásio, em São Paulo, no mesmo ginásio onde o meu irmão estudou. Claro que eu queria. Terminado o meu curso ginasial em São Paulo, Alberto meu irmão, já estava estudando Medicina no Rio de Janeiro. Estando de férias com a conclusão do curso, não vim para casa, pois a viagem era muito demorada, eram três dias de São Paulo até Vianópolis, da mesma forma que eram quatro dias do Rio de Janeiro até Vianópolis. Quase não havia essa facilidade de ir e voltar. Levava-se geralmente uma semana entre ida e volta. Então, em dezembro, no mesmo ano em que terminei o ginásio, fui para o Rio de Janeiro, e lá fui matriculado no pré-médico, que durava dois anos; depois, fui para a Praia Vermelha, não somente eu, como todos os meus cinco irmãos médicos, fizemos o curso de Medicina da Faculdade Nacional de Medicina do Rio de Janeiro. Quando terminei o primeiro ano do curso médico, eu travei conhecimento e contato com alguns alunos do professor Pedro Moura, dele, que posteriormente, foi meu sogro. Então, me recomendaram que, já que eu tinha passado do primeiro para o segundo ano, fosse imediatamente, lá no serviço dele, e pedisse para trabalhar com ele. Eu fui até a Santa Casa, e ele queria saber por que eu estava escolhendo o serviço dele. Eu disse a ele que ele tinha a fama de ter o melhor serviço para o estudante aprender. Eu, então fiz o curso de Medicina, e ele me ensinou sobre o ato cirúrgico durante os cinco anos restantes do curso de Medicina. Então, quando eu vim para cá em 1948, em 8 de abril, eu estava preparado para assumir a Clínica Médica Geral. E logo que entrei, eu estava há muito familiarizado com congressos médicos no Rio de Janeiro e participava de outros congressos também. Eu gostava muito da vida acadêmica, da vida universitária. Com isso, eu participei, em Uberaba, em 1949, de um congresso médico

Formatura de Luiz Rassi em Medicina

regional, mas de caráter nacional. E sempre na última reunião, havia a assembleia geral para se escolher o local do próximo congresso e a data. Eu estava com três colegas daqui, de Goiânia, e eu então perguntei: "Vocês querem topar fazer esse congresso em Goiânia?" Eles responderam que se eu tomasse a frente, eles topariam. Os médicos eram Aldemar de Andrade Câmara, Alírio Furtado e Rodovalho Mendes e eu, e tinha mais um, o Tasso Camargo, que era o Secretário Geral. Mas, eles disseram que ainda não tínhamos associação médica, e eu disse: "Nós vamos criar". O ano de 1950 foi exclusivamente para criar essa associação, e o congresso seria em 1951. Como aqui em Goiânia havia sete cirurgiões de boa fama, ficamos o ano de 1950 para preparar a fundação da entidade que tomou o nome de Associação Médica de Goiás. Em Anápolis eu tinha o colega Anapolino de Faria, convidei-o para fundar a regional de Anápolis, e ele fundou. E eu falei que agora nos íamos escolher um expoente da cirurgia nacional, mas já com vistas para Pedro Moura. Até então eu nunca tinha tido conhecimento nem nunca tinha visto nem a filha nem a mulher, ela era criançola. Então, convidei o Pedro Moura para ele comentar todos os trabalhos e ele aceitou. Compareceu também o Mário Pinotti, que era colega, e convidamos também o governador de Mato Grosso, que foi colega dele de Medicina, Fernando Correa da Costa. Para surpresa nossa, ele trouxe a esposa e a filha, que era uma mocinha de 18 anos e pouco. Na abertura do congresso, houve um fato. A mãe dela estava muito preocupada com os rapazes daqui, pois todos queriam dançar com ela, que era uma moça muito bonita. Mas ela não foi apenas bonita nessa época, ela foi pra mim bonita a vida inteira. E a mãe dela não aceitava agarramento, e a mãe então me chamou. Ela me chamava pelo sobrenome. "Rassi, vem cá um bocadinho. Eu estou muito preocupada com os moços daqui, todos ficam de olho para dançar com a Lygia". Eu falei para a mãe dela que ficasse tranquila, aquele que se aproximar, eu vou dizer se ela pode ir ou não, e aquele que eu fizer algum sinal, ela já sabe que não pode. E eu fiquei a noite toda tomando conta. E nesse "tomar conta" nasceu uma aproximação bastante significativa. E como o congresso na época era um pouco prolongado, eu participava das festividades todas, mas sempre tendo ela ao meu lado para tomar conta. Eu tomando conta, nenhum daqueles rapazes iria ter coragem de chegar perto. Eu tinha prometido ir ao Rio de Janeiro, e isso foi em novembro, e em janeiro eu fui. Mas o velho Pedro Moura não me convidou para ir a casa dele. Ele ficou um ano e um mês sem me convidar. O Pedro Moura era demasiadamente durão, e eu já estava cansado de ir ao Rio várias vezes e não conseguia falar com ela. Até que um dia, ao voltar da Argentina, onde fui participar de um congresso, só tinha um dia para ficar no Rio de Janeiro, no outro dia viria para Goiânia. Então ele me disse assim: "Oh, Rassi, você conhece a nova cerveja da Antarctica, faixa azul"? Eu disse que não. "Você quer experimentar"? Eu disse: "Quero!" Então ele falou: "Você vai lá ao sítio, então, amanhã". Isso era no sábado, era para ir no domingo. Ele foi incapaz de dizer para a esposa e muito menos para a filha que eu iria no dia seguinte. E eu fui mais ou menos 5 horas da tarde, conforme havia combinado, acompanhado

Luiz Rassi, a esposa Lygia de Moura Rassi e seus filhos

de um primo que morava no Rio de Janeiro. E lá ele nos recebeu na casa dele, era uma casa de campo, situada em Jacarepaguá. Quando a mãe dela me viu, olhou, assustou e disse "Rassi, eu não sabia que era você, o Pedro não me falou nada. Mas olha, a Lygia foi para Petrópolis com a tia, ela volta hoje à noite, amanhã eu dou o seu telefone e ela liga para você". A mãe tinha gostado também de um possível namoro. No dia seguinte, mais ou menos na hora do almoço ela me telefonou, e eu marquei para ir encontrar com ela na casa dela, no apartamento, em Ipanema, às 8 horas da noite. Cheguei lá, ela estava esperando. Ele ainda não tinha chegado, mas ele sabia, com certeza, que eu iria lá, a esposa tinha falado com ele, com certeza. Quando eu cheguei às 8 horas em ponto, eu falei: "Dona Maria, a senhora não se incomoda que eu dê uma saída com a Lygia"? Ela disse: "Pode ir, mas 10 horas você esteja aqui com a Lygia." Nessas duas horas que eu fiquei com ela, eu perguntei se ela tinha algum compromisso, alguma coisa, se tinha namorado, e ela disse que não. Perguntei então se ela queria me namorar. E ela disse: "Claro"!

Constituição familiar

O Casamento de Luiz Rassi[2] com Lygia de Moura Rassi[3] ocorreu em dezembro de 1953, na cidade do Rio de Janeiro. Filhos do casal por ordem cronológica de nascimento:

1   LUIZ RASSI JÚNIOR, médico
2   PEDRO DE MOURA RASSI, médico
3   MÔNICA, advogada
4   MAGDA DE MOURA RASSI, filósofa e musicista
5   LÍGIA DE MOURA RASSI, arquiteta

Luiz Rassi é um dos principais nomes da historiografia médica de Goiás. Graduado pela Universidade do Brasil (1947), conhecida como Faculdade de Medicina da Praia Vermelha, atual Faculdade de Medicina da Universidade Federal do Rio de Janeiro. Professor-fundador da Faculdade de Medicina da Universidade Federal de Goiás, posteriormente seu diretor. Cofundador do Conselho Regional de Medicina de Goiás. Membro-fundador e presidente da Academia Goiana de Medicina e da Associação Médica de Goiás. Presidiu a Federação das Academias Brasileiras de Medicina, Colégio Brasileiro de Cirurgiões e Seção Brasileira do Colégio Internacional de Cirurgiões. Juntamente com os irmãos médicos, participou da fundação do Hospital Rassi, atual Hospital Geral de Goiânia "Alberto Rassi", e do Hospital São Salvador.

---

2   Faleceu em 12 de novembro de 2016.
3   Faleceu em 24 de maio de 2005.

Quando do falecimento do Dr. Luiz Rassi, Iúri Rincon Godinho, membro da Academia Goiana de Letras e do Instituto Histórico e Geográfico de Goiás, publicou nas páginas do jornal Opção/Goiânia um especial texto que traduz a sua importância para a história médica de Goiás, reproduzido a seguir:

RÉQUIEM PARA LUIZ RASSI, O MÉDICO MAIS IMPORTANTE DE GOIÁS NO SÉCULO XX

Teve uma época na saúde em Goiás que não se fazia nada sem ouvir três médicos: Joffre Marcondes de Rezende, Francisco Ludovico e Luiz Rassi. Hoje estão todos mortos, sendo Luiz Rassi o que mais durou, falecendo neste sábado aos 96 anos.

Luiz foi o primeiro presidente e fundador da Associação Médica e dirigiu a sessão que deu origem ao Conselho Regional de Medicina. Foi da turma inaugural de professores da Faculdade de Medicina da Universidade Federal. Nos últimos anos estava em casa, mas há uns oito, 10 anos ainda atendia nos finais de tarde no Hospital São Salvador.

Às vezes eu inventava uma mal qualquer apenas para ir lá conversar com ele. Quando fui o curador do Museu da Medicina ele me deu tudo o que tinha de papel, incluindo sua biblioteca. No meio dos documentos, o formulário de imigração da família quando chegou aos Estados Unidos, na Ellis Island, Nova Iorque, vindo de Cuba (onde nasceu), a caminho do Brasil. E um papel timbrado da Casa de Saúde Dr. Rassi, de seu irmão Alberto, um dos pioneiros da medicina em Goiânia.

Sei a vida de Luiz e da família de trás pra frente plantando bananeira. Por exemplo, a esquecida fatalidade da morte de um irmão vítima de bala perdida. Sua luta implacável, mas sem ódio ou deslealdade contra os curandeiros nos primeiros anos da nova capital. O primeiro evento científico promovido por ele em 1951.

Por tudo isso, ele foi o médico mais importante de Goiás no século XX. Ninguém tossia sem ouvir o diagnóstico de Luiz. Tive a oportunidade de contar sua história no meu livro da história da medicina, depois recontá-la no museu e organizar uma homenagem a ele na Câmara Municipal ano passado.

São 2:28 da madrugada e acabo de chegar do velório, na Igreja São Nicolau. A família estava indo descansar quando entrei. Lá na frente, ao lado do caixão, o jornalista Batista Custódio. Achei triste e lindo ao mesmo tempo. Batista sereno, forte, um menino de 80 anos perto do mestre Luiz de 96. Não é assim que é a vida? Nós que ficamos carregamos o bastão e passamos adiante. Nós permanecemos e resistimos. Nós resistimos. Que se exploda a morte, as tristezas, dificuldades. Nós resistimos e fazemos. Nós construímos, filhos que somos das ideias, valores e exemplos de grandes homens como Luiz Rassi.

 Entrevista realizada em 8 de dezembro de 2012

Nabyh Salum

Entrevista com o médico Nabyh Salum[1] ao Programa "Árabes no Centro-Oeste"

A origem da família é de qual país?
Meu pai e minha mãe são libaneses. Meu pai chamava-se Antônio David Salum e minha mãe Maria Makul Salum. Meu pai tirou o David do nome por receio de ser confundido judeu, na época de Hitler. Eu nasci em Três Corações, Minas Gerais. Meu pai mudou-se para Campinas, em novembro de 1941 e fui o que mais senti a viagem, pois tinha oito anos de idade. Eu a vi como a maior odisseia da minha vida.

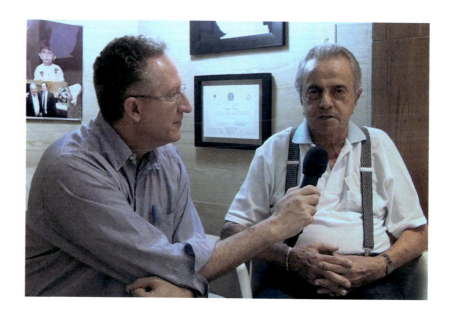

Nabyh Salum entrevistado por Guilherme Verano

---

1   Faleceu no dia 30 de novembro de 2016.

PAIS DE NABYH SALUM

Antonio Salum   Maria Makul Salum

Meu pai, Antonio Salum, primo de minha mãe, Maria Salum, nasceu em Gdeid, Líbano, no dia 15 de maio de 1899. Minha mãe nasceu, no dia 19 de maio de 1902, na mesma localidade. Meu pai era um homem que falava o francês, naturalmente o árabe e o português. Quando estourou a Segunda Grande Guerra, meu pai fez várias campanhas entre os patrícios, arrecadando valores para enviá-los ao esforço de guerra dos aliados. Meu pai temia uma possível vitória de Hitler e sua perseguição ao povo judeu. Embora nós não tenhamos descendência judaica, porém, assinando o David ao nosso nome, poderia trazer forte desconfiança dessa presença em nossa genealogia. Assim pensando, para evitar uma perseguição nazista, foi retirado o David de nosso nome.

Meu pai havia participado da Primeira Grande Guerra como estafeta, uma espécie de carteiro que transportava as correspondências de guerra. Aprisionado pelos alemães em um navio, ele foi barbaramente espancado e quase morto para que revelasse posições das tropas antigermânicas.

(Retirado do livro: *Nabyh Salum, Revelações*)

Qual a atividade que ele exerceu primeiro? Ele chegou a mascatear?
Lógico! Ele chegou aqui com uma mala na mão, e mascateou de fazenda em fazenda. Os mascates eram os jornalistas dos fazendeiros, o vendedor e o informante, mascate era isso. Vendia de agulha a arreio de cavalo, até que montou a sua loja em Três Corações, no largo da Matriz, onde eu fui batizado. A igreja está lá até hoje. Era uma loja de armarinhos, malas de couro, chapéu e tantas outras coisas mais.

A presença árabe em Anápolis

Eles tinham alguma referência aqui e vieram para o Brasil movidos por qual motivo?
O Brasil pareceu aos meus pais um país de oportunidades e segurança. Ele falava sempre assim: "Eu vim fazer a América", não tinha parente nenhum aqui. Depois ele trouxe os irmãos dele, mas veio na cara e na coragem. Ele desembarcou no Rio de Janeiro e foi para Três corações, tudo de acordo com o previsto.

SOBRE A VINDA PARA GOIÂNIA
Entretanto, meu pai queria novos horizontes, queria mais conquistas... Goiás estava a se desenvolver, a Marcha para o Oeste e a criação de Goiânia motivaram vários imigrantes a se mudarem para a nova capital. Imigrantes que assim como meus pais eram de origem árabe decidiram arriscar a tentar levar uma nova vida, em uma jovem capital, e assim, aconselharam meu pai, que veio a Goiânia em 1939.
Aqui em Goiânia, ele se encontrou no Grande Hotel com Pedro Ludovico Teixeira, o fundador de Goiânia, que lhe falou:
– Senhor Salum, se porventura decidir se mudar para Goiânia vou lhe arrumar dois lotes, pelo custo.
Realmente, Dr. Pedro Ludovico Teixeira mandou passar esses dois lotes para meu pai ficavam localizados na atual Praça Tamandaré e, anos mais tarde, ficaram para mim como parte da herança que dele recebi.
Na verdade, o destino do meu pai era para ter sido a cidade de Londrina (PR), onde ele havia até comprado uma loja. No entanto, ele foi convencido por um amigo dele, um representante das meias Lupo, que em todas as viagens almoçava conosco, o qual disse para meu pai:
– Londrina pode ser muito boa, mas não é capital. Goiânia é capital.
Meu pai veio para Goiânia, apesar dos avisos contrários de alguns patrícios, que diziam: "Não vá para Goiânia, Salum. Lá, tem índio no meio da rua. Eles vão pegar seus meninos e devorá-los, são canibais".
Na rua Jaraguá, no bairro de Campinas, Goiânia, meu pai instalou a sua pioneira loja de nome Casa Mineira. Posteriormente, meu pai comprou uma casa enorme na avenida 24 de Outubro, onde alojou a sua casa de comércio e onde também nós morávamos. Meu pai era um homem irrequieto, com muita vontade de trabalhar, de prosperar, acomodamento não era com ele. Então ele resolveu abrir outra filial da Casa Mineira, no setor Central de Goiânia, na avenida Anhanguera, entre o antigo Cine Goiás e a rua 20, para onde nos mudamos, morando novamente nos fundos da loja que vendia de tudo, desde uma simples agulha a uma peça de roupa importada.

(Retirado do livro: *Nabyh Salum, Revelações*)

437

Vamos falar um pouquinho dos irmãos.

Éramos cinco irmãos, Oyagy Salum (único que nasceu no Líbano, em 1923, mas foi registrado em Três Corações), Julieta Salum, Elza Salum e meu grande motivador, José Salum (todos falecidos), a quem acabei por seguir nos caminhos da Medicina, além de mim, é claro. Portanto, à exceção de Oyagy, todos nós, demais irmãos, nascemos em Três Corações (MG).

Como era o dia a dia da família? Como era cuidar de tanta gente?

Interessante. Parece que Deus fazia tudo com a mão certa. Cuidava-se de todos. Nós somos dois advogados e dois médicos. Uma não se formou, tornou-se professora, e faleceu aos 19 anos. O libanês, que é descendente dos fenícios, fez inscrições na pedra da Gávea, no Rio de Janeiro, e elas estão lá até hoje. O árabe, aonde chega, ele se torna mais um, ele não é inimigo daquele que o acolhe. Minha mãe não sabia ler nem escrever, mas conseguiu formar dois médicos e dois advogados. Quem imprime o caráter do ser humano é a mãe, até os 7 anos. Depois, é o pai que vem como o herói da história para o filho. Eu vejo a mãe árabe como um exemplo a seguir. Ela é o ministro da Fazenda do esposo.

Retrato oficial da formatura de Nabyh Salum em Medicina

Minha mãe se esforçou para aprender o português, detestava ser chamada de turca e que os filhos dela fossem chamados de turquinhos. Entretanto, só conversava em árabe com o meu irmão mais velho, que nasceu no Líbano.

Um pouco mais de Nabyh Salum

Dr. Nabyh Salum poderia ter sido um comerciante de sucesso. Aos oito anos de idade era varredor da loja Casa Mineira, no Bairro de Campinas, Goiânia, de propriedade do seu pai Antonio Salum. Aos 14 anos era um empreendedor do ramo da engraxataria, proprietário de uma rede de 12 engraxatarias espalhadas por Goiânia. Porém, para a sorte da medicina brasileira praticada em Goiás, resolveu ser médico radiologista. Dessa forma, acabou contrariando duplamente seu pai. Não que o seu genitor fosse contra que ele cursasse medicina. Para Antonio Salum "médico é quem empunhava o bisturi. Médico para ser médico tinha que ser cirurgião". Resultado: seus dois filhos eram médicos, mas José Salum tornou-se laboratorista (era um verdadeiro cientista) e Nabyh Salum especializou-se notavelmente em radiologia.

Dr. Nabyh Salum nasceu em Três Corações (MG), no dia 05 de agosto de 1933. Aos oito anos de idade, acompanhando a mudança familiar, chegou a Goiânia (GO), em novembro de 1941. Aqui estudou no Grupo Escolar Pedro Ludovico Teixeira, Ateneu Dom Bosco e no Lyceu. Em Bonfim, atual Silvânia, foi aluno do Colégio Anchieta.

Graduado pela Faculdade Nacional de Medicina da Universidade do Brasil (RJ) em 1960, com pós-graduação em Radiologia nas mais importantes instituições do gênero no país, em 18 de agosto de 1964 retornou a Goiânia para exercer medicina. Veio a convite do seu colega Francisco Ludovico de Almeida Neto (principal mentor da criação da Faculdade de Medicina

Nabyh Salum assinando a ata de posse no primeiro mandato como presidente da Associação Médica de Goiás

de Goiás) para trabalhar no Instituto Médico Cirúrgico de Goiânia dirigido por ele e edificado pelo médico Altamiro de Moura Pacheco.

Logo depois Dr. Nabyh Salum fundou em sociedade a Clínica Radiológica de Goiânia, trabalhou em vários hospitais. Fundador-proprietário da Clinica Radiológica São Matheus (Goiânia). Professor concursado da Faculdade de Medicina da UFG, é um dos pioneiros da Cadeira de Radiologia da instituição, onde exitosamente ocupou a diretoria geral do Hospital das Clínicas. Como líder classista, participou da fundação da Sociedade Goiana de Radiologia, do Sindicato dos Médicos do Estado de Goiás, da Academia Goiana de Medicina, além de ter sido um dos principais idealizadores da criação da Unimed/Goiânia. Ainda foi Conselheiro do Conselho Regional de Medicina e do Conselho Fiscal da Associação Médica Brasileira. Ocupou cargos estaduais como o de superintendente da extinta Organização de Saúde do Estado de Goiás (OSEGO) e diretor-administrativo do Hospital Geral de Goiânia. Por quatro vezes foi presidente da Associação Médica de Goiás, cuja sede da entidade foi construída em sua primeira administração. Gesto que motivou a Assembleia Legislativa de Goiás a outorgar-lhe o título de Cidadão Goiano.

(Retirado do livro *Historiografia Goiana – Volume I,* de Ubirajara Galli: *Nabyh Salum – o médico que queria ver por dentro*)

 Entrevista realizada em maio de 2014

Referências

ALMEIDA NETO, Francisco Ludovico – *A Faculdade de Medicina de Goiás*. Goiânia: Centro Editorial e Gráfico da Universidade Federal de Goiás, 2001.

BORGES, Humberto Crispim – *História de Anápolis*. Goiânia: Editora Kelps, 2011.

BORGES, Venerando de Freitas – *Dobras do tempo*. Goiânia: Editora Kelps, 2007.

CHAUD, Antônio Miguel Jorge – *Imigrantes em Catalão – 1835 – 1995*. Goiânia: Editora do CERNE, 1996.

CURY, Lindberg – *E assim estava escrito*. Brasília: Editora L.G.E., 2007.

BORGES, Humberto Crispim – *História de Anápolis*. Goiânia: Editora Kelps, 2011.

FERREIRA, Haydée Jayme – *Anápolis, sua vida, seu povo*. Goiânia: Editora Kelps, 2011.

GALLI, Ubirajara – *Os Anhangueras em Goiás e outras histórias da família*. Goiânia: Editora Kelps, 2007.

_____. *José Asmar*. Goiânia: Editora da UCG e Contato Comunicação, 2008.

GODINHO, Iuri Rincon – *Médicos e Medicina em Goiás – do Século XVIII aos dias de hoje*. 2ª Edição – Goiânia: Contato Comunicação e Editora da UCG, 2005.

KOSSA, Pablo. *O marco do novo Goiás: 30 anos de Daia*. Goiâna: Contato Comunicação, 2006.

PEREIRA, Nilton; SILVA, Vander Lúcio Barbosa. *Personalidades – Sociedade, cultura, indústria, comércio. Anápolis, 2004*. Anápolis: Contexto Comunicação & Marketing, 2004.

RASSI, Lygia de Moura – *Dos Cedros às Palmeiras*. Goiânia: Gráfica e Editora Bandeirante, 2000.

ROCHA, Hélio – *Anápolis – E assim se passaram 100 anos*. Goiânia: Editora Kelps, 2007.

ROCHA, Hélio – *Goiânia 75*. Goiânia: Editora da UCG e Kelps, 2009.

SOARES, Francisco Accioli Martins– *Pontos Históricos de Pires do Rio*. Goiânia: Editora Nossa Folha, 1990.

TELES, José Mendonça. *Dicionário do Escritor Goiano*. Goiânia: Editora Kelps, 2007.

VAZ, Geraldo Coelho – *Academia Goiana de Letras*. Goiânia: Editora Kelps, 2008.

_____. *Vultos Catalanos*. Goiânia: Editora Kelps, 2009.

Arquivos Pesquisados
Academia Goiana de Letras
Casa de Cultura Altamiro de Moura Pacheco
Instituto Cultural José Mendonça Teles
Instituto Histórico e Geográfico de Goiás

Eletrônico
www.asmego.org.br
www.cerratense.com.br
www.ernanidepaula.wordpress.com/2010
www.historiablog.wordpress.com/2008/10/02/a-primeira-guerra-mundial/
www.jobagola.wordpress.com
www.jornaldearaguari.com
www.lealdadeejustica.com
www.masonic.com.br/historia/GM
www.papillonhotel.com.br
www.swift-armour-sa-industria-comercio.br
www.urs.bira.nom.br
www.wikipedia.org
www.aciaanapolis.com.br
www.al.to.gov.br
www.algosobre.com.br
www.amg.org.br
www.anapolis.go.leg.br
www.antun.com.br
www.apaeaps.org.br
www.arabesq.com.br
www.ascom.ufg.br
www.assembleia.go.gov.br
www.bairrodocatete.com.br
www.brasilescola.com
www.camaraanapolis.go.gov.br
www.catedralortodoxa.com.br
www.correiobraziliense.com.br
www.diasmarques.adv.br/pt/historico_imigracao_brasil
www.direito2.com.br/tjgo

www.fgv.cpdoc
www.geneaminas.com.br
www.helou.biz/photo
www.icarabe.org
www.inhumas.go.gov.br
www.islam.org.br
www.islam.org.br/o_imperio_otomano
www.jornalcontexto.net
www.lealdadeejustica.com.br
www.libano.org.br/olibano_ocedro
www.libanoshow.com
www.metropoles.com
www.neropolis.go.gov.br
www.oanapolis.com.br
www.radiobras.gov.br
www.revistaplanetaagua.com.br
www.senado.gov.br
www.seplan.go.gov.br
www.serpro.gov.br
www.soucristao.com
www.tendarabe.hpg.ig.com.br
www.tribunadeanapolis.com.br
www.vestibular1.com.br/revisao/imperio_bizantino
www.ypameri.com

Outros
Jornal Diário da Manhã
Jornal Opção
Jornal Voz do Oriente
Jornal Contexto
Guia Turístico e Cultural de Roberto Khatlab
Entrevista do professor e escritor Reuven Faingold, concedida a Hélio Daniel Cordeiro, publicada na Revista Judaica
A Cinquentenária, 1907 – edição única em comemoração do jubileu da cidade de Anápolis – 1957

Coordenação Editorial
PPCultural

Texto
Guilherme Verano da Cruz
Ubirajara Galli

Fotografias
Acervos Pessoais das Famílias

Projeto Gráfico
Adriana da Costa Almeida

Design / Tratamento de Imagens
Pato Vargas

Pesquisa
Guilherme Verano da Cruz
Ubirajara Galli

Produção Executiva
Joana D'arc Silva Verano da Cruz

Veiculação em TV fechada
Canal 5 da NET Anápolis

Revisão de Texto Final
Cristina Parga

Realização
PP Cultural, Promoções, Eventos e Serviços Culturais Ltda

"Algumas imagens desta obra estão com baixa qualidade, pois são de arquivos pessoais por vezes muito antigos"

Dados Internacionais de Catalogação na Publicaçnao (CIP)
(eDOC BRASIL, Belo Horizonte/MG)

G168p Galli, Ubirajara.
Presença árabe em Anápolis / Ubirajara Galli, Guilherme Verano da Cruz. – Rio de Janeiro, RJ: PPCultural, 2019.
392 p. : 21 x 28,5 cm

ISBN 978-65-80721-00-9

1. Árabes – Anápolis (GO) – História. I. Cruz, Guilherme Verano da. II. Título.

CDD 028.5

Elaborado por Maurício Amormino Júnior – CRB6/2422